JN418521

최신 서비스 마케팅

이영희 | 김상철 공저

개정3판 머리말

서비스 산업은 이제 우리나라 산업에서 가장 큰 비중을 차지하는 국가의 중추적 산업이 되고 있으며, 국가의 경제발전과 경쟁력을 제고하고 소비자의 삶의 질을 향상시키는 견인차 역할을 하게 되었다.

일반적으로 서비스는 고객의 편익이나 욕구를 충족할 목적으로 제공되는 무형의 행위나 성과의 의미로 이해되며, 어떤 행위와 과정, 성과라는 세 가지 속성을 가지고 있다. 이러한 서비스는 유형의 제품과 구별되는 고유한 특성을 가지고 있기 때문에 제품 중심의 전통적인 마케팅을 그대로 적용하는 데 많은 어려움과 한계가 있다.

따라서 글로벌 시대의 무한경쟁 상황에서 서비스 기업이 장기적인 생존과 발전을 도모하고 지속적 경쟁우위를 확보해 나가기 위해서는 서비스의 특성에 기반한 서비스 마케팅과 함께 개별 기업의 상황과 여건에 최적화된 전략적 접근이 필요한 것이다.

본서는 서비스 마케팅의 기본원리와 관리기법을 체계화하고 단원별 주제에 맞는 다양한 사례를 제시함으로써 대학생이나 산업계 실무자들이 고객 중심의 서비스 마케팅을 이해하고 실무에 응용하는 데 중점을 두고 집필하였다. 무엇보다 책의 내용을 군더더기 없이 쉽게 기술하려고 노력하였고, 현장사례를 통해 책의 내용에 대한 이해와 활용도를 높이도록 하였다.

본서는 전체적으로 2부로 구성되어 있다.

제1부는 서비스 마케팅의 기본원리를 이해하기 위한 서비스 마케팅의 개관으로서 서비스 마케팅의 이해, 고객만족경영, 서비스 수요와 공급관리, 서비스 기대와 품질관리, 서비스 마케팅조사, 서비스 운영과 마케팅전략 등의 내용을 다루고 있다.

제2부는 서비스 마케팅의 관리 도구이자 핵심 연구과제가 되는 서비스 마케팅 믹스(7P's)를 이해하고 실행하기 위한 단원으로서 서비스 상품, 서비스 가격, 서비스 유통, 서비스 촉진, 서비스 프로세스, 서비스 물적증거, 서비스 사람관리 등의 내용을 다루고 있다.

본서는 저자들의 서비스 마케팅 강의안과 많은 선학들의 저작물에 힘입어 집필되었다. 선학들의 탁월한 학문적 업적과 혜안에 경의를 표하며 깊은 감사의 뜻을 전한다. 아울러 본서의 출간을 위해 물심양면으로 애써주신 도서출판 두남의 전두표 사장님과 임직원 여러분께 감사를 드린다.

본서는 저자들의 정성과 노력에도 불구하고 아직 여러 가지 부족한 점이 있을 것으로 사료되나 독자들의 많은 조언과 충고를 겸허하게 받아들여 앞으로 계속 보완해 나갈 것을 약속드린다.

2019년 7월

저자들 씀

차 례

제1부 서비스 마케팅의 개관

제2부 서비스 마케팅믹스

제1부

service marketing

서비스 마케팅의 개관

service marketing

서비스 마케팅의 이해

학습 목표

- 서비스의 개념과 특성
- 서비스 산업의 성장
- 서비스 마케팅의 이해

01 서비스의 개념과 특성

1. 서비스의 개념

일반적으로 서비스는 눈으로 보고 만질 수 있는 유형의 경제재인 재화와 대비되는 개념으로 우리말로는 용역 또는 봉사라는 용어로 이해되고 있다. 서비스는 그 종류가 다양하고 사회발전과 과학기술의 발달과 더불어 새로운 유형의 서비스가 계속 개발되고 있기 때문에 서비스를 정의하는 관점에 따라 학자들 간에 다양하게 정의되고 있다.

서비스의 개념은 행위(deeds)와 과정(process), 성과(performances)의 속성을 가지고 있다. 병원에서 의사의 진료를 받는 일, 인터넷으로 정보검색이나 전자상거래를 하는 일, 소매점에서 물건을 구매하는 일, 여행사를 통해 관광을 하는 일 등 어느 한 쪽이 다른 쪽을 위해 수행하는 일련의 행위나 과정, 성과는 모두 서비스의 형태를 지니게 된다.

서비스는 서비스업에서만 일어나는 것이 아니라 제조업 부문에서도 제품의 주요 속성으로서 매우 중요시되고 있다. 기업 간에 경쟁이 치열해지고 유사상품이 범람하게 됨에 따라 고객을 향해 제공되는 제품 배달, 설치, 소비자교육, 보증, 사후서비스, 신용서비스 등의 서비스는 제품의 주요 속성이 되고 기업의 중요한 경쟁수단이 되고 있다. 예컨대, 자동차 제조업자는 자동차를 판매할 때 자동차에 대한 수리와 보증 서비스를 함께 제공하며, 컴퓨터 제조업자는 컴퓨터뿐만 아니라 제품배달과 소비자교육, 소프트웨어 제공, 보증, 수리 등의 서비스를 제공함으로써 제품의 가치를 높이고 경쟁력을 도모하려고 한다. 이러한 서비스들은 모두 어떤 행위나 과정, 성과로 나타나는 예가 된다.

마케팅 관점에서 제시된 서비스에 대한 정의들을 살펴보면 다음과 같다.

미국마케팅학회(AMA, 1960)는 서비스란 판매를 위해 제공되거나 제품판매를 수반하여 제공되는 행위, 편익 또는 만족이라고 정의하고 있다.

코틀러(Kotler, 1988)는 서비스란 본질적으로 무형성을 지니고 어느 한 쪽이 다른 쪽에게 제공하지만 어느 쪽의 소유로도 귀결되지 않는 행위(act)나 성과(performance)를 말하며, 서비스의 생산은 유형 제품과 연계될 수도 있고 그렇지 않을 수도 있다고 정의했다. 이는 서비스를 무형성을 전제로 개념화 한 것으로서 이후 많은 학자들이 서비스 정의를 도출하는 기준이 되었다.

본서에서는 서비스에 관한 이러한 정의들을 토대로 하여 다음과 같이 서비스를 정의한다.

서비스란 "고객의 편익이나 욕구를 충족할 목적으로 제공되는 무형의 행위나 성과로서 소유권 이전이 수반되지 않는 것이다."

이 개념에는 고객의 편익이나 욕구 충족을 위해 제공되는 경제적 행위라는 서비스의 목적성, 무형적이고 행위나 성과로 나타나는 서비스의 속성, 소유권 이전이 수반되지 않는 특성을 포함하고 있다. 서비스는 유형의 제품과 연계되어 제공될 수도 있고 독립적으로 제공될 수도 있다.

2. 서비스의 특성

서비스는 유형의 제품과 구별되는 여러 가지 고유의 특성을 지니고 있다. 일반적으로 서비스의 특성은 무형성, 비분리성, 이질성, 소멸성 등의 네 가지 기본적 특성과 여타의 부가적 특성으로 구분할 수 있다.

(1) 서비스의 기본적 특성

1) 무형성

서비스의 무형성(intangibility)은 유형의 제품과 구분 짓고, 여타의 서비스 특성을 유발하는 가장 핵심적인 서비스 고유의 특성이다. 무형성이란 유형적 제품과 달리 소비자의 어떤 감각으로도 서비스를 확인할 수 없으며, 그 실체를 만지거나 볼 수 없다는 것을 의미한다.

구매자들은 서비스의 무형성에 따른 불확실성을 줄이기 위하여 서비스 품질의 상징(signs)이나 증거(evidence)를 찾게 되며, 따라서 그들이 볼 수 있는 장소나 사람, 설비, 커뮤니케이션 소재, 상징, 가격 등으로부터 서비스의 품질을 추측한다. 다시 말해, 소비자들은 핵심적인 서비스 자체를 평가하는 것이 아니라 그에

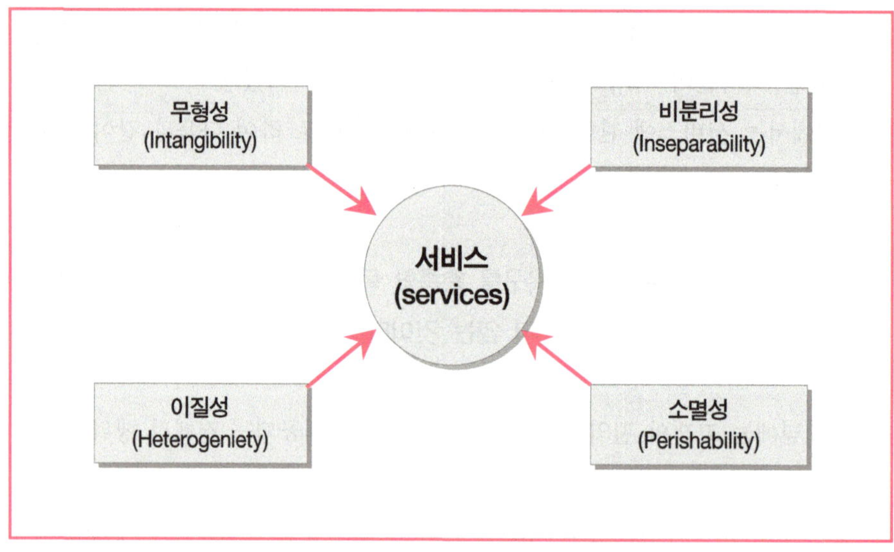

[그림 1-1] 서비스의 4대 특성

가장 근사적인 유형적 제시물을 통해 평가하는 것이다. 예컨대, 호텔 숙박서비스의 경우 구매자들은 접객요원이나 안내원의 용모나 예절, 호텔의 규모, 내부시설 등을 통해 서비스를 평가할 수 있다. 이것은 서비스 제공자들로 하여금 유형적 증거(tangible evidence)나 실체적 단서를 통해 무형의 서비스를 알리고 관리하는 직무를 수행할 것을 필요로 한다.

2) 비분리성

서비스의 비분리성(inseparability, '동시성'이라고도 함)이란 서비스는 생산과 소비가 동시에 이루어져 분리가 되지 않음을 의미한다. 이는 생산 → 저장(보관) → 판매 → 소비의 단계를 거치는 재화와 달리 서비스는 판매를 전후해서 생산과 동시에 소비가 이루어지며, 서비스 소비 행위가 이루어질 때 서비스 제공자가 존재한다는 것이다. 즉, 고객은 서비스가 제공되는 시점에 항상 현존해야 하기 때문에, 서비스 제공자와 고객 간의 상호작용은 서비스 마케팅의 중요한 특성이 된다. 이것은 고객이 원하는 서비스를 성공적으로 생산(제공)하기 위해서는 고객과 서비스 제공자간의 상호작용이 요구되며, 고객과 서비스 제공자 공히 서비스의 결과(성과)에 중요한 영향을 미친다는 것을 의미한다.

생산자와 소비자가 동시에 동일한 장소에서 상호작용이 이루어지는 서비스의 비분리성은 ① 서비스 구매자가 서비스 시설로 직접 찾아가는 경우(은행, 레스토랑 등), ② 서비스 제공자가 구매자를 찾아가는 경우(파출부, 집수리 등), ③ 서비스 제공자와 구매자가 특정 목적지까지 가야 하는 경우(연극공연, 경기관람 등) 등의 세 가지 방법으로 서비스 배달이 이루어질 수 있다. 서비스 조직은 고객접촉요원인 서비스 제공자들을 교육·훈련시킴으로써 자사에 대한 고객의 신뢰도를 높일 수 있다.

3) 이질성

서비스의 이질성(heterogeneity)이란 동일한 서비스에 대해서도 서비스를 누가, 언제, 어디서 제공하느냐에 따라, 또 고객에 따라 제공된 서비스의 품질이나 성과가 다르게 평가된다는 것을 의미한다. 이것은 서비스의 표준화나 품질관리의 어려움을 말한다.

서비스의 이질성은 고객의 과거경험에 의하여 주로 평가되는 대부분의 노동집약적인 서비스의 경우에는 특히 중대한 문제를 야기한다. 즉, 서비스의 무형성과 서비스 제공자-고객간의 상호작용에 따라 서로 다르게 지각되는 서비스 성과는 서비스의 이질성을 더욱 크게 하는 결과를 낳는다. 소비자만족을 유도하고 일관성 있는 서비스를 제공하기 위해서는 서비스의 품질관리가 매우 중요하다.

서비스 기업은 품질관리를 위하여 다음과 같은 3단계의 조치를 취할 수 있다.

제1단계는 우수한 서비스 요원을 선발하고 훈련하는데 투자하는 것이다. 호텔이나 은행, 항공사는 보다 나은 서비스를 제공하기 위하여 종업원 훈련에 많은 투자를 하고 있다. 예를 들어, 하이얏트 호텔에서는 어디서나 똑같은 친절과 도움을 주는 서비스 요원들을 만나게 된다. 제2단계는 조직 전체를 통하여 서비스-수행 과정을 표준화하는 것이다. 마지막 제3단계는 제안과 불만시스템, 고객조사, 비교쇼핑 등을 통해 고객들의 만족도를 검토하여, 부실한 서비스 부분을 찾아내어 수정조치를 취하는 것이다.

한편, 서비스의 이질성은 서비스 표준화와 품질관리의 어려움과 함께 고객들의 다양한 요구에 따라 대응할 수 있는 서비스 개별화의 기회를 제공해주기도 한다.

4) 소멸성

서비스의 소멸성(perishability)은 생산과 소비의 비분리성이라는 서비스 고유의 특성에 기인하여 서비스가 저장될 수 없으며, 판매되지 않는 서비스는 사라지고 만다는 것이다. 호텔의 빈 객실이나 항공기의 빈 좌석, 사용되지 않은 전기발전용량 등은 회복할 수 없는 경제적 손실을 맞게 된다.

서비스의 소멸성은 물리적 제품에 이용되는 전통적인 유통경로와는 다른 유통경로의 필요성을 낳게 한다. 서비스는 대량생산을 하거나 미래의 수요에 대비하여 미리 저장할 수 없기 때문에 고도의 탄력적인 생산시스템이나 상당한 수준의 유휴 생산설비를 갖추지 않는 한 수요의 파동성에 대응하기 어렵다. 특히 서비스에 대한 수요가 안정적일 때 소멸성은 큰 문제가 되지 않으나 수요의 기복이 심할 때에는 서비스 제공자들은 매우 어려운 문제에 직면하게 된다. 이것은 서비스 제공자들로 하여금 수요와 공급간의 균형을 유지할 수 있는 마케팅전략을 필요로 한다.

다만 서비스 자체는 저장할 수 없지만 수요에 따라 서비스 생산계획을 조정하거나 예약제 등의 형태로 수요를 저장하거나 부분적으로 조절하는 것은 어느 정도 가능하다. 즉, 서비스능력이나 설비가동률의 증대, 유휴시간의 사용, 임시직원의 채용 등을 통해 고객 대기시간과 균형을 맞춤으로써 수요의 불규칙성을 다소 완충시키는 방법을 강구할 수 있다.

(2) 서비스의 부가적 특성

위에서 살펴본 서비스의 기본적 특성을 기초로 하여 확인할 수 있는 서비스의 부가적 특성은 다음과 같다.

① 서비스는 무형성을 근간으로 하여 어느 한 쪽이 다른 쪽에게 제공하는 행위나 성과를 말한다.

② 서비스는 소유권 이전을 수반하지 않는다. 다만 도·소매 서비스의 경우처럼 서비스 제공의 결과로서 물리적 제품을 소유하게 될 수는 있다.

③ 서비스는 매우 변동적이고 비표준적인 특성을 갖는다. 서비스는 표준화가 어려우며, 동일한 서비스라 하더라도 서비스 제공자나 고객에 따라 서비스가 다르게 평가될 수 있다.

④ 서비스에 대한 평가는 고객에 의해 주관적으로 이루어지며, 서비스의 소비를 전후하여 즉각적으로 서비스 품질의 평가가 이루어진다.
⑤ 서비스는 생산과정에 고객이 참여하고 고객과의 상호작용에 의해 서비스 가치가 창출된다.
⑥ 서비스는 대량생산이 어렵고, 획일적으로 대량생산된 서비스는 서비스의 품질을 떨어뜨리게 된다.
⑦ 서비스는 재화에 비하여 수요·공급의 시간적, 공간적 조절이 중요하다.
⑧ 서비스 산업은 주로 노동집약적이고 인력에 의존하는 경우가 많다. 따라서 내부마케팅이 중요시된다.
⑨ 서비스 혁신은 정보기술과 커뮤니케이션 기술의 발달에 민감하다.
⑩ 서비스는 재화에 비하여 유통경로가 매우 짧다.

(3) 서비스의 특성과 관련한 마케팅 문제 및 전략

서비스가 갖는 네 가지 특성과 이에 따른 마케팅 문제 및 대응 마케팅전략은 다음과 같이 제시할 수 있다.

먼저 '무형성' 특성과 관련하여, 서비스는 저장(보관) 불능, 특허로 보호불능, 진열이나 커뮤니케이션의 어려움, 가격설정의 곤란, 서비스 특허 보호의 어려움, 높은 지각된 위험 등의 마케팅 문제를 내포하고 있다. 이에 대응한 마케팅 전략 대안으로는 서비스의 유형적 단서의 활용, 개인적 정보원 이용, 구전 커뮤니케이션 자극, 강력한 기업이미지 창조, 구매 후 커뮤니케이션 자극, 활동기준 원가 산정 등이 있다.

생산과 소비의 '비분리성' 특성과 관련하여, 서비스는 서비스 제공자와 서비스의 물리적 연관성, 서비스 생산에 고객의 참여, 다른 고객의 서비스 생산 참여, 서비스 대량생산의 어려움 등의 마케팅 문제를 내포하고 있다. 이에 대응한 마케팅전략 대안으로는 고객접촉 서비스요원의 전략적 선발과 훈련, 효과적인 고객관리, 복수입지 활용 또는 프랜차이즈화, 내부마케팅 강화 등이 있다.

'이질성' 특성과 관련하여, 서비스는 품질관리와 서비스 표준화의 어려움이라는 마케팅 문제를 내포하고 있으며, 이에 대응한 마케팅전략 대안으로는 서비스의 표준화 전략, 개별화(고객화) 전략 등이 있다.

마지막으로 '소멸성' 특성과 관련하여, 서비스는 저장 및 재고화 불능, 수요의 변동성, 공급조절의 어려움 등의 마케팅 문제를 내포하고 있다. 이에 대응한 마케팅전략 대안으로는 서비스 수요와 공급의 균형(조화) 전략, 서비스 수요관리 전략과 공급관리 전략, 예약시스템 활용, 수요조절을 위한 창의적 가격전략 등을 이용할 수 있다.

서비스가 갖는 고유의 특성과 이에 따른 마케팅 문제 및 마케팅전략 대안은 〈표 1-1〉과 같이 요약할 수 있다.[1)]

표 1-1 서비스의 특성과 관련한 마케팅 문제 및 전략

서비스의 특성	마케팅 문제	마케팅 전략
무 형 성	1. 저장(보관) 불능 2. 특허로 보호불능 3. 커뮤니케이션의 어려움 4. 가격설정 곤란	1. 유형적 단서 활용 2. 개인적 정보원 이용 3. 구전 커뮤니케이션 자극 4. 강력한 기업이미지 창조
비분리성 (동시성)	1. 서비스 제공자와 서비스 연관 2. 서비스 생산에 고객 참여 3. 다른 고객의 생산 참여 4. 서비스 대량생산 어려움	1. 서비스요원의 선발과 훈련 2. 효과적인 고객관리 3. 복수입지 이용, 프랜차이즈화 4. 내부마케팅 강화
이 질 성	1. 품질관리의 어려움 2. 서비스 표준화의 어려움	1. 서비스 표준화 전략 2. 서비스 개별화 전략
소 멸 성	1. 저장 및 재고화 불능 2. 수요의 변동성 3. 공급조절의 어려움	1. 수요와 공급의 조화(균형) 2. 서비스 수요관리 전략 3. 서비스 공급관리 전략

1) Zeithaml, V. A., Parasuraman, A. & Berry, L. L.(1985), "Problems and Strategies in Services Marketing", *Journal of Marketing*, Vol.49(Spring), p.35.

3. 서비스의 분류

서비스는 그 종류가 다양할 뿐만 아니라 서비스와 제품 사이의 경계가 분명치 않기 때문에 서비스를 정확하게 이해하고 분류한다는 것은 쉬운 일이 아니다. 대부분의 제품이나 서비스에는 보조적 제품이나 서비스 요소가 함께 존재하고 있으며, 서비스 요소의 확대를 통해 고부가가치를 지향하는 제품의 소프트화 추세는 제품과 서비스의 구분을 더욱 어렵게 하고 있다. 이에 따라 서비스의 분류체계는 실무적으로나 학자들 간에 다양한 형태로 제시되고 있다.

서비스의 체계적인 분류는 특정 서비스의 성격을 이해하는데 도움을 줄 뿐만 아니라 분류된 서비스들 간의 유사점과 차이점을 조명하고 서비스 유형별 마케팅전략을 개발하는데 유용하게 사용될 수 있다.

서비스의 분류체계는 크게 1차원적 분류와 다차원적 분류체계로 구분할 수 있다. 1차원적 분류는 한 가지의 분류기준 하에서 서비스를 직선적으로 분류한 것을 말하고, 다차원적 분류는 두 개 이상의 분류기준을 결합하여 서비스를 평면적으로 분류한 것을 말한다.

(1) 서비스의 1차원적 분류

쇼스택(Shostack)은 시장에 제공되는 제공물은 대부분 유형적 요소와 무형적 요소를 모두 포함하고 있기 때문에 이를 단순히 유형성과 무형성의 이분적 개념으로 제품과 서비스를 분류하는 것은 적절하지 못하다고 주장하였다.

이에 쇼스택은 [그림 1-2]과 같이 '제품－서비스 스펙트럼'에서 유형성과 무형성의 연속선 상의 결합 비중에 따라 서비스를 분류하였다. 이러한 기준에 따라 실제상 유형성의 비중이 크면 '제품'으로 분류하고, 무형성의 비중이 크면 '서비스'로 분류하게 되는 것이다.

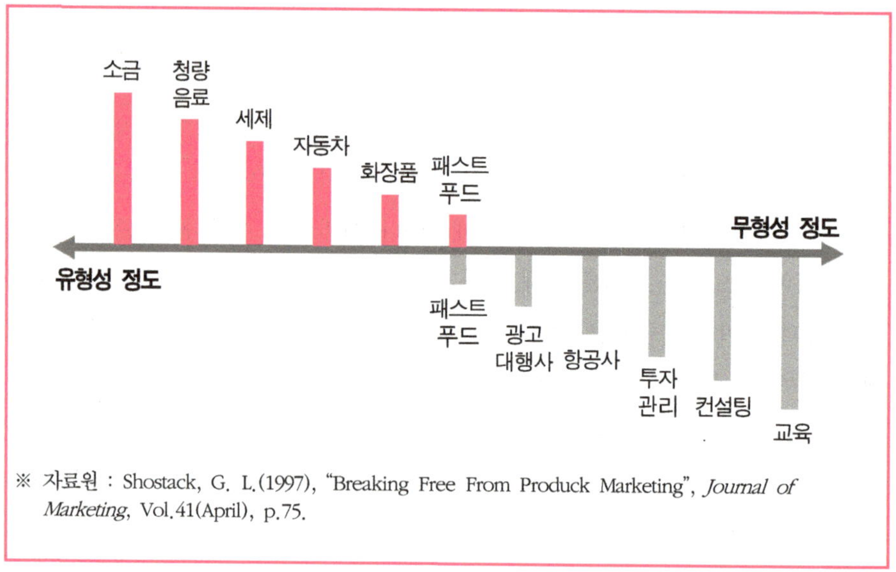

※ 자료원 : Shostack, G. L.(1997), "Breaking Free From Produck Marketing", *Journal of Marketing*, Vol.41(April), p.75.

[그림 1-2] 쇼스택(Shostack)의 서비스 분류

코틀러(Kotler)는 기업이 제공하는 것을 제품—서비스의 결합으로 이루어진 것으로 보고, 서비스의 범주를 다음과 같은 네 가지 유형으로 나누었다.

① 순수 유형제품 (예, 비누, 치약)
② 서비스가 수반되는 유형재화 (예, 자동차)
③ 재화가 수반되는 서비스 (예, 항공기)
④ 순수 서비스 (예, 정신요법)

(2) 서비스의 다차원적 분류

러브록(Lovelock)은 기존의 1차원적 서비스 분류체계가 미흡함을 지적하고, 마케팅전략적 통찰력을 제공할 수 있는 서비스 분류체계를 위해서는 두 가지 이상의 분류기준을 결합함으로써 경영관리적 가치를 갖는 유용한 분류를 할 수 있다고 주장하였다. 그는 이러한 관점에서 〈표 1-2〉와 같이 다섯 가지 영역에 대하여 각기 2차원적 격자 형태로 서비스 분류체계를 제시하였다.

표 1-2 서비스의 다차원 분류

서비스 행위의 성격과 서비스 대상에 따른 분류

서비스 행위의 성격	서비스의 대상	
	사 람	사 물
유형적 활동	의료서비스, 여객운송, 미용실, 헬스클럽, 식당 등	화물운송, 장비수리·유지, 관리 서비스, 세탁, 잔디 깎기 등
무형적 활동	광고, 경영자문, 교육, 방송, 정보서비스, 극장, 박물관 등	은행, 법률 서비스, 회계, 안전, 보험 등

서비스 조직과 고객간의 관계에 따른 분류

서비스 배달의 성격	서비스 조직과 고객의 관계 유형	
	회원관계	비공식적 관계
지속적 관계	보험, 전화가입, 대학등록금 등	라디오방송, 경찰, 발전소, 보건소, 국도 등
단속적 관계	장거리전화, 연극, 정기승차권 등	렌트카, 우편서비스, 고속도로, 공중전화, 극장, 식당 등

서비스의 개별화와 종업원 재량에 따른 분류

종업원의 재량 정도	고객에 따른 서비스 개별화의 정도	
	높 음	낮 음
높 음	법률, 의료서비스, 시장조사, 교육(과외), 택시, 미용 등	교육(단체지도), 예방진료 등
낮 음	전화, 호텔, 은행, 고급 레스토랑 등	대중교통, 패스트푸드, 극장, 스포츠관람 등

서비스 수요와 공급의 특성에 따른 분류

공급이 제한되는 정도	수요의 변동성	
	많 음	적 음
최대수요 충족	전력, 천연가스, 전화, 병원분만, 소방, 경찰치안 등	보험, 법률서비스, 은행, 세탁 등
최대수요 미충족	회계·세무, 여객운송, 호텔, 식당, 극장 등	위와 같으나 규모가 작아 수용능력이 불충분한 경우

▶▶ 서비스의 제공방법에 따른 분류

서비스 조직과 고객 간의 상호작용 특성	서비스 점포 입지	
	단일 입지	복수 입지
고객이 서비스조직으로 감	극장, 이발소	버스, 패스트푸드
서비스조직이 고객에게 감	잔디관리, 방역, 택시	우편배달, 긴급 차 수리
서로 떨어져 거래함	신용카드, 지역TV방송	방송네트워크, 전화국

이러한 다섯 가지 영역에 대한 2차원적 서비스 분류체계는 각기 어떠한 마케팅 문제와 기회를 제공하며, 마케팅 과업에 어떠한 영향을 미치는지를 직시할 수 있게 해 준다. 또 서비스 산업 간에 자신의 서비스 특성이 다른 서비스와 어떻게 연관되는지를 파악함으로써 서비스에 대한 이해의 폭을 넓히고, 관련 서비스산업으로부터 마케팅 문제해결을 위한 새로운 경영관리적 통찰력을 얻을 수 있게 해 준다.

02 서비스 산업의 성장

1. 서비스 산업의 개념과 분류

서비스 산업은 매우 이질적인 활동으로 구성되어 있어서 한 마디로 정의하기는 어렵지만 일반적으로 무형의 경제재인 서비스를 생산하는 산업이라고 할 수 있다. IBRD(국제부흥개발은행)에서는 서비스 산업을 농업과 어업, 광업, 제조업을 제외한 모든 경제활동으로 정의하고, 서비스 산업을 건설, 공공시설, 사업 및 금융, 수송 및 통신, 정부행정 및 국방, 기타 서비스(교육, 의료, 보건, 법률, 영화, 요식, 숙박 등) 등 6개 분야로 세분하였다.

서비스 산업은 영국의 경제학자인 클라크(Colin Clark)에 의해 분류된 3차 산업을 일컫는 뜻으로 이해할 수 있다. 클라크는 한 나라의 산업구조를 1차 산업,

2차 산업, 3차 산업으로 분류하고, 경제가 발전할수록 1차 산업에서 2차 산업, 2차 산업에서 3차 산업으로 산업구조의 중심이 이동된다고 주장하였다. 그에 의하면 1차 산업은 농업, 목축업, 임업, 수산업 등의 자연으로부터 소재를 수집하는 산업이 해당하고, 2차 산업은 광업, 제조업, 건설업 등의 소재를 가공하는 산업이 해당하며, 3차 산업은 1차 산업과 2차 산업을 제외한 나머지 부문의 산업을 일컫는 것으로 상업, 운수업, 금융업, 보험업, 통신업, 자유업, 창고업 등의 서비스업이 해당한다고 주장하였다.

때로는 '건설업'을 서비스 산업에 포함시키기도 하지만 최종적으로 생산된 부가가치가 재화에 해당되기 때문에 이를 서비스 산업에 포함시키기에는 무리가 있다. 또 '전기·가스·수도사업'은 거대한 생산설비가 요구되고 시설의 가동상황에 따라 생산이 좌우될 수 있기 때문에 서비스 산업 범주에 포함시키는데 무리가 있다.

따라서 본서에서는 서비스 산업을 1차, 2차 산업에서 생산된 물품을 소비자에게 판매하거나 각종 서비스를 제공(생산)하는 산업으로 정의하고, 클라크의 산업 분류기준에 의거한 1차 산업 및 2차 산업(농업, 임업, 어업, 광업, 제조업, 건설업 등)을 제외한 나머지 부문의 산업, 즉 3차 산업을 일컫는 것으로 개념화 하고자 한다.

한국표준산업분류는 산업 관련 통계자료의 정확성 및 국가 간의 비교성을 확보하기 위하여 유엔에서 권고하고 있는 국제표준산업분류를 기초하여 우리나라 산업구조의 특성을 반영하여 작성한 통계목적의 분류이다. 한국표준산업분류는 1963년에 처음 제정된 이래로 2017년 제10차 개정을 하여 오늘에 이르고 있으며, 우리나라는 통계청에서 관리하고 있다.

한국표준산업분류의 분류구조는 대분류(A~U, 21개), 중분류(01~99, 77개), 소분류(011~990, 232개), 세분류(0111~9900, 495개), 세세분류(01110~99009, 1196개)의 5단계로 구성된다.

여기서 A~U까지의 대분류를 기준할 때, 서비스 산업은 어느 범주에 속하는 것일까? A~F에 속하는 농업, 임업 및 어업(A), 광업(B), 제조업(C), 전기, 가스, 증기 및 공기조절공급업(D), 수도 · 하수 및 폐기물 처리, 원료 재생업(E), 건설업(F)을 제외한 나머지 산업, 즉 G~U에 속하는 도매 및 소매업(G), 운수 및 창고업(H), 숙박 및 음식점업(I), 정보통신업(J), 금융 및 보험업(K), 부동산업(L), 전문, 과학 및 기술서비스업(M), 사업시설 관리, 사업지원 및 임대 서비스업(N), 공

공행정, 국방 및 사회보장 행정(O), 교육서비스업(P), 보건업 및 사회복지 서비스업(Q), 예술, 스포츠 및 여가 관련 서비스업(R), 협회 및 단체, 수리 및 기타 개인 서비스업(S), 가구 내 고용활동, 자가소비생산활동(T), 국제 및 외국기관(U) 등은 모두 서비스 산업의 범주에 속한다.

이는 서비스 산업이 얼마나 다양하고 전체 산업에서 차지하는 비중이 큰 지를 단적으로 보여주는 결과라고 할 수 있다.

그런데 이러한 산업분류는 급격히 변화하는 산업의 범위를 정태적으로 파악하고 있어 새롭게 등장하는 신종 서비스업들을 충분히 반영하지 못하는 포함하지 못하는 한계가 있다. 따라서 산업의 고도화와 성장추세에 따라 기존의 산업분류 체계와 업종을 주기적으로 보완해 나가고 있다.

표 1-3 한국표준산업분류

대분류 기준 (A~U)
A. 농업, 임업 및 어업(01~03)
B. 광업(05~08)
C. 제조업(10~34)
D. 전기, 가스, 증기 및 공기 조절 공급업(35)
E. 수도, 하수 및 폐기물 처리, 원료 재생업(36~39)
F. 건설업(41~42)
G. 도매 및 소매업(45~47)
H. 운수 및 창고업(49~52)
I. 숙박 및 음식점업(55~56)
J. 정보통신업(58~63)
K. 금융 및 보험업(64~66)
L. 부동산업(68)
M. 전문, 과학 및 기술 서비스업(70~73)
N. 사업시설 관리, 사업 지원 및 임대 서비스업(74~76)
O. 공공 행정, 국방 및 사회보장 행정(84)
P. 교육 서비스업(85)
Q. 보건업 및 사회복지 서비스업(86~87)
R. 예술, 스포츠 및 여가 관련 서비스업(90~91)
S. 협회 및 단체, 수리 및 기타 개인 서비스업(94~96)
T. 가구 내 고용활동 및 달리 분류되지 않은 자가 소비 생산활동(97~98)
U. 국제 및 외국기관(99)

※ 통계청, 한국표준산업분류(제10차 개정, 2017).

2. 서비스 경제의 등장

산업구조의 고도화와 함께 서비스 산업은 그간 양적, 질적으로 많은 발전을 해왔다. 우리나라의 서비스 산업은 짧은 기간 동안 빠른 성장을 하여 국내총생산 대비 약 60%에 이르고 있으며, 전체 산업부문에서 가장 큰 비중을 차지하는 국가의 중추적 산업이 되고 있다.

〈표 1-4〉에서 우리나라의 산업구조를 살펴보면, 서비스업의 비중은 1960년에 42.6%이던 것이 2018년에는 59.1%가 됨으로써 전체 산업에서 서비스업의 비중이 가장 높아졌다.

▶▶ 표 1-4 우리나라 산업별 생산구조 추이

(단위 : %)

산업구분 \ 연 도	1960	1970	1980	1990	2000	2010	2018
농림어업	39.0	28.9	15.9	8.4	4.4	2.5	2.2
광 공 업	14.5	20.4	25.6	28.0	29.3	30.9	30.2
서비스업 (전기 가스 수도사업 /건설업)	42.6 (3.9)	44.3 (6.4)	48.7 (9.8)	51.9 (11.7)	57.5 (8.8)	59.3 (7.3)	59.1 (8.5)

※ 자료 : 국가통계포털(KOSIS, 2019)

또한 〈표 1-5〉에서 산업별 취업자 추이를 살펴보면, 서비스업 종사자의 비중이 1960년에 총고용의 24.1%에 불과하던 것이 2018년에는 69.7%가 됨으로써 전체 산업에서 서비스업 종사자가 가장 높은 비중을 차지하였다. 여기에다 기획, 연구, 마케팅, 홍보, 인사, 회계, 정보처리, 교육훈련 등 제조업 분야에서 서비스 부문에 참여하는 사람들까지 고려하게 되면 서비스 종사자의 비중은 실로 엄청나다고 할 수 있다. 아울러 앞으로 도래할 4차 산업혁명 시대에는 서비스업의 비중이 더욱더 커질 것으로 예상된다.

미국을 비롯한 선진국에서는 서비스 산업이 차지하는 비중이 국내총생산 대비 70%를 넘어서고 있다. 우리나라의 서비스산업 비중이 국내총생산 대비 60%에 근접하고 있는 상황에 비추어 보면 과거에 비하여 서비스의 경제화가 많이 진전되었으나 선진국에 비해서는 아직 미흡한 상황이라 할 수 있다. 오늘날 서비스 산업은 국가경제를 발전시키고 소비자들의 삶의 질을 향상시키는 견인차 역할을 한다는 데 그 중요성이 있다.

▶▶ 표 1-5 우리나라 산업별 취업자 추이

(단위 : %)

산업구분 \ 연 도	1960	1970	1980	1990	2000	2010	2018
농림어업	65.7	50.4	34.0	17.9	10.6	6.6	5.0
광 공 업	7.7	14.3	22.5	27.6	20.4	17.0	16.9
서비스업 (전기 가스 수도사업 / 건설업)	24.1 (2.5)	32.4 (2.9)	37.0 (6.5)	46.7 (7.8)	61.2 (7.8)	68.7 (7.7)	69.7 (8.4)

※ 자료 : 국가통계포털(KOSIS, 2019)

한강의 기적을 낳고 제조업 기반의 급속한 경제발전을 거듭해온 우리나라의 경제는 이제 '경제의 서비스화' 현상이 가속화되고 있는 상황이라고 하겠다.

서비스 경제화란 일반적으로 경제가 발전함에 따라 생산 · 고용 · 소비 등 경제에서 서비스 산업이 차지하는 비중이 다른 산업부문에 비해 증가하는 현상을 말하며, 가치창출의 원인이 제품에서 무형의 서비스재로 옮겨지는 현상을 말한다.[2)]

서비스 경제화의 원인은 소득 증가에 따른 소비의 서비스화 진전, 기업 및 가계의 서비스 수요 증대, 정보기술의 발달에 따른 신종 서비스업의 발달 등을 들 수 있으며, 이를 세분하면 다음과 같다.

① 소비자욕구의 다양성(예, 오락, 관광, 레저 스포츠)
② 급속한 정보통신기술(ICT)의 발달(예, 인터넷쇼핑, 포털서비스)
③ 기업활동의 서비스 수요 증가(예, 경영컨설팅, 시장조사)
④ 소득 증가에 따른 서비스 수요 증가(예, 세탁, 청소, 육아)
⑤ 여가시간의 증가(예, 여행사, 성인교육 프로그램, 레저산업)
⑥ 산업구조의 복잡화(예, 산업의 융복합화, 서비타이제이션)
⑦ 인구구조 변화와 평균수명 증가(예, 건강 · 실버산업, 평생교육)
⑧ 삶의 복잡화(예, 세무상담, 법률상담, 결혼상담, 카운슬링)
⑨ 시간과 공간의 부족(예, 외식업, 테이크아웃, 베이비시터)

서비스 경제화의 양상은 다음과 같이 여러 가지 유형으로 나타나고 있다.

첫째, 신종 서비스업의 등장이다(예 사이버 경매장, 사이버 서점, 택배 서비스,

---

2) 이정학(2018), 서비스 마케팅, 대왕사, p.23.

이벤트 대행업체, 산소방 등).

둘째, 서비스 기업이 핵심 서비스 외에 부가적 서비스를 제공하여 기업 전체의 서비스 활동이 증가하는 것이다(예 이동통신회사의 무선통화 서비스 외에 전자우편, 인터넷, 대금결제 서비스 등).

셋째, 기존 서비스업의 고급화 전문화, 다양화로 나타난다(예 토탈웨딩 스튜디오, 비만클리닉 등).

넷째, 제조기업이 서비스업으로 전환하거나 서비스 사업을 추가하여 확장하는 것이다(예 'CJ'의 영상, 외식, 쇼핑, 정보서비스 사업 진출).

다섯째, 제조기업이 제품 판매 시 부가적인 대 고객 서비스를 증가시키는 것이다(예 컴퓨터회사의 사후서비스, 소프트웨어 및 무료 프로그램 제공, 무상 업그레이드 서비스 등).

3. 서비스 산업의 성장 배경

경제의 서비스화 현상은 서비스 산업의 양적 확대와 질적 변화를 가져오게 한다. 서비스 산업의 양적 확대는 서비스 산업의 확장과 경제적 비중 증가, 비 서비스 산업에서의 서비스 관련 부문의 비중 증가, 모든 산업분야에서의 서비스 지출의 증가, 산업구조의 소프트화 등을 통해 이루어진다. 또 서비스 산업의 질적 변화는 소비자들의 소득증대, 소비자 욕구의 다양화·전문화·고급화, 정보통신기술과 기술혁신의 발달, 지식집약화, 신종 서비스업의 등장 등을 통해 이루어진다.

서비스 산업이 성장하게 된 배경은 다음과 같이 요약될 수 있다.

첫째, 정보화 시대의 진전이다. 제조업 중심의 산업구조로부터 정보통신기술의 발달에 기초한 정보화 시대, 4차 산업혁명시대로의 전환은 서비스 산업의 발달을 가속화시키게 되었다.

둘째, 산업구조의 소프트화 현상이다. 산업구조가 고도화될수록 기업의 생산과정은 분화가 촉진되고 서비스에 대한 수요가 증대된다. 유통·물류, 교육훈련, 인력관리, 정보처리, 광고·홍보 등 기업활동에서 필요로 하는 많은 전문화된 서비스는 비용절감이나 경쟁강화를 위해 외주(outsourcing)의 형태로 수행되고 있다.

셋째, 소득의 증가와 소비구조의 서비스화이다. 가계소득의 증가와 함께 교육, 문화, 오락, 통신, 외식, 육아 등 총 가계비에서 서비스 부문의 소비 지출구성비

가 매우 증가하게 되었다.

넷째, 기술혁신에 따른 제품기술의 진보와 신제품 개발은 서비스의 수요를 증가시킨다.

다섯째, 신종 서비스업의 출현과 성장이다. 신종 서비스업은 기업의 부가가치 창출과정에서 필요로 하는 산업지원 서비스(디자인, 컨설팅, 연구개발 등)와 소비자 욕구의 다양화, 고급화, 전문화 추세에 따라 요구되는 생활지원 서비스업(문화오락, 레저, 교육, 가사서비스 등)으로 구분된다.

여섯째, 서비스 산업의 국제화이다. 글로벌화된 세계경제는 서비스 산업의 개방화, 국제화를 더욱 촉진하게 되었다. 금융업(시티뱅크), 항공업(유나이티드항공사), 외식업(맥도날드, KFC), 호텔업(Hyatt), 운송업(DHL, UPS), 유통업(월마트), 컨설팅(BCG) 등 수많은 서비스 기업들이 국경 없는 서비스의 국제화를 지향하고 있다.

일곱째, 정부의 서비스 산업 활성화 노력이다. 지식집약도가 높은 지식기반 서비스 산업은 앞으로 우리 경제의 새로운 성장동력이 될 수 있다. 즉, 지식기반의 서비스 산업은 침체된 우리나라 고용시장을 활성화시켜 고용창출 효과를 가져오고 적은 자본으로 높은 부가가치를 낼 수 있다.

한편, 제품과 서비스의 결합을 촉진하는 서비타이제이션은 서비스 산업 성장의 중요한 요인으로 자리잡고 있다. 서비타이제이션(Servitization)은 제품의 서비스화(Product Servitization), 서비스의 상품화(Service Productization), 기존 서비스와 신규 서비스의 결합 현상을 포괄하는 개념이다. 이것은 경제의 서비스화가 진전됨에 따라 기업들의 가치사슬 중심이 기존의 제조업에서 부가가치가 더 크다고 여겨지는 연구개발(R&D), 마케팅, 사후서비스(A/S), 재무 등의 서비스 분야로 이동되어 모든 산업이 서비스화로 발전되는 데 기인하고 있다.

서비타이제이션은 '융합'의 컨셉과 연결된다. 제품과 서비스의 융합, 제조업과 서비스의 융합, IT융합, 방송과 통신의 융합, 관광과 의료의 융합, 자동차와 유비쿼터스의 융합 등 서로 다른 분야와 기술의 융합을 통해 산업계는 새로운 경쟁력의 원천을 만들고 있다.

정수기 제조업체인 웅진코웨이의 코디제는 우리나라 최초의 서비타이제이션 모델이라 할 수 있으며, 이외에도 애플의 아이폰이 앱스토어와 아이튠즈를 통해 다양한 서비스를 제공하면서 부가가치를 창출하는 경우, 컴퓨터 제조업체인 IBM이 네트워크 컴퓨팅 기술을 기반으로 소프트웨어, 컨설팅 등에까지 관여하는 IT 서비스기업이 된 경우 등은 모두 제품의 서비스화에 의한 서비스타이제이션의 사례가 된다. 산업의 고도화와 온라인 및 IT기술의 발달, 소비자의 서비스 수요 증가 등은 서비타이제이션의 성장을 촉진하고 있다.

현장사례 ··· 제조업의 미래는 결국 서비스화 통한 비즈니스 모델 변혁

제조업과 서비스업의 영역 확대 및 융합에 따라 산업간 경계 붕괴

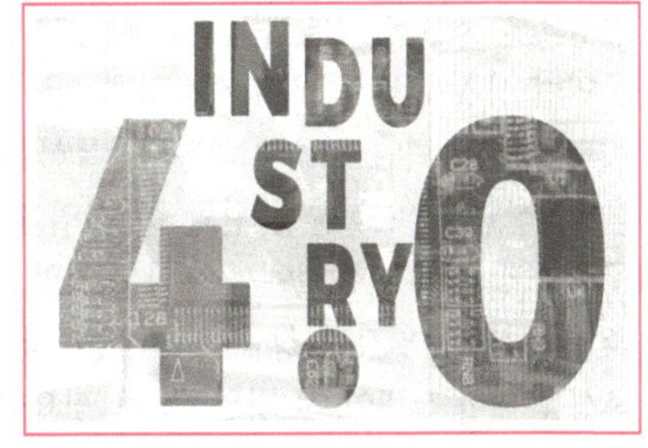

인공지능, 사물인터넷, 클라우드, 빅데이터 등 새로운 지능정보기술이 이끄는 4차 산업혁명은 제조업의 변화를 촉진하고 있다. 특히 ICT 기술을 기반으로 한 제조업의 영역이 확장되고 타 산업과의 융합 및 새로운 영역 창출 등 제조업이 빠르게 변화하고 있는 것이다. 이는 과거 인적 역량과 가격 경쟁력이 시장에서 경쟁우위를 차지했던 것과 달리 새로운 시대에는 첨단 기술력과 발 빠른 시장 대응 변화가 제조업의 경쟁력을 좌우하는 시대로의 변화에 따른 것이다.

이에 ICT 기술의 발전에 산업간 융합으로 인해 제조업의 서비스화는 선택이 아니라 필수가 되고 있다. 소위 서비타이제이션(Servitization)이라 불리는 제조업의 서비스화는 제조과정의 디지털화와 신규 비즈니스 모델 창출까지 포함하는 개념으로 미국을 중심으로 지속적으로 발전해왔다.

특히 GE와 지멘스, BMW 등 많은 글로벌 제조기업들은 ICT 기술을 적극 활용해 제조업의 서비스화를 추구하고 있다. 앞선 기술들을 기반으로 제조와 서비스, 소비자를 연결하는 플랫폼을 구축하고 이를 기반으로 새로운 생태계를 생성하고 있는 것이다. 또한 글로벌 기업들은 기존 제품과 서비스가 결합된 형태 외에도 그동안 존재하지 않았던 새로운 서비스를 창출하며 4차 산업혁명에 대한 경쟁력을 강화하는 중이다. 이런 현상을 보다 가속화시키는 것은 제조업과 서비스업의 영역 확대 및 융합으로 인해 산업간 경계가 붕괴되는 현상에 기인한다. 그동안 제조업은 제품 제조 및 공급 위주였고 서비스업은 무형의 서비스를 제공해왔다. 그러나 4차 산업혁명이 본격화되면서 유형의 제품과 연계한 형태로 다양화되며 두 산업간 경계가 붕괴되는 현상이 나타나며 산업간 경계가 모호해졌다. 나아가 기존 비즈니스 모델을 뛰어넘는 형태의 새로운 비즈니스 모델이 나타나며 새로운 생태계를 구성하기 시작했다.

특히 이전과는 다른 수요와 새로운 부가가치 서비스를 제공함으로써 새로운 시장을 창출하고 경쟁우위를 확보해 제조업의 개념이 제품 제조자의 위치에서 서비스 제공자의 위치로 전환되며 새로운 비즈니스 모델 개발을 통해 신규 시장에서 수익을 창출하는 형태로의 변화도 서비타이제이션을 가속화시키고 있다.

미국, 독일, 일본, 중국 등 각국의 제조업 혁신은 향후 국내 제조업체에게 많은 영향을 끼칠 것으로 예상된다. 일본 또한 고령화 및 저출산이 급속히 진행되고 중국의 제조업 혁신이 빠르게 진행되고 있다. 그러나 한국의 경우, 제조업의 서비스 생산유발계수는 선진국보다 크게 낮고 중국, 멕시코보다 낮은 최하위 수준인 것으로 나타났다. 국내 제조업은 주로 제품의 생산 이후 사후 관리 서비스에 치중돼 있어 제품 R&D, 생산, 판매, 사용 등 관련 가치사슬 전반에 서비스를 융합하고 있는 선진국에 비해 낮은 경쟁력 보이고 있다. 국내 제조업은 4차 산업혁명의 주요 범용기술 중 그나마 강점을 가진 스마트공장 추진에서 적용이 활발하며 CPS(Cyber Physical System)를 중심으로 초기 단계로 진입 중이다

이런 상황에 맞서 국내 제조업체들은 제조과정의 디지털화뿐만 아니라 혁신적인 서비스 발굴 노력이 필요해 보인다. 특히 대기업과 중소벤처기업, 하드웨어산업과 소프트웨어산업 간의 불균형 완화 등 산업 전반의 참여자가 함께 상생할 수 있는 생태계 구축이 필요하다. 이점에서 우리 정부와 국내 기업은 경쟁력이 저하되고 있는 국내 제조업의 부흥, 일자리 창출, 국가 경쟁력 확보를 위해서는 제조업의 서비스화 생태계 조성을 위한 노력이 전 방위적으로 필요해 보인다. 나아가 빠르게 변화하는 글로벌 시장 트렌드를 반영해 관련 정책을 지속적으로 수정·보완하며 미래 경쟁력 강화를 위한 다양한 대비책을 세워야 할 것이다.

출처 : 인더스트리뉴스, 2018. 10. 29.

03 서비스 마케팅의 의의

1. 서비스 마케팅의 개념

제조업을 중심으로 성장 발전해 온 현대 마케팅의 컨셉트나 실천은 점차 서비스업 분야로 옮겨가고 있으나, 서비스 산업에서의 마케팅의 역할은 아직 제한된 수준에 머물고 있는 실정이다. 날로 격심해지는 서비스 기업들 간의 경쟁양상과 서비스 이용고객들의 보다 다양하고 구체화된 욕구는 단순히 판매지향적 또는 기술지향적인 서비스가 아니라 고객지향적인 서비스를 제공하는 서비스 마케팅의 당위적 필요성을 인식하기에 이르렀다.

경제사회의 발전과 더불어 마케팅의 개념과 영역은 세월의 흐름에 따라 계속 발전되어 왔다. 한국마케팅학회는 2002년 최근의 마케팅 흐름을 반영하여 마케팅을 "조직이나 개인의 목적을 달성시키는 교환을 창출하고 유지할 수 있도록 시장을 정의하고 관리하는 과정"이라고 정의하였다. 미국마케팅학회(AMA)는 2004년 마케팅을 "고객에게 가치를 창출하고 전달하는 동시에 조직과 이해관계자 상호간에 이익이 되는 방향으로 고객관계를 관리하는 일련의 과정"이라고 정의하였다. 또 2007년에는 마케팅의 대상을 고객뿐만 아니라 사회에까지 확대하여 마케팅을 "고객과 파트너, 사회를 위해 가치를 창출하고 커뮤니케이션하고 전달하며 교환하는 일련의 과정 또는 활동"이라고 정의하였다.

서비스 마케팅은 기본적으로 서비스를 대상으로 수행하는 마케팅 활동이라고 할 수 있다. 본서에서는 서비스 마케팅을 현대적 마케팅의 정의에 기초하여 다음과 같이 정의한다.

> "서비스 마케팅은 일관되고 신뢰성 있는 서비스 제공을 통하여 시장에서 개인과 조직의 목적을 충족시켜 주는 교환을 창출하고 유지할 수 있도록 고객가치를 창출하고 고객관계를 관리하는 과정이다."

위의 정의가 함축하고 있는 의미를 구체적으로 살펴보면 다음과 같다.

첫째, 서비스 마케팅은 일관되고 신뢰성 있는 서비스 제공물을 대상으로 하는

마케팅이다.

둘째, 서비스 마케팅은 개인과 조직의 목적을 동시에 충족시키는 것을 추구한다.

셋째, 조직과 개인은 자신의 제공물과 그 반대급부로 얻고자 하는 것과의 교환(exchange)에 의해 각자의 목적을 달성할 수 있다.

넷째, 개인과 조직 간에 교환을 창출하고 유지하는 활동은 마케터가 신규고객을 창출하고 기존고객을 유지하는 활동을 포함하는 것이다.

다섯째, 서비스 마케팅의 핵심은 교환을 통해 고객가치를 창출하고 고객관계를 관리하는 데 있다. 이것은 최근에 중요시되고 있는 고객관계관리(CRM)와 관계마케팅의 중요성을 반영하고 있는 것이다.

여섯째, 서비스 마케팅은 시장(market)을 통해 이루어지는 활동이다. 마케팅에서 시장은 '교환과정에 참여하는 잠재고객들의 집합'을 의미한다. 시장은 현존하는 시장과 앞으로 창출될 수 있는 시장을 모두 포함하며, 마케터는 이러한 시장의 요구에 적응할 뿐만 아니라 자사에 유리한 방향으로 시장을 선도해 나감으로써 시장에서의 불확실성을 줄이고 경쟁력을 확보해 나가야 한다. 따라서 마케터는 마케팅환경의 변화에 대응하여 시장을 정의하고 적절하게 관리해야 한다.

요컨대, 서비스 마케팅은 서비스 제공을 통하여 교환을 창출하고 유지할 수 있도록 고객가치를 창출하고 고객관계를 관리하는 활동이라 할 수 있다.

2. 서비스 마케팅과 제품 마케팅의 차이

일반적으로 서비스는 시장에서 유사한 편익을 제공하는 재화 부문과 경쟁관계에 있다. 탁아 서비스나 설비유지 서비스와 같이 어떤 서비스를 구매한다는 것은 자가 서비스에 대한 대안으로 볼 수 있다. 임대서비스를 이용하는 상황 역시 자기 소유물을 이용하는 것에 대한 대안이라고 볼 수 있다. 그러나 서비스와 제품이 경쟁관계에 있다고 해서 마케팅 과업이 같다는 것을 의미하는 것은 아니다.

서비스 부문의 마케팅관리 과업은 다음과 같은 두 가지 차원에서 제품부문과 차이가 있다.[3)]

---

3) Lovelock, *op. cit.*, pp.6-10.

(1) 일반적 차이

1) 제품 성격의 차이

일반적으로 재화를 '사물(object), 장치(device), 물건(thing)'이라고 정의한다면 서비스는 '행위(deed), 성과(performance), 노력(effort)'이라고 정의할 수 있다. 어떤 행위나 성과를 마케팅하는 것은 물리적인 대상물 그 자체를 마케팅하는 것과는 다르다. 서비스는 흔히 비행기를 탑승할 때나 레스토랑에서 식사를 하는 경우와 같은 유형적 행위를 수반하지만 서비스 행위나 성과 그 자체는 무형적이다. 서비스는 시간 제약적이고 무형적이고 경험적인 특성을 갖고 있다.

2) 서비스 생산과정에의 고객 참여

서비스의 수행은 물리적 시설과 정신적, 육체적 노동의 결합으로 이루어진다. 고객은 셀프 서비스(패스트푸드점, 구내식당 등)나 서비스 제공자에게 협력(병원, 호텔 등)을 함으로써 서비스 생산과정에 참여하게 된다.

3) 서비스 상품의 일부로서의 사람

서비스를 이용할 때(특히 고접촉 서비스의 경우), 고객들은 서비스 종업원뿐만 아니라 다른 고객들과도 접촉하게 된다. 서비스 종업원의 태도나 서비스 과정에 함께 참여하는 다른 고객들의 행동은 서비스의 품질을 결정하는 중요한 요소가 된다. 따라서 서비스 참여자는 서비스 상품의 일부가 되는 것이다.

4) 품질관리의 문제

물리적인 제품은 일정한 표준에 기초하여 품질관리가 사전에 이루어지지만 서비스는 생산과 동시에 소비가 이루어지기 때문에 품질관리가 어렵다. 또 서비스 제공자나 고객에 따라 서비스의 품질은 달라진다.

5) 재고불능

서비스는 어떤 행위나 성과로 개념화 되는 것이므로 소멸성의 특성을 가지며, 재고로 남겨둘 수 없다. 물론 필요한 시설이나 장비, 인력은 미리 준비할 수 있으나 이는 서비스 공급역량을 나타내고 있을 뿐이며 서비스 그 자체는 아니다. 따라서 서비스 수요와 공급역량을 조화 또는 균형시키는 일이 매우 중요하다.

6) 시간요인의 중요성

서비스는 대개 실시간으로 제공된다. 병원이나 미장원, 레스토랑 등 서비스 기업으로부터 고객이 서비스를 제공받기 위해서는 현장에서 차례를 기다리며 대기해야 한다. 이때 고객이 수용할 수 있는 대기시간에는 한계가 있으므로 가능한 한 신속하게 서비스가 제공될 수 있도록 해야 한다.

7) 상이한 유통경로

제조업에서는 공장에서 고객에 이르기까지 제품 이동을 위해 물리적 유통경로를 필요로 하지만, 서비스 기업들은 전자유통경로나 에이전트, 프랜차이즈 시스템 등의 중간상을 이용하거나 서비스 공장과 소매점포, 소비시점을 하나로 결합시켜 서비스를 유통시킨다. 일반적으로 서비스의 유통경로는 제조업에 비하여 짧고 단순하다.

(2) 상황적 차이

서비스업 부문의 마케팅 관리자들은 업무환경에 있어서 제조업 부문과 다음과 같은 차이가 있음을 인식하게 된다.

1) 마케팅에 대한 좁은 정의

많은 서비스 기업의 경영자들은 마케팅을 영업중심의 광고나 공중관계 또는 판매나 시장조사 정도의 제한된 개념으로 인식하고 있다. 최근에 들어 이러한 상황은 많이 바뀌어 가고 있지만 아직도 서비스 기업의 많은 경영자들은 고객 지향적인 마인드를 갖지 못하고 있다.

2) 마케팅의 중요성에 대한 인식 부족

영업관리 중심의 경영활동이 전개됨에 따라 서비스 기업 내에서 마케팅 기술과 마케팅의 중요도에 대한 인식이 부족하다. 따라서 마케팅관리자의 기능이나 역할이 제한되고, 다른 관리자들에 비해 비중이 낮게 평가된다.

3) 상이한 조직구조

제조기업과 달리 서비스 기업은 대개 서비스의 마케팅과 운영부문이 통합된 조직구조를 가지고 있으며, 이렇게 하여 높은 서비스 품질과 고객만족을 제공할 수 있다고 본다.

4) 경쟁자에 대한 자료 부족

서비스 기업은 제조기업에 비해 경쟁자의 성과에 대한 자료가 부족하다. 이는 서비스 기업들이 자사의 자료를 공표하지 않거나 잘못된 자료를 제공하기 때문이며, 서비스 마케터나 광고대행사들이 마케팅성과를 측정하고 모니터하는 데 어려움을 준다.

5) 가격결정을 위한 비용 산출의 어려움

서비스 기업은 제조기업과 달리 고정비와 변동비를 산출하기 어렵다. 특히 한 기업이 여러 가지 서비스를 동시에 제공하는 경우에는 더욱 그렇다. 또 서비스 수요의 높은 파동성도 비용 산출을 어렵게 한다. 서비스 단위당 평균비용을 산출하지 못하면 가격결정이 어렵게 된다.

(3) 제품 마케팅과 서비스 마케팅의 차이

서비스 기업은 서비스가 갖는 고유의 특성에 따라 소비재 기업과 상이한 마케팅 상황과 고객관계를 유발하게 해 준다. 그렌루스(Grönroos)는 서비스 마케팅과 전통적 제품(소비재) 마케팅의 기본적인 차이를 생산·소비·마케팅 간의 관계를 중심으로 [그림 1-3]와 같이 설명하고 있다.[4)]

그림 좌측 부분의 소비재 기업의 경우는 생산과 소비가 분리되어 있어 이 둘의 교량역할을 하는 전통적 마케팅 기능이 필요함을 보여 준다. 또 그림의 우측 부분의 서비스 기업의 경우는 생산–소비의 동시성에 기인하여 광고, 판매촉진 등의 전통적 마케팅기능과 함께 판매자와 구매자간의 상호작용 마케팅 기능이 필요함을 보여주고 있다.

---

4) Grönroos, C.(1982), "An Applied Service Marketing Theory", European *Journal of Marketing*, Vol.16, No.7, pp.31~42.

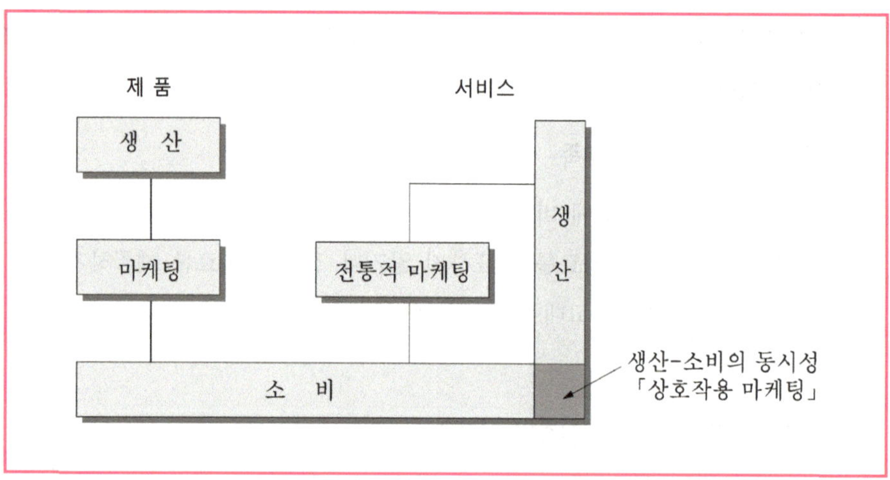

[그림 1-3] 제품 마케팅과 서비스 마케팅의 차이

전통적 마케팅기능은 주로 마케팅부서의 마케팅 전문가가 담당하지만 생산과 소비간의 접촉영역에서 수행되는 상호작용 마케팅은 비마케팅 전문가들이 담당하게 된다. 결과적으로 서비스 기업에서는 흔히 마케팅 전문가와 비마케팅 전문가를 포함하는 전 종업원에 의해 마케팅 활동이 수행된다.

전통적 마케팅에서는 생산과 소비가 분리되어 있어 이를 매개하기 위한 마케팅활동이 요구된다. 즉 생산된 제품은 마케터의 마케팅믹스 활동을 통해 소비자에게 판매되며, 제품에 대한 소비자의 의견이나 정보는 마케팅조사를 통해 생산에 반영된다. 그러나 서비스 마케팅에서는 생산과 소비가 동시에 이루어지기 때문에 소비자가 서비스의 생산과정에 직접 들어가 일정한 역할을 수행하며 서비스 제공자와 소비자 간에 상호작용이 발생한다. 또 서비스는 무형적이고 평가하기가 어렵기 때문에 소비자는 서비스의 생산-소비과정에서 무엇이 일어나는가에 영향을 받을 뿐만 아니라 자신의 행동에 의해 생산과정 그 자체에 영향을 미칠 수 있다. 따라서 서비스 기업은 판매자와 구매자간의 상호작용과 접점을 관리하는 활동이 무엇보다도 중요하다.

〈표 1-6〉에는 서비스 마케팅과 전통적인 제품 마케팅을 비교·설명해 주고 있다.

표 1-6 서비스 마케팅과 제품 마케팅의 비교

구 분	공 통 점	생산 - 소비의 관계	마케팅 기능	조 직
서비스 마케팅	시발점 : 시장 초 점 : 고객	생산 - 소비의 동시성	상호작용 마케팅과 전통적 마케팅	전종업원의 참여
제 품 마케팅		생산 - 소비의 분리	생산과 소비의 매개 기능	마케팅부서 (마케팅전문가)

그렌루스(Grönroos)는 서비스 기업이 고객지향적인 서비스를 개발하고 상호작용적 마케팅 기능과 관련 제자원을 성공적으로 개발하기 위해서는 서비스 컨셉트, 서비스의 도달가능성, 종업원–고객 간의 상호작용적 커뮤니케이션, 부차적 서비스, 서비스에 대한 고객의 영향 등 다섯 가지의 상호작용적 마케팅 변수가 매우 중요하며, 이 변수들은 서비스 기업의 중요한 경쟁수단이 된다고 역설했다.

3. 서비스 마케팅시스템

서비스를 생산하고 제공하는 일련의 과정을 하나의 시스템으로 볼 때, 서비스 마케팅시스템(service marketing system)은 투입물이 처리되어 서비스 상품을 생산하는 서비스 운영시스템(service operation system)과 생산된 서비스 상품을 고객에게 전달하는 서비스 제공시스템(service delivery system)으로 구성되는 하나의 시스템으로 볼 수 있다.[5)]

서비스 운영시스템은 고객들에게 보이지 않는 비가시적인 후방 부분(기술적 핵심)과 고객들에게 노출되는 가시적인 전방 부분(물리적 환경, 종업원)으로 구분된다. 고객들은 후방부분에 대해서 잘 모르고 또 별로 관심이 없지만 이곳에서 업무가 제대로 수행되지 않으면 서비스의 품질이 크게 떨어지게 된다. 예컨대, 레스토랑의 주방은 후방 부분에 속하지만 주방에서 제대로 조리를 하지 않은 상태로 주문받은 메뉴를 제공하면 고객들은 매우 실망하게 될 것이다.

또 서비스 제공시스템은 서비스 상품을 고객에게 제공하는 장소나 시간, 방법에 관련된 것으로서 운영시스템의 물리적 시설과 설비, 종업원 및 다른 고객들까지 포함된다. 레스토랑의 경우 서비스 제공시스템은 주방에서 조리된 음식을 고

5) Lovelock, C.(2001), Service Marketing, 4th ed., Prentice-Hall, pp.65-67.

객에게 배달 또는 전달하는 것과 관련된 시스템이라고 할 수 있다.

서비스 마케팅시스템에는 서비스 운영시스템과 서비스 제공시스템 외에 기타 접촉요소로서 광고나 인적판매, 시장조사, 청구서, 종업원과의 접촉, 장비·시설에의 노출, 구전 등이 서비스에 대한 고객의 지각에 영향을 미친다.

서비스 마케팅시스템의 구성요소와 이들 간의 관계는 [그림 1-4]과 같이 고접촉 서비스와 저접촉 서비스로 구분하여 나타낼 수 있다.

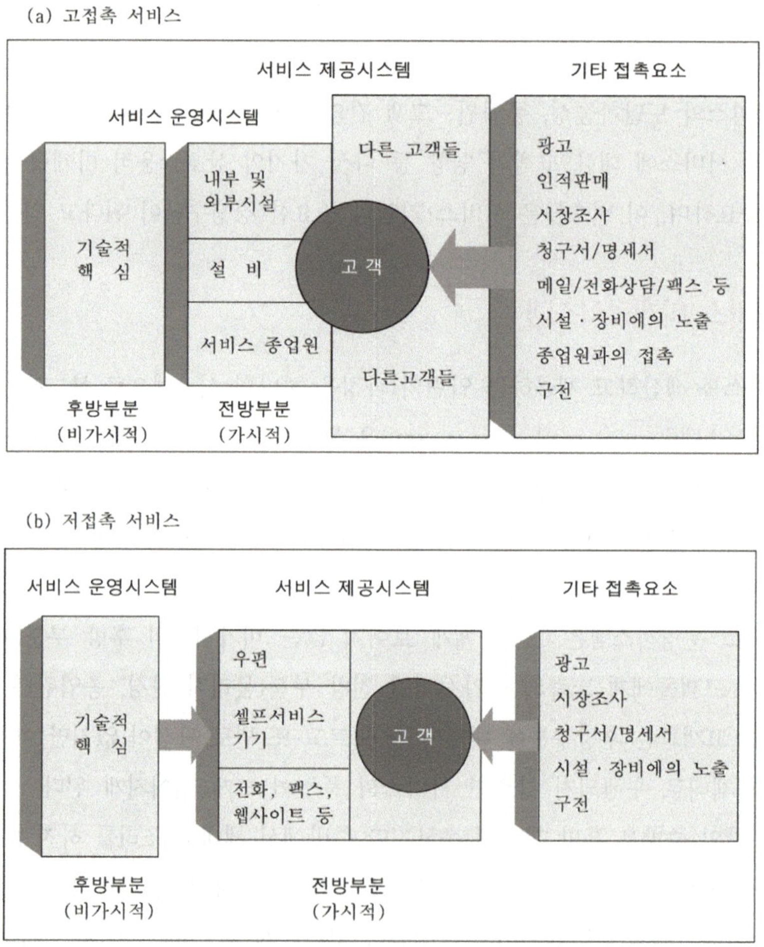

(a) 고접촉 서비스

서비스 제공시스템
기타 접촉요소
서비스 운영시스템
기술적 핵 심
내부 및 외부시설
설 비
서비스 종업원
다른 고객들
고 객
다른고객들
광고
인적판매
시장조사
청구서/명세서
메일/전화상담/팩스 등
시설 · 장비에의 노출
종업원과의 접촉
구전
후방부분 (비가시적)
전방부분 (가시적)

(b) 저접촉 서비스

서비스 운영시스템
서비스 제공시스템
기타 접촉요소
기술적 핵 심
우편
셀프서비스 기기
전화, 팩스, 웹사이트 등
고 객
광고
시장조사
청구서/명세서
시설 · 장비에의 노출
구전
후방부분 (비가시적)
전방부분 (가시적)

※ 자료 : Lovelock, Christopher(2001), Service Marketing, 4th ed., Prentice-Hall, p.66.

[그림 1-4] 서비스 마케팅시스템

[그림 1-4]에서 (a)는 서비스 제공자와 고객간에 대면접촉을 통해 서비스가 제공되는 '고접촉 서비스의 마케팅시스템'을 나타내며, (b)는 서비스 제공자와 고객간에 접촉빈도가 낮고 우편이나 전화, 셀프서비스 장비를 이용하여 서비스가 제공되는 '저접촉 서비스의 마케팅시스템'을 나타낸다. 저접촉 서비스의 마케팅시스템에서는 전방의 서비스 제공시스템과 후방의 서비스 운영시스템이 분리되어 기능하고 있음을 알 수 있다. 서비스 마케팅시스템의 구조와 범위는 서비스 조직에 따라 다르다.

〈표 1-7〉에는 서비스 마케팅시스템에서 서비스 제공과 관련하여 고객들에게 노출되는 유형적 커뮤니케이션 요소들을 제시해 주고 있다.

표 1-7 서비스 마케팅시스템의 구성요소

서비스 종업원	서비스 시설 및 장비	비인적 커뮤니케이션	다른 사람들
• 고객접촉(대면, 전화, 우편 등 이용) • 판매요원 • 고객서비스 요원 • 청구서 발행 직원 • 고객 비접촉 직원 (기술자 등) • 서비스대행 또는 위탁 중간상(대리상 등)	• 건물외부, 주차장, 조경 등 • 건물내부, 장식 • 차량 • 고객 셀프서비스 기구 • 기타 장비	• 공식문서 • 브로셔, 카탈로그, 안내 매뉴얼 • 광고 • 사인 • 대중매체를 통한 뉴스나 기사	• 서비스 제공 중에 마주치는 다른 고객들 • 친구, 친지, 주위 사람 등에 의한 구전 내용

4. 서비스 마케팅의 삼각형

서비스 마케팅의 삼각형은 기업과 종업원, 고객의 3자 간에 이루어지는 외부 마케팅, 내부마케팅, 상호작용 마케팅 등의 3가지 마케팅을 일컫는 것으로, 서비스 기업이 고객들을 향해 약속을 하고 이를 지키는 것과 관련된 마케팅활동을 말한다. [그림 1-5]에는 서비스 마케팅의 삼각형 관계를 보여주고 있다.[6)]

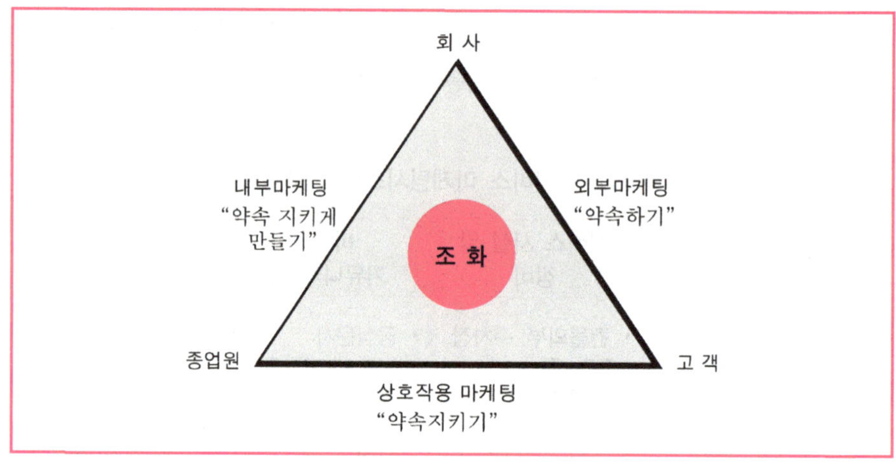

[그림 1-5] 서비스 마케팅의 삼각형

먼저, 외부마케팅(external marketing)은 기업이 외부고객을 향해 수행하는 마케팅으로, 기업이 고객의 기대를 설정하고 고객에게 제공할 것을 약속하는 것과 관련된 마케팅을 의미한다. 서비스가 제공되기 전에 고객과 커뮤니케이션하는 것은 모두 외부마케팅 활동으로 간주할 수 있다. 서비스 기업에는 광고나 판매촉진, 판매, 홍보 등의 전통적인 커뮤니케이션 요소 외에도 기업의 설비나 인적자원 등 고객들에게 커뮤니케이션하는 많은 요소들이 있다.

내부마케팅(internal marketing)은 내부고객인 종업원이 고객을 향해 수행하는 마케팅으로, 종업원을 통해 기업이 고객들에게 제공하기로 한 서비스 약속을 지

6) '외부마케팅'은 기본적 서비스 마케팅믹스인 4P's, 즉 상품(product), 가격(price), 유통(place), 촉진(promotion)과 주로 연결되며, '상호작용 마케팅'과 '내부마케팅'은 확장적 서비스 마케팅믹스인 3P's, 즉 물적증거(physical evidence), 과정(process), 사람(people)과 주로 연결되는 개념이다.

킬 수 있도록 하는 마케팅을 의미한다. 즉 내부마케팅은 기업이 고객과의 약속을 잘 지킬 수 있도록 종업원을 교육하고 동기부여하며 보상하는 일련의 활동을 말한다. 만일 종업원들이 고객과의 약속을 이행할 의지나 능력이 없다면 그 기업은 약속을 지킬 수 없게 되고, 결국 서비스 마케팅의 삼각형은 무너지게 될 것이다. 내부마케팅은 내부고객만족과 외부고객만족이 서로 긴밀히 연결되어 있다는 가정에 기초하고 있으며, 접점 종업원의 만족과 내부 부서간의 소통, 종업원 관리에 마케팅 기법을 활용하는 개념을 내포하고 있다.

상호작용 마케팅(interactive marketing)은 고객접점에서 종업원이 고객을 향해 수행하는 마케팅으로 접점 마케팅(real-time marketing)이라고도 하며, 일선 종업원이 (외부)고객과의 상호작용을 통해 서비스 약속을 지키고 실행하는 마케팅을 말한다. 서비스 기업의 종업원들은 고객과 직접 접촉하여 상호작용하는 과정을 통해 서비스를 제공한다. 이때 외부마케팅을 통해 고객들에게 약속된 서비스와 상호작용 마케팅을 통해 실제로 제공된 서비스를 연계하여 일치시키는 일은 매우 중요하다. 고객들에게 약속한 서비스가 지켜지지 않으면 외부마케팅은 무의미하게 되고 만다.

서비스 마케팅의 삼각형은 3면이 모두 서비스 마케팅에서 매우 중요하며, 3면 중 어느 한 부분이라도 소홀하거나 미흡하면 성공적인 서비스 마케팅을 수행할 수 없다는 것을 의미한다. 따라서 외부마케팅과 내부마케팅 및 상호작용 마케팅 간에 조화를 유지하는 것은 서비스 마케팅의 성패를 좌우하는 매우 중요한 일이라고 할 수 있다.

외부마케팅, 내부마케팅, 상호작용마케팅의 관계는 〈표 1-8〉과 같이 비교할 수 있다.

▶▶ 표 1-8 외부마케팅과 내부마케팅 및 상호작용마케팅의 비교

구 분	외부마케팅	내부마케팅	상호작용마케팅
대 상	외부고객(소비자)	내부고객(종업원)	외부고객(소비자)
주 체	기업	기업	종업원
제공물	상품(서비스)	직무 및 작업환경	상품(서비스)
가 격	상품의 대가	직무의 대가	서비스의 대가
목 표	소비자만족	종업원만족	소비자만족

5. 서비스 마케팅믹스

마케팅믹스(marketing mix)는 시장에서 마케팅목표를 달성하기 위하여 기업이 통제가능한 마케팅 제 수단을 최적의 상태로 결합하는 것을 의미하는데, 일반적으로 4P's, 즉 제품(product), 가격(price), 유통(place), 촉진(promotion)이 가장 전형적인 마케팅믹스 요소로 받아들여지고 있다. 그러나 서비스 마케팅에서는 서비스가 갖는 고유의 특성으로 인해 기존의 마케팅믹스를 그대로 적용하기에는 한계가 있다는 것이 학자들의 일반적인 견해이다. 이를테면, 서비스의 무형성은 고객 커뮤니케이션과 서비스 평가의 단서가 되는 유형적 증거물의 중요성을 낳게 한다. 또, 서비스의 동시성과 이질성 특성은 종업원과 고객 간의 상호작용과 서비스 접점 및 서비스 제공과정의 중요성을 낳게 하며, 내부고객인 종업원과 외부고객인 고객 관리의 중요성을 암시해 준다.

서비스 마케팅에서는 이러한 추가적인 마케팅믹스 변수들의 필요성이 대두됨에 따라 전통적 마케팅믹스 요소인 4P's, 즉 상품(Product), 가격(Price), 유통(Place), 촉진(Promotion)에 확장적 마케팅믹스 요소인 3P's, 즉 물적증거(physical evidence), 프로세스(process), 사람(people)을 추가하여 7P's를 서비스 마케팅믹스 요소로 한다.

(1) 상품(product)

'상품'은 고객의 욕구를 충족하기 위하여 제공된 무형의 행위나 과정 또는 성과를 말한다. 서비스 상품은 핵심 서비스와 부가 서비스가 유·무형의 요소로 결합되어 묶음(bundle)으로 제공되거나 관련 상품들의 패키지 형태로 제공된다. 서비스 상품에는 제공된 서비스의 범위와 품질수준, 부가 서비스, 상품믹스, 상표, 보증, 사후서비스, 서비스수명주기, 서비스 신상품개발 등이 포함된다.

(2) 가격(price)

'가격'은 구매 상품에 대하여 지불되는 교환가치 내지 반대급부를 말한다. 즉, 서비스 가격은 구매 상품을 통해 고객이 경험과 편익을 얻는 대가로 지불하는 금전적, 비금전적 비용이라고 할 수 있다. 서비스 가격에는 가격수준과 가격결

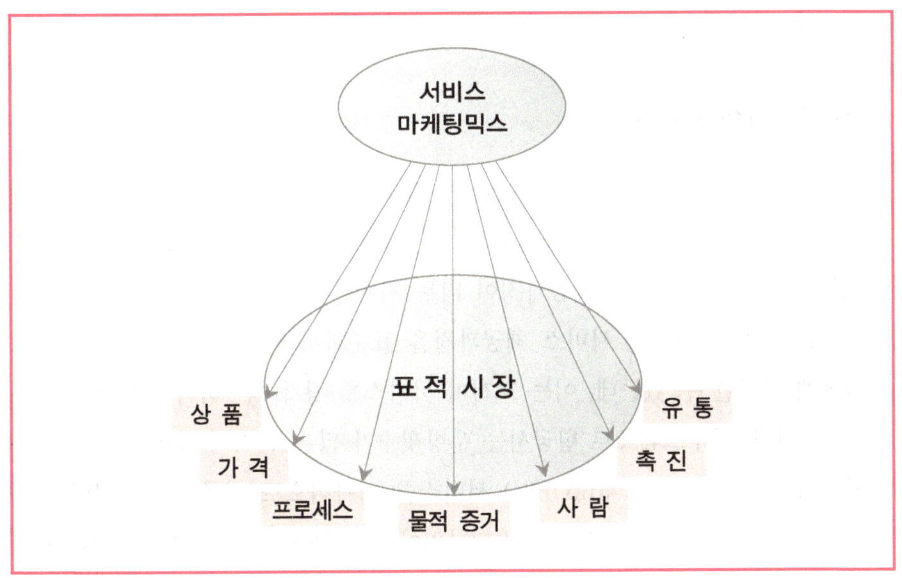

[그림 1-6] 서비스 마케팅믹스

정, 거래조건, 할인, 공제, 거래조건, 수요・공급관리, 가격차별화, 가격전략 등이 포함된다.

(3) 유통(place)

'유통'은 서비스 제공자가 서비스 제공시스템을 통해 고객에게 서비스를 전달해 주는 것을 말한다. 서비스 유통은 고객에게 시간적, 장소적 편의성을 제공하는 것으로 이해할 수 있다. 즉, 효과적인 서비스 유통을 위해서는 장소적 편의성을 도모하는 접근가능성과 시간적 편의성을 도모하는 이용가능성이 중요한 고려사항이 된다. 서비스 유통에는 입지와 주차시설, 예약시스템, 홈페이지 운영, 유통경로, 중간상, 유통 커버리지, 유통전략 등이 포함된다.

(4) 촉진(promotion)

'촉진'은 설득적 커뮤니케이션을 통해 고객의 수요를 자극하고 판매 증대를 도모하는 활동으로서 고객 커뮤니케이션 활동을 말한다. 서비스 촉진에는 고객접점에서의 종업원 인적판매, 광고, 판매촉진, 홍보, 스폰스십 마케팅, 구전 등이

포함된다.

(5) 프로세스(process)

'프로세스'는 서비스가 실제로 수행되는 절차나 활동 메커니즘, 즉 서비스 운영 및 제공시스템을 말한다. 고객은 서비스가 제공되는 과정을 경험하면서 서비스를 평가하게 된다. 서비스 제공과정이 너무 지루하거나 복잡하면 고객을 상실할 수 있다. 서비스 기업은 서비스 제공과정을 표준화하거나 개별화하는 방법으로 고객에게 접근할 수 있는데, 이는 고객이 서비스를 평가하는 하나의 단서로 작용한다. 예컨대, 사우스웨스트 항공사는 운항횟수가 많은 단거리 국내 항공편에 주력하면서 표준화된 무장식(no-frills) 서비스를 저가격으로 제공하여 경쟁력과 수익성을 확보하고 있다. 반면에 스칸디나비아 항공사(SAS)는 비즈니스 여행자에 초점을 두고 이들의 개별적인 여행욕구에 따라 개별화되고 비표준적인 서비스를 철저히 제공함으로써 성공적인 운영을 하고 있다.

(6) 물적 증거(physical evidence)

'물적 증거'는 서비스와 관련된 모든 유형적 요소 내지 서비스 제공현장에서 고객이 접촉하는 물리적 환경을 말한다. 물적 증거는 서비스의 성과나 커뮤니케이션을 촉진하는 기능을 하며, 건물, 간판, 실내장식, 설비, 안내책자, 명함, 청구서, 사인물 등의 유형적 요소를 포함하는 것이다. 이러한 유형적 요소들은 서비스 품질의 중요한 지표가 될 수 있으며, 기업목표나 시장세분화, 서비스의 본질과 관련하여 고객들에게 기업이미지에 대한 일관성 있고 강력한 메시지를 제공해 준다.

(7) 사람(people)

'사람'은 서비스 제공과정에 참여하여 구매자의 지각에 영향을 미치는 모든 행위자로서 종업원과 고객 및 서비스 제공현장의 다른 고객들을 말한다. 서비스 제공에 참여하는 이들의 외모나 태도, 행동은 모두 고객의 서비스 지각에 영향을 미치며, 고객이 서비스를 미리 판단하게 하는 단서로 작용할 수 있다. 특히 컨설팅이나 교육, 진료, 기타 전문적인 관계중심의 서비스나 고 접촉 서비스를 제공하는 경우는 서비스 접점에 있는 '사람'이 매우 중요한 역할을 한다. 종업원 관리를 위한 내부마케팅이나 고객관리를 위한 관계마케팅이 이 부분의 주요 이슈가 된다.

〈표 1-9〉에는 서비스 마케팅믹스의 구성요소와 주요 내용들을 제시해 주고 있다.

표 1-9 서비스 마케팅믹스의 구성요소

구성요소	주요 내용
상 품 (product)	서비스 상품믹스, 상표, 품질수준, 부가서비스, 포장, 보증, 상품서비스 등
가 격 (price)	가격수준, 가격결정, 거래조건, 할인, 가격차별화, 수요·공급관리 등
유 통 (place)	경로유형, 경로관리, 입지/접근성, 이용가능성, 경로 커버리지 등
촉 진 (promotion)	광고, 인적판매, 판매촉진, 홍보, 스폰서십, 구전, 판매원 관리 등
프로세스 (process)	서비스 시스템, 서비스 청사진, 접점관리, 서비스 표준화·개별화 등
물적 증거 (physical evidence)	건물, 조경, 주변환경, 표지판, 종업원 유니폼, 실내장식, 소품, 명함, 팜플렛, 계산서, 영수증 등
사 람 (people)	종업원, 고객, 다른 고객들

현장사례 … 서비스 마케팅 시대 – 사람 중심의 '8P' 마케팅믹스로 접근하다!

과거 우리나라 기업의 서비스는 고객들이 '뺑뺑이'를 돌아야 겨우 얻을 수 있는 낮은 수준이었다. 일을 보기 위해 찾은 창구에는 안내가 되지 않아 헤매야 했고, 차례가 돼 창구직원에게 이야기하면 불친절을 경험해야 하는 일이 다반사였다. 대기번호표도 없이 줄을 서서 기다리는 후진국형 서비스였다.

요즘의 서비스 수준은 어떨까? 서비스가 소비자들의 행동에 어떤 영향을 미치고, 그러한 차이점을 고려해 어떤 마케팅과 매니지먼트 전략을 펼쳐야 할까?

서비스 수준은 소비자들의 삶의 질을 결정하는 중요한 요소다. 소비자가 지불하는 돈으로 운영되는 서비스인데 그 사람들에게 불친절했던 아이러니한 시대가 있었다. 우리나라 국내총생산에서 서비스산업 차지 비중은 60%대이고, 다른 선진국들은 70%를 웃돈다. 우리가 마케팅이나 매니지먼트를 논할 때, 예전엔 제조업체와 제품이 주 대상이었지만 요즘은 서비스를 무시할 수 없게 됐다.

소비자들은 서비스의 선택에 있어서 위험부담을 많이 느껴 신중할 수밖에 없고, 서비스를 제공하는 사람들의 태도나 행동에 민감하다. 은행이나 병원, 호텔, 통신사 등을 평가하고 선택할 때 자동차나 가전기기를 선택하듯이 하지는 않는다. 따라서 우리가 지금까지 의존해왔던 경영의 가이드라인이 서비스의 경우 달라질 수밖에 없다.

서비스 마케팅과 매니지먼트 전략을 논할 때는 서비스의 특성, 즉 서비스와 유형재의 근본적인 차이점을 이해해야 한다. 서비스는 다음과 같은 네 가지 측면에서 유형재와 기본적으로 다르다. △서비스는 무형성(intangibility)이 높아 소비자가 구매 전에 시용(試用)을 할 수 없고 △생산과 소비의 비분리성(동시성, inseparability)을 갖고 있어 접점요원들의 중요성이 크며 △품질의 불균질성(inconsistency)으로 품질을 예측하기 힘들고 △소멸성(재고불능성, inventory problem) 때문에 수요의 고저에 큰 영향을 받는다. 그만큼 서비스 마케팅은 지금까지 기업이 경험을 통해 익숙해진 유형재 마케팅과는 다른 전략이 필요하다. 이 네 가지를 '4I'라고 부른다.

유형재에 대한 마케팅을 논할 때는 제품(product), 가격(price), 유통(place), 촉진(promotion)의 '4P' 마케팅에 대해 이야기한다. 서비스의 경우 기존 '4P'에 프로세스(process), 물적 환경(physical environment), 사람(people), 생산성과 품질(productivity and quality)을 추가해 '8P 마케팅믹스'라고 부른다. 서비스의 '4I' 특성을 '8P' 마케팅 및 매니지먼트 전략으로 대응하는 것이다.

'서비스는 물건 장사가 아니라 사람 장사'라는 말이 있다. 서비스는 사람과 사람 사이의 대화와 상호교류에 의해 생산되고 제공되기 때문에 서비스를 제공하는 사람의 중요성을 강조하는 것이다. 종업원의 수준이 서비스 품질을 결정하고, 서비스 기업의 성공은 소비자들을 직접 상대하는 종업원들에 의해 좌우된다고 해도 과언이 아니다.

'8P 서비스 마케팅믹스' 중 가장 중요한 요소는 역시 사람(people)이다. 서비스 기업이 성공하기 위해서는 좋은 사람들을 선발해 최고의 교육훈련을 시키고, 이들을 지원해 서비스 현장에서 최고의 서비스를 제공할 수 있도록 해야 한다.

유럽 굴지의 항공사 SAS의 예를 생각해보자. 어렵던 회사를 짧은 시간 내에 성장시킨 사람은 얀 칼슨 회장이었다. 그는 고객과 직원이 상호 교류하는 접점, 즉 결정적 순간(MOT, Moment of Truth) 관리에 최선의 노력을 다했다. 서비스 기업의 성패는 고객과 종업원이 만나는 결정적 순간에 의해 결정되기 때문이다. SAS는 접점요원들의 선발, 훈련, 지원이 서비스 기업의 생존과 성장의 열쇠가 될 수 있음을 입증했다.

회사 생활에 만족하는 서비스 직원은 고객을 만족시킨다. 좋은 기분이 자연스럽게 고객에게 전달되기 때문이다. 억지로는 되지 않는다. 우리가 많은 사람을 상대하면서 상대방이 마음에서 우러나는 성의를 베풀고 있는지, 아니면 어떤 목표 달성을 위해 억지로 웃고 있는지는 금방 알 수 있다. 마케팅 분야의 연구 결과에 따르면 서비스 종업원 자신이 불만에 차 있으면 고객을 절대 만족시킬 수 없다. 이와 반대로 고객을 만족시킬 수 있는 직원은 성취감이 더욱 높아진다고 한다. 직원 만족도와 고객 만족도는 서로 상승작용을 한다.

고객만족도는 비용인가, 투자인가? 기업이 고객만족을 위해 쓰는 돈은 비용으로 처리돼 흘러가는 돈인가 아니면 나중에 기업에 수익을 안겨주는 투자 개념인가? 많은 마케팅 연구 결과에 따르면 고객만족은 기업의 수익을 올려주는 훌륭한 투자 대상이라고 한다.

제품과 서비스에 만족한 고객은 반복구매를 하게 되면서 고객 충성도가 올라간다. 기업 입장에서는 충성고객이 늘수록 평판이 좋아지고 수익성도 높아진다. 결론적으로 종업원 만족은 고객만족으로 직결되고, 고객만족은 기업의 수익성을 높여준다. 따라서 서비스 마케팅과 매니지먼트의 성패는 종업원들을 얼마나 잘 선발하고 관리하는가에 달려 있다.

* 자료 : 이문규, 한국경제, 2017. 6. 30

연구문제

1. 서비스의 특성과 관련하여 대두되는 마케팅 과업을 설명하시오.

2. 서비스의 분류 방법에 대하여 설명하시오.

3. 서비스 산업의 성장배경에 대하여 설명하시오.

4. 서비스의 특성과 관련한 마케팅 문제와 마케팅전략 대안에 대하여 설명하시오.

5. 서비스 마케팅과 제품 마케팅의 차이점에 대하여 설명하시오.

6. 서비스 마케팅의 삼각형에 대하여 설명하시오.

7. 서비스 마케팅믹스의 7P's를 설명하고, 실제 사례를 찾아보자.

service marketing

고객만족경영

학습 목표

- 고객의 개념과 분류
- 고객만족과 불평행동
- 고객만족경영의 이해
- 고객만족경영의 실천
- 서비스 실패와 회복

01 고객의 개념과 분류

1. 고객의 개념

일반적으로 고객은 소비자라는 단어와 혼용해서 사용되는 경우가 많다. 소비자(consumer)란 일반적인 소비의 대상층을 의미하는 것으로 기업에서 생산, 판매하는 제품을 소비하는 불특정 다수의 사람들을 지칭하는 말이다. 이에 대하여 고객(customer)이란 "자사의 제품이나 서비스를 구매하거나 구매가 예상되는 소비자"를 지칭하는 뜻으로 이해된다. 즉, 고객은 자사 제품이나 서비스의 구매고객 뿐만 아니라 앞으로 구매할 가능성이 있는 잠재고객도 포함하는 것이며, 소비자 중에서 기업의 마케팅 대상으로 삼는 특정한 개인이나 집단을 의미하는 것이다.

한편, 고객을 넓은 의미로 정의하면 "자사의 제품을 생산하고 이용하며 서비스를 제공하는 일련의 과정에 관계된 자기 이외의 모든 사람"을 지칭한다. 즉, 회사 내·외부에서 나 이외의 모든 사람이 고객이 되는 것이다. 이들 중 회사 내부에 있는 고객, 즉 종업원을 '내부고객'이라 하고, 회사 외부에 있는 고객을 '외부고객'이라고 한다.

빈(L. L Bean)은 "고객이란 우리가 하는 사업과 업무의 궁극적인 목적으로 고객이 없다면 우리는 결코 존재할 수 없다. 고객이 우리에게 의존하는 것이 아니라 우리가 고객에게 의존하는 것이다. 따라서 고객은 우리에게 기회를 제공해 주는 사람이며, 우리가 그들과 논쟁하거나 싸워서 이길 대상이 아니다."라고 하였다. 또 데밍(Deming)은 "생산 라인에서 가장 중요한 요소는 바로 고객이다"라고 하였고, 드럭커(P. Drucker)는 "고객은 왕이다"라고 하면서 고객의 중요성을 설파하였다.

오늘날 기업경영의 패러다임이 기업중심에서 고객중심으로 바뀜에 따라 기업은 모든 역량을 고객중심으로 운영하고 고객지향적인 경영활동을 전개해야 한다. 어떠한 경우에도 고객없는 기업은 존재할 수 없기 때문이다.

2. 고객의 분류

고객은 그 분류기준에 따라 여러 가지 형태로 구분할 수 있으나 조직의 경계를 기준하여 구분하는 것이 일반적이다. 이는 조직의 모든 이해관계자들을 조직의 경계를 기준하여 내부고객과 외부고객으로 구분하는 것이다.

(1) 내부고객

내부고객은 조직 내부에 있는 고객, 즉 종업원(임직원)들을 말하며, 조직의 가치생산에 직접 참여하는 고객으로서 '가치생산 고객'이라고도 한다. 내부고객 만족은 고객만족의 출발점이 될 뿐만 아니라 내부고객 만족이 없이는 외부고객을 만족시킬 수 없기 때문에 현대경영, 특히 서비스 경영에 있어서 내부고객은 가장 먼저 만족시켜야 할 고객이 된다.

(2) 외부고객

외부고객은 조직 외부에 있는 (소비자)고객을 말하며, 기업이 생산한 가치를 사용(소비)하는 고객으로서 '가치사용 고객'이라고도 한다. 외부고객은 기업이 고객만족을 위해 궁극적으로 만족시켜야 할 고객이기 때문에 가장 중요한 고객이라고 할 수 있다. 기업의 수익과 이윤은 고객에 의해 창출되며, 따라서 기업은 고객을 위한 가치 창조에 모든 역량을 집중해야 한다는 점에서 외부고객의 중요성을 이해할 수 있다.

때로는 조직(기업)과 외부고객인 최종소비자 사이에서 가치를 전달하는 고객으로서 '중간고객'을 두는 경우도 있다. 중간고객은 도매상, 소매상, 대리점 같은 중간상, 원료공급업자, 부품을 공급하는 협력업체 등이 해당된다. 중간고객의 중요성은 이들의 만족이 없이는 결국 최종고객인 외부고객을 만족시키기 어려워지기 때문이다.

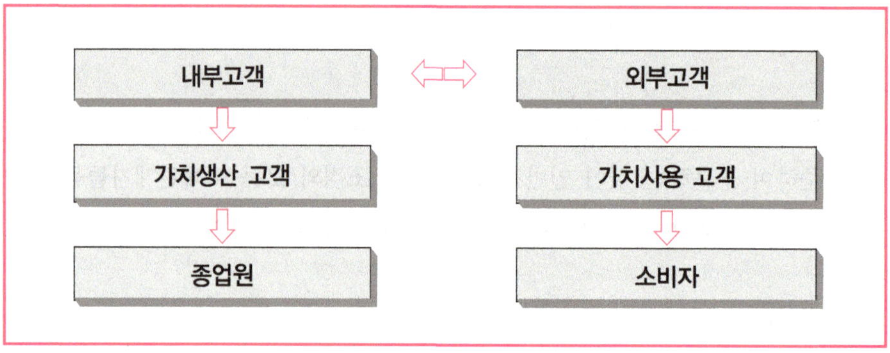

[그림 2-1] 고객의 분류

02 고객만족과 불평행동

1. 고객만족

고객만족은 현대 기업경영에 있어서 중추적인 개념이 되고 있다. 고객만족·고객감동·고객행복·고객을 위한 가치창조와 같은 용어들은 기업실무자뿐만 아니라 마케팅 개념을 모르는 일반인들에게까지 이제 아주 친숙한 용어가 되어가고 있다. 이러한 캐치프레이즈들은 모두 기업이 고객만족 경영이념에 입각하여 운영하겠다는 뜻이며, 기업경영의 목적을 '고객만족'에 두고 고객만족 향상을 위해 지속적으로 노력하겠다는 의지의 표현이다. 고객만족은 고객의 재 구매와 상표충성도, 구전활동, 불평행동 등과 같은 소비자행동에 영향을 줄 뿐만 아니라 기업의 장기적인 존속과 수익창출을 위한 필연적 조건이 된다.

오늘날 고객은 제품이나 서비스를 구매시 가격, 품질, 성능, 디자인, 서비스 등의 평가기준으로 대체안들을 평가한 후 구매를 하며, 구매 후 평가과정을 통해 만족 또는 불만족하게 된다. 그리고 소비자들은 구매를 하기에 앞서 어떤 제품이나 서비스에 대한 기대를 갖는다. 고객이 구매한 제품이나 서비스에 대하여 어느 정도 만족하느냐 하는 것은 구매 전에 가진 기대와 비교하여 그 제품이나 서비스가 어느 정도의 성과를 내느냐에 달려 있다.

따라서 고객만족(CS : Customer Satisfaction)은 제품이나 서비스에 대하여 고객이 구매 후 지각하는 성과(performance)가 구매 전 기대(expectation)와 비교하여 느끼는 상태를 의미한다.

[그림 2-2]는 고객의 구매 후 평가과정으로 가장 폭넓게 받아들여지고 있는 고객의 만족·불만족 패러다임을 기대-성과 불일치 모형으로 설명해주고 있다. 이 그림에서 고객의 만족·불만족은 소비자의 구매 전 기대수준(E)과 구매 후 성과(P) 간의 차이(P-E), 즉 기대불일치에 대한 지각 정도에 따라 결정된다는 것이다. 즉 구매 후 성과가 기대보다 크거나(긍정적 불일치) 같을 때(일치)는 '만족'하고, 구매 후 성과가 기대보다 작을 때(부정적 불일치)는 '불만족'하게 된다는 것이다. 요컨대, 고객만족이란 구매한 제품이나 서비스의 성과가 고객이 기대한 것 이상이라고 느끼는 상태를 말한다.

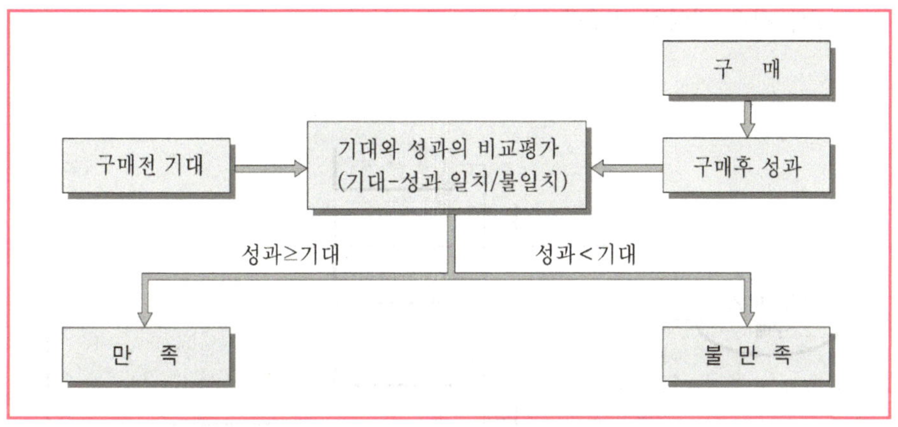

[그림 2-2] 고객의 만족/불만족 형성과정

마케팅의 목표는 고객만족에 있으므로 마케터는 가능한 한 고객의 만족도는 높이되 불만족도는 낮추기 위한 노력을 기울여야 한다. 고객만족의 수준을 높이기 위해서는 구매 후 성과를 높게 유지하면서 고객의 기대는 적정한 수준을 유지해야 한다. 만일 고객만족의 조건이 되는 긍정적 불일치를 만들어내기 위해 고객의 기대수준을 낮게 하면 잠재고객을 유인하지 못하고 구매자를 감소시키는 결과를 초래한다. 또 고객의 기대수준이 너무 높게 형성되면 제품이나 서비스의 품질과 제공되는 편익을 아무리 높이더라도 높은 기대수준을 가진 고객을 만족

시키기 어렵게 된다. 과장광고나 판매원의 과다한 약속으로 인해 고객의 불만을 야기하는 상황이 대표적인 예가 된다.

기업의 고객만족 노력은 경영성과로 나타날 수 있어야 한다. 학자들의 연구결과를 살펴볼 때, 고객만족은 고객충성도를 낳고, 이는 다시 재구매의사와 긍정적 구전활동으로 이어져 기업의 수익증대로 연결된다. 미국 백악관의 소비자행동조사에 따르면, 신규고객을 창출하는 데 소요되는 비용은 기존고객을 유지하는 비용에 비해 5~10배의 비용이 더 많이 소요된다. 이것은 신규고객보다 기존고객의 유지·강화노력이 훨씬 더 경제적이고 효율적이며, 특히 경쟁이 치열하고 시장이 포화 상황인 경우에는 고객만족경영을 통한 기존고객 관리의 중요성이 더욱 더 커진다는 것을 의미한다.

어떤 제품이나 서비스를 구매한 고객은 구매 후 평가과정을 통해 만족 또는 불만족한 반응을 보이게 된다. 고객은 구매 후 만족 또는 불만족의 결과로서 [그림 2-3]과 같은 다양한 반응들을 나타낸다.

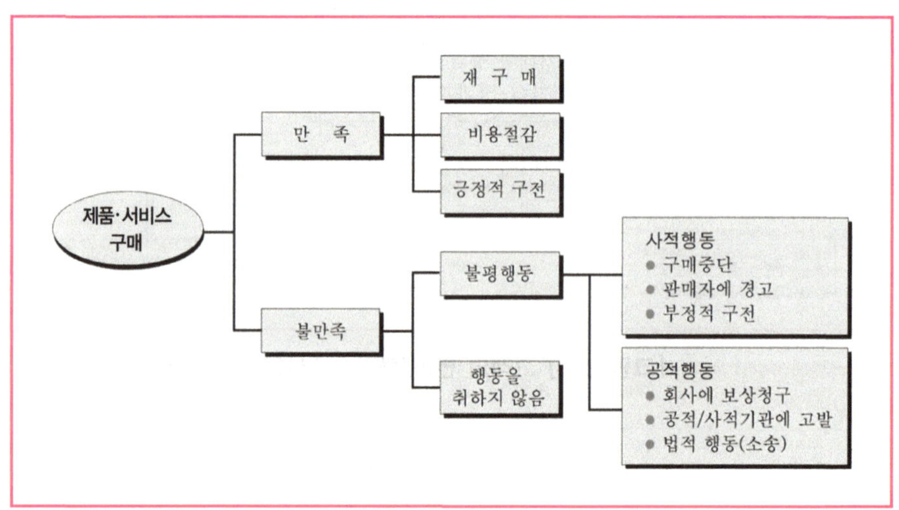

[그림 2-3] 고객만족과 불만족의 행동반응

먼저, '만족 고객'은 재구매, 기존고객의 유지에 따른 비용절감, 긍정적 구전활동, 고객충성도 등을 통해 기업성과에 긍정적 영향을 미친다. 그리고 '불만족 고객'은 '불평행동'으로서 '사적 행동(구매중지, 판매자에 경고, 부정적 구전활동)'이나 '공적 행동(회사에 보상청구, 소비자보호기관에 고발, 법적 행동)'을 통해 기업성과에 부정적 영향을 미치며, 때로는 무관심, 망각 등의 이유로 불만족한 결과에 대하여 아무런 반응을 보이지 않는 '무행동'을 취하기도 한다. 만족한 고객은 평균 5명에게 긍정적 구전을 하지만, 불만족한 고객은 10~20명의 고객에게 부정적 구전을 한다.

고객만족은 고객의 재구매와 반복구매를 유도하고, 결과적으로 상표충성도를 확보할 수 있다. 그렇다면 고객만족과 고객충성도의 관계는 어떻게 설명할 수 있을까? [그림 2-4]는 고객만족과 고객충성도의 관계를 보여주고 있다.

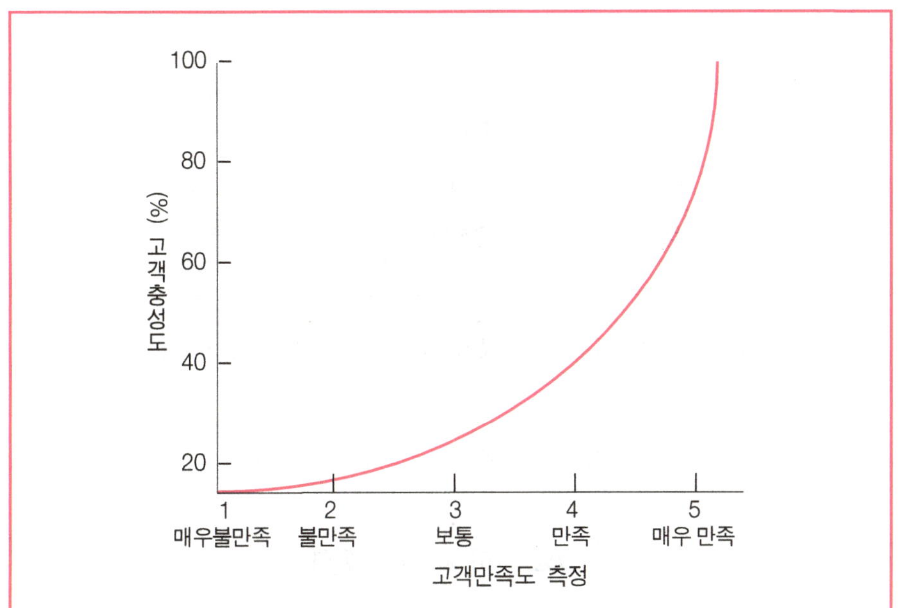

자료 : Heskett, J. L, W.E. Sasser Jr., and L.A. Schlesinger, *The Service Profit Chain: How Leading Companies Link Profit and Growth to Loyalty, Satisfaction, and Value* (New York: The Free Press, 1997), p.83.

[그림 2-4] 고객만족과 고객충성도의 관계

이 그림에서 고객이 매우 만족(5)할 때에는 고객충성도도 비례적으로 높아진다. 하지만 단순히 고객이 만족(4)한 수준의 고객만족도에서는 고객충성도가 충분하게 유발되지 않는다. 그리고 고객이 불만족하거나 특정 주요 서비스 속성에 불만을 가질 때에는 비충성도를 갖게 된다. 따라서 기업은 고객만족도 향상을 위해 지속적인 노력을 기울여나감으로써 고객충성도를 확보할 수 있게 되는 것이다.

2. 불평행동

일반적으로 불평행동(complaint behavior)은 고객 불만족의 결과로 나타나는 행동으로서, 크게 사적 행동과 공적 행동, 그리고 아무런 행동을 하지 않는 무행동으로 구분된다. '사적 행동'은 본인의 구매중지나 주변사람들에게 부정적 구전의 형태로 나타나고, '공적 행동'은 해당기업에 직접 배상요구, 관공서나 소비자단체에 고발, 소송 등의 법적 조치의 형태로 나타난다. 기업에 직접 배상 요구는 방문, 전화, 편지, 이메일 등의 방법을 사용할 수 있다.

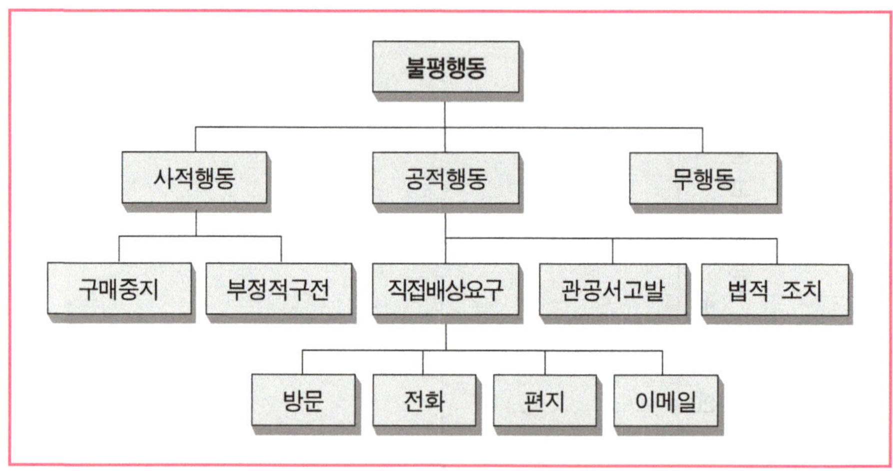

[그림 2-5] 불평행동 유형

고객의 불평행동은 불만요인의 해결을 통해 다시 만족고객으로 전환될 수 있다. 제품이나 서비스에 대하여 불만을 가진 고객 중 불만을 직접 토로하는 고객은 4%에 불과하며, 나머지 96%는 불평으로 인한 번거로움이나 귀찮은 경험을 하고 싶어하지 않아 겉으로 드러내지 않는다. 미국 백악관 소비자행동조사에 의하면, 불만 고객은 평균 10~20명에게 불만족 경험을 이야기하며 부정적 구전을 한다. 그리고 불만이 있어도 신속히 해결되면 100% 충성고객이 될 수 있지만 불만 해결이 지체되면 25%의 고객이 이탈하고, 불만 처리에 문제가 있는 경우에는 73%의 고객이 이탈한다고 한다. 그만큼 불만 처리가 고객관리에 있어 중요하다는 것이다.

현장사례 … G마켓, 5년 연속 국가고객만족지수 1위

◇ G마켓은 5년 연속 NCSI 1위로 꼽혔다. [사진=G마켓]

G마켓은 한국생산성본부가 주관하는 2018년 국가고객만족도지수(NCSI) 조사에서 5년 연속 오픈마켓 부문 1위로 선정되었다. 이번 NCSI 조사는 지난 8월부터 11월에 걸쳐 해당 오픈마켓을 이용한 경험이 있는 고객을 대상으로 조사됐다.

G마켓은 소비자의 니즈를 반영한 제품 경쟁력과 CS 품질 분야에서 높은 점수를 받았다. 단발성 할인 행사에서 벗어나 지속적인 프로모션과 라이프스타일을 반영한 서비스로 고객 중심의 유통 환경을 조성했다는 평가를 받았다는 설명이다.

지난 8월에 첫 선을 보인 '슈퍼프라이데이'는 매주 금요일마다 선보이는 정기 프로모션으로, 매주 완판 행진을 이어가고 있다. 또 약 1천만여 개의 특가상품을 선보이는 '빅스마일데이'는 3천200만 개 상품(누적 판매량)을 판매하며 한국형 블랙프라이데이 분위기를 조성했다.

G마켓의 '스마일' 서비스도 긍정적인 반응을 얻고 있다. G마켓은 ▲간편결제시스템 '스마일페이' ▲익일-묶음배송서비스 '스마일배송' ▲무인택배함서비스 '스마일박스' ▲유료 멤버십 '스마일클럽'에 이어 올해 상업자 표시 신용카드(PLCC) '스마일카드'를 선보이기도 했다. CS 품질 향상도 눈에 띈다. 채팅 상담 프로그램 개선, 상담툴 보안 강화, LMS(장문 문자메시지) 안내서비스 제공 뿐 아니라 외국인 판매자와 소비자를 위해 글로벌 사이트 내 영어·중국어 서비스 강화, 청각장애인 대상 모바일 수화 상담 등을 운영하고 있다.

임정환 G마켓 마케팅실장은 "연속적으로 진행되는 대규모 프로모션 기획과 다양한 공동기획상품으로 제품 경쟁력 강화에 주력한 점이 높게 평가된 것으로 보인다"며 "앞으로도 고객의 니즈를 적극 반영한 맞춤형 서비스로 쇼핑의 만족도를 높이는데 노력하겠다"고 말했다.

자료 : 아이뉴스, 2018. 12. 4.

03 고객만족경영의 이해

1. 고객만족경영의 배경과 개념

(1) 고객만족경영의 배경

고객만족경영의 개념은 1980년 스칸디나비아 항공사(SAS)의 사장인 얀 칼슨(Yan Kalson)이 일선 종업원과 고객이 접촉하는 순간, 즉 '진실의 순간' 또는 '결정적 순간(MOT : Moment of Truth)'의 개념을 회사경영에 도입한 결과, 적자기업을 흑자기업으로 만들어 놓은 데서 유래한다.

얀 칼슨에 의하면 천만 명의 스칸디나비아 항공사의 승객들은 평균 5명의 종업원과 접촉하며, 종업원의 1회 고객응대시간은 평균 15초이다. 이 15초의 짧은 순간에 의해 항공사의 전체 이미지가 결정되므로 종업원들은 이 순간 순간에 최상의 이미지를 고객들의 마음속에 새겨 넣어야 한다는 것이다. 고객과의 접점에서 고객이 불만족하게 되면 불만족한 고객 중 91%가 그 회사를 다시 찾지 않게 되기 때문에 MOT 관리와 일선종업원들의 고객 지향적인 서비스가 매우 중요함을 강조하고 있다.

고객만족경영은 이후 미국의 IBM, 월마트, 제록스, 일본의 도요타, 마쓰시다 등 세계적인 기업들이 고객만족을 기업 최고의 경영이념으로 도입하여 괄목할만한 성과를 거두면서 더욱 확산되었다. 우리나라의 기업들 중에는 LG그룹이 가장 먼저 고객만족경영 개념을 도입하였다. LG그룹은 1990년에 그룹의 경영이념을 '고객을 위한 가치창조와 인간존중'의 경영으로 정하고 회장실의 주도 하에 대대적인 고객만족 캠페인을 실시한 이래로 고객만족경영을 지속적으로 실천해오고 있다. 또 삼성그룹은 1994년에 회장비서실 직속기관으로 삼성소비자문화원을 설립하여 고객만족도를 조사하고 그 결과를 계열사 평가에 반영하는 등의 노력을 통해 고객만족경영을 실천해오고 있다.

무한경쟁의 상황에 직면하고 있는 기업들에게 있어서 고객 중심의 고객만족경영은 현대 기업의 존립과 발전을 위해 필수조건이 되고 있다.

기업이 고객만족경영을 도입하는 배경은 다음과 같다.

① 글로벌 경쟁의 격화이다.

글로벌 경쟁시대가 도래함에 따라 소비자들은 제품의 선택범위가 보다 넓어졌고 까다로워진 고객의 요구를 외면한 기업은 경쟁에서 살아남을 수 없게 되었다.

② 시장의 성숙화와 제품 차별화의 한계이다.

대부분의 시장이 성숙기에 접어들고 경쟁이 격화됨에 따라 제품 차별화, 다품종 소량생산, 감각경영 등의 활로를 모색해 왔으나 이 역시 한계에 부딪치자 우수한 품질과 서비스로 제품의 부가가치를 높여주는 고객만족을 높이는 경영이 필요하게 되었다.

③ 시장 내 파워의 이동이다.

산업이 발달하고 경쟁이 격화됨에 따라 생산자 또는 기업중심의 시장에서 소비자중심의 시장상황으로 변화되었다.

④ 종업원의 의식과 노동환경의 변화이다.

회사 내에 노사 간의 신뢰관계와 민주적 가치관이 정착되고, 종업원 만족이 고객만족의 전제가 됨에 따라 종업원에 대한 동기부여와 보상, 교육훈련, 종업원 임파워먼트(권한부여, empowerment) 등이 중요시되고 있다.

⑤ 소비자 욕구와 가치의 변화이다.

소비자의 욕구는 점점 더 다양해지고 빠르게 변하고 있으며, 그들의 가치기준 또한 시간가치와 서비스를 중요시하고 개별화된 기호를 갖게 되었다.

⑥ 소비행동의 변화이다.

소득이 향상되고 생활의 여유가 생김에 따라 생존을 위한 소비보다 즐기며 자신의 기호와 개성을 나타내는 소비패턴을 보이게 되었다.

⑦ 소비자 주권의식의 확산이다.

뉴미디어가 등장하고 정보화사회의 도래함에 따라 소비자가 대중매체와 같은 제한된 정보에 의존하는 수동적인 존재에서 소비자 스스로 정보를 창조하고 처리하는 능동적이고 주체적인 존재로 변신하고 컨슈머리즘(소비자주권주의, consumerism)이 확산되었다.

⑧ 기술혁신이다.

급속한 기술혁신은 고객만족도를 높이고 기업의 경쟁우위를 창출하게 해

준다. 특히 정보통신분야의 기술발달은 고객정보의 수집과 처리능력을 높여주고 고객의 욕구와 참신한 아이디어를 보다 빠르고 정확하게 파악하게 해 준다. 이로써 기업은 경쟁사보다 우수한 제품을 공급하고 자사제품에 대한 고객만족도를 보다 높일 수 있게 된다.

이밖에 고객만족경영은 기업의 사회적 책임의 중요성, 고객만족경영 도입에 대한 사회적 분위기의 고조, 고객지향적 기업문화의 필요성 대두 등의 도입 배경을 들 수 있다.

(2) 고객만족경영의 개념

고객만족경영(CSM, CS경영: Customer Satisfaction Management)이란 고객지향적 사고가 기업경영의 모든 측면에 반영되어 고객의 입장에서 고객만족의 향상을 위해 지속적으로 노력하는 경영을 말한다. 여기서 고객지향적 사고란 표적고객의 필요와 욕구를 찾아 이를 충족시켜줄 수 있는 제품과 서비스를 제공함으로써 고객만족을 극대화하고, 이를 통해 기업의 장기적 생존과 성장을 도모하는 고객중심의 경영이념을 의미한다.

오늘날 많은 기업들은 고객만족 활동이 사후서비스(A/S)나 보상, 환불, 보증수리 등과 같은 판매 이후의 고객서비스에 집중되고 있어서 기업경영의 모든 측면에서 고객지향적 사고가 반영되어 이들 모든 활동이 전사적으로 고객을 중심으로 조정, 통합되지 못하고 있음을 볼 수 있다. 제품의 개발은 생산자 중심의 사고로 기술자 입장에서 이루어지고, 제품판매 이후의 고객서비스 부분에 대해서만 고객만족을 유도하겠다는 것은 진정한 의미의 고객만족경영이라고 할 수 없다.

따라서 진정한 고객만족경영은 제품개발에서부터 조달, 생산, 마케팅, 물류, 영업, 그리고 마지막 A/S에 이르기까지 기업 내에서 이루어지는 모든 가치창출활동이 고객을 중심으로 이루어질 때 달성된다. 즉 고객의 관점에서 기업의 모든 가치창출활동이 수행되고 이러한 활동들이 전사적으로 통합 조정되어 고객에게 높은 가치를 제공할 때 비로소 진정한 고객만족이 이루어진다. 따라서 고객만족경영은 기업의 모든 가치창출활동을 고객중심으로 추진하는 것으로서 고객중심

경영이나 고객지향경영과 같은 의미로 이해할 수 있다. 고객만족경영은 지금까지의 기업중심적 경영, 즉 생산자 또는 판매자의 관점에서 결정되고 이끌려왔던 기업경영을 고객이 중심이 되고 고객에 의해 이끌어지는 경영으로 바꾸자는 것이다.[1)]

2. 고객만족경영의 추진원칙

고객만족경영은 다음과 같은 3대 추진원칙에 따라 구축해야 한다.

(1) 고객접점 최우선 원칙

기업이 고객과의 접점에서 사건의 실태를 정확하게 파악하여 그것을 경영의 출발점으로 삼는 고객접점 최우선 원칙이 제1의 원칙이다. 고객 접점이란 고객과 종업원의 대면 접점, 전화응대 접점, 인터넷 등의 원격 접점은 물론이고 제품의 기능과 이미지, 시설 내부의 상황과 분위기, 환경의 쾌적함과 설비 등 고객과 마주치는 물리적 환경 등 고객만족에 영향을 미치는 모든 접점 요소를 포함한다. 이 접점에서 기업이 고객에게 미치는 인상에 의해 고객만족도가 결정되고 경영의 모든 것이 결정되는 것이다.

고객접점 관리의 중요성은 얀 칼슨이 주장한 MOT(Moment of Truth) 관리의 중요성과 같은 맥락의 개념이다.

따라서 고객과의 직접적인 접점이 되는 일선종업원 부문을 가장 중시하고, 경영자 및 관리자는 고객접점에서의 활동이 완전하게 이루어질 수 있도록 접점 종업원들의 활동을 중점 지원하는 것이 '고객접점 최우선'의 개념이다.

(2) 고객만족도 측정 원칙

고객접점에서의 응대 서비스와 여기서 제공되는 상품과 서비스에 대한 고객만족도를 정량적·주기적으로 측정하여 피드백하는 고객만족도 측정 원칙이 고객만족경영의 제2의 원칙이다.

---

1) 이철(1998), 「고객의 눈으로 보면 모든 것이 새롭다」, 학현사, 31-32.

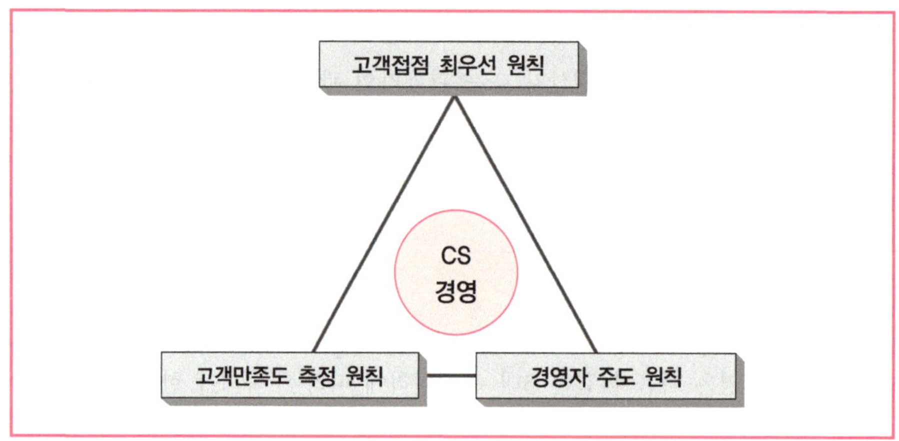

[그림 2-6] 고객만족경영의 추진원칙

고객의 입장에서 상품이나 서비스에 대한 만족도를 측정하는 고객만족도 조사는 임의적이거나 1회성 조사로는 의미가 없다. 상품과 서비스에 관한 고객의 평판은 경쟁제품의 등장과 고객의 욕구에 따라 바뀐다. 고객만족도의 측정은 정기적이고 지속적으로 실시함으로써 일정기간 고객만족도의 변화 추이를 비교 분석할 수 있어야 한다.

그리고 측정은 통계적으로 신뢰할 수 있는 설계에 의거한 것이어야 한다. 조사 결과로부터 고객이 어떤 점을, 어느정도 중시하고 있는가를 밝혀내어 거기에 초점을 맞춘 경영개혁을 실행할 수 있도록 정교하고 정량적인 측정이 이루어져야 한다.

(3) 경영자 주도 원칙

기업 경영자가 고객만족도 측정 결과에 대하여 깊은 관심을 가지고 검토하고 필요한 대책을 강구하여야 한다. 경영자가 의지를 가지고 상품과 서비스의 개선에 신속하게 대처하는 경영자 주도 원칙이 위의 두 원칙보다 더 중요하다고 할 수 있다. 경영자와 관리자에게 조사 결과가 보고되지 않고 조직의 실무 차원에서만 검토되거나 관계자들 간의 형식적인 설명과 질의만으로 끝나게 되면 용두사미가 되어 무의미하게 되고 만다.

상품과 서비스의 개선이나 개혁은 기업 내부에 관계되는 부문이 많고, 또 이해관계도 복잡하기 때문에 회사의 경영적 관점에서 접근해야 소기의 성과를 이끌어낼 수 있기 때문이다. 자칫 측정 결과로 나타난 개선 기회를 놓치거나 지체하게 되면 귀중한 고객들을 잃을 수 있다.

3. 고객만족경영의 효과

기업이 고객만족경영을 통해 얻을 수 있는 효과는 다음과 같은 세 가지로 제시할 수 있다.

(1) 재구매행동과 상표충성도

제품구매를 통해 만족한 고객은 재구매를 하게 되고, 특정 상표에 대하여 반복구매가 이루어짐에 따라 상표충성도(brand loyalty)를 보이게 된다. 경쟁이 치열하고 성숙된 시장구조를 갖고 있는 오늘날 대부분의 시장에서는 신규고객을 확보하는 것보다 기존고객의 유지·강화를 통해 재 구매와 반복구매를 유도하는 것이 훨씬 더 경제적이고 기업에 이익이 된다. 이것은 한 번 맺어진 고객관계가 평생고객 관계로 이어질 수 있고, 상표충성도를 확보함으로써 고객을 재창출할 수 있게 해주기 때문이다.

기업이 재구매 고객을 확보하기 위해서는 고객의 만족도를 높일 뿐만 아니라 전환장벽을 높여야 한다. 만일 고객이 상표나 공급자를 변경하고자 할 때, 많은 자본비용이나 탐색비용이 소요된다든지 충성고객에게 제공되는 다양한 혜택을 잃게 된다면 자연스레 높은 전환장벽이 형성되는 것이다. 또한 기업이 고객의 재구매를 유도하고 고객충성도를 확보하기 위해 노력하는 것은 신규고객의 창출보다 기존고객과의 관계를 유지·강화하는데 초점을 두는 관계마케팅적인 접근방법이 된다.

(2) 비용절감

고객만족은 재구매의사 뿐만 아니라 기업의 비용절감효과를 가져다 준다. 기업이 신규고객보다 재구매나 반복구매 고객을 확보하는데 노력을 집중해야 하는 이유는 신규고객을 창출하는데 소요되는 비용이 기존 고객을 유지하는데 드는

비용의 5~10배가 더 소요되고, 기업 간에 경쟁이 치열할수록 신규고객을 확보하기가 점점 더 어려워지기 때문이다.

고객만족을 통해 상표충성도가 형성되고 반복구매가 이루어지면, 판매비나 광고비와 같은비용을 절약하고 고객설득에 소요되는 시간을 A/S나 고객불만 해결에 사용할 수 있으며, 고객의 욕구나 기대치를 예측하여 불필요한 지출을 줄일 수 있다. 또한 만족한 고객은 가격에 민감하지 않게 되므로 기업은 비용절감과 함께 더 많은 이익을 창출할 수 있다.

(3) 구전효과

제품구매에서 만족한 고객은 친구나 이웃, 친지, 동료 등 주변사람들에게 제품을 선전하고, 그 제품의 구입을 권유함으로써 구전(WOM, Word of Mouth)을 통해 최대의 광고효과를 발휘한다. 즉, 한 사람의 만족한 고객은 구전을 통해 여러 명의 새로운 고객을 창출할 수 있게 해 주며, 기업이 별도의 촉진비용을 투입하지 않고도 커다란 성과를 낼 수 있게 해 준다. 구전활동은 광고나 판촉 등 다른 어떤 촉진 커뮤니케이션보다 설득력과 신뢰감이 높고 소비자의 구매행동에 강한 영향을 미치기 때문이다. 또 만족한 고객은 긍정적 구전활동을 통해 다른 사람들에게 기업이나 상표의 이미지에도 긍정적 영향을 미치게 된다. 물론 불만족한 고객은 부정적인 구전활동을 통해 자신의 주변 사람들에게 제품구매에 매우 나쁜 영향을 미치게 된다.

고객만족은 그 결과변수로서 위에서 살펴본 재구매의도와 비용절감, 구전효과뿐만 아니라 기업성과나 기업이미지, 기업 간의 관계몰입이나 장기거래지향성, 점포애호도 등에 긍정적 영향을 미친다는 연구결과도 있다.

04 고객만족경영의 실천

1. 고객만족경영의 실천과제

기업이 고객만족경영을 성공적으로 전개하기 위해서는 다음과 같은 실천과제가 필요하다.

(1) 최고경영자의 강력한 추진 의지

고객만족경영은 시장점유율 확대나 원가절감이라는 근시안적 경영목표 추구에서 벗어나 고객만족을 궁극적 경영목표로 삼음으로써 시장변화에 흔들리지 않는 안정적 수익기반을 장기적, 지속적으로 확보해 나가려는 경영방식이다. 따라서 최고경영자는 고객만족을 달성하기 위한 강력한 의지를 기업 내부의 조직구성원들에게 전파해야 한다.

(2) 조직구성원들의 적극적 참여

고객만족경영을 성공적으로 추진해나가기 위해서는 최고경영자의 강력한 추진 의지와 함께 전 조직구성원의 적극적인 참여가 있어야 한다. 이를 위해서는 고객만족 성과를 명확히 측정하고, 이를 토대로 철저히 보상하는 평가시스템의 운영이 필요하다.

(3) 고객만족 기업문화 구축

최고경영자로부터 하부 직원에 이르기까지 기업 내부의 모든 구성원들이 고객만족을 최우선 목표로 두는 고객만족경영 문화가 정착되어야 한다. 고객지향적 이념을 설정하고 고객정보시스템 및 교육시스템을 구축한 후 고객만족 성과와 보상시스템을 연결시켜 구성원에게 고객만족에 대한 동기부여를 제공해야 한다.

(4) 내부고객 만족

고객만족경영을 기업내부에 성공적으로 정착시키려면 내부고객, 즉 사내 종업

원들을 만족시켜야 한다. 즉, 외부고객 만족을 위해서는 내부고객 만족이 전제가 되어야 하며, 이는 내부마케팅이 외부마케팅보다 더 우선되고 중요함을 대변해 주는 말이다. 자신의 회사에 만족하지 못하는 종업원이 외부고객들에게 만족스런 판매나 서비스 활동을 수행하기를 기대하기 힘들기 때문이다.

(5) 주기적인 고객만족도 측정 및 관리

고객만족경영의 기본과제의 하나는 고객만족도의 측정이 고객의 입장에서 객관적으로 이루어져야 한다는 점이다. 즉 고객의 만족도를 고객의 입장에서 주기적으로 측정, 평가하여 이를 계량화해 경영의 지표로 삼아 개선활동을 지속적으로 전개해 나가도록 해야 한다. 이렇게 하기 위해서는 고객만족의 지수화를 통한 지속적 개선활동이 목표설정과 성과측정이 가능하도록 고객정보관리체제를 구축해야 한다.

(6) 역피라미드형 조직구조

고객만족경영을 위해서는 역피라미드형 조직구조가 필요하다. 역피라미드형 조직구조란 기존의 최고경영자가 최상단에 있는 기존의 피라미드형 조직구조와 반대로 고객이 조직의 맨 위에 있고, 그 다음에는 고객접점에 있는 일선종업원이 있고, 관리자와 최고경영자는 조직의 하단에서 고객과 일선종업원을 지원하는 역할을 하는 것이다. [그림 2-7]은 역피라미드형 조직구조를 보여주고 있다.

고객만족을 위해서는 고객에 대한 이해와 고객지향적 경영이 중요하며, 고객을 가장 중요시하는 역피라미드형 조직구조가 고객만족경영의 필연적 조건이 된다.

역피라미드형 조직구조에서는 목적달성을 위해 고객을 접촉하는 일선종업원에게 가능한 한 많은 임파워먼트(권한부여, empowerment)를 해야 하고, 고객의 요구나 불만요인에 대하여 즉각적으로 의사결정에 반영할 수 있는 커뮤니케이션 통로가 필요하다.

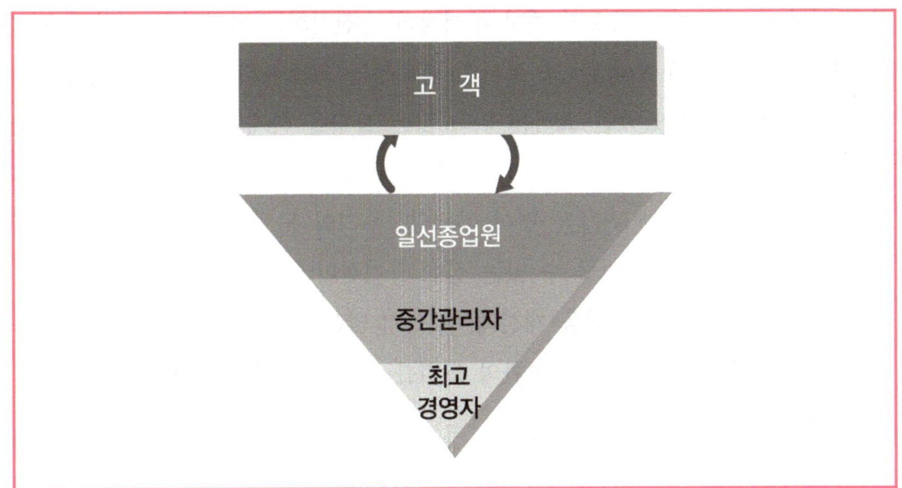

[그림 2-7] 역 피라미드형 조직구조

2. 고객만족경영의 실천전략

기업이 고객이탈을 막고 고객유지를 통해 고객만족경영을 실천하기 위한 방안을 살펴보면 다음과 같다.2)

(1) 고객의 소리에 귀를 기울여라

고객은 기업에게 끊임없는 아이디어를 제공해 주는 원천이 된다. 기업은 고객의 소리를 적극적으로 찾아 듣고자 하는 노력을 기울여야 하며, 그들의 소중한 소리를 데이터베이스화하여 개별적이고 세심한 관리에 활용하여야 한다. 기업은 특히 고객의 불평을 들어주는 일에 많은 신경을 써야 한다. 고객의 불만을 들어주는 것 자체가 중요한 고객 서비스가 되고 고객 불만을 해소해 줄 수 있기 때문이다.

(2) 고객불평 악순환의 고리를 끊어라

기업에서는 흔히 고객불평의 빈도를 가지고 해당 부서의 성과를 평가하는 경

2) 이유재(1998), "고객가치 증대를 위한 고객만족경영", 한국소비자학회 학술발표대회 발표논문, pp.62-66.

향이 있다. 고객불평이 많으면 해당 부서장의 승진기회를 박탈하든지 인적·물적 지원을 줄인다. 이때 위축된 그 부서의 분위기는 고스란히 고객에게 전달된다. 때문에 원래 불만이 있었던 고객은 더욱 많은 불평을 하게 되고, 이러한 악순환은 계속 되풀이된다.

고객불평은 성가시고 귀찮은 것이 아니다. 우리의 문제를 해결하고 해당고객을 우리의 충성고객으로 만들 수 있는 절호의 기회이다. 따라서 고객불평이 많이 발생하는 부서일수록 시스템을 개선해 주고 더 많은 지원과 교육을 통해 관심을 가져 주어야 한다. 고객불평 악순환의 고리를 끊어주는 것이 고객만족경영의 첩경이 된다.

(3) 독특한 서비스를 창출하라

흔히 가격경쟁은 경쟁사의 모방이 용이하여 결국은 경쟁사와 함께 공멸하는 결과를 낳기 쉽다. 이런 상황에서는 고정고객을 확보하여 가격민감도를 떨어뜨려야 한다. 충성고객은 영업사원이 아무리 노력해도 달성할 수 없는 효과를 구전을 통해 가져온다. 만족한 기존고객은 신규고객을 확보하는 도우미의 역할도 하는 것이다.

(4) 서비스 회복에 투자하라

제조업이든 서비스업이든 완벽한 기업은 없으며, 세계 최고수준의 기업이라 하더라도 소비자에게 상품이 배달되기까지 도착지연이나 배달잘못 등의 실수가 있기 마련이다. 그래서 기업의 실수를 만회하고 상처받은 고객의 마음을 회복시키는 서비스 회복(service recovery)의 중요성이 대두되는 것이다. 실수나 잘못을 범하고 나서 어떻게 하느냐에 따라 상대방의 마음을 크게 바꾸어 놓을 수 있기 때문이다.

(5) 판매 후 고객관리를 강조하라

일반적으로 신규고객을 확보하는 것보다 기존고객의 유지·강화를 위해 노력하는 것이 훨씬 경제적이고 기업의 이익에 도움이 된다. 이를 위해 제품을 구입해

준 고객의 인적사항을 확인해두고, 전화나 엽서, 이메일 등으로 판매 후 관리를 하는 것이 중요하다. 한번 거래한 고객과의 신뢰를 확립하면 고객의 이탈을 방지하여 고정고객이 될 확률이 높아진다.

(6) 우량고객을 집중 관리하라

마케팅에는 20 대 80의 법칙이 있다. 기업 매출액의 80%는 20%의 우량고객 또는 대량사용자가 차지하고 있고, 나머지 매출액의 20%는 소량사용자가 차지한다는 법칙이다. 제한된 자원을 가지고 있는 기업의 입장에서는 우량고객을 대상으로 고객만족경영활동을 집중하는 것이 중요하다. 많은 기업들이 우량고객의 유지를 위해 우량고객에 대한 차별적 보상 프로그램을 실시하고 있다. 증권사나 은행 등 금융기관들이 우수고객을 위해 VIP룸을 설치하고 개인자산관리 등의 편의를 제공하여 이들을 집중 관리하고 있는 경우가 대표적인 사례가 된다.

(7) 데이터베이스 마케팅을 적극 활용하라

기업의 제품이나 서비스를 구매한 고객들의 자료를 데이터베이스화고, 이 자료를 활용하여 개별고객의 욕구와 구매취향을 파악하고, 그들에게 맞춤정보와 다양한 서비스 기회를 제공한다. 이처럼 고객 데이터베이스에 기반한 고객중심의 마케팅을 데이터베이스 마케팅이라고 하며, 대 고객 관계를 유지, 강화시켜 나가는 활동은 고객만족경영과 관계마케팅을 실천하는 주요 방안이 된다.

고객 데이터베이스는 고객관계를 유지하는데 이용될 뿐만 아니라 고객 세분화, 주문형 마케팅활동, 구매가능성이 높은 고객이나 충성고객의 확인, 고객의 장기적인 이익성과 같은 마케팅활동에까지 이용할 수 있다.

05 서비스 실패와 회복

서비스 기업이 약속된 서비스를 제대로 제공하지 못하거나 제공한 서비스가 고객의 기대에 미치지 못하게 되면 서비스 실패 상황을 맞이하게 된다. 서비스 실패는 곧 서비스 품질 문제를 야기하고 고객에게 불만족한 상황을 만들어 낸다. 고객불만족은 구매중지, 부정적 구전, 고발 등의 불평행동을 낳게 되고, 이는 기업 이미지와 수익에 치명적인 결과를 가져올 수 있다. 따라서 실패한 서비스에 대해서는 고객의 신뢰를 회복하기 위한 서비스 회복 노력을 필요로 한다. 서비스 제공자의 책임있는 서비스 회복은 서비스 실패를 극복할 뿐만 아니라 고객유지와 강력한 고객충성도를 이끌어낼 수 있기 때문이다.

1. 서비스 실패

서비스는 무형성, 소멸성, 동시성, 이질성 등의 특징을 가지고 있기 때문에 고객에게 제공되는 서비스상품은 표준화하기가 쉽지 않다. 서비스의 품질은 지각된 서비스 품질의 개념으로 고객에 의해 평가하며, 서비스 제공자의 전문성과 태도, 개성에 따라, 또 고객이 누구냐에 따라 다르게 평가될 수 있다. 서비스 기업이나 서비스 제공자 입장에서 아무리 우수한 서비스를 제공한다고 하더라도 고객이 지각하는 서비스의 품질은 불만족할 수 있다.

서비스 실패(service failure)는 서비스가 제대로 수행되지 않거나 고객의 기대에 미치지 못하는 수준의 서비스를 제공하는 결과를 말한다. 즉, 서비스 실패는 책임소재와 관계없이 서비스 제공과정이나 결과에서 고객에게 어떤 불만족을 야기하는 문제 상황을 의미한다.

일반적으로 서비스 실패의 원인은 서비스 품질 속성에 기준하여 결과적 실패와 과정적 실패(기능적 실패)로 구분할 수 있다. 결과적 실패(outcome failure, 기술적 실패)는 고객이 요구하는 기본적 서비스를 충족시키지 못하거나 핵심서비스를 수행하지 못한 경우를 말하며, 과정적 실패(process failure, 기능적 실패)는 서비스 제공과정 또는 방법에 있어서의 결함이나 실수를 말한다. 예컨대, 항공사에 좌석을 미리 예약하였으나 예약초과로 인해 좌석이 없는 경우는 결과적 실패에 해당되고, 식당에서 종업원이 불친절한 경우는 과정적 실패에 해당된다.

서비스 실패의 원인 중 대부분은 서비스 전달체계 상의 문제, 종업원이 고객의 요구에 제대로 응대하지 못하는 경우, 고객이 기대하지 않은 서비스를 제공한 경우와 같은 문제에서 비롯된다.

서비스 실패는 고객과의 지속적인 거래관계를 단절하는 결과를 가져와 장기적인 기업의 수익성에 나쁜 영향을 미친다. 우수한 서비스는 고객과의 연속적인 관계를 통해 고객충성도를 구축하고 낮은 고객전환과 고객만족으로 선순환한다. 반면에, 실패한 서비스는 고객과의 비연속적인 관계를 통해 고객충성도 구축에 실패하고, 높은 고객전환과 신규고객 확보에 집중함에 따라 고객불만족이 높아지게 된다고 하였다.[3)]

[그림 2-8]은 실패한 서비스와 우수한 서비스의 사이클을 보여주고 있다. 서비스 실패는 서비스 제공자와 고객 간에 지속적인 거래관계의 유지 여부를 결정짓는 요소가 되므로 기업의 지속적인 성장과 수익성에 매우 중요한 영향을 미친다. 고객이 서비스에 대하여 만족한 경우에는 재구매를 통해 고정고객이 되며, 긍정적 구전을 통해 신규고객을 창출하는 효과를 낳는다. 하지만 고객이 서비스에 대하여 불만족한 경우에는 서비스 실패를 초래하여 고객 자신의 거래 중지는 물론 부정적인 구전을 통해 다른 잠재고객들까지 잃게 만든다.

불만족한 고객이 자신의 불만족을 해당 기업과 원만하게 해결하지 못한 채 끝나게 되면 다음 구매 시 그 기업의 제품이나 서비스에 대한 기대에 부정적인 영향을 줄 뿐만 아니라 부정적인 경험은 긍정적인 경험보다 더 오래 기억되어 그 영향력은 더욱 커지게 된다. 이처럼 서비스 실패는 고객의 이탈은 물론 그 고객의 부정적인 구전활동으로 인해 기업에 막대한 비용을 초래할 수 있고, 고객의 전환행동에 중요한 요인으로 작용할 수 있다.

---

3) Schlesinger, L. A. and J. L. Heskett(2000), *Service Breakthroughs: Changing the Rules of the Game*(New York : The Free Press).

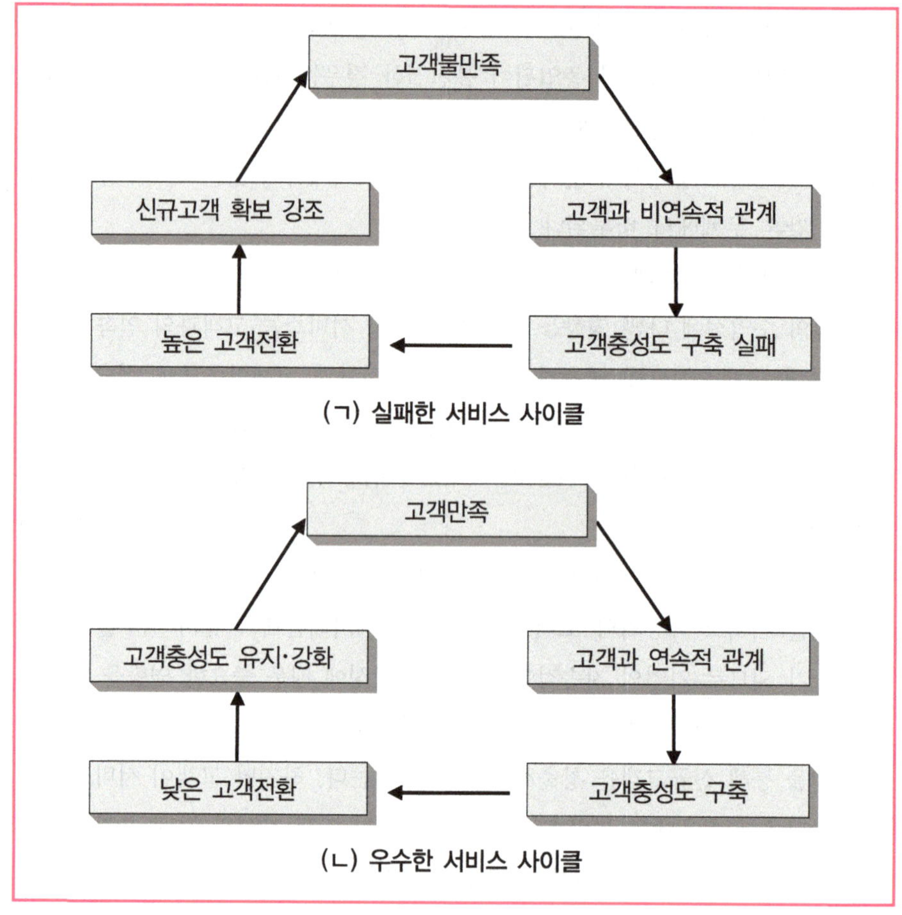

[그림 2-8] 실패한 서비스와 우수한 서비스 사이클

2. 서비스 회복

일반적으로 서비스 회복(service recovery)은 서비스 실패에 대한 반응으로서 서비스 제공자가 고객의 신뢰를 회복하기 위하여 취하는 일련의 활동을 말한다. 다시말해, 서비스 제공자가 서비스 실패로 인해 약속한 서비스를 제공하지 못해 발생되는 고객의 손실을 회복 또는 완화시키는 서비스 제공자의 행위를 의미한다.

서비스 실패를 경험한 고객은 서비스 제공자에 대하여 불평행동을 하게 된다. 고객의 불평행동에 대하여 서비스 제공자가 우호적으로 대응할 경우 고객은 만족하게 되지만, 그 반대로 대응할 경우에는 더욱 불만족하게 된다. 실패한 서비스에 대한 서비스 제공자의 긍정적 대응과 적절한 불평처리는 불만족고객을 만족고객으로 전환시킬 수 있을 뿐만 아니라 기업에 대한 신뢰와 몰입에 긍정적인 영향을 미친다. 따라서 효과적인 서비스 회복 노력은 고객유지에 긍정적 영향을 주어 강력한 고객충성도를 이끌어낼 수 있다.

서비스 회복은 서비스 품질과 고객만족, 고객충성도에 중요한 결정요인이 되며, 기업의 장기적 수익에 직접적인 영향을 미친다. 또한 효과적인 서비스 회복은 서비스 품질에 대한 고객의 지각을 향상시키며, 고객만족을 강화시켜 고객과의 우호적 관계를 구축하여 고객이탈을 방지하기 때문에 매우 중요하다. 서비스 기업이 적절한 회복시스템을 갖추어 서비스 실패에 효과적으로 대처하면 기업의 장기적인 성공의 결실로서 높은 수익을 실현하고 고객만족을 달성하여 기업정책에 대한 고객과 종업원의 신뢰를 강화시킨다.

[그림 2-9]는 서비스 회복의 일반적 모델을 보여주고 있다.[4] 이것은 서비스 회복의 역설(service recovery paradox)이라는 용어로 설명되는데, 서비스 실패가 서비스 회복에 의해 만족스럽게 치유된 고객들은 서비스 실패를 경험하지 않은 고객들보다 기업에 대한 전반적 만족도가 증가하고, 그 상품에 대한 충성도가 증가하며, 더 호의적인 구전활동을 한다는 것이다. 반대로, 기업의 서비스 회복노력에 불만족한 고객들은 기업에 불만을 품고 부정적 구전활동을 하며 불평을 호소하게 된다. 따라서 서비스 기업이 고객들을 만족시키기 위해서는 서비스 실패에 대하여 고객이 기대하는 수준 이상의 서비스 회복노력을 기울여야 한다. 서비스 기업이 실패한 서비스를 회복하기 위해서는 무료 제공, 할인, 보상, 쿠폰 제공, 관리자의 개입, 교환, 정정, 경청 및 공감, 종업원의 사과 등의 방법을 사용할 수 있다.

---

4) Lilienthal, S. K.(1997), "Service Recovery in Service Contexts: An investigation of the Veracity of the Recovery Paradox", *Unpublished Doctoral Dissertation*, Ohio State University.

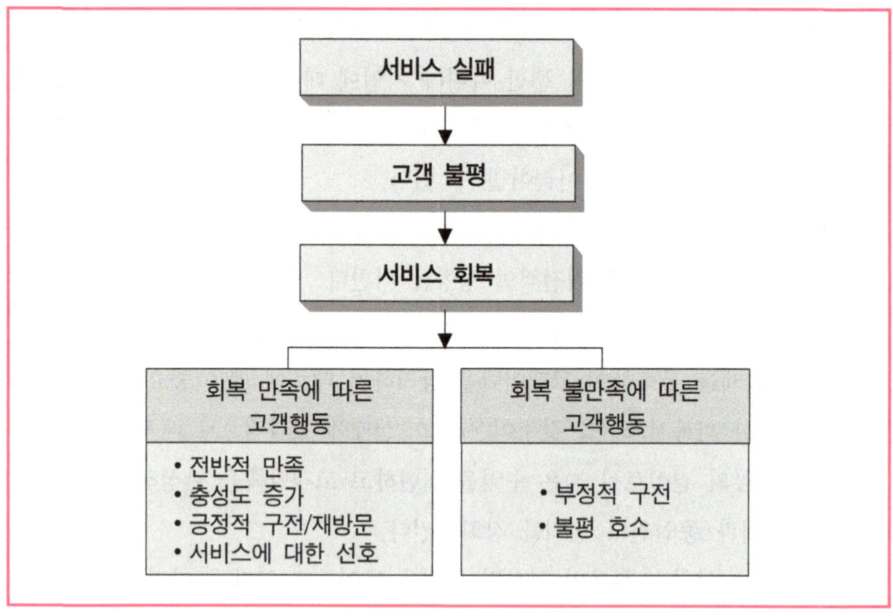

[그림 2-9] 일반적인 서비스 회복 모델

현장사례 ··· 우편서비스 고객만족도 20년 연속 1위

어떤 분야든 최고가 된다는 것은 결코 쉬운 일이 아니다. 특히 전쟁으로 비유되는 산업현장에서 1등 자리를 얻기란 하늘에 별따기만큼 어렵다. 그런데 무려 20년째 '고객만족도(CSI) 평가'에서 1등 자리를 지키고 있다면?

우정사업본부가 공공서비스 부문 20년 연속 1위를 차지한 것은 한국능률협회컨설팅이 실시한 '2018년도 한국 산업의 고객만족도' 조사에서다. 택배 부문에서도 1위에 선정됐다.

4차 산업혁명 시대 고객들이 원하는 것은 빠른 응답과 편리성 그리고 감성적인 소통이다. 우정사업본부가 고객으로부터 높은 평점을 얻은 것도 이런 고객의 바람을 경영에 반영한 때문이다. 바로 고객만족경영의 산물이다. 우정사업본부가 추구하는 제1의 경영원칙은 '고객 중심의 서비스 혁신'이다.

물류는 '원하는 물건을, 원하는 시간에, 원하는 곳으로' 보내는 게 핵심이다. 요즘의 고객은 '빠른 응답'을 원한다. 그만큼 신기술 개발이 요구된다. 우정사업본부는 변화하는 우편·물류 집배환경에 적응하기 위한 물류혁신에 박차를 가하고 있다. 배달 예고, 결과 알림 등 배달과정의 모든 정보를 실시간 제공하고 있다. 스마트폰 애플리케이션을 통해 배달 장소를 변경할 수 있다. 또, 이륜차를 적재공간이 넓고 안전한 초소형 전기차로 교체하기 위해 현장 적용을 검증하고 있다. 우편물 드론 배달을 위한 시범운영을 계속하고 있다.

우정사업본부는 다양한 서비스 개발로 '편리성'을 배가하고 있다. 서비스 개발도 고객의 목소리를 반영한다. 우체국 이용 고객을 대상으로 매달 서비스 만족도 조사와 각계각층 고객으로 구성된 '고객대표자회의'를 통해 다양한 고객의 소리에 귀 기울이고 있다. 이런 과정을 통해 개발한 서비스가 시골에 계신 부모님의 안부를 묻거나 용돈을 현금으로 배달하는 서비스다. 또 산지 폐기 위기에 처한 강원도 화천 애호박 농가 돕기에 나서 1만 5,000상자 전부를 판매했다.

지속가능한 성장을 위해서는 충성도 높은 열정고객이 필요하다. 이를 위해 고객만족이 아니라 고객감동을 제공해야 한다. 우체국 콜센터에 전화를 걸어보면 고객감동을 직접 체험할 수 있다. 고객이 불편을 호소하는 순간 우정사업본부 내 '고객관리시스템'이 작동한다. 불만사항은 해당 우체국으로 전송된다. 처리상황은 실시간으로 모니터링된다. 민원발생률, 재발률, 신속처리율이 데이터베이스로 관리·평가된다. 한마디로 시스템에 의한 친절이다.

자료 : 주간경향, 2018. 12. 3.

연구문제

1. 고객의 개념을 정의하고, 고객의 유형에 따른 차이를 설명하시오.

2. 고객만족의 개념과 고객만족경영의 의의에 대하여 토의해 보자.

3. 소비자 의사결정과정에서 고객 만족/불만족의 형성과정에 대하여 설명하시오.

4. 고객만족경영의 도입배경과 그 중요성에 대하여 설명하시오.

5. 기업경영에 있어서 고객만족경영의 효과에 대하여 살펴보자.

6. 기업의 고객만족경영 사례를 조사 연구하여 토의해 보자.

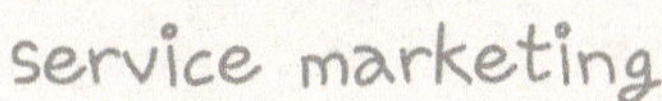

제3장 서비스 수요와 공급관리

학습목표

- 서비스 수요와 공급의 이해
- 서비스 수요관리전략
- 서비스 공급관리전략

01 서비스 수요와 공급의 이해

1. 서비스 수요와 공급 문제

서비스의 수요와 공급을 관리함에 있어서 당면하는 가장 근본적인 문제는 미래의 판매를 위해 재고 상태로 보관하거나 저장할 수 없다는 데 있다. 이것은 소멸성과 생산-소비의 동시성이라는 서비스 고유의 특성에 기인하는 것이다.

고객에게 판매되지 않은 비행기 좌석이나 극장 티켓은 이후에 재판매할 수 없다. 시간이 지나면 좌석의 서비스 제공능력이 소멸되기 때문이다. 서비스의 공급능력에 비해 수요가 부족하여 남아도는 서비스는 저장할 수 없으며 다른 장소로 운반하거나 다른 사람에게 이전할 수 없다. 초과공급 상황이 되면 서비스 공급능력의 유휴화에 따라 과잉 투자비용과 고정비 부담, 유지관리비, 인건비 등의 비용이 발생하여 경영 악화를 초래할 수 있다. 반면에 수요가 공급을 초과하면 고객의 대기상황이 발생하고 서비스 품질이 낮아지며, 고객이 대기할 수 없으면 판매(수익)기회를 잃게 된다. 은행 창구에서 대기열이 길어지고 혼잡해지면 은행 서비스의 품질이 위협받게 되고, 고객을 잃게 될 수도 있는 것이다.

모든 기업이 서비스의 수요와 공급관리에 있어서 같은 문제를 안고 있는 것은 아니다. 시간에 따른 수요변동의 정도와 공급능력의 제한 정도에 달려 있다. 서비스의 수요가 안정적이고 예측가능한 경우에는 문제가 되지 않지만 수요의 변동이 심하고 예측하기 어려운 경우에는 한정된 서비스 가용능력 때문에 경영상 커다란 어려움에 봉착할 수 있다.

기업의 서비스 공급능력(service capacity)이란 고객들에게 한 번에 서비스를 제공할 수 있는 능력을 말한다. 가용역량은 다시 최대가용능력과 최적공급능력으로 구분된다. '최대가용능력'은 고객을 최대한으로 수용할 수 있는 공급수준을 의미한다. 그리고 '최적공급능력'은 고객에 대한 서비스 품질을 최적의 상태로 유지할 수 있는 공급수준을 의미한다. 즉, 최적공급능력이란 인력, 설비, 장비 등의 제 자원을 완전히 이용하는 이상적인 활용수준을 말하며, 고객이 원하는 시간에 양질의 서비스를 제공받을 수 있는 수준을 의미한다.

일반적으로 서비스 기업의 최적공급능력은 교육이나 병원진료, 교통, 관광 서비스 등과 같이 최대가용능력보다 낮은 수준에서 결정된다. 그러나 어떤 서비스의 경우에는 최대가용능력과 최적공급능력이 일치하고 고객도 최대가용능력의 수요상황에서 최대의 만족을 느끼는 경우도 있다. 예컨대, 인기가수의 라이브 콘서트에서 관람객들은 콘서트장의 분위기와 가수의 가창력뿐만 아니라 붐비는 콘서트장에서 열광하는 관람객들 간의 상호작용이나 교감을 통해서 최대의 재미와 감동을 만끽하게 된다.

기업의 서비스 공급능력은 단기적으로는 고정되어 있는데, 서비스 공급능력에 따른 수요의 상황은 다음과 같이 네 가지 유형으로 나타난다([그림 3-1] 참조).

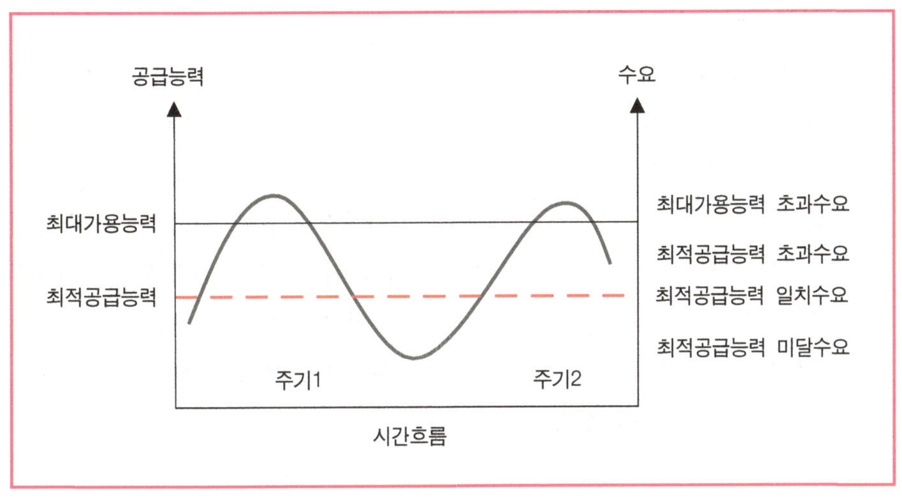

[그림 3-1] 수요의 변동과 공급역량 관계

① **최대가용능력 초과수요**

서비스 상품에 대한 수요가 기업이 수용할 수 있는 최대가용능력을 초과하는 수준을 말한다. 최대가용능력을 초과하는 수요상황에서는 잠재고객들에게 서비스를 제공할 수 없어 영업기회를 놓치고 고객을 상실하게 된다. 설사 서비스를 제공받는다 하더라도 사람들이 붐비거나 인력, 시설, 장비의 부족으로 인해 약속한 품질의 서비스를 제공하지 못하게 된다.

② **최적공급능력 초과수요**

기업의 최적공급능력을 초과하는 수준의 수요 상황에서는 서비스를 원하는 고객들에게는 모두 서비스를 제공할 수 있으나 종업원들이 과중한 업무에

시달리고 혼잡, 시설의 과다한 사용 등으로 인해 당초에 약속했던 양질의 서비스를 제공하지 못하게 된다. 따라서 고객들은 불만족을 느끼고 서비스 품질을 낮게 평가한다. 이동통신이나 초고속인터넷 사업자들이 최적공급능력 수준을 초과하는 가입자를 유치하여 적정수준의 서비스 품질을 유지하지 못함에 따라 고객불만을 야기하는 경우가 해당된다.

③ **최적공급능력 일치수요**

이는 기업의 최적공급능력에 일치하는 이상적인 수요 상태, 즉 수요와 공급이 균형을 이루는 상황을 말한다. 고객은 원하는 시간에 양질의 서비스를 제공받을 수 있게 된다.

④ **최적공급능력 미달수요**

서비스에 대한 고객 수요가 기업의 최적공급능력에 미치지 못함에 따라 인력, 설비 및 장비가 유휴화 되는 초과공급능력 상황을 말한다. 결과적으로 수익성이 악화되고 이는 종업원들에 대한 낮은 보상과 종업원들의 사기 저하로 이어진다. 이는 다시 고객에 대한 서비스 품질이 낮아지고 고객이 이탈하며 수익성이 악화되는 악순환을 겪게 된다. 고객 입장에서는 기다릴 필요 없이 서비스를 쉽게 제공받을 수 있어서 그만큼 우수한 서비스를 제공받을 수 있지만, 기업 입장에서는 유휴자원 문제로 인해 자원을 낭비하는 결과를 초래하게 된다.

2. 서비스 공급능력의 제약조건

서비스 기업의 공급능력은 단기적으로 고정되어 있다고 할 수 있으며, 이는 서비스 수요에 대한 수용능력을 결정짓는 중요한 요소가 된다. 서비스의 형태에 따라 서비스 기업의 공급능력을 제약하는 핵심적인 요소는 시간, 인력, 장비, 시설 및 이들의 조합이라고 할 수 있다.

(1) 시간

많은 서비스업의 경우 서비스 생산을 제약하는 가장 근본적인 제약조건은 시간(time)이다. 변호사나 컨설턴트, 세무사, 의사 등의 서비스 제공자들은 기본적으로 자신의 시간을 판매한다. 이들은 시간을 생산적으로 사용하지 않으면 이익이 줄게 되고, 초과수요가 존재한다 하더라도 이를 충족시킬 만한 시간을 만들어 내기가 어렵다. 따라서 서비스 제공자 입장에서 볼 때 시간은 중요한 공급 제약조건이 된다.

(2) 인력

많은 서비스 요원을 고용하고 있는 기업의 경우, 서비스 인력(요원, labor)의 수나 그들의 서비스 제공수준은 서비스 공급능력에 대한 주요 제약조건이 된다. 대학이나 컨설팅회사, 회계법인 등은 서비스 요원들을 풀가동하여 서비스를 제공하는 상황에서 추가적으로 수요가 발생하면 초과수요에 제대로 대응하지 못하는 경우가 생긴다. 이런 상황에서 정규직 사원을 추가로 채용하는 것은 수요가 감소할 경우를 생각하면 바람직하지 않을 것이다.

(3) 장비

장비(equipments)는 서비스 공급능력의 중요한 제약조건이 될 수 있다. 택배나 항공 운송업의 경우 서비스 수요를 맞추는데 필요한 트럭이나 항공기 확보는 공급능력의 중요한 제약조건이 된다. 명절이나 연말연시 때의 우편·택배서비스 업체, 러시아워 때의 대중교통업체, 저녁시간대의 헬스클럽 역시 수요의 집중에 따라 장비의 제약을 많이 받는 상황이 된다.

(4) 시설

서비스 기업의 보유 시설(facilities) 또한 공급능력의 주요 제약조건이 된다. 호텔의 객실 수, 항공사의 항공기 좌석 수, 대학의 강의실, 레스토랑의 테이블과 좌석 수 등은 모두 서비스 기업의 한정된 시설에 의한 제약조건이 된다.

서비스 마케터가 수요·공급 문제 해결을 위한 장·단기계획을 수립하기 위해서는 먼저 서비스 공급의 주요 제약요인들을 이해하고 이들 요인을 결합한 전체적인 제약요건을 종합적으로 검토함으로써 자사 서비스의 최적공급능력을 정확히 파악해야 한다. 자사의 최적공급능력을 초과하거나 미달하는 수요상황에서는 고

객 또는 종업원의 불만족을 야기하고 서비스의 품질을 저하시킬 수 있기 때문이다.

3. 서비스의 수요유형

서비스는 저장불능, 무형성, 이질성, 생산–소비의 동시성 등의 특성 때문에 재화에 비해 수요의 변동성이 크고 수요를 예측하기가 더 어렵다. 효과적인 서비스의 수요관리를 위해서는 수요유형을 잘 이해하는 것이 필요하다.

서비스의 수요유형은 다음과 같은 몇 가지 질문을 통해 확인할 수 있다.

① 서비스에 대한 수요가 주기적으로 변화하는가? 그렇다면 어떤 주기를 가지고 있는가?
- 임의적, 불규칙 변동
- 주기적 변동(시간대별, 일별, 주별, 월별, 계절별, 기타 주기적 변동)

② 수요가 주기적이라면, 그 원인은 무엇인가?
- 계절적 변화, 월급일자, 공휴일·명절, 학교의 방학·개학 등

③ 수요가 불규칙적이고 예측하기 어렵다면, 그 원인은 무엇인가?
- 날씨 변화, 긴급상황 발생(병원의 응급환자, 자동차 긴급수리 등)

④ 수요를 시장세분화할 수 있는가?
- 서비스 이용패턴, 추구편익, 이용빈도, 이용시간 등

서비스의 수요유형은 일정 단위기간 동안의 수요수준을 지속적으로 추적 집계하여 도표화하면 쉽게 확인할 수 있다. 고객들의 서비스 구매일시를 기록에 남겨 시간별, 일별, 주별, 월별, 계절별 수요수준을 추적하고, 과거 연도의 수집자료와 비교하여 도표화함으로써 서비스 수요의 유형이나 변동주기를 파악할 수 있다. 예컨대, 음식점이나 소매점은 일일 시간대별로, 또 호텔업이나 여행사는 계절별로 수요패턴을 파악할 수 있을 것이다.

컴퓨터화된 고객정보시스템을 활용할 수 있다면 데이터베이스화된 고객들의 구매관련 정보를 구매일시, 구매량, 구매빈도, 구매성향, 고객특성 등에 따라 분석함으로써 단위기간 또는 세분시장별로 수요의 유형이나 수요주기, 수요의 예측가능성을 보다 정확하게 파악할 수 있다.

02 서비스 수요관리전략

서비스 기업은 서비스 공급능력의 제약조건과 수요유형을 이해하고 수요를 정확히 예측할 수 있을 때 효과적인 수요-공급관리전략을 수립할 수 있다. 수요와 공급을 일치시키는 것은 수요-공급관리전략의 핵심이 된다.

수요와 공급을 일치(균형)시키는 접근방법은 크게 두 가지로 구분된다. 하나는 수요를 공급능력에 맞추는 방법이고, 다른 하나는 기업의 서비스 공급능력을 수요변동에 맞추는 방법이다. 수요를 공급에 맞추는 전략을 '서비스 수요관리전략'이라 하고, 기업의 서비스 공급능력을 수요변동에 맞추는 전략을 '서비스 공급관리전략'이라고 한다.

〈표 3-1〉은 수요의 예측가능성과 기업의 고객수요 이동능력에 따른 서비스 수요관리전략과 공급관리전략 매트릭스를 보여주고 있다.

표 3-1 서비스 수요관리전략과 공급관리전략

기업의 고객수요 이동능력 \ 수요의 예측가능성	예측불능	예측가능	
낮음	수요적응전략	공급능력균형전략	〈공급관리전략〉
높음	수요재고화전략	수요조절전략	〈수요관리전략〉

기업이 수요관리전략과 공급관리전략 중 어떤 전략을 선택할 것인가 여부는 서비스 기업이 당면한 수요의 특성에 따라 달라진다. 수요가 예측가능하고 고객들이 기업의 마케팅활동에 따라 기꺼이 서비스 수요시간과 구매장소를 바꾸려 한다면 서비스 수요관리전략이 효과적이다. 그러나 서비스 수요를 예측하기 어렵고 고객들의 수요를 이동시키기 어려운 경우에는 서비스 공급관리전략을 선택

해야 한다.

서비스에 대한 수요를 기업의 공급능력에 맞추는 수요관리전략에는 수요조절전략과 수요재고화전략이 있고, 기업의 서비스 공급능력을 수요변동에 맞추는 공급관리전략에는 수요적응전략과 공급능력균형전략이 있다.

1. 수요조절전략

서비스 수요조절전략은 기업의 서비스 공급능력에 대응하여 고객의 서비스 수요를 증가 또는 감소시키는 전략으로서 크게 수요감소전략과 수요증가전략으로 구분할 수 있다. 먼저, 기업의 마케팅믹스 활동을 통해 서비스 공급역량을 초과하는 수요상황에서는 수요를 적정수준으로 줄이는 수요감소전략을 구사한다. 그러나 기업의 서비스 공급능력에 미달하는 수요상황에서는 수요를 자극하고 진작시키는 수요증대전략을 구사한다.

흔히 수요와 공급을 균형시키기 위해 사용할 수 있는 수단으로는 가격전략이 일차적으로 제시되곤 하지만 상품의 다양화나 커뮤니케이션 노력, 서비스 제공 시간대와 장소의 조절, 대 고객 커뮤니케이션 노력 강화 등의 방법을 활용할 수 있다.

기업의 서비스 공급역량에 맞추어 변동적인 수요를 조절하기 위해 이용할 수 있는 마케팅믹스 요소들을 구체적으로 살펴보면 다음과 같다.

(1) 가격전략

가격은 효과적인 수요관리를 위해 활용할 수 있는 중요한 도구가 된다. 즉 서비스 상품의 수요탄력성에 기초하여 초과수요 상황에서는 할증요금제도나 고가정책을 통해 수익성을 높이고 수요를 하향 이동시킨다. 반대로 수요가 적정수준을 미달하는 상황에서는 가격할인제도를 통해 수요를 진작시키는 전략을 쓸 수 있다.

마케팅관리자들은 특정한 시점에서 상품 수요곡선의 형태와 기울기를 알고 있어야 한다. 시간이 지남에 따라 서비스 상품의 수요곡선이 어떻게 변하는지를 알아야만 가격차별화를 통한 수요조절이 가능하기 때문이다.

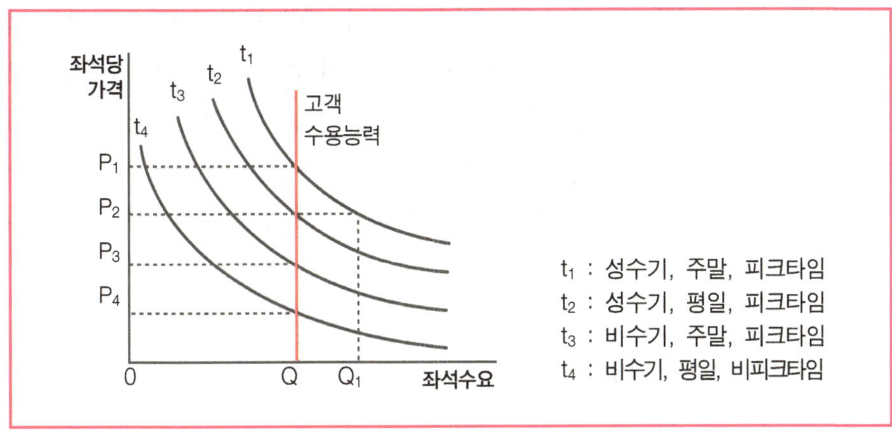

[그림 3-2] 시간대에 따른 수요곡선의 변화

서비스 기업은 성수기와 비수기, 주말과 평일, 피크 타임과 비피크타임 인가에 따라 여러 가지의 수요곡선을 가질 수 있다.

[그림 3-2]에서 특정 시점에서의 고객 수용능력이 Q로 고정되어 있다고 하자. 이때 서비스 수요를 공급역량과 일치하는 Q로 조절하기 위해서는 각 시기에 따라 가격을 차별화해야 함을 알 수 있다. 즉, 성수기의 주말 피크타임의 수요곡선 (t_1) 하에서는 가격을 최고가 수준인 P_1로 결정하지만, 비수기의 주말 비피크타임의 수요곡선 (t_4) 하에서는 가격을 최저가인 P_4로 결정해야 한다. 만일 성수기의 주말 피크타임의 수요상황 (t_1)에서 가격을 P_1보다 낮은 P_2로 한다면, 수요는 Q_1만큼 증가하지만 기업의 수용능력을 초과하는 상황이 발생하기 때문에 잠재고객을 잃거나 서비스 품질의 악화와 고객 불만족을 초래하게 될 것이다.

서비스 마케터가 당면할 수 있는 복잡한 현실 상황에서는 고객의 서비스에 대한 욕구나 지불능력이 세분시장 간에 차이가 있기 때문에 같은 시점에서도 세분시장별로 각기 다른 수요곡선이 존재할 수 있다. 예컨대, 항공산업에서 비즈니스 목적으로 항공기를 이용하는 고객과 여행 목적으로 항공기를 이용하는 고객은 이용 시간대, 즉 평일과 주말, 성수기와 비수기, 피크타임과 비피크타임에 따라 수요곡선의 형태나 기울기가 다르게 나타나고, 그에 따라 가격차별화 전략을 구사할 수 있다.

많은 서비스 기업들은 세분시장별로 형성된 상이한 수요곡선에 대응하기 위하여 다양한 등급의 서비스 상품을 제공하고 있다. 항공사들은 일등석 고객들에게

는 이코노미석 고객과 구분하여 넓고 안락한 좌석, 풍부한 식·음료 등 다양한 기내 서비스를 제공함으로써 고객들의 욕구를 만족시키고 있다. 국내의 이동통신 업체들도 다양한 요금제의 상품을 개발하여 개별 고객의 욕구나 라이프스타일에 따라 최적요금을 선택할 수 있도록 옵션 가격제를 실시하고 있다. 이처럼 다양한 등급의 서비스 상품을 개발하여 운용하는 서비스 기업들은 수익성이 가장 높은 세분시장이 주된 고객층이 되도록 관리하여야 한다.

(2) 서비스 상품의 다양화

가격은 수요와 공급을 균형시키는 가장 일반적인 방법으로 선호되고 있지만 서비스의 경우는 물리적 제품만큼 가격으로 수요를 조절하기가 쉽지 않다. 예컨대, 스키용품 제조업자들은 비수기인 여름에 스키용품을 할인된 가격으로 판매함으로써 재고를 줄일 수가 있으나 스키 운영자들은 스키 리프트 이용권을 여름에 팔기는 어렵다. 따라서 스키장 운영자들은 여름에도 리프트나 스키장 콘도를 이용하도록 하기 위하여 옥외수영장이나 물썰매장, 인공호수, 삼림욕장, 골프장 등의 다양한 부대시설과 서비스 제공시스템을 갖추고 사계절 레저타운으로 변신하고 있다. 또 골프장에서는 수요가 적은 겨울철에 눈썰매장을 개장하여 수익성 악화를 타개하기도 한다.

서비스 제공자들은 연중 일관된 서비스를 유지하기도 하지만 계절의 변화에 따라 제공되는 서비스 상품을 수정 또는 새로 개발하여 수요를 창출하고 있다. 예를 들어, 병원은 연중 내내 동일한 진료 서비스를 제공한다. 그러나 호텔은 계절에 따라 고객들의 기호에 맞추어 제공되는 서비스를 계속적으로 변화시키면서 수요를 조절하고 있다. 비수기의 호텔은 기업연수나 세미나, 결혼예식, 문화·스포츠 이벤트 등 다양한 서비스 패키지 상품을 개발하여 호텔 이용률을 높인다. 또 레스토랑에서는 고객이 적은 낮 시간 동안에 실비의 점심 특선메뉴를 개발하여 고객을 유치하기도 한다.

요컨대, 서비스 기업은 각 세분시장 고객들의 욕구를 충족시킬 수 있는 다양한 서비스 상품을 제공함으로써 수요를 조절하고 최적수요에 접근해나가도록 해야 한다.

(3) 서비스 제공시간대와 장소의 조절

서비스 기업들은 일정한 시간에 일정한 장소에서 서비스를 계속 제공하면서 수요를 조절하기보다는 서비스 제공시간이나 장소를 조정하면서 시장의 욕구에 반응하고 있다.

먼저 서비스 제공시간대를 조정하는 방법으로서, 일일 시간대별, 주중 요일별, 월별, 계절별로 변하는 수요에 적응하기 위하여 서비스 제공시간을 조정할 수 있다. 심야시간대에 극장을 상영하여 젊은이들의 유치에 성공한 사례를 들 수 있다. 서울 가락동시장에는 전국 각처에서 밤새 올라온 농수산물이 새벽시장을 통해 거래되며, 하나은행의 가락지점에서는 이 시간에 모닝뱅크를 열어 고객들의 수요 충족과 은행 수신고의 증가 효과를 가져 오기도 했다.

또한 서비스 기업이 서비스 제공 장소를 조절하여 고객의 욕구에 반응하는 방법이 있다. 즉 고정된 서비스 점포입지로 고객들이 찾아오도록 하는 대신에 고객이 있는 곳을 이동하여 서비스를 제공하는 방법을 말한다. 시청에서 운영하는 이동문고나 병·의원의 방문진료, 자동차 긴급출동 서비스는 고객이 있는 곳으로 찾아가 서비스를 제공함으로써 고객의 욕구충족과 더 많은 수요를 창출하는 경우라 할 수 있다.

(4) 커뮤니케이션 노력

서비스 기업은 광고나 홍보, 인적판매, 현재 수요상황 공지, 안내방송과 같은 대 고객 커뮤니케이션 노력을 통해 수요를 조절할 수 있다. 이러한 노력은 피크타임 수요상황을 고객들에게 알려줌으로써 과다하게 수요가 집중되는 현상을 덜어주고, 보다 빠르고 편안한 시간대에 서비스를 받도록 유도하는 효과를 가져 온다. 매년 연말연시가 되면 우체국은 업무가 폭주해 체신업무가 마비되고 우편서비스가 지체되곤 하기 때문에 밀려드는 크리스마스 카드와 연하장을 미리 보내도록 홍보를 하고 있다. 또 교통방송에서는 고속도로나 시내 교통상황을 운전자들에게 실시간에 알려줌으로써 교통체증을 막고 도로 수요의 분산효과를 기하고 있다. 서비스 기업은 비수기에는 종업원들에게 자유로운 일정으로 잠재고객들을 접촉하여 서비스의 판매기회를 획득할 수 있도록 요청하기도 한다.

기업이 서비스 수요를 조절하기 위해 가격이나 서비스 상품, 유통 등의 마케

팅믹스 요소를 이용하고자 할 때에는 명확한 커뮤니케이션 노력이 꼭 필요하다. 기업이 시도하는 마케팅믹스 요소들의 변화 내용에 대하여 충분히 알려 주어야만 어떤 구체적인 고객반응을 얻어낼 수 있기 때문이다.

2. 수요 재고화전략

서비스 기업은 공급되는 서비스를 재고화할 수 없지만, 수요는 재고화할 수 있다. 고객 수요를 재고화하는 방법으로는 대기시스템과 예약시스템이 있다.

(1) 대기시스템

일반적으로 서비스를 제공하는 과정에서 고객이 기다리는 시간에는 한계가 있다. 특히 시간 압박을 받고 있는 고객이라면 대기시간이 더욱 짧아지고, 보다 빠른 서비스 대안을 찾게 된다. 대기시간이 길어지면 고객은 불만족하거나 다른 서비스 업체로 떠나고 말 것이다.

대기시스템을 개발하는 것은 대개 운영상의 과업에 속하지만 고객들에게 지각되는 서비스의 품질과 서비스 제공속도에서 매우 중요한 의미를 갖는다. 서비스 기업이 대기시스템을 도입하기 위해서는 먼저 고객이 서비스를 제공받기 위해 기다릴 수 있는 최대시간이 어느 정도인가를 결정하고, 기다리는 동안 즐겁고 빠르게 시간을 보낼 수 있도록 해야 한다. 이를 위해서는 적정온도와 습도, 편안한 의자, 배경음악 등으로 쾌적한 환경을 만들고, 고객들에게 예상 대기시간을 미리 알려주며, 서비스 안내자료나 신문·잡지 등의 읽을거리와 음료 제공과 같은 부수적인 서비스를 제공하는 마케팅 노력을 기울여야 한다. 예컨대, 은행이나 병원에서는 대기번호표를 주면서 고객의 대기순번과 예상 대기시간을 미리 알려주고 잡지나 신문, 소식지 등을 비치하여 기다리는 동안 고객들이 지루하지 않게 하는 것을 볼 수 있다.

때로는 대기시스템 전략을 설계할 때 시장세분화를 이용하여 다른 고객들보다 서비스 이용의 우선권을 주기도 한다. 이때 고객이나 업무의 중요도(우수고객, 회원고객 등), 서비스 소요시간, 빠른 서비스를 위한 프리미엄 가격조건 등의 방법을 기준하여 우선적인 서비스가 제공될 수 있다.

마이스터(D. Maister)는 대기시간에 대한 고객의 심리 차원에서 '대기관리의 원칙'을 다음과 같이 제시하고 있다.[1)]

〈대기관리의 원칙〉

1. 아무 일을 하지 않고 있는 시간이 뭔가를 하는 시간보다 길게 느껴진다.
2. 서비스 제공 전의 대기시간이 서비스 제공 중의 대기시간보다 길게 느껴진다.
3. 근심스런 마음(anxiety)은 대기시간을 더 길게 느껴지게 한다.
4. 막연하게 기다리는 것이 대기시간을 알고 기다리는 것보다 더 길게 느껴진다.
5. 기다림의 원인이 설명되지 않은 대기시간이 더 길게 느껴진다.
6. 끼어들기 등의 불공정한 대기시간이 더 길게 느껴진다.
7. 대량구매나 가치가 높은 서비스일수록 더 오래 기다릴 것이다.
8. 혼자 기다리는 시간이 더 길게 느껴진다.

고객의 대기를 관리하는 방법에는 실질적인 대기시간을 단축시키는 운영관리 기법과 고객의 체감 대기시간을 줄이는 지각관리 기법이 있다.

1) 운영관리 기법(operation management)

서비스 운영관리 기법은 서비스 제공방법을 변화시켜 실질적인 대기시간을 줄이는 것을 말하며, 다음과 같은 방식을 적용할 수 있다.

① 서비스 예약제 도입 : 수요대응전략으로 수요를 적절하게 분산시킬 수 있다.

② 커뮤니케이션 활용 : 고객들에게 서비스 이용과 관련한 정보를 알려줌으로써 자발적인 수요분산을 유도한다(혼잡시간대나 한가한 시간대 안내, 비수기 이용고객 인센티브제 안내, 상품배송정보 제공 등).

③ 공정한 대기시스템 구축 : 대기표 발급순, 서비스 신청접수순 등 공정한 순서에 따라 서비스를 제공하는 시스템을 운영한다. 때로는 당일고객과 예

---

1) Maister, David A.(1985), "The Psychology of Waiting Lines", in The Service Encounter, eds. John A. Czepiel, Michael R. Solomon, and C. F. Surpreant (Lexington, Mass.: Lexington Books), pp.113~123.

약고객 중 어느 쪽을 우선할 것인가에 대한 결정이 필요하다.

2) 지각관리 기법(perception management)

고객의 지각관리 기법은 서비스 대기시간에 대한 고객의 지각을 변화시켜 '체감 대기시간'을 줄이는 것을 말하며, 다음과 같은 방식을 적용할 수 있다.

① 가능한 한 빨리 서비스가 시작되었다는 느낌을 주라.
② 고객에게 예상 대기시간을 미리 알려 주라.
"먼저 온 대기손님이 ㅇㅇ명 있습니다. ㅇㅇ분만 기다려 주십시오."
③ 고객접점에서 서비스를 제공하지 않는 사람이나 시설은 보이지 않게 하라.
④ 고객을 특성에 따라 유형별로 분류하고 차별적인 대응을 하라.
일반/VIP 고객, 회원/비회원 고객, 품질선호/시간선호 고객 등

(2) 예약시스템

예약시스템은 서비스를 사전에 판매하는 것을 의미한다. 예약을 하게 되면 고객은 서비스를 받기 위해 기다릴 필요가 없어서 좋고, 서비스 기업은 서비스에 대한 수요를 사전에 예측할 수 있으므로 수요-공급의 균형과 정해진 시간에 약속된 서비스를 제공해 줄 수 있어서 좋다. 그런데 예약을 한 고객이 임의로 예약을 취소하게 되면 서비스 기업은 손실을 입을 수 있기 때문에 예약 불이행시 범칙금을 부과하거나 예약부도율을 고려하여 약간의 중복예약을 받기도 한다. 어떤 경우에는 서비스 기업이 과다하게 중복예약을 받아 예약된 고객들에게 서비스를 제공하지 못하는 경우가 발생하기도 한다. 이렇게 되면 고객 불만족과 고객상실의 위험이 발생하게 된다. 호텔·콘도업계나 항공사들이 성수기에 지나치게 많은 중복 예약을 받아 문제를 일으키는 경우를 종종 볼 수 있다.

요컨대, 예약시스템을 효과적으로 운영하기 위해서는 정확한 수요예측을 바탕으로 정교한 예약시스템을 개발하여 사전적으로는 예약선불금이나 예약불이행 범칙금을 부과하고, 사후적으로는 중복예약에 따른 고객 보상제를 도입하는 마케팅 전략이 필요하다.

지금까지 살펴본 서비스의 수요관리전략은 서비스 수요를 제한된 공급능력에 맞추는 전략이라고 할 수 있으며, 〈표 3-2〉와 같이 정리할 수 있다.

▶▶ 표 3-2 서비스의 수요관리전략

수요가 너무 많은 상황	수요가 너무 적은 상황
1. 수요가 많은 때를 미리 알려 줌	1. 서비스 상품의 다양화
2. 평상시 이용을 유도함	2. 가격할인이나 공제
3. 정상요금을 부과함	3. 기존고객의 이용 유도광고 실시
4. 수요분산을 위한 커뮤니케이션 노력	4. 서비스 운영시간·장소의 조정
5. 애호고객, 고가격 구매자 우선함	5. 방문서비스 또는 고객편의 제고
6. 예약제 및 대기시스템 실시	6. 수요증대를 위한 커뮤니케이션 노력

현장사례 ··· 남아도는 전력 '사상 최대'..."공급확충보다 수요관리해야"

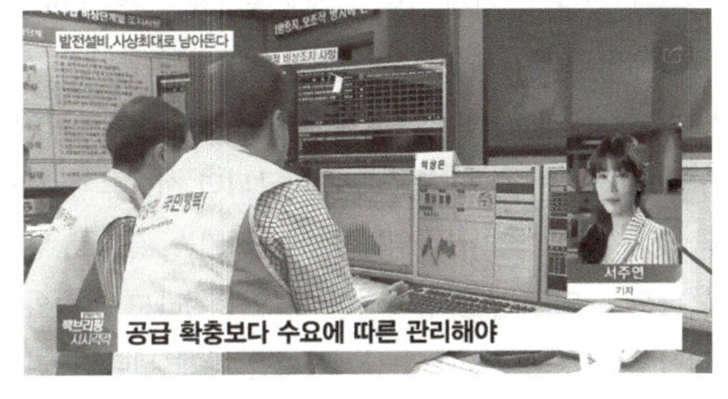

에너지 업계와 전력거래소 등에 따르면 지난 9월 중순 이후 전력소비량이 급격히 줄어들면서 '전력설비 예비력'이 한때 역대 최고치를 기록했다.

전력설비 예비력은 전력공급에 차질이 생기는 것을 막기 위해 전력수요 예상치를 초과해 보유하는 용량을 의미한다. 지난 9월 24일은 최대 전력소비량이 48GW에 그치면서 국내 전체 발전설비 118GW 가운데 무려 70GW가 남아돌았다. 최대 전력 수요량에 대한 예비 전력의 비율을 의미하는 공급예비율도 여름철 폭염으로 전력 수요가 많았을 때는 8%에 불과했는데, 지난 9월에는 한때 83%까지 치솟으며 큰 차이를 보였다. 왜 이렇게 전력의 수요공급이 안 맞는 것일까?

폭염 등 계절에 따라 전력수요가 요동치고 있기 때문이다. 따라서 무작정 공급을 늘리기보다는 수요 관리에 중점을 둘 필요가 있다.

성윤모 산업통상자원부 장관도 최근 국회 국정감사에서 "에너지는 공급뿐만 아니라 수요 관리도 중요하다"고 공감을 표시했다. 업계에서는 봄·가을 전력수요가 적을 때는 국내 전체 발전설비 가운데 절반 이상이 유휴 설비로 방치되고 있는 실정이라면서 효율적인 전력수급 대책을 요구하고 있다.

* 자료 : SBS CNBC, 2018. 11. 5.

03 서비스 공급관리전략

서비스 공급관리전략은 수요예측이나 고객수요 이동이 어려운 상황에서 서비스 공급능력을 수요변동에 맞추는 전략을 말하며, 수요적응전략과 공급능력균형전략으로 구분할 수 있다.

1. 수요적응전략과 공급능력균형전략

서비스 기업의 공급능력은 호텔이나 병원과 같이 사람과 장비를 포함하는 물적 시설과 전화기, 기계장치, 금전등록기와 같은 장비 및 장비를 다루는 인력으로 구성되며, 이들 세 요소의 제약을 크게 받는다.

서비스는 대개 연속적으로 제공되는 일련의 행동과정으로 이루어지기 때문에 장비의 용량이 어느 한 부분에서 미달되면 서비스의 전체 흐름상 병목현상이 생기고, 전체 서비스의 공급역량을 제한시키는 결과를 낳게 된다. 또 시설이나 장비가 많은 수요를 충분히 처리할 수 있을지라도 인력의 충원이나 배치가 잘못되면 역시 서비스 공급역량의 한계상황을 맞게 된다. 따라서 효율적인 서비스 공급관리를 위해서는 서비스 시설과 지원장비 및 서비스 인력의 균형이 요구된다.

서비스 기업이 마케팅활동을 통해 고객의 수요를 이동시키기가 어렵다면 수요의 변동에 적응하기 위해 서비스 공급능력을 변화시키는 방법을 선택해야 한다.

서비스 공급능력을 변화시키는 공급관리전략에는 수요적응전략과 공급능력균형전략이 있다.[2)]

(1) 수요적응전략

수요적응전략(chase demand strategy)은 수요의 변동이 심하고 예측불가능하며 원가에서 변동비의 비중이 높으며 비숙련 노동력으로 충분한 경우에 사용하는 전략이다. 건설현장의 일용직 종사자들은 매일 아침에 당일의 일거리를 받게 되고 만일 일거리가 없으면 전혀 수입이 없이 지내는 하루가 됨으로써 전적으로

2) 이유재, 전게서, pp.153-154.

수요에 의존해서 서비스를 공급하는 상황이라 할 수 있다.

서비스 기업의 보유 시설이나 장비, 인력, 시간은 기업의 공급역량을 제한하는 요소가 되기 때문에 변동적인 서비스 수요에 기업이 효과적으로 대응하기 위해서는 단순한 수요적응전략을 전개하기보다 기업의 공급역량에 유연성을 부여하는 수정수요적응전략을 전개할 수 있다. 대중교통 버스나 지하철의 러시아워 시간대에 배차시간을 줄여 운행횟수를 늘림으로써 정상운행을 할 때보다 더 많은 인원을 수송하고 초과수요를 흡수하는 경우를 예로 들 수 있다.

(2) 공급능력균형전략

공급능력균형전략(level-capacity strategy)은 수요가 안정적이고 예측가능하며 숙련된 고급노동이 필요하거나 고가의 장비나 전문적인 장비가 필요한 서비스의 경우에 기업의 가용능력에 맞게 수요를 대응시키는 전략이다. 공급능력균형전략은 병원이나 대학, 호텔, 은행 서비스와 같이 상대적으로 시설이나 장비, 인적자원의 제약을 많이 받는 서비스에 적용하기 쉬운 전략이라고 할 수 있다.

〈표 3-3〉에는 수요적응전략과 공급능력균형전략의 차이를 비교하고 있다.

▶▶ 표 3-3 수요적응전략과 공급능력균형전략의 비교

비 교 기 준	수요적응전략	공급능력균형전략
수요의 변동성	변동적이다	안정적이다
수요의 변화속도	빠르다	느리다
수요의 예측가능성	예측 불가능하다	예측 가능하다
서비스의 원가구조	변동비 비중이 높다	고정비 비중이 높다
질 낮은 서비스의 대가	적다	많다
판매기회 상실 비용	높다	낮다
기업의 수요 이동능력	낮다	중간

2. 공급관리의 방법

일반적으로 서비스의 공급을 관리한다는 것은 변동적인 수요에 대응하여 기업의 서비스 공급능력에 대한 변화를 수반하게 된다. 즉, 수요가 많을 때에는 증가된 수요에 맞추어 공급수준을 높이는 방법을 강구하고, 수요가 적을 때에는 비용이나 낭비적 요소를 줄이기 위하여 공급수준을 낮추는 방법을 찾는다.

기업의 경영자가 서비스 공급관리를 위해 선택할 수 있는 방법은 다음과 같이 몇 가지로 요약할 수 있다.

(1) 임시종업원 고용

피크타임이나 성수기에는 임시종업원을 고용함으로써 정규직원 채용에 따른 고정인건비 지출 부담을 줄이고 최소의 비용으로 가용능력을 증대시킬 수 있다. 연말연시 때의 우체국, 바겐세일기간 동안의 백화점, 식사시간대의 식당 등에서는 파트타임 종업원을 고용하여 특정 시간대에 집중되는 수요를 충족시킬 수 있다. 그런데 임시종업원은 정규직원들에 비해 기술력이나 숙련도가 낮고 이직률이 높기 때문에 업무성과와 서비스의 품질이 떨어질 수 있다. 결과적으로 기업의 생산성이 낮아지고 고객 불만족을 야기할 수 있으며, 서비스 마케터는 임시종업원을 활용하는 데 신중한 판단이 요구된다. 또 고객들은 임시종업원들에 대하여 업무지식이 부족하고 질문에 답을 잘해 주지 못할 것이라는 인식을 갖게 되며, 따라서 서비스 수준이 떨어지고 개별화된 서비스를 제공하는데 한계가 있다고 느낀다.

서비스 기업이 임시종업원을 성공적으로 활용하기 위해서는 다음과 같은 몇 가지 노력이 필요하다.

① 임시종업원이 하는 일을 정규직원들이 하는 일과 동등하게 취급해야 한다.
② 임시종업원들에게 어떤 유의미한 혜택을 제공해야 한다. 그러나 그 혜택이 정규종업원들에게 제공하는 수준으로까지 확대되어서는 안 된다.
③ 적절한 훈련을 통해 임시종업원 자신이 기업의 중요한 부분을 맡고 있으며, 고객들에게 양질의 서비스를 제공하겠다는 다짐을 갖도록 한다.

(2) 공급능력의 일시적 확장

피크타임이나 성수기에 종업원이나 시설, 장비, 시간 등의 서비스 공급능력 자원을 일시적으로 확장함으로써 높은 서비스 수요를 충족할 수 있다.

먼저 종업원들의 야근이나 연장근무를 통해 수요를 충족시키는 경우, 기존 종업원들은 회사의 사정을 잘 알고 있을 뿐만 아니라 바람직한 서비스를 제공할 수 있기 때문에 임시종업원을 고용하는 경우에 비해 훨씬더 효율적이다. 다만 임시종업원을 고용하는 경우보다 비용부담이 크고, 연장근무에 따른 피로감으로 인해 종업원의 사기와 서비스 품질이 떨어질 수 있다는 점을 고려해야 할 것이다. 대개 전문서비스나 기업 서비스 분야에서는 기존 종업원을 최대한 활용하는 방법을 많이 쓴다.

시설이나 장비를 일시적으로 확장시켜 많은 수요에 대응할 수도 있다. 극장이나 공연장, 강의실, 음식점에서는 보조의자나 필요한 시설물을 추가로 놓아 일시적으로 많은 수요를 충족할 수 있다. 또 컴퓨터나 전화회선, 유지·보수장비와 같은 장비를 일시적으로 증설하여 공급능력을 확장할 수도 있다.

서비스 시간을 연장하여 많은 수요에 대응하는 경우로는 백화점 바겐세일 기간 동안의 영업시간 연장이나 명절 때 귀성객들을 위한 지하철·버스의 운행시간 연장을 예로 들 수 있다.

서비스 공급능력의 확장은 제 자원(인력, 시설, 장비, 시간)의 복합적 활용을 극대화하는 차원이기 때문에 시설의 과다 사용이나 종업원의 과잉 근로에 따른 서비스 품질의 저하를 가져오지 않도록 세심한 주의가 필요하다.

(3) 피크타임의 운영절차 도입

수요가 집중되는 성수기나 피크타임에는 평상시와 다른 피크타임 운영절차를 마련하여 모든 인력과 장비를 서비스를 제공하는 데 집중함으로써 가용능력의 효율성을 극대화할 수 있다.

먼저 피크타임에는 장비와 인력을 서비스 제공과정의 중요한 파트에 집중시킨다. 이를 위해 시설 및 장비의 유지관리나 개·보수, 종업원의 교육훈련이나 휴가, 환경정비 활동은 비수기나 한가한 시간대에 실시하여 피크타임 때 최상의 서비스 제공조건을 갖추도록 한다. 또 피크타임 동안 종업원들은 업무가 집중되는

분야에 집중적으로 투입하여 서비스 흐름상의 병목현상을 피하도록 한다. 업무의 성격이나 우선순위에 따라 업무 수행시간을 조정할 수도 있다. 패스트푸드점에서 주방을 정리하거나 청소하는 일은 피크타임이 지난 뒤에 하는 경우를 예로 들 수 있다. 여기서는 고객 수요가 폭주할 때 고객의 대기시간을 줄이기 위한 전략으로, 고객의 체감 대기시간을 줄이는 지각관리나 서비스 제공방법에 변화를 주는 운영관리전략을 전개할 수도 있다. 서비스 기업은 가용능력의 활용성을 높이기 위한 방법으로 물리적 시설을 유연하게 설계함으로써 부분적인 가용능력의 한계를 극복할 수도 있다. 예컨대, 호텔의 객실구조를 고객의 요구에 따라 변경할 수 있게 설계한다든지 항공기 좌석의 등급별 배치를 고객 수요에 따라 쉽게 조정할 수 있게 만드는 경우를 생각할 수 있다.

피크타임 운영절차를 활용하는 이점은 기업이 최대 가용능력으로 운영되게 함으로써 서비스 생산성을 높이고 수익을 최대화하는 데 있다. 그러나 이러한 노력이 업무내용과 절차의 변화에 따라 혼선을 빚거나 부실한 서비스, 개인적 관심의 부족, 종업원의 서툰 직무수행, 혼잡도 등으로 서비스 품질의 악화를 초래할 수 있음을 경계해야 한다.

(4) 종업원의 다능화 훈련

종업원이 다양한 업무를 수행할 수 있도록 다능화 훈련이 되어 있으면 피크타임에 업무가 집중되는 곳으로 재배치함으로써 병목현상을 방지하고 기업 전체의 최대 가용능력을 유지하면서 운용될 수 있게 해 준다. 다른 종업원이 업무를 볼 수 없게 될 때 그 업무를 대신 수행해 줄 수 있어 전체 서비스 업무의 흐름이 원활해진다. 뿐만 아니라 다능화 훈련은 수요상황에 따라 보다 유연하게 서비스를 제공해 주며, 보다 나은 고객서비스 제공을 위해 종업원들 간의 업무를 조정하고 협력관계를 유지하는데 도움이 된다. 또 단순 반복적인 업무에서 벗어나 직무가 확대되고 종업원 만족이 증대될 수 있다.

(5) 고객참여 확대

피크타임 수요 동안 셀프서비스를 통해 서비스 제공과정에 고객의 참여를 확대하여 서비스 공급능력을 확대하는 방법이 있다. 식당에서 물이나 음료를 고객이 직접 가져다 마시게 하는 경우나 주유소에서 고객이 스스로 주유를 하는 경우, 은행에서 현금자동지급기(ATM)를 이용하여 고객 스스로 입출금이나 계좌이체를 하는 경우를 예로 들 수 있다. 이때, 고객은 시간적인 절약과 저렴한 가격 등으로 셀프서비스에 대한 보상을 받을 수 있고, 서비스 기업은 불필요한 인건비나 업무부담을 덜면서 더 많은 고객을 수용함으로써 이익을 누릴 수 있다.

서비스 기업은 서비스 제공과정에서 고객들이 참여하고자 하는 의지를 바탕으로 셀프서비스의 범위를 결정하여야 한다. 자칫 고객들이 받아들일 수 있는 범위를 넘어선 셀프서비스를 요구하게 되면 서비스 품질에 대한 평가가 나빠지고 고객불만이 가중될 수 있다. 특히 양질의 개별화된 서비스 제공을 지향하는 서비스 기업에서는 고객의 참여를 확대시키는 방법에 신중을 기해야 한다. 대개 고객들은 서비스 분야에 대한 전문성이 부족하고 자신에게 요구되는 과업에 대하여 이미 계산되었다고 생각하기 때문이다. 때로는 서비스 제공과정에 고객이 일정 부분 참여하는 것이 오히려 서비스의 흐름을 지체시키고 공급능력을 떨어뜨리는 결과를 낳기도 한다.

(6) 공급능력의 공유

서비스 기업 간에 시설, 장비, 인력과 같은 서비스 공급능력을 공유함으로써 피크타임의 수요를 충족하고 설비비용이나 인건비 부담을 줄일 수 있다. 항공사 간에 활주로나 공항시설 공동으로 이용한다든지 병원들 간에 의료진이나 고가의 특수의료장비를 공동 활용하는 경우, 운송회사들 간에 복합운송시스템을 구축하기 위하여 운송수단이나 물류센터를 공동 활용하는 경우 등을 예로 들 수 있다. 서비스 기업 간에 가용능력 자원이 효과적으로 공유되기 위해서는 적절한 일정관리가 필요하다. 즉 각 기업은 공유자원에 대한 자사의 사용상황 뿐만 아니라 다른 공유기업들의 공유자원에 대한 사용상황과 사용일정에 대해서도 파악하고 있어야 하며, 이로써 최대의 가용역량을 유지하고 기업당 비용도 줄일 수 있다.

(7) 공급능력의 임차 또는 임대

서비스 기업은 자사의 공급능력이 성수기나 피크타임의 수요에 미달할 때 다른 기업에서 시설과 장비를 임차하여 수요를 충족할 수 있다. 또 반대로 기업의

가용능력이 현재의 수요수준을 초과할 때에는 시설과 장비를 다른 기업에 임대함으로써 과잉설비 문제를 해결하고 수익성을 개선할 수 있다.

(8) 아웃소싱

아웃소싱(outsourcing)은 서비스 기업이 공급능력을 확장하는 매우 효과적인 수단이 된다. 이는 자사의 공급능력을 초과하는 서비스 수요에 대하여 외주 또는 하청계약을 통해 수요를 충족시키는 방법이다. 출장부페와 같은 캐이터링 서비스에서는 자사의 공급능력을 초과하거나 까다로운 주문요리에 대하여 다른 기업에 외주를 줌으로써 자사의 공급능력을 확장하는 경우를 볼 수 있다.

아웃소싱의 문제점은 외주업체가 자사와 같은 수준의 서비스를 제공하지 못할 수 있다는 점이다. 만일 외주업체가 제공하는 서비스의 품질이 낮으면 고객 불만족을 야기하게 되고, 반대로 서비스 품질이 너무 높으면 사업기회를 외주업체에 뺏길 위험이 있다. 따라서 외주업체를 효과적으로 관리할 수 있는 방안이 강구되어야 한다.

지금까지 살펴본 서비스의 공급을 관리하는 방법은 서비스 공급능력의 유연화를 통해 변동적인 수요에 일치 또는 대응시키는 방법이라 할 수 있으며, 〈표 3-4〉와 같이 정리할 수 있다.

표 3-4 서비스의 공급관리전략

수요가 너무 많은 상황	수요가 너무 적은 상황
1. 가용능력의 일시적 확장	1. 시설, 장비의 유지관리 및 개·보수
2. 임시 종업원의 채용	2. 종업원 교육훈련
3. 종업원의 다능화 훈련	3. 종업원 휴가
4. 고객의 참여 확대	4. 가용능력의 임대
5. 피크타임의 운영절차 도입	5. 종업원 감원
6. 가용능력의 공유	6. 과잉설비 매각
7. 가용능력의 임차	7. 서비스상품 개량 또는 개발
8. 아웃소싱	

현장사례 ··· 플랫폼 빠른 진화… 새 시장 선도주자 발굽 시급

지금은 플랫폼 시대다. 세계 시가총액 상위 10개 기업 중 플랫폼 기업은 2007년 마이크로소프트 1개에서 10년 새 7개로 크게 늘어났다. 사람들은 우버로 차를 불러 이동하고, 에어비앤비를 통해 여행지의 숙소를 예약한다. 그런데 우버와 에어비앤비는 빌려줄 차 한 대, 방 한 칸 갖고 있지 않다. 그저 사람들과 남는 차량, 숙소를 연결해 주는 플랫폼일 뿐이다.

플랫폼은 말 그대로 기차역의 플랫폼을 뜻한다. 여기에서 사람들은 자신의 목적지로 향하는 열차를 탄다. 최근 이야기되고 있는 플랫폼은 기업이 서비스를 제공하고, 소비자는 스스로 원하는 서비스를 선택하는 가상의 공간을 뜻한다. 휴대폰 시장에서 존재감이 없던 애플이 노키아, 블랙베리, 모토로라 등 유수의 경쟁자들을 물리치고 스마트폰 시장의 강자로 우뚝 선 원동력도 '거래의 장'인 앱스토어를 내세워 플랫폼 전투에서 승리했기 때문이다.

과거 플랫폼이 수요와 공급을 연결하는데 그쳤다면 최근 플랫폼은 네트워크 효과로 가치를 높이고 있다. 네트워크 효과란 네트워크를 통해 연결되는 참여자 수가 늘어날수록 각자에게 더 많은 가치가 돌아가고 플랫폼 자체의 가치 또한 상승한다는 개념이다. 우리나라에서 카카오톡을 가장 많이 쓰는 이유는 다른 메신저보다 기능이 뛰어난 점도 있지만 이미 많은 사용자가 있기 때문에 그 네트워크를 사용할 때의 가치가 크기 때문이다. 멧커프의 법칙에 따르면, 네트워크의 효용성은 사용자 수의 제곱에 비례한다. 경쟁력을 갖춘 플랫폼은 기존의 산업 생태계를 붕괴시키고 새로운 생태계를 만들어가고 있다.

배달앱인 '배달의 민족'은 음식 전단지를 대신하고 있다. 10년 전만 해도 중국요리나 피자, 치킨을 주문하려면 전단지를 뒤적거려야 했지만 요즘은 스마트폰의 배달앱을 들여다본다. 스마트폰 결제가 활성화되고 소비자들이 직접 주문해 먹은 음식에 대한 평가를 남기면서 배달앱 사용자 수는 기하급수적으로 늘어났다.

이제 플랫폼은 한 단계 더 나아가 지능화하고 있다. 구글은 2016년 3월 '머신러닝 플랫폼(Machine Learning Platform)'을 공개했다. 음성을 인식해 누가 어떤 말을 하는지 알아듣고, 이미지를 분석해 사진 속 상황을 판별해낸다. 고도의 번역 기능으로 언어간 장벽까지 허물고 있다. 이런 일을 구글의 플랫폼이 대신 처리해 주는 덕분에 소프트웨어 개발자들은 좀더 편하게 서비스 개발에만 역량을 집중할 수 있게 됐다.

페이스북의 최고경영자(CEO) 마크 저커버그는 2016년 4월 미래 10년 로드맵을 발표하면서 인공지능(AI)을 핵심기술로 꼽았다. 사용자들의 사회관계망(Social Network)

정보 확보에 집중해왔던 페이스북은 AI로 개별 사용자들의 성향과 특성을 유추할 수 있는 데이터를 확보하고 있다. 일례로 페이스북은 게시물에 감정을 표현할 수 있는 종류를 기존 '좋아요'에서 '기쁨' '슬픔' 등 6종류로 세분화해 특정 사물과 상황에 대한 사용자들의 감정을 보다 세분화해 축적할 수 있게 됐다. 이를 AI 머신러닝에 적용한 것인 챗봇(Chatbot)인데 사용자의 상황과 선호도를 정교하게 분석해 정보검색, 쇼핑, 예약 등 서비스에서 최적의 맞춤형 정보를 제공한다.

항공, 에너지, 헬스케어, 제조 등 다양한 산업분야에서 오랜 사업 경험을 갖고 있는 GE는 산업용 클라우드 플랫폼인 '프리딕스 플랫폼'을 발표했다. GE는 프리딕스를 자사의 500개 공장에 2년간 시범 적용해 6조 원(추정치)의 비용 절감 효과를 거뒀다. 검증된 내부 사례를 활용해 GE는 인텔, 액센추어, 소프트뱅크, 타타 등 30여 개 고객사를 확보했고, 여기서 얻은 정보를 다시 머신러닝과 딥러닝으로 학습해 프리딕스를 더욱 고도화하고 있다.

그렇다면 구글, 페이스북, GE 같이 세계적인 대기업들만 플랫폼 사업을 할 수 있을까. 결론부터 말하자면 결코 그렇지 않다. 우버나 에어비앤비는 아이템 만으로 승부를 걸었다. 누구도 발을 들여놓지 않은 시장에 플랫폼을 만들어 현재의 모습을 만들어 낸 것이다.

관건은 속도다. 향후 AI 플랫폼 경쟁은 시장에 먼저 진출해 생태계를 만들어 나가는 기업이 절대적으로 유리하다. 딥러닝과 같은 기계학습에 기반한 AI 플랫폼은 방대한 데이터로 학습하면서 성능이 고도화되기 때문에 초기에 많은 참여자를 자신의 생태계로 끌어 모으는 선두주자와 후발주자의 성능 차이는 갈수록 벌어질 수밖에 없다. 이런 차원에서 대기업과 달리 의사결정이 빠르고, 고객의 요구에 신속하게 반응하는 스타트업은 매우 중요한 의미를 갖는다.

* 자료 : 한국일보, 2018. 11. 28.

연구문제

1. 서비스업에서 수요·공급관리의 중요성이 대두되는 이유는 무엇인가?

2. 서비스의 공급능력을 제약하는 요인으로는 어떤 것이 있는가?

3. 최적공급능력이 미달되는 수요상황에서 야기되는 문제점에 대하여 설명하시오.

4. 서비스의 다양한 수요유형에 대하여 조사해 보자.

5. 서비스 수요관리전략과 그 구체적인 방안에 대하여 설명하시오.

6. 서비스 공급관리전략과 그 구체적인 방안에 대하여 설명하시오.

7. 서비스 상품의 다양화 사례를 조사하고, 그 시사점에 대하여 토의해 보자.

8. 서비스의 수요와 공급의 균형이 갖는 의미에 대하여 설명하시오.

service marketing

서비스 기대와 품질관리

학습 목표

- 서비스 기대관리
- 서비스 품질의 이해
- 서비스 품질의 측정
- 서비스 품질 관리

01 서비스 기대관리

오늘날 서비스 산업부문에서 고객들의 서비스에 대한 기대수준은 날로 높아지고 있다. 예를 들어 신용카드 회사들은 2000년대 이후 신규 경쟁사들의 진입과 치열한 경쟁 속에서 이자율 인하, 대금결제기간의 연장, 마일리지 및 포인트 서비스, 연회비의 인하 또는 폐지, 리베이트, 사은품, 할인, 포상제도, 상품 다양화 등의 새로운 경쟁수단들을 동원하면서 고객 서비스를 경쟁적으로 강화하게 되었고, 이에 따라 고객들의 기대수준도 함께 높아지게 되었다. 이처럼 고객의 높아진 기대는 고객들이 지각하는 서비스 품질과 고객만족도에 영향을 미치게 된다.

1. 서비스 기대의 의의

서비스 기대(service expectation)는 어떤 서비스의 성과에 대하여 소비자가 갖는 사전적 신념(belief)으로서, 서비스 성과를 평가하는 표준 또는 준거기준이 된다.

고객의 서비스 기대는 이상적 서비스, 희망서비스, 적정서비스, 예상서비스 등 네 가지 수준으로 구성된다. [그림 4-1]은 이러한 기대수준들 간의 관계를 보여주고 있다.

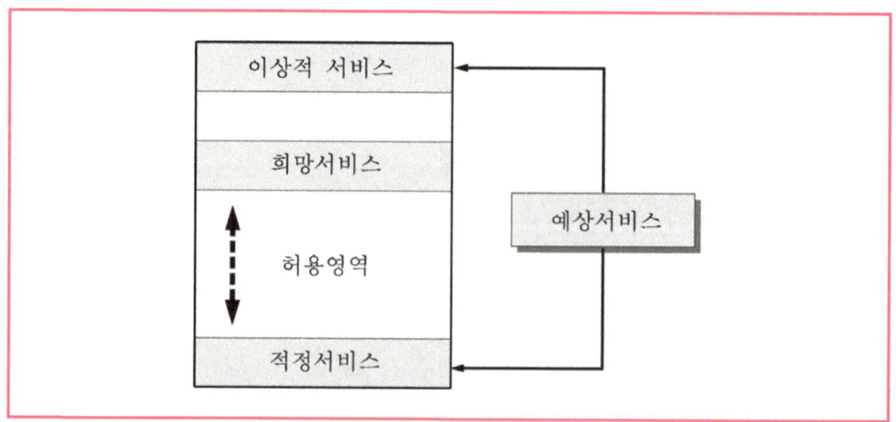

[그림 4-1] 고객의 서비스 기대모델

(1) 이상적 서비스

이상적 서비스(ideal service level)는 어떤 서비스에 대하여 소비자가 원하는 가장 바람직한 서비스 수준으로서, 소비자가 기원하는 서비스 수준을 말한다. 예를 들어, 자동차 사고로 인해 차체와 엔진이 손상을 입어 정비공장에 맡겼을 때, 자동차 주인은 이 차가 100% 원상복구 되기를 바랄 것이다. 이러한 기대수준이 바로 이상적 서비스 수준이다. 이상적 기대수준은 대개 현실적으로 달성되기 어려운 경우가 많다.

(2) 희망서비스

희망서비스(desired service level)는 고객이 어떤 서비스로부터 제공받기 원하는 성과수준을 말한다. 사고차량의 주인은 차체와 엔진이 원상 복구되기를 기원하지만, 현실적으로 100% 완전히 원상 복구될 수는 없다는 것을 알기 때문에 희망서비스 수준은 이상적 서비스 수준보다 조금 낮을 것이다.

(3) 적정서비스

적정서비스(adequate service level)는 고객이 불만 없이 받아들이거나 용인할 수 있는 최소한의 서비스 수준을 말한다. 즉, 제공받는 서비스에 대해서 고객이 허용할 수 있는 최소한의 기대수준을 말한다. 따라서 고객의 적정서비스 수준은 희망서비스 수준에 비하여 낮은 수준에서 결정된다.

희망서비스와 적정서비스 사이의 영역을 '허용영역(zone of tolerance)'이라고 한다. 이 허용영역 안에서 서비스가 제공되면 고객은 기꺼이 수용할 수 있는 서비스가 되지만, 적정서비스 수준보다 낮아 허용영역 밖의 서비스가 제공되면 고객은 그 서비스를 받아들이려고 하지 않고 불만족스러워할 것이다. 만일 제공받은 서비스가 희망서비스를 능가하는 수준이라고 한다면 고객은 무척 기뻐하고 만족해 할 것이다.

허용영역은 서비스가 제공되는 상황이나 고객의 특성에 따라 달라질 수 있다. 대개 희망서비스는 잘 변하지 않고 안정적이지만, 적정서비스는 동일한 고객이라도 잘 변할 수 있다. 이것은 희망서비스의 기대수준은 서비스 경험이 누적됨에

따라 점차 위쪽으로 상승하지만, 적정서비스의 기대수준은 상황적 요인에 따라 상하 양 방향으로 즉각적으로 움직이기 때문이다. 따라서 허용영역의 변동은 희망서비스보다 적정서비스 수준의 변동폭에 의해 더 많은 영향을 받는다. 예를 들어, 어떤 환자가 예약을 하지 않고 종합병원에 진료를 받으러 간 경우에 다른 예약환자들로 인해 자신은 더 오랜 시간을 기다려야 한다고 생각한다면 대기시간에 대한 허용영역은 예약을 하고 병원에 갔을 때보다 훨씬 더 넓어질 것이다. 이처럼 허용영역은 희망서비스보다 적정서비스 수준의 변화에 따라 아코디언처럼 움직이게 된다.

베리 등(PZB : Berry, Parasuraman, Zeithaml)은 서비스 특성(차원)의 중요도가 높을수록, 서비스에 대한 경험이 쌓일수록 허용영역은 좁아진다고 했다([그림 4-2]). 예컨대, 은행 서비스에 대하여 어떤 고객이 신뢰성 요인을 가장 중요시 여긴다고 한다면, 유형성이나 공감성, 응답성 등의 다른 특성요인들에 비하여 신뢰성에 대한 허용영역이 훨씬 더 좁을 것이다.

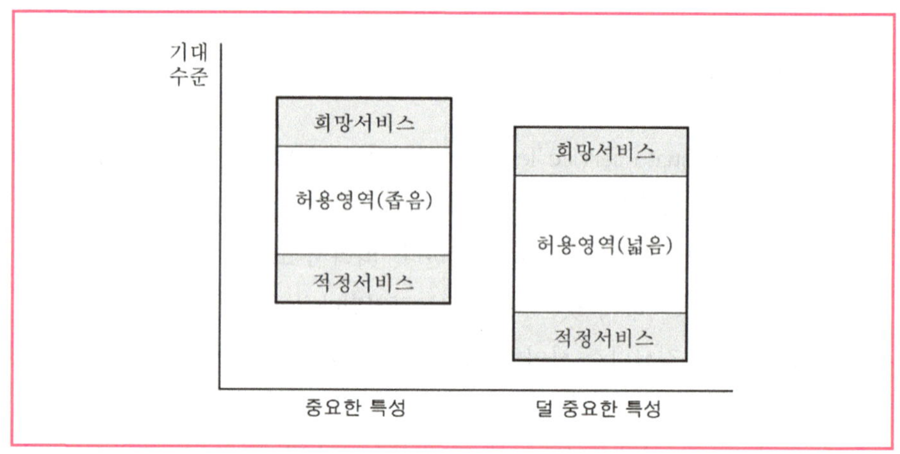

[그림 4-2] 서비스 특성의 중요도에 따른 허용영역의 비교

(4) 예상서비스

예상서비스(predicted service level)는 고객들이 서비스 기업으로부터 실제로 기대하는 서비스 수준을 말하며, 이상적 서비스와 적정서비스 수준 사이의 범위에 걸쳐 있다. 예를 들어, 어느 예약환자가 진료를 받기 위해 병원에 가는 경우 이상적 기대수준은 약속대로 정각 오후 2시에 진료를 받는 것이다. 하지만 과거의 경험 등에 비추어 볼 때 진료가 최대한 30분 정도까지 지연될 수 있다고 본다면, 예상서비스 수준은 여러 가지 상황을 고려하여 적정서비스 수준인 오후 2시 30분 이내에서 결정될 수 있을 것이다. 또, 진료일이 외래환자가 많은 주초 월요일이고 예약환자가 많은 날이라고 한다면 희망서비스와 적정서비스간의 허용영역은 더 넓어질 수 있을 것이다.

2. 서비스 기대의 영향요인

서비스에 대한 고객의 기대는 서비스 성과를 평가하는 준거기준이 되고 전반적인 서비스 품질의 평가에 영향을 미친다. 그렇다면 고객의 기대에 영향을 미치는 요인은 무엇일까?

서비스에 대한 고객의 기대에 영향을 미치는 영향요인은 [그림 4-3]에서 보는 바와 같이 고객의 내적 요인, 외적 요인, 상황적 요인, 기업 요인 등으로 구분할 수 있다.[1)]

(1) 내적 요인

서비스 기대에 영향을 미치는 내적 요인으로는 개인적 욕구, 관여수준, 과거의 경험 등이 있으며, 이러한 요인들은 개인의 이상적 기대와 희망기대 및 적정기대 수준에 영향을 미친다.

(2) 외적 요인

서비스 기대에 영향을 미치는 외적 요인에는 경쟁적 상황과 사회적 상황, 구전 커뮤니케이션 등 세 가지가 있다. 이들 요인은 네 가지의 서비스 기대 수준에 모두 영향을 미치지만 예상서비스 수준에 가장 큰 영향을 미친다.

---

1) Kurtz, David L. and Clow, Kenneth E.(1998), "Service Marketing", John Wiley and Sons, pp.69-82.

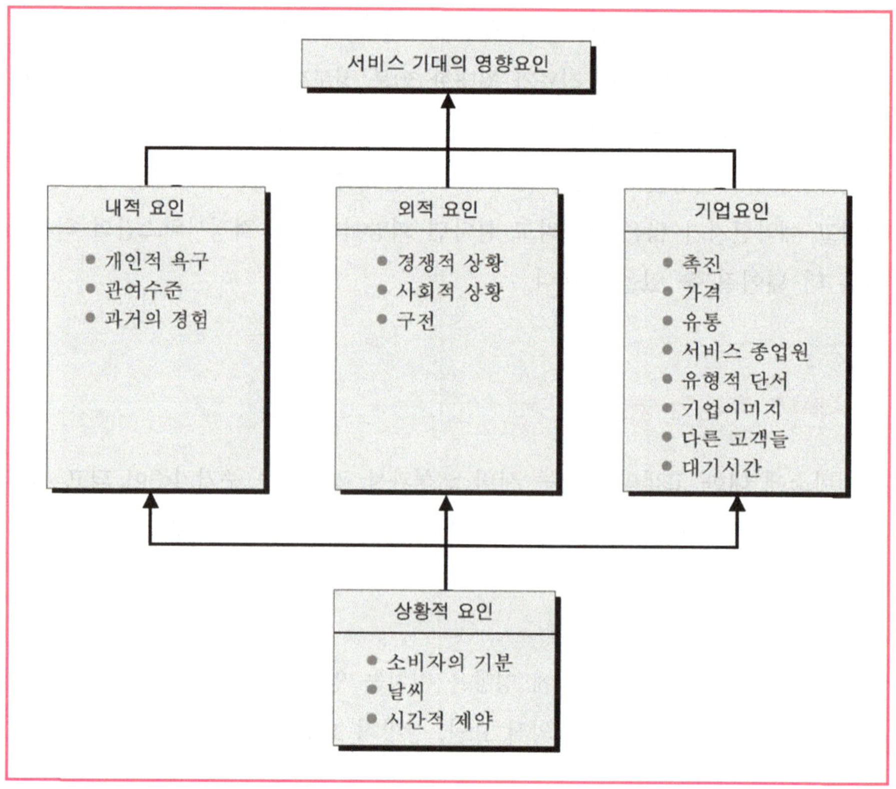

[그림 4-3] 서비스 기대의 영향요인

(3) 상황적 요인

서비스 기대에 영향을 미치는 상황적 요인은 정상적인 상태에 대한 일시적인 변화로 소비자의 기대에 영향을 미치는 요인으로서 구매 이유, 소비자의 기분, 날씨, 시간적 제약 등이 있다.

(4) 기업요인

고객의 서비스 기대에 영향을 미칠 수 있는 기업요인으로는 촉진, 가격, 유통, 서비스 직원, 유형적 단서, 기업이미지, 고객의 대기시간 등이 있다.

3. 서비스 기대관리

소비자가 어떤 서비스 기업을 선호할 것인가 하는 것은 서비스 기대에 기초하여 결정된다. 고객의 기대가 클수록 서비스 구매가능성은 더 높아지고, 고객의 기대가 낮을수록 구매가능성은 그만큼 더 낮아지게 된다. 그런데 고객의 기대가 높을수록 서비스 기업이 고객의 기대를 충족해주지 못할 가능성은 더 커지고, 따라서 고객은 불만족하게 될 것이다.

서비스 기업은 이러한 딜레마에 직면하게 된다. 고객의 기대를 높이는 촉진활동은 기업에 대한 애호도를 높일 수 있으나 불만족한 고객들을 만들어낼 가능성이 그만큼 더 높아진다는 것이다. 이와 반대로 고객들이 낮은 서비스 기대를 갖도록 촉진활동이 전개되면 만족한 고객들에게는 확신을 줄 수 있으나 일반 고객들이 서비스를 구매할 가능성은 현저하게 낮아지게 된다. 따라서 서비스 기업은 고객들에게 제공할 서비스를 정확하게 촉진하고, 고객이 기대하는 서비스를 정확하게 제공하는 것을 목표로 해야 한다. 서비스 기업이 고객의 기대와 실제 제공되는 서비스를 정확히 대응시킬 수만 있다면 고객들은 만족하게 될 것이다.

고객의 기대를 관리하는 것은 서비스 기업의 마케팅계획을 수립하는데 있어서 핵심적인 요소가 된다. 서비스 기업은 서비스의 구매 전 단계에서부터 소비 단계(서비스 접점), 구매 후 단계에 이르는 과정 동안 고객의 기대를 잘 관리해야 한다.[2)]

(1) 서비스 구매 전 단계

구매 전 단계에서 수행하는 고객의 기대관리는 고객 기대의 파악, 제공되는 서비스의 홍보, 일관성 있는 서비스 제공이라는 3단계로 이루어진다.

1) 고객의 기대 파악

고객의 기대를 파악하기 위해서는 영업사원이나 서비스요원을 이용할 수 있다. 이들은 콜센터(Call Center)를 운영하거나 서비스 접점에서 고객들의 요구나 문제를 듣고 해결하는 과정을 통해 서비스 기대수준을 확인할 수 있다. 또 필요하다면 시장조사를 통해 잠재고객들의 기대 서비스를 파악할 수도 있다.

---

2) *ibid.*, pp.85-89.

표 4-1 구매단계별 고객 기대관리

구매 전 단계	1. 고객의 기대를 파악한다. 2. 제공할 서비스를 고객들에게 알린다. 3. 고객이 기대하는 서비스를 지속적으로 제공한다.
소비 단계	1. 서비스 제공 시 고객과 커뮤니케이션을 한다. 2. 고객의 기대 충족을 위해 서비스를 수정한다. 3. 서비스 수정이 어려운 경우 그 이유를 설명한다.
구매 후 단계	1. 고객의 기대가 충족되었는지 여부를 확인한다. 2. 후속 프로그램을 개발한다. 3. 고객 불만족 처리절차를 개발한다.

2) 제공할 서비스에 대한 홍보

고객의 기대가 파악되면, 이를 토대로 서비스 상품을 개발한 다음 기업이 제공하는 서비스에 대하여 표적고객들에게 널리 알려야 한다. 이때 광고나 판매촉진, 영업사원, 서비스 요원, 유형적 단서, 구매시점 전시 등의 커뮤니케이션 수단을 이용할 수 있다. 기업은 제공될 서비스에 대한 정보를 정확하게 커뮤니케이션해야 한다. 서비스 기업이 실제로 제공할 수 없는 과장된 약속이나 광고를 하게 되면, 소비자의 기대수준을 높이고 구매가능성을 높일 수 있지만 결과적으로 고객의 불만족과 불평행동을 유발할 수 있음을 알아야 한다.

3) 일관성 있는 서비스 제공

구매 전 단계에서 고객의 기대를 관리하기 위한 세 번째 전략은 일관성 있는 서비스를 제공하는 일이다. 과거 경험과 구전은 고객의 구매결정에 있어서 중요한 두 가지 변수로 작용한다. 기업이 일관성 있는 서비스를 제공하게 될 때 고객은 구체적인 기대를 형성하고 그 기업에 대하여 지속적인 애호도를 갖게 된다. 또 서비스 구매자들은 이러한 서비스 기업에 대하여 다른 잠재고객들에게 긍정적인 구전활동을 하게 될 것이다.

(2) 소비 단계

서비스를 소비하는 서비스 접점(service encounter) 단계에서 고객의 기대를 관리하기 위해서는 세 가지 전략이 사용될 수 있다.

첫째, 서비스 요원들은 서비스를 제공하는 동안 고객들과 지속적으로 대화를 해야 한다. 고객들과의 긴밀한 커뮤니케이션은 서비스 기업이 고객의 기대를 이해하는데 도움이 된다.

둘째, 서비스 제공자는 가능한 한 고객의 기대에 부응할 수 있도록 서비스를 수정해야 한다. 즉, 고객이 원하는, 고객중심의 서비스가 제공되도록 해야 한다는 것이다.

셋째, 만일 서비스 수정이 어렵다면 서비스 제공자는 고객의 기대를 왜 충족시켜 주지 못하는지를 충분히 설명해 주어야 한다. 예컨대, 출고한 지 얼마 되지 않아 접촉사고로 차체가 손상되어 자동차 수리를 의뢰한 고객은 자동차의 도색 상태가 100% 원상회복되기를 기대할 것이다. 이때 자동차수리 요원은 도색공정의 차이와 기술상의 한계 때문에 정비공장 차원에서는 완전한 도색을 할 수 없음을 고객에게 충분히 이해시켜야 할 것이다. 만일 그렇지 못하게 되면, 고객은 그 정비공장에 대하여 매우 불만족하게 될 것이다.

(3) 서비스 구매 후 단계

서비스가 제공되었다고 해서 고객의 서비스 기대관리가 끝나는 것이 아니다. 서비스 기업은 구매 후 단계의 고객기대 관리를 위해 다음과 같은 세 가지 전략을 전개할 수 있다.

첫째, 서비스 기업은 고객의 기대가 충족되었는지 여부를 반드시 확인해야 한다.

둘째, 서비스 기업은 사후관리 프로그램(follow-up program)을 개발해야 한다. 사후관리 프로그램은 고객이 즉각적으로 평가하기 어려운 서비스의 경우에 매우 효과적인 고객기대관리 방안이 된다.

셋째, 서비스 기업은 고객들의 불만처리 프로그램을 개발해야 한다. 이것은 고객들의 재구매 가능성을 높이고 미래의 기대를 관리하는데 도움이 된다. 즉, 어떤 기업에 대한 고객의 미래 기대와 애호도는 불만족한 고객들을 얼마나 잘 관리하느냐에 따라 좌우된다고 할 수 있다.

서비스가 제공되고 나면, 서비스 제공자는 피드백 과정을 통해 고객들과 그 서비스에 대하여 대화나 커뮤니케이션을 할 필요가 있다. 예를 들어, 미장원의

미용사는 고객의 욕구를 기초로 하여 머리를 손질한 뒤에 거울을 비추어 고객이 기대하는 헤어스타일인지, 또 얼마나 만족하는지에 대하여 물어볼 수 있다. 또 즉석에서 자신의 헤어스타일을 평가하지 못할 때에는 1, 2주일 후에 다시 미장원에 들리게 하여 고객의 만족도를 확인하고 미장원에 대한 고객의 애호도를 증대시킬 수 있을 것이다. 만일 고객이 불만족해 한다면 머리를 다시 손질해주거나 금전적 보상, 최신 헤어스타일에 대한 설명 등의 방법으로 고객불만을 줄이거나 해소할 수 있을 것이다.

02 서비스 품질의 이해

1. 서비스 품질의 개념과 특성

(1) 서비스 품질의 개념

일반적으로 서비스는 소비과정에서 높은 소비자몰입을 요하는 제품이다. 구매자와 판매자 간의 상호작용 또는 서비스 접점에서 동시적 생산-소비과정 동안 소비자들은 확인 가능한 많은 자원과 활동을 발견하고, 그것을 평가하게 된다. 서비스가 갖는 고유의 제 특성은 객관적인 품질의 평가가 용이한 재화와 달리 서비스 품질의 평가를 어렵게 만드는 요인이 된다. 이러한 이유로 서비스의 품질은 객관적 품질이 아니라 주관적 품질의 개념으로서 소비자가 평가하는 '지각된 서비스 품질(perceived service quality)'의 의미로 정의된다.

자이스믈(Zeithaml, 1988)은 서비스 품질의 개념을 '서비스의 전체적인 우수성에 대한 소비자의 평가'라고 정의하고, 서비스 품질의 성격을 다음과 같이 규정하고 있다.

① 서비스 품질은 객관적 질이 아니라 주관적으로 지각된 서비스 품질이다.
② 서비스 품질은 상품의 구체적 속성이라기보다는 매우 추상적인 개념이다.
③ 서비스 품질은 태도와 유사한 개념으로 서비스에 대한 전체적인 평가를 나타내는 개념이다.

④ 서비스 품질은 소비자의 환기조 내에서 행해지는 평가이다. 품질의 평가는 주로 비교 개념으로 이루어진다. 즉, 서로 대체관계에 있는 서비스 상품들 간의 상대적 우월성에 따라 고/저로 평가된다.

파라슈라만 등(Parasuraman, Zeithaml & Berry, 1988, 이하 PZB)은 서비스 품질을 '서비스의 우월성과 관련한 전반적인 판단이나 태도'라고 정의하고, 소비자의 지각된 서비스(P)와 기대된 서비스(E) 간의 차이(P-E)에 의해 서비스 품질을 평가하였다.

이에 본서에서는 서비스 품질의 개념을 '서비스의 우월성에 대한 소비자의 전반적인 평가 내지 태도'로 정의하고자 한다.

(2) 서비스 품질의 특성

여러 연구 문헌들을 통해 살펴볼 때, 지각된 서비스 품질의 개념적 특성은 다음과 같이 요약할 수 있다.

첫째, 서비스 품질은 태도와 유사한 개념으로서 서비스의 우월성(우수성)에 대한 소비자의 전반적인 판단을 나타내는 추상적이고 다차원적인 개념이다.

둘째, 서비스 품질은 제품의 품질에 비하여 평가하기 어렵다. 서비스 구매 시에는 제품 구매의 경우와 달리 품질을 평가할 수 있는 유형적 단서(스타일, 색상, 견고성, 포장, 라벨 등)가 거의 없으며, 대개 간접적인 유형적 증거로서 서비스 제공자의 물리적 설비나 시설, 종업원 용모 정도로 제한된다.

셋째, 서비스 품질은 구체적 속성에 바탕을 둔 객관적인 평가가 아니라 고객의 지각에 근거하여 주관적으로 평가되는 개념이다.

넷째, 서비스 품질은 서비스의 결과(outcomes)와 서비스 제공과정(process)에 대한 평가를 포함한다.

다섯째, 서비스 품질은 서비스 성과를 평가하는 준거가 되는 서비스 기대와 제공받은 서비스에 대한 고객의 지각된 성과간의 비교에 의해 평가된다.

2. 서비스 품질의 분류

대부분의 제품은 어떤 실체를 지니고 있기 때문에 그 제품의 구체적 속성을 바탕으로 하여 객관적 품질을 평가할 수 있어 품질 평가가 용이하다. 그러나 무형의 서비스는 소비자가 경험한 품질에 기초하거나 서비스에 대하여 주관적으로 느끼는 품질에 기초하여 평가하기 때문에 물리적 제품에 비해 평가하기가 더 어렵다.

소비자가 제품이나 서비스를 평가할 때 고려할 수 있는 품질의 속성은 평가의 난이도에 따라 탐색품질, 경험품질, 신용품질의 세 가지로 구분할 수 있다. 일반적으로 물리적 제품은 탐색품질의 속성이 강하고, 무형의 서비스는 신용품질 또는 경험품질의 속성이 강하다.

(1) 탐색품질

탐색품질(search quality)은 소비자가 제품이나 서비스를 구매하기 전에 원하는 정보를 찾아봄으로써 쉽게 평가할 수 있는 속성을 말한다. 여기서 평가속성으로는 색상, 스타일, 적합도, 느낌, 냄새, 가격 등과 같은 요소들을 포함한다. 신발, 청바지, 화장품, 냉장고와 같은 소비재들과 원자재, 부품, 사무용품과 같은 산업재들은 탐색품질의 속성이 강하다. 이러한 제품들은 소비자가 구매하기 전에 쉽게 품질을 평가할 수 있기 때문이다. 소비자들은 구매 이전에 서비스에 대한 정보를 획득하여 다양한 대안들을 비교 평가할 수 있으므로 탐색품질의 속성을 지닌 서비스는 수요탄력성이 높다고 할 수 있다.

(2) 경험품질

경험품질(experience quality)은 소비자들이 소비 중이나 소비 후에 실질적인 경험을 통해서만 품질을 평가할 수 있는 속성을 말한다. 음식, 캐이터링 서비스, 오락, 성형수술, 은행거래와 같은 소비자 서비스와 운송·배달 서비스나 건물관리 서비스, 각종 수리 서비스와 같은 기업 서비스가 경험품질의 속성이 강한 서비스에 속한다.

▶▶ 표 4-2 평가의 난이도에 따른 서비스 품질의 속성

품질 속성	개 념	적용 사례	
		개인 서비스	기업 서비스
탐색품질	구매 전에 평가할 수 있는 것(주로 재화)	신발, 보석, 냉장고, 화장품 등	원료, 부품, 사무용품, 공구 등
경험품질	소비중이나 소비후에 평가할 수 있는 것	음식, 캐이터링, 오락, 성형수술 등	건물관리, 운송·배달, 수리서비스
신용품질	서비스를 제공받은 후에도 평가하기 어려운 것	교육, 병원진료, 투자 상담 등	광고, 보험, 재무분석, 컨설팅 등

(3) 신용품질

신용품질(credence quality)은 소비자가 서비스를 제공받는 동안은 물론 서비스를 제공받은 후에도 품질을 평가하기 어려운 속성을 말한다. 교육, 병원 진료, 증권투자, 각종전문 서비스와 같은 개인 서비스와 컨설팅, 광고, 재무분석, 시장조사와 같은 기업 서비스가 신용품질의 속성이 강한 서비스에 속한다.

3. 서비스 품질의 결정요인

(1) 과정 질과 결과 질

많은 연구자들은 서비스 품질을 다차원적인 구성개념을 갖는다는 데 동의하고 있다. 그렌루스(Grönroos, 1984)는 서비스 품질을 소비자가 실제로 무엇을(What) 제공받는가 하는 '기술적 질(technical quality)'과 서비스가 어떤 방법으로(How) 제공되는가 하는 '기능적 질(functional quality)'로 구분하였다. 그는 후속 연구(1990)에서 기술적 질과 기능적 질로 구분했던 서비스 품질을 다시 '결과 질(outcome quality)'과 '과정 질(process quality)'로 재분류하였다. 또, 존슨 등(Johnson et. al., 1995)은 시스템적 접근방법으로 지각된 서비스 품질의 측정을 시도하면서 서비스 품질을 투입 질(input quality), 과정 질(process quality) 및 산출 질(output quality)의 3개 차원으로 구분하고, 산출 질이 소비자들에게 가장 중요시되는 서비스 품질 요소라고 주장하였다.

▶▶ 표 4-3 연구자별 서비스 품질의 구성요소

연 구 자	서비스 품질의 구성요소
Lehtinen & Lehtinen(1982)	물리적 질, 기업 질, 상호작용적 질
Grönroos(1984)	기능적 질, 기술적 질
Grönroos(1990)	과정 질(기능적 질), 결과 질(기술적 질)
LeBlank & Nguyen(1988)	기업이미지, 내부조직, 물적 지원, 직원-고객 상호작용, 고객만족
Edvardsson 등(1989)	기술적 질, 상호작용적 질, 기능적 질, 결과 질
Johnson 등(1995)	투입 질, 과정 질, 산출 질

이처럼 다양하게 제시되고 있는 서비스 품질의 유형은 서비스 제공과정과 관련한 '과정 질(기능적 질)'과 서비스 제공 결과로서 평가되는 '결과 질(기술적 질)'로 대별할 수 있다. 예컨대, 어떤 피자가게에서 유형적 제품인 피자를 무형적 서비스 차원에서 주문 후 20분 내에 배달한다고 하면, 소비자는 과정 질(예 피자가 얼마나 신속하게 배달되는가?)과 결과 질(예 배달된 피자가 맛이 있는가?)을 함께 생각하면서 그 피자가게에 대한 전반적 서비스 품질을 평가할 것이다.

여기서 '결과 질(기술적 질)'이란 서비스 거래의 결과를 나타내는 것으로서 고객이 서비스 거래를 통해 실제로 무엇을(What) 제공받는가를 의미하는 것이다. 또 '과정 질(기능적 질)'이란 고객이 서비스 제공자로부터 서비스를 어떤 방법(절차 또는 과정, How)으로 제공받는가를 나타내는 것으로서 '상호작용적 질'이라고도 한다. 이것은 고객과 서비스 제공자간의 상호작용에서 무엇이 일어났으며, 고객들에게 서비스가 어떤 방법으로 배달되는가를 의미하는 것이다.

그렌루스는 서비스 품질의 또 다른 주요 구성차원으로 '기업 이미지'를 들고 있다. 기업 이미지(corporate image)는 소비자들이 그 기업을 어떻게 지각하는가에 대한 결과, 즉 기업에 대한 소비자의 견해로서 소비자의 서비스 기대에 중요한 영향을 미친다. 무형적인 특성을 갖는 서비스를 제공함에 있어서 기업 이미지는 매우 중요한 요소가 된다. 소비자들은 구매자-판매자간의 상호작용 과정과 서비스를 제공받은 결과를 통해 서비스 품질을 평가하며, 이때 기업 이미지는 고객의 서비스 품질 지각을 여과하는 작용을 하게 된다. 고객이 서비스 기업에 대하여 좋은 이미지를 가지고 있으면 과정 질이나 결과 질이 다소 미흡하더라도 용인될 수 있지만, 기업 이미지가 나쁜 경우는 그렇지 못할 것이다.

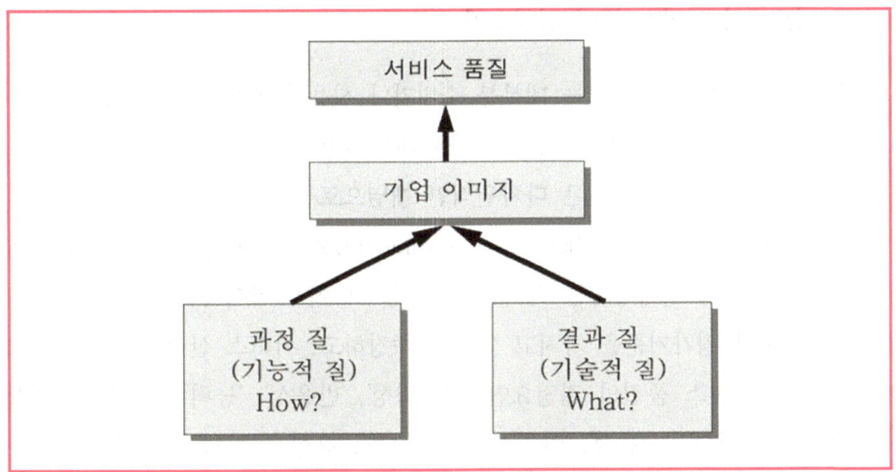

[그림 4-4] 과정 질과 결과 질

[그림 4-4]는 기업 이미지와 결과 질, 과정 질이 서비스 품질에 미치는 영향 관계를 나타내주고 있다.

변호사나 의사, 엔지니어, 건축가, 회계사, 교수 등이 제공하는 많은 서비스(특히 전문서비스)는 매우 복잡하고 그 결과가 분명하지 않아 고객의 입장에서 서비스가 제대로 수행되었는지 여부를 판단하기가 매우 어렵다.

고객이 서비스의 기술적 결과 질을 정확하게 평가하지 못할 때에는 서비스의 간접적 또는 추상적인 단서를 이용하여 서비스 제공자나 기술적 품질에 대한 인상을 갖게 된다. 고객은 서비스와 관련한 지식이나 전문성이 부족하기 때문에 기술적 결과 질보다는 서비스 접점에서의 과정 질에 더 큰 비중을 두고 평가하는 경향이 있다. 예를 들어, 뛰어난 기술과 공인 자격증을 가진 실력 있는 건축가가 대인관계가 좋은 건축가와 효과적으로 경쟁하지 못하고 어려움을 겪는 경우를 생각할 수 있다.

또 대학에서 교육서비스를 제공하는 경우, 학생들은 이전에 몰랐던 전공영역의 학문과 기술을 배우고 익히기 때문에 개별 교수의 역량을 객관적으로 평가하는데 한계가 있다. 그러나 학생들은 교육에 동원되는 유형적 요소인 교육기자재나 시설, 교수의 자세나 태도, 신뢰감, 강의에 대한 열정, 학생들에 대한 관심도, 수업시간의 엄수 등으로 교수의 역량을 추론하게 된다. 따라서 서비스 제공자는 서비스 품질 평가에 사용되는 단서를 잘 이해함으로써 자신에 대한 고객의 인상을 통제할 수 있게 된다.

(2) 서브퀄의 서비스 품질 결정요인

서비스 품질에 관한 연구는 대부분 소비자나 사용자중심의 지각된 품질의 차원에서 이루어져 왔다. 서비스의 우월성에 대한 소비자의 전반적 평가 내지 태도로 개념화되는 서비스 품질은 다차원적인 개념으로 이해되고 있다.

베리 등(PZB; Berry, Zeithaml & Parasuraman)은 소비자들이 서비스 유형에 따라 서비스 품질 평가항목들 간의 상대적 중요도에는 차이를 보일지라도 기본적으로 유사한 평가기준을 가지고 있다고 주장하고, 서비스 산업에 보편적으로 적용가능한 서비스 품질의 결정요인을 '신뢰성', '반응성', '능력', '접근성', '예절성', '커뮤니케이션', '신용성', '안전성', '고객이해', '유형성' 등의 10가지로 제시하였다.[3)]

파라슈라만 등(PZB; Parasuraman, Zeithaml & Berry)은 서비스 품질의 평가척도를 개발하기 위한 후속 연구에서 10가지의 서비스 품질 결정요인을 '유형성', '신뢰성', '반응성', '확신성', '공감성' 등의 5가지로 축약하여 제시하고, 이를 '서브퀄(SERVQUAL)'이라고 하였다.[4)]

▶▶ **표 4-4 서비스 품질의 결정요인**

유형성 (tangibles)	물리적 시설, 장비, 종업원, 고객 커뮤니케이션 자료 등의 유형적 요소
신뢰성 (reliability)	약속한 서비스를 정확하게 수행하는 능력
반응성 (responsiveness)	고객에게 신속하고 즉각적인 서비스를 제공하려는 종업원의 의지
확신성 (assurance)	종업원의 지식과 능력, 공손함, 믿음직함, 거래안전을 심어줄 수 있는 능력
공감성 (empathy)	고객의 개인적 요구에 대한 이해와 배려, 접근 용이성과 원활한 커뮤니케이션

3) Berry, L. L., Zeithaml, V. A. and Parasuraman, A.(1985), "Quality Counts in Services, Too.", *Business Horizons*, Vol. 28 (May-June), pp.45~46.

4) Parasuraman, A., Zeithaml, V.A. Berry, L.L.(1988), "SERVQUAL : A Multiple-Item Scale for Measuring Consumer Perceptions of Service Quality", *Journal of Retailing*, pp.12~40.

이처럼 서브퀄에서 제시된 5가지의 서비스 품질 결정요인(유형성, 신뢰성, 반응성, 확신성, 공감성)은 서비스 산업에 보편적으로 적용할 수 있는 최초의 서비스 품질 평가기준이라는 점에서 많은 연구자들의 관심과 지지를 받아왔다.

[그림 4-5]는 서비스 품질의 결정요인을 기초로 한 서비스 품질의 기본모형을 보여주고 있다. 이 그림에서 서비스 품질의 결정요인들은 소비자의 사전 기대와 성과 지각에 영향을 미치며, 기대와 성과 간의 비교를 통해 서비스 품질을 지각한다는 것이다. 그리고 '기대된 서비스'는 소비자의 개인적 욕구나 구전 커뮤니케이션, 과거 경험, 기업의 약속, 전통과 사상 등에 의해 영향을 받으며, '지각된 서비스'는 서비스 제공과정(상호작용 과정) 속성들, 즉 서비스 요원이나 물리적·기술적 자원, 다른 참여고객들에 의해 영향을 받고 있음을 알 수 있다.

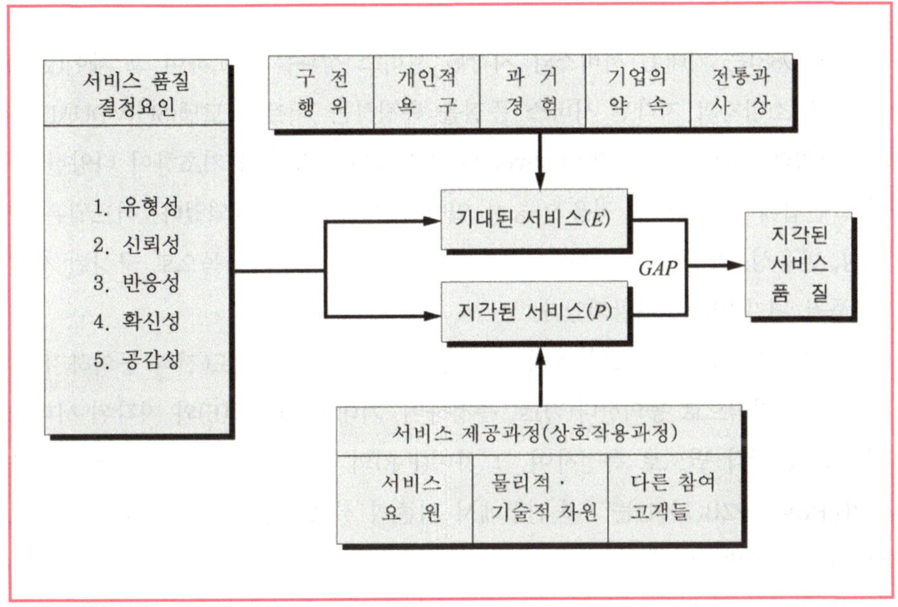

[그림 4-5] 서비스 품질의 기본모형

03 서비스 품질의 측정

서비스 품질을 측정, 평가하기 위한 모형으로는 파라슈라만 등(PZB; Parasuraman, Zeithaml, Berry, 1988, 1991)에 의해 개발된 서브퀄 모형(SERVQUAL)과 이에 대한 대안적 방식으로 제시된 서브퍼프 모형(SERVPERF), 브래디와 크로닌의 모형 등이 있다.

1. 서브퀄 모형(SERVQUAL)

(1) 서브퀄의 이해

PZB(1988)는 기대된 서비스와 지각된 서비스 성과를 비교하여 그 차이(gap)에 의해 소비자의 지각된 서비스 품질을 측정하는 '서브퀄 모델(SERVQUAL)'을 개발하였다. 서브퀄은 올리버(Oliver)의 기대불일치 모델에 기초하여 다양한 서비스 산업에 보편적으로 적용 가능한 일반화된 척도로 개발되었다. 서브퀄은 신뢰성, 반응성, 확신성, 공감성, 유형성 등 5개 차원, 22개 항목으로 구성된 서비스 품질 평가척도로 개발되었다.

이 연구에서 PZB는 22개 측정문항들을 7점 리커트형 척도(전혀 동의하지 않는다(1) ~ 전적으로 동의한다(7))로 측정하며, 기대된 서비스(E)와 지각된 서비스 성과(P)를 각각 별도로 측정하여 그 차이(P-E)의 방향과 크기로 서비스 품질을 평가하였다. PZB(1991)는 후속연구에서 기존의 서브퀄을 개량하여 수정된 서브퀄 척도를 개발하였다.

서브퀄에서 고객의 지각된 서비스 품질을 측정하기 위한 설문지는 크게 두 부분으로 나누어져 있다. 하나는 특정 서비스 기업에 대한 고객의 '기대(E)'를 측정하는 5개 차원, 22개 항목들로 '우수한 XYZ기업은 ~일 것이다'의 형식으로 구성된다. 다른 하나는 '지각된 성과(P)'를 측정하는 5개 차원, 22개 항목들로 'XYZ기업은 ~하다'의 형식으로 구성된다.

〈표 4-5〉에는 지각된 서비스 품질을 측정하기 위한 서브퀄(SERVQUAL)의 설문지를 보여주고 있다.

▶▶ 표 4-5 서브퀄 설문지 (지각된 성과 측정용)

평가차원	평 가 항 목
유형성	1. XYZ기업은 최신장비를 갖추고 있다. 2. XYZ기업의 물리적 시설은 시각적으로 보기에 좋다. 3. XYZ기업 종업원들은 옷차림과 용모가 단정하다. 4. XYZ기업은 업무에 적합한 시설과 분위기를 갖추고 있다.
신뢰성	5. XYZ기업은 정해진 시간에 무엇을 하기로 약속하면 반드시 지킨다. 6. 고객에게 문제가 있을 때, XYZ기업은 관심을 갖고 해결해 준다. 7. XYZ기업은 믿음직스럽다. 8. XYZ기업은 약속한 제 시간에 서비스를 제공해 준다. 9. XYZ기업은 업무기록을 정확하게 유지하고 있다.
반응성	10. XYZ기업은 고객들에게 언제 업무처리를 해줄 것인지를 말해 준다. 11. XYZ기업 직원들은 고객에게 즉각적인 서비스를 제공해 준다. 12. XYZ기업 직원들은 항상 기꺼이 고객을 도와준다. 13. XYZ기업 직원들은 아주 바쁠 때에도 고객의 요구에 신속하게 반응한다.
확신성	14. 고객은 XYZ기업의 직원들을 신뢰한다. 15. 고객은 XYZ기업과 거래할 때 안전함을 느낀다. 16. XYZ기업 직원들은 정중하다. 17. XYZ기업 직원들은 고객의 질문에 답변할 충분한 지식을 가지고 있다.
공감성	18. XYZ기업은 고객에게 개별적인 관심을 가져 준다. 19. XYZ기업은 고객이 이용하기 편리한 영업시간으로 운영한다. 20. XYZ기업 직원들은 고객에게 개인적인 관심을 갖는다. 21. XYZ기업은 고객의 이익에 대해 진심으로 생각해 준다. 22. XYZ기업의 직원들은 고객의 니즈(욕구)를 잘 이해하고 있다.

※ 1. 모든 측정항목은 다음과 같은 7점 리커트형 척도로 응답된다.

전혀 동의 하지 않는다			보통이다			전적으로 동의한다
①	②	③	④	⑤	⑥	⑦

2. 서브퀄(SERVQUAL)에서 구매전 기대 측정항목은 5개 차원 22개 질문항목에 대하여 모두 "우수한 XYZ기업은 ~일 것이다."의 형식으로 구성된다.

PZB는 서브퀄의 목적이 조직의 서비스 품질의 강·약점을 발견하기 위한 진단적 방법론을 제공하는데 있으며, 서브퀄의 구성차원과 측정항목들은 서비스 산업 전반에 두루 적용 가능한 평가기준이 될 수 있다고 주장하였다.

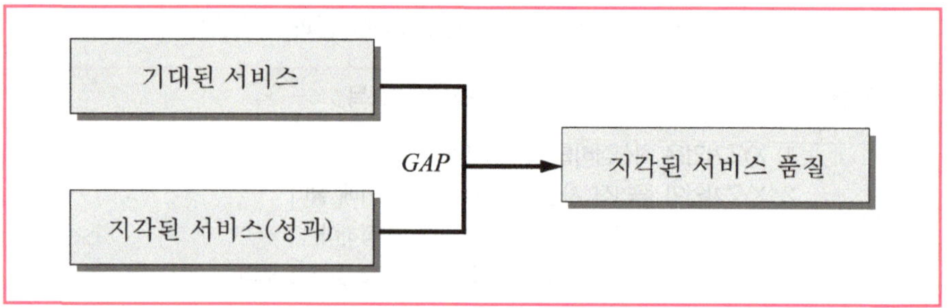

[그림 4-6] 서브퀄에 의한 서비스 품질의 지각

(2) 서브퀄의 한계

서브퀄이 서비스 산업 전반에 걸쳐 범용적으로 개발된 훌륭한 서비스 품질 측정도구이기는 하지만 몇 가지 한계점을 안고 있다.

첫째, 서브퀄에서의 기대 측정과 관련한 문제점이다. 서브퀄의 기대에 대한 조작적 정의에서 제기되는 문제점은 이 척도가 실제 이상으로 높은 기대값으로 응답될 수 있으며, 서비스에 대한 기대값이 잘 형성되지 않을 경우 기대수준의 측정은 타당성 문제를 야기할 수 있고, 기대 질문항목들에 대한 응답자들의 해석의 차이로 인해 조사자의 질문의도와 다르게 응답할 소지가 많다는 점이다.

둘째, SERVQUAL의 범용성에 대한 문제이다. SERVQUAL이 특정 산업에 적용되는 것이 아니기 때문에 어떤 서비스 산업 고유의 변수를 측정할 수 없다는 것이다. 예컨대, 항공산업의 경우 정시출발 정시도착은 여행객들에게 매우 중요한 요인이다. 하지만 서브퀄은 여행객들의 이러한 변수들에 대한 인식을 제대로 측정하지 못하고 있다.

셋째, 서브퀄이 서비스 품질의 수준을 측정하는데 있어서 P-E의 갭(gap)분석 방법을 이용하는 것이 문제이다. 어떤 서비스가 제공된 후에 서비스를 경험한 고객을 대상으로 기대를 측정하는 것은 고객의 반응을 왜곡시킬 수 있다. 즉, 성과의 영향력이 작용하여 왜곡된 기대수준을 측정하게 할 수 있다는 것이다. 만일 고객이 어떤 여행사의 관광서비스에 대하여 긍정적인 경험을 했다면 그 고객은 자신의 서비스 기대에 대하여 낮은 점수를 매기고, 결과적으로 P-E간에 긍정적인 갭이 생기게 된다. 이와 반대로 관광서비스에 대하여 부정적인 경험을 했다면 자신의 서비스 기대점수를 높게 평가하고, 결과적으로 부정적인 갭이 생기게 된다.

서브퀄을 이용하여 서비스 품질을 측정하고자 할 때에는 이러한 문제점들을 정확히 이해하고 극복할 수 있는 노력이 필요하다.

먼저, 서브퀄 척도를 특정 서비스 산업에 맞도록 수정하고 고객들에게 중요시되는 변수를 추가적으로 반영하는 방법을 고려할 수 있다.

둘째, P-E 갭 점수의 왜곡 문제를 피하기 위해 서비스를 구매하기 전에 기대를 측정하고, 구매 후에 지각된 서비스 성과를 측정함으로써 시간의 흐름에 따른 종단적 측정방법을 적용한다.

셋째, 서비스 기대와 성과를 별도로 측정하는 대신에 '기대에 비교한 성과의 정도'로서 "내가 기대한 것보다 훨씬 더 ~하다"의 형식으로 응답자에게 직접 질문하여 얻은 비차이점수(non-difference score)를 이용하여 서비스 품질을 측정할 수 있다).[5] 예컨대, 어느 서비스 기업의 '최신설비의 구비정도' 항목에 대하여 "내가 기대한 것보다 훨씬 더 못하다(1)－훨씬 더 우수하다(7)"의 형태로 응답하게 할 수 있다.

2. 서브퍼프 모형(SERVPERF)

서브퍼프(SERVPERF)는 서브퀄(SERVQUAL)의 서비스 품질 평가척도(기대와 성과 척도) 중 지각된 성과 척도만으로 서비스 품질을 측정하는 방식으로 크로닌과 테일러(Cronin & Taylor, 1992; 이하 C&T)에 의해 제안되었다. C&T는 지각된 성과와 기대 간의 갭(P-E)에 의해 서비스 품질을 개념화하고 측정하는 서브퀄 방식은 만족과 태도를 혼동하고 있기 때문에 서비스 품질의 측정방법으로 부적합하다고 비판하였다. 그리고 4개 서비스 산업(은행, 방역, 세탁소, 패스트푸드업)을 대상으로 한 실증연구를 통해 서브퍼프 모델이 서브퀄 모델에 비하여 상대적으로 더 우수함을 확인하였다.

서브퍼프는 기대수준을 개념화하고 측정하는 것과 관련한 여러 가지 문제점을 피할 수 있고, 서브퀄 척도에 비하여 질문항목의 수가 절반으로 줄어들 수 있다는 점 등에서 많은 학자들로부터 지지를 받아 왔다.

---

5) Brown, T. G., Churchill, Jr., and Peter, J. P.(1993), "Improving the Mesaure of Service quality", *Journal of Retailing*, Vol. 69(1), pp.127~139.

3. 브래디와 크로닌의 모형

브래디와 크로닌(Brady & Cronin)은 서브퀄의 5가지 서비스 품질 결정요인(유형성, 신뢰성, 반응성, 확신성, 공감성)은 서비스 접점에서 종업원과 고객의 상호작용에서 발생하는 '과정 질' 중심으로 되어 있어 '결과 질' 측면을 간과하고 있고, 또 유형성에는 애매한 속성이 섞여 있다고 비판하였다. 즉, 유형성의 경우 고객과의 상호작용 범주에서 종업원의 용모가 해당되지만 건물과 실내 인테리어 같은 물리적 환경 요소까지 포함되어 있어서 유형성의 성격이 명료하지 않은 문제가 있다는 것이다.

이에 브래디와 크로닌(Brady & Cronin)은 서비스 품질 결정요인을 다음과 같이 세 가지 차원으로 제시하였다.[6]

① 상호작용 질(interaction quality)

종업원과 고객과의 상호작용 과정에서 발생하는 종업원의 친절, 신뢰, 반응, 신속성 등을 말하며, 과정 질 또는 기능적 질 요소를 포함하는 것이다. 레스토랑의 경우 주문한 음식이 어떻게 제공되고 종업원이 얼마나 친절한가 등을 들 수 있다.

② 결과 질(outcome quality)

서비스 제공을 통해 얻어지는 기술적 산출요소를 말하며, 레스토랑의 경우 제공된 음식의 맛이나 양을 들 수 있다.

③ 물리적 환경 질(physical environment quality)

서비스를 제공하기 위한 유형적, 물리적 환경요소로서 건물, 시설, 인테리어, 실내 청결성, 종업원 용모 등을 말한다.

브래디와 크로닌이 제시한 이러한 세 가지 서비스 품질 차원 분류는 과정 질 중심의 서브퀄(SERVQUAL)이 갖는 단점을 보완할 수 있다는 점에서 많은 연구자들의 지지를 받고 있다.

---

6) Brady M.K. and Cronin J.J.(2001). "Some New Thoughts on Conceptualizing Perceived Service Quality: A Hierarchical Approach," *Journal of Marketing*, 65(3), 34-49.

4. 서비스 품질의 내부측정과 고객측정

서비스 품질을 측정하는 방법으로는 내부측정과 고객측정의 두 가지 방식이 있다.

(1) 내부측정

내부측정(internal measure)은 서비스 기업의 성과에 대한 객관적 측정치를 통해 기업 내부적으로 서비스 품질을 측정하는 것으로 간접측정 방식이라고도 한다. 내부 서비스 품질을 측정하는 경우로서, 항공사는 정시운항비율이나, 수하물 클레임 회수, 고객불평 회수 등이 포함되고, 택배회사는 주문수취율, 정확한 주문이행률, 반송률, 정시도착률 등이 포함될 수 있다. 이러한 정보들은 고객에게 제공되는 서비스 품질의 수준을 결정하는데 중요한 요소가 된다.

일반적으로 내부측정(간접측정) 방식의 서비스 품질 측정방법으로는 물리적 시설, 인적 서비스의 양, 사회경제적 지표 등으로 측정해볼 수 있다.[7)]

① 물리적 시설

서비스 이용자와 서비스 시설을 대비하여 서비스 품질을 측정하는 것을 말한다. 예를 들어 학교의 서비스 품질 수준은 학생수와 도서관 좌석의 비율, 강의실 수 등으로 평가할 수 있다.

② 인적 서비스의 양

서비스 이용자와 인적 서비스의 양을 대비하여 서비스 품질을 측정하는 것을 말한다. 예를 들어 대학에서 교수 1인당 학생수의 비율, 학생 1인당 장학금액 등으로 평가할 수 있다.

③ 사회적·경제적 지표

서비스가 지역사회나 경제에 미친 영향들은 각종 사회적·경제적 지표에 의하여 서비스 품질을 측정하는 것을 말한다. 예를 들어 한 국가의 의료서비스 수준은 평균수명이나 영아 사망률 등의 지표로 측정이 가능하다.

---

7) 이정학(2009), 「서비스경영(제3판)」, 기문사, p.224.

내부측정의 장점으로는 자사의 평가점수를 서비스 산업 내 경쟁업체들과 비교함으로써 자사의 취약한 부분을 찾아낼 수 있고, 기업이 촉진전략을 수립할 때 비교결과를 경쟁적 차별화 또는 경쟁우위 요소로 이용할 수 있다는 점이다. 노스웨스트 항공사는 내부측정을 통해 경쟁사들간에 정시운항률이 가장 우수한 것으로 나타남에 따라 이 정보를 광고 및 촉진전략에 이용하였다.

내부측정의 단점으로는 측정결과가 서비스 기업의 관점에서 나온 것일 뿐 고객의 관점을 반영하지 못할 수 있고, 설사 기업이 특정한 분야에서 우월한 결과를 나타낸다고 해도 그것이 고객들에게는 중요하지 않은 것일 수 있다는 점이다. 그럴 경우, 고객들에게 중요하게 여겨지는 부분에 투자해야 할 자원을 낭비하고 결과적으로 기업에 손실을 가져오게 된다. 또한 내부측정은 서비스 경험의 행동적 측면을 측정하지 못한다는 단점이 있다.

(2) 고객측정

고객측정(customer measure)은 서비스에 대한 고객의 태도와 의견을 측정함으로써 고객이 지각하는 서비스 품질을 측정하는 것을 말하며, 직접측정 또는 외부측정 방식이라고도 한다. 고객측정은 내부측정의 한계를 보완해 줄 수 있다.

서브퀄이나 서브퍼프, 브래디와 크로닌의 측정 모형은 모두 기업 외부의 고객측정에 의한 서비스 품질을 측정하는 방법이다. 많은 기업들은 서비스 제공시점에서 비치된 고객카드나 기존 고객들을 대상으로 한 우편조사법을 사용하기도 한다.

고객측정의 장점은 고객들이 서비스에 대해서 갖는 느낌에 대한 정보를 얻을 수 있고, 이를 통해 자사가 제공하는 서비스의 강점과 약점을 파악하여 마케팅계획에 반영할 수 있을 뿐만 아니라 고객들의 욕구를 보다 더 잘 충족시킬 수 있다는 점이다. 예를 들어, 어느 치과에서 고객조사를 통해 고객들이 의사와 간호사의 불친절을 매우 문제시하고 있는 것으로 나타났다면, 진료절차상 고객응대와 관련한 노력을 강화함으로써 고객들의 욕구를 잘 충족해 주게 될 것이다.

고객측정의 단점은 고객이 아닌 사람들의 의견을 반영하지 못하기 때문에 이들이 특정 기업을 애호하지 않는 이유를 파악하지 못한다는 점이다. 또 고객측정은 비교되는 정보를 제공해 주지 못함에 따라 잘못된 해석을 내릴 수 있고, 극단적인 응답자들로 인해 왜곡된 정보가 제공될 수 있다는 단점이 있다. 경쟁기업의 측정치나 산업 내 평균치를 기준으로 하여 비교되는 정보를 활용할 수 있어야만 고객성과의 측정결과에 대한 정확한 판단을 할 수 있다.

예를 들어, 어느 병원의 고객성과 측정에서 의료진의 친절성에 대하여 7점 척도에서 5.2의 점수를 얻었다고 하자. 비교정보가 없는 상황에서는 이 점수에 대하여 상당히 우수한 친절도를 제공하는 것으로 생각할 수 있다. 그러나 인근에 있는 다른 병원 A, B의 점수가 각각 5.8, 6.5로 나타나고 있다면, 이 병원은 경쟁관계에 있는 세 병원들 중에서 가장 낮은 친절도를 보이는 것이 되며, 결과적으로 왜곡된 해석을 내린 것이 된다.

〈표 4-6〉에는 내부측정과 고객측정의 장·단점을 비교해 주고 있다.

▶▶ 표 4-6 내부측정과 고객측정 방식의 장·단점 비교

성과측정	장 점	단 점
내부측정	1. 기업의 취약부분 파악 2. 경쟁우위 영역 확인	1. 고객의 관점 결여 2. 내부성과와 고객 중요도간의 불일치 가능성 3. 서비스의 행동적 측면을 측정 못함
고객측정	1. 고객관점의 평가정보 입수 2. 고객욕구에 관한 정보제공 3. 내부측정의 한계 보완	1. 비고객의 의견 미반영 2. 비교정보 미제공 3. 왜곡된 정보 제공가능성

현장사례 ··· KS-SQI(한국서비스품질지수)

KS-SQI(한국서비스품질지수)는 한국표준협회(KSA)와 서울대학교 경영연구소가 우리나라 서비스 산업과 소비자의 특성을 반영하여 공동 개발한 모델로 해당 기업의 제품 및 서비스를 구매하여 이용해 본 고객을 대상으로 서비스 품질에 대한 만족도 정도를 조사하여 발표하는 서비스 산업 전반의 품질수준을 나타내는 종합지표이다.

KS-SQI 모델은 SERVQUAL 모델의 5개 차원 22개 항목을 기초로 하여 국내 서비스산업의 특성에 맞게 세부 측정항목을 재조정하여 개발된 것으로, 서비스 성과측면(2개)과 과정측면(5개)의 7개 서비스 품질 결정요인으로 구성된다. 즉, 서비스 성과측면의 본원적 서비스와 예상외 부가서비스, 서비스 과정 측면의 신뢰성, 친절성, 적극지원성, 접근용이성, 물리적 환경 등 총 7개의 서비스 품질 구성차원에 대한 평가로 조사가 이루어진다. 각각의 차원들은 국내 서비스 산업의 업종별 특성에 맞게 실제로 측정 가능한 세부 항목들로 구성된다.

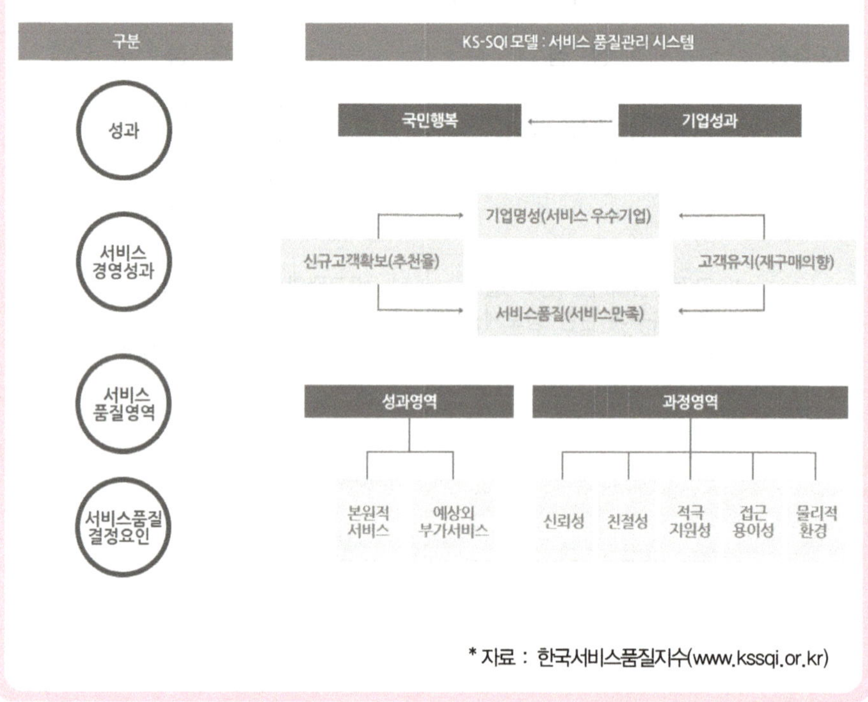

* 자료 : 한국서비스품질지수(www.kssqi.or.kr)

04 서비스 품질관리

고객은 자신이 기대한 서비스와 제공받은 서비스를 비교하여 서비스 품질을 평가하게 된다. 만일 서비스 품질이 나쁘게 인식되면 고객은 불만족하게 되고 그 결과로써 다른 서비스 기업을 찾거나(고객이탈) 다양한 형태의 불평행동을 전개하게 된다. 반대로 서비스 품질을 좋게 평가하게 되면 고객은 만족하게 되고 그 결과로써 재 구매의도와 기업에 대한 애호도가 형성되며, 다른 사람들에게 긍정적 구전을 통해 장기적으로 기업에게 이익을 가져다준다. 이처럼 서비스 품질의 관리는 기업의 이익과 경쟁우위의 원천이 될 수 있는 것이다.

[그림 4-7]은 서비스 품질관리를 위한 갭분석 모형이다. 여기서 서비스 품질에 영향을 미치는 다섯 가지의 갭(gap)이 있는데, 점선 표시는 서비스 기업 쪽에서 발생하는 네 개의 갭(갭 1~4)과 고객 쪽에서 발생하는 한 개의 갭(갭 5)을 구분해 주고 있다. 이 모형에서 고객이 지각하는 서비스 품질은 조직 안에서 발생하는 네 가지 갭(갭 1~4)에 의해 영향을 받으며, 이들 네 가지 갭의 크기(고/저)와 방향(+/−)에 따라 갭 5, 즉 '기대된 서비스와 지각된 서비스의 차이'가 결정되고 이로써 지각된 서비스 품질 수준이 결정된다.

지각된 서비스 수준이 기대된 서비스보다 낮을 때(−)는 서비스 품질을 부정적으로 평가하고, 반대로 지각된 서비스 수준이 기대된 서비스보다 높을 때(+)는 긍정적으로 평가하며, 기대 서비스와 지각된 서비스 성과가 일치할 때(0)는 기대한대로 서비스가 제공됨을 의미한다.

지각된 서비스 품질의 수준을 나타내는 갭 5는 갭 1에서 갭 4까지의 각 단계에서 발생한 네 가지 갭들의 가법적인 합이 되며, 다음과 같은 함수관계로 표시할 수 있다.

$$\text{갭 } 5 = f(\text{갭 } 1,\ \text{갭 } 2,\ \text{갭 } 3,\ \text{갭 } 4)$$

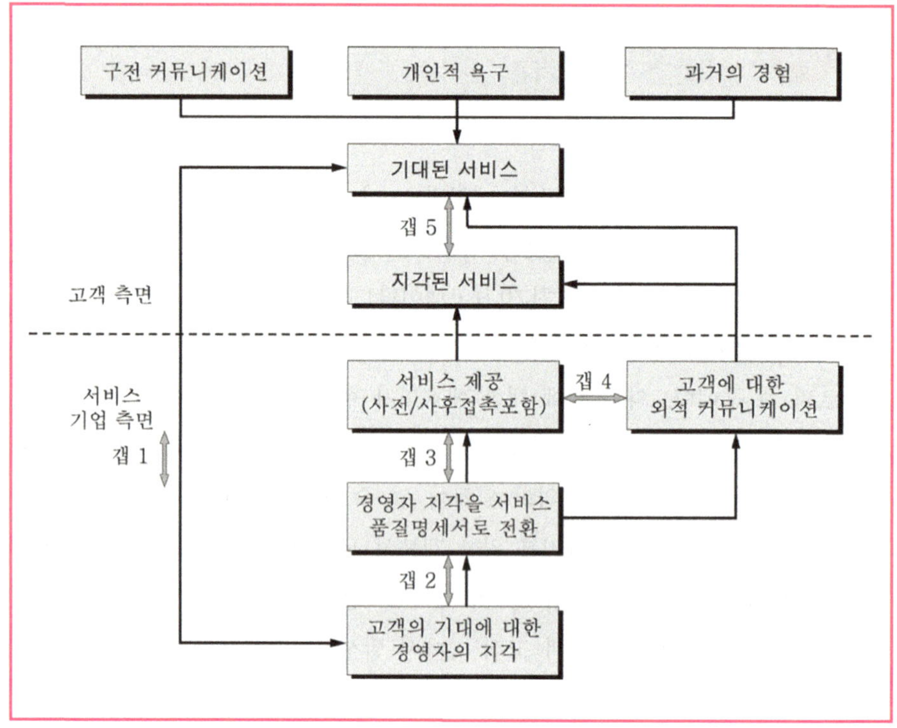

[그림 4-7] 서비스 품질관리를 위한 갭분석 모형

이 모형은 갭 분석을 통해 서비스 기업이 품질문제를 야기하는 네 가지 갭의 원인을 파악하고 그 갭을 줄일 수 있는 전략을 개발함으로써 서비스 품질을 향상시킬 수 있게 해 준다.

1. 갭 1 : 고객의 기대와 경영자 지각의 차이

갭 1은 고객의 기대와 이에 대한 기업 경영자의 인식간의 차이를 말한다. 이는 서비스 기업의 경영자를 포함하는 서비스 제공자가 고객이 기대하는 바를 제대로 인식하지 못하고 있는 상황을 말한다.

갭 1이 발생하는 원인은 ① 고객과의 직접적인 상호작용이 없는 경우, ② 고객의 기대를 알려고 하는 의지가 없는 경우, ③ 고객기대에 응할 준비가 안 된 경우 등이 있다. 기업이 고객의 기대를 제대로 이해하지 못하면 자원배분의 문제를 유발하여 질 낮은 서비스를 제공하는 결과를 낳게 된다. 예를 들어 고객은 설비의 편의성이나 기능성을 중요시하고 있는데도 기업은 시설의 외양에만 과도하게 투자하는 경우를 생각할 수 있다.

고객의 기대에 대한 잘못된 인식은 결과적으로 고객기대에 미치지 못하는 서비스 성과를 가져오게 된다. 서비스 품질을 향상시키는 출발점은 서비스 제공자가 고객기대에 대한 정확한 정보를 획득하는데 있다고 할 수 있다.

갭 1을 감소시키기 위해서는 다음과 같은 전략이 필요하다.

① 고객과의 지속적 커뮤니케이션

② 마케팅조사를 통한 고객의 서비스 기대 및 품질 욕구 파악

③ 상향적 커뮤니케이션 활성화

④ 결재 단계 및 의사결정과정의 단축

⑤ 관계마케팅의 강화

2. 갭 2 : 경영자의 지각과 서비스 품질명세서의 차이

갭 2는 고객의 기대에 대한 경영자의 지각과 양질의 서비스 제공을 위한 서비스 품질 명세서간의 갭을 말한다. 이는 경영자가 고객의 기대를 정확히 이해하고 있지만 이를 정확한 서비스 품질명세서, 즉 '고객중심적 서비스 설계 및 표준'으로 전환시키지 못해 문제가 되는 경우라고 할 수 있다. 서비스 품질명세는 서비스 접점에 있는 종업원을 평가하고 보상하는 기준이 되며, 서비스 품질에 결정적인 영향을 미친다.

갭 2의 발생 원인으로는 기업 자원의 제약, 고객의 욕구보다 시장의 경쟁상황에 대응한 서비스 전략 전개, 경영진의 무관심 등이 있다. 서비스 관리자들이 고객의 기대를 비현실적이라고 보고 소극적으로 대응하거나 서비스의 다양성과 수요의 불확실성으로 인해 서비스 표준 설정이 불가능한 것으로 인식하는 경우도 문제가 된다.

갭 2를 감소시키기 위해서는 다음과 같은 전략이 필요하다.

① 최고경영자의 적극적 의지와 관심

② 고객중심의 서비스 품질목표의 설정

③ 기계화, 자동화, 전산화 등의 업무 표준화 (IT기술 활용)

3. 갭 3 : 서비스 품질명세서와 실제 서비스제공의 차이

갭 3은 서비스 기업이 제공하고자 하는 서비스 품질명세서와 고객에게 실제로 제공된 서비스간의 갭을 말한다. 이러한 갭의 주된 원인은 서비스 자체가 가지고 있는 가변성과 비분리성에 기인한다. 대개 서비스는 사람에 의해 수행되기 때문에 서비스 품질은 서비스 제공자가 얼마나 자신의 직무를 잘 수행하느냐에 좌우된다. 만일 종업원들이 서비스 품질명세서에 명시된 대로 서비스를 제공하지 않으면 고객들의 기대를 충족시킬 수 없게 되고 결과적으로 고객들은 불만족하게 된다.

갭 3이 발생하는 원인으로는 서비스 품질명세서에 대한 종업원들의 인식 부족, 종업원들의 서비스 수행에 필요한 능력과 자질의 부족, 서비스 명세서의 지침에 따라 종업원들이 서비스를 제공할 의지가 없는 경우 등이 있다.

갭 3을 감소시키기 위해서는 다음과 같은 전략이 필요하다.

① 종업원들의 팀워크 제고
② 종업원의 교육훈련과 직무수행능력 제고
③ 기계설비나 기술의 직무적합성 제고
④ 직무명세서에 따른 경영자의 통제시스템 개발
⑤ 종업원 간의 역할갈등 감소
⑥ 종업원의 역할 모호성 감소

4. 갭 4 : 실제 서비스 제공과 외부 커뮤니케이션의 차이

갭 4는 고객에게 실제 제공된 서비스와 그 서비스에 대한 외부 커뮤니케이션 내용간의 차이를 말한다. 기업은 광고나 판매촉진, 인적판매 등의 커뮤니케이션 활동을 통해 고객들에게 약속을 하며, 이러한 약속은 고객의 기대를 형성하게 한다. 서비스 기업이 약속된 서비스를 제대로 제공하지 못하면 고객기대와 제공된 서비스간에 갭이 생기게 된다.

갭 4가 발생하는 원인으로는 제공된 서비스에 대한 조직내 부서간의 수평적 커뮤니케이션이 문제가 되는 경우나 고객에 대한 과대약속이 있다. 예컨대, 광고 부서와 서비스 제공 부서간에 원활한 커뮤니케이션이 이루어지지 않거나 경쟁이 치열해지고 고객창출에 대한 압박이 가중됨에 따라 과대광고를 하는 경우가 해당된다.

따라서 갭 4를 감소시키기 위해서는 서비스 제공 부서와 광고·홍보 부서, 영업부서의 임직원들간에 긴밀한 협조관계를 유지하여 원활한 수평적 커뮤니케이션이 이루어지도록 하고, 고객들에게 과대약속을 하지 않도록 해야 할 것이다.

5. 갭 5 : 서비스 기대와 서비스 지각의 차이

갭 5는 고객들에게 기대된 서비스와 지각된 서비스간의 차이를 말하며, 갭 1에서 갭 4까지 각 단계에서 발생하는 네 가지 갭의 합이라고 할 수 있다. 고객에게 지각된 서비스 품질은 갭 5의 크기와 방향에 의해 결정된다. 서비스 마케터는 고객의 기대와 지각 사이에 존재하는 '고객 갭'을 줄임으로써 지각된 서비스 품질을 높일 수 있는 바, 이를 위해서는 네 가지 갭을 감소시키기 위한 노력이 결합되어야 한다.

지금까지 살펴본 갭분석 모형은 '고객 갭'의 크기와 그 성격을 이해할 수 있게 해주며, 서비스 마케터는 이를 바탕으로 고객의 욕구충족을 위한 서비스 마케팅 전략을 수립할 수 있다.

현장사례 ··· 한국산업의 서비스품질지수(KSQI) 평가, 가장 우수한 기업은...

한국능률협회컨설팅(KMAC)은 '한국산업의 서비스품질지수(KSQI)'의 고객접점 부문 조사결과를 발표했다. KSQI는 한국산업의 서비스 품질에 대한 고객들의 체감 정도를 나타내는 지수이다. 올해 KSQI 전체 평균점은 지난해보다 0.6점 상승한 91.0점으로 조사됐다.

올해로 9회째를 맞이하는 KSQI 고객접점 부문 조사에서 5개 기업(한화생명, GS리테일(GS수퍼마켓), 신세계(신세계백화점), 삼성디지털프라자, 금호터미널(유스퀘어)이 치열한 경쟁을 이겨내며 2010년 조사 이래 매년 1위 자리를 놓치지 않고 있다.

한국능률협회컨설팅(KMAC)의 KSQI 조사는 서비스품질 측정의 가장 보편적인 모델인 서버퀄(SERVQUAL) 모델에 근거하여 고객 기대수준 대비 실제 제공된 서비스의 수준간의 차이(Gap)로 인해 고객만족이 결정된다는 사상에 기초하고 있으며, 서비스 표준과 접점에서 제공하는 서비스 간의 차이를 실패(defect)율로 측정, 이를 성공률로 환원하여 지수화한 것이다.

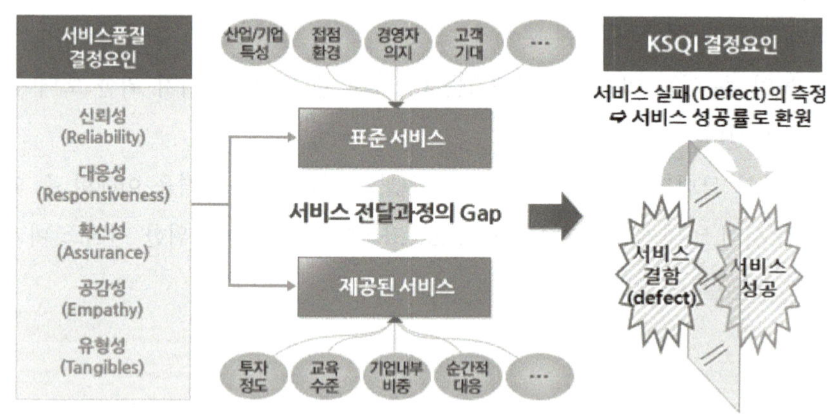

* Source : SERVQUAL Model (Parasuraman, Zeithaml, and Berry, 1988)

평가는 서비스 제공단계를 크게 Before Service(직접서비스가 제공 되기 전단계), On Service(직접 서비스가 이루어지는 단계), After Service(서비스가 종료 알림 이후 단계)로 나누어 진행됐다. 각 단계에서 제공해야 할 서비스의 이행 여부에 초점을 맞추어 총 11개 영역을 평가했다.

Before Service 단계에서는 시설환경 관리, 종업원의 맞이인사, 복장 및 용모 등을 평가하고, On Service 단계에서는 종업원의 말투, 어감, 호칭, 경청태도, 친절성, 적극성, 업무지식, 설명능력, 고객배려 등을 평가하며, After Setvice 단계에서는 종업원의 배웅인사를 평가해 지수화하고 있다.

* 자료 : KMAC(한국능률협회컨설팅).

연구문제

1. 서비스 기대수준과 허용영역의 관계에 대하여 토의해보자.

2. 서비스 기대의 영향요인에 대하여 설명하시오.

3. 서비스 기대의 관리방법에 대하여 설명하고, 적용해보자.

4. 서비스 품질의 결정요인을 설명하고, 실제 사례를 찾아보자.

5. 서비스 품질의 평가 방법에 대하여 토의해보자.

6. 갭 분석에 기초하여 서비스 품질의 관리방안을 설명하시오.

service marketing

서비스 마케팅조사

학습 목표

- 서비스 마케팅조사의 의의
- 서비스 마케팅조사의 절차

01 서비스 마케팅조사의 의의

기업은 변동적인 시장환경 하에서 고객과의 지속적인 상호작용을 통해 기업목적을 달성하고 성장 발전해나간다. 날로 치열해지는 경쟁상황에서 잠재고객의 욕구 충족을 통해 제품이나 서비스에 대한 수요를 지속적으로 창출해나갈 수 있을 때에 비로소 기업의 경쟁력과 생존을 확보할 수 있다. 서비스 마케팅조사는 변동적인 시장환경에 대응하여 마케팅 의사결정에 필요한 정보와 그 판단의 기초를 제공하는데 목적이 있다.

미국마케팅학회(AMA)는 마케팅조사의 개념을 "생산자로부터 소비자에게 재화와 용역을 이전하고 판매하는데 관련된 문제에 대한 모든 사실들을 수집·기록·분석하는 경영활동기능"이라고 규정하고 있다. 즉, 마케팅조사는 마케팅 의사결정에 유용한 정보를 제공하기 위한 일련의 체계적이고 공식적인 경영활동이라 할 수 있다.

서비스 마케팅조사(service marketing research)는 서비스 기업이 수행하는 마케팅조사로서 서비스 기업이 당면하고 있는 마케팅 문제의 해결이나 마케팅 의사결정에 유용한 정보를 얻기 위해 구체적인 자료(data)나 사실들(facts)을 체계적으로 수집·분석·해석·보고하는 경영활동이라고 정의할 수 있다.

서비스 마케팅조사가 갖는 의미는 다음과 같이 요약할 수 있다.

첫째, 서비스에 대한 고객의 기대와 욕구를 파악하고, 서비스 문제해결을 위한 시사점을 제공해 준다.

둘째, 고객의 욕구충족을 위해 제공되는 서비스는 기업의 마케팅활동과 밀접하게 관련되어 있다.

셋째, 마케팅 의사결정에 필요한 정보를 제공해 주는 역할을 한다.

넷째, 다양한 자료가 체계적이고 과학적인 분석방법을 통해 수집·기록·분석되어 서비스 경영전략을 수립하고 의사결정을 하는데 유용하다.

서비스 마케팅의 핵심은 고객의 욕구충족을 통한 조직의 목표 달성에 있기 때문에 서비스 마케팅의 출발점은 고객의 요구와 기대를 파악하고 이해하는 데 있다고 할 수 있다. 서비스업에서 마케팅조사는 시장에서 고객의 요구와 기대를 파악하고 제공되는 서비스에 대한 고객의 지각을 이해하는 수단이 되며, 서비스 마케팅의 성패를 좌우하는 중요한 도구가 된다고 할 수 있다.

마케팅조사의 시행여부는 추정되는 조사비용과 조사를 통한 기대가치를 비교 분석하여 결정된다. 즉, 조사의 기대가치가 조사비용을 상회한다고 판단되면 조사를 실시하고, 반대로 조사비용이 기대가치를 상회하는 경우라면 조사를 포기하게 된다.

조사비용은 조사에 지출되는 직접비용과 의사결정의 지연에 따른 기회비용, 계획 및 조사가 경쟁사에 노출될 위험 등을 고려하여 추정할 수 있다. 또 기대가치란 조사를 통하여 의사결정의 오류를 피하고 최적의 대안을 선택하게 해 줄 확률을 말한다. 따라서 기대가치의 측정에는 주관적인 요소가 개입될 가능성이 많아 객관화하기가 쉽지 않다. 대개 의사결정에 대한 불확실성이 크고 시장규모나 매출규모가 클수록 조사를 통한 기대가치가 높아지고, 조사실시의 가능성도 높아진다고 할 수 있다.

02 서비스 마케팅조사의 절차

일반적으로 서비스 마케팅조사는 ① 문제 정의와 조사목적의 설정, ② 조사설계, ③ 자료수집방법의 결정, ④ 표본설계, ⑤ 자료의 분석과 해석, ⑥ 보고서 작성 등의 6단계 절차로 이루어진다.

서비스 마케팅조사의 절차에 포함되는 각 단계는 순차적으로 진행되는 과정만은 아니다. 즉, 이러한 조사과정은 재순환 또는 우회하기도 하며, 단계를 뛰어넘을 수도 있고, 경우에 따라서는 동시에 진행되는 단계도 있을 수 있다.

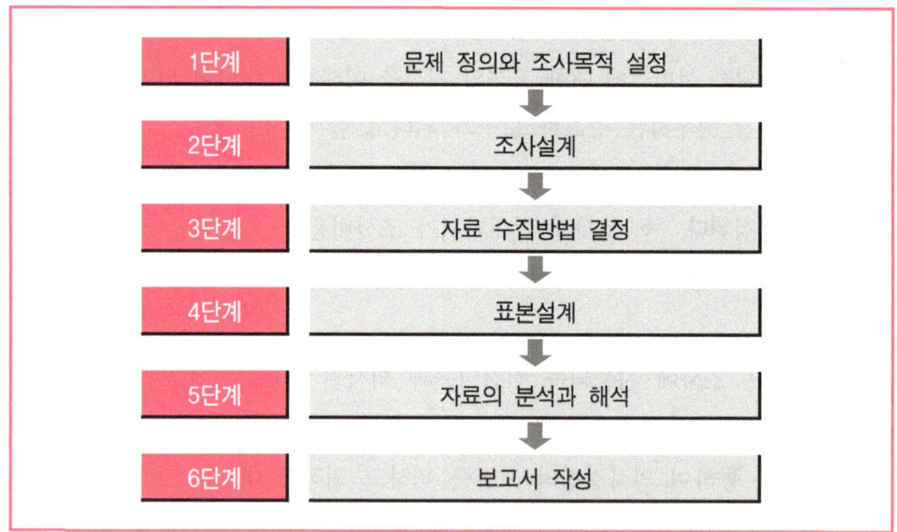

[그림 5-1] 서비스 마케팅조사의 절차

1. 문제 정의와 조사목적 설정

서비스 마케팅조사를 실시함에 있어서 제일 먼저 해야 할 일은 조사 문제를 분명하게 인식함으로써 '무엇이(what) 문제인가?'를 정확하게 정의하고, 이를 바탕으로 하여 마케팅조사의 목적을 명료하게 설정하는 것이다. 즉, 조사문제에 대한 정확하고 올바른 인식과 정의를 내리지 못하면, 이후의 조사과정에 아무리 정성을 들인다고 하더라도 시간만 낭비할 뿐이고 그 결과는 무익한 것이 되고 말 것이기 때문이다. 때로는 조사문제를 너무 광범위하게 정의하거나 너무 좁게 정의하는 잘못을 범하여 조사결과가 마케팅조사자에게 실질적인 도움이 되지 못하는 결과를 낳기도 한다.

서비스 마케팅조사의 목적을 설정하는 이 단계는 전체적인 마케팅조사의 방향을 설정하고 마케팅활동을 수행하는데 발생하는 문제점 해결이나 기회포착을 위한 출발 단계이다. 그런데 조사문제를 정확히 인식하고 조사목표를 바르게 설정하기 위해서는 조사를 통해 해결해야 할 마케팅문제와 그와 관련된 상황분석이 병행되어야 한다. 대개 상황분석의 범위는 두 가지 조건, 즉 문제의 성격과 규모 상황에 대해 조사자가 갖는 지식의 정도에 따라 결정된다. 조사자는 상황분석을 위해 자체적인 배경적 정보수집활동 뿐만 아니라 문헌조사나 경험조사, 사례연구 등의 탐색조사 방법을 이용한다.

그리고 이 단계에서는 문제해결에 이용될 제변수의 규명뿐만 아니라 변수들 간의 가설설정에 대한 고찰이 이루어져야 한다.

가설(hypothesis)이란 검증되지 않은 변수들 간의 관계이므로, 기존의 연구나, 관찰, 개인적 경험 등을 통하여 변수들 간의 관계를 추론하여 정립한 명제를 의미한다. 가설은 크게 두 가지로 나눌 수 있다. 즉, 변수의 존재·형태·분포 등을 진술하는 명제인 기술가설과, 변수 간의 관계를 기술하는 명제인 관계가설로 나누어지며, 이는 조사연구의 방향을 제시해 주는 역할을 한다.

2. 조사설계

서비스 기업이 당면한 의사결정 문제가 정의되고 조사목적이 설정되면 조사설계를 해야 한다. 조사설계(research design)는 마케팅조사를 수행하고 통제하기 위한 청사진을 말하며 집을 짓기 위해 건축설계를 하는 일에 비유되는 개념이다.

조사설계의 주요 활동과제는 다음과 같이 다섯 가지로 요약된다.

① 조사문제의 종합적 검토(조사목적이나 연구문제, 연구가설 등)
② 조사방법의 제시(탐색조사, 기술조사, 인과조사 등)
③ 자료수집 절차와 자료분석 기법의 결정
④ 조사예산의 조사일정에 관한 결정
⑤ 조사설계의 평가(신뢰성, 타당성, 결과의 일반화 가능성 검토)

마케팅조사는 시간과 비용의 제약조건을 감안하여 조사의 효율성을 높여줄 수 있는 방향으로 설계되어야 하고, 여러 대안적인 방법들 중에서 가장 경제적으로 조사목적을 달성할 수 있는 방법을 선택해야 한다.

이 단계에서는 조사목적에 맞게 조사가 이루어질 수 있도록 서비스 측정전략을 개발하고 구체적인 조사계획을 수립하는 것이 필요하다. 서비스 측정전략은 기업의 조사목적을 가장 효과적으로 달성할 수 있도록 조사 및 측정내용에 관한 청사진을 수립하는 일이라고 할 수 있으며, 이는 기업이 조사결과를 통해 얻고자 하는 정보가 무엇인가를 개괄해봄으로써 개발될 수 있다. 서비스 측정전략을 개발하는 것은 기업의 시간과 노력을 절약하고 조사예산의 효율성을 높일 뿐만 아

니라 기업의 전략적 목표를 측정할 수 있게 해 준다. 이러한 조사목적에 맞는 측정전략의 개발의 중요성에도 불구하고 실제 많은 기업들은 임의적인 방법으로 조사활동을 하는 경우가 많은데, 이는 즉각적이고 가시적인 특정 문제만을 해결하려는 전술적 욕구를 앞세우기 때문이다.

서비스 마케팅조사를 위한 청사진이라 할 수 있는 조사설계 단계에서 서비스 측정전략이 수립되면, 이를 완수할 수 있는 구체적인 조사 프로그램을 개발하게 된다. 조사 프로그램을 개발하는 단계에서는 조사방법, 정보수집 방법과 시기, 정보의 정확성과 신뢰성 검토, 조사비용 규모, 조사일정계획 등에 대한 의사결정을 필요로 한다.

그러면, 효과적인 서비스 조사 프로그램의 개발 기준과 서비스 조사 프로그램의 유형에 대하여 살펴보자.1)

(1) 서비스 조사 프로그램의 기준

기업이 서비스 마케팅조사에서 효과적인 서비스 조사 프로그램을 갖기 위해서는 다음과 같은 몇 가지 기준을 고려해야 한다.

① 양적조사와 질적조사를 병행하라

양적조사는 정량화된 형태로 측정되는 조사로서 고객의 특성이나 태도, 행위 등을 실증적으로 기술하고 연구가설을 검증하는데 필요하다. 반면에 질적조사는 탐색적이고 선험적인 형태로 측정되는 조사로서 조사문제를 정의하고 공식적인 실증조사를 준비하기 위해 실시된다. 표적집단면접(FGI; Focus Group Interview)이나 고객과의 비공식대화, 핵심사건조사, 서비스 현장 직접관찰과 같은 질적조사는 조사자에게 통찰력을 주고 고객의 요구에 대한 이해와 자료의 해석에 대한 감각을 제공해 준다. 양적조사와 질적조사는 상호 보완적인 역할을 한다.

② 조사비용과 정보가치의 균형을 유지하라

서비스 조사유형을 결정할 때 가장 중요한 고려사항 중에 하나는 조사비용과 조사를 통해 얻는 편익 또는 정보가치를 비교하는 것이다. 여기서 비용

---

1) Zeithaml, V. A., M.J. Bitner and D.D. Gremler(2009), "Services Marketing," 5th, McGraw-Hill Irwin, pp.140~158.

요인에는 조사에 소요되는 금전적 비용뿐만 아니라 조사와 분석에 소요되는 시간비용까지 포함된다.

③ 필요시 통계적 타당성을 검증하라

마케팅조사는 그 목적에 따라 조사의 유형과 방법론이 결정된다. 서비스품질이나 고객만족도와 같이 정교한 양적분석이 필요한 조사에서는 세심한 표본추출과 통계적 타당성을 필요로 한다. 그렇지 않으면 측정시스템의 신뢰성 문제를 낳거나 측정결과가 왜곡 또는 조작될 수 있기 때문이다.

④ 중요도나 우선순위를 측정하라

고객은 기업이 제공하는 서비스에 대하여 많은 요구조건을 가지고 있으나 이들을 모두 같은 비중으로 중요하게 여기지는 않는다. 서비스의 제속성과 차원들에 대한 상대적 중요성을 측정하는 것은 한정된 기업의 자원을 효과적으로 배분하는데 도움이 된다. 따라서 조사를 통해 고객이 원하는 우선순위를 파악해야 한다.

⑤ 적절한 조사횟수로 시행하라

기업이 제공하는 서비스에 대한 고객의 평가나 반응은 시간이 지남에 따라 동적으로 변한다. 서비스에 대한 1회 조사는 조사시점의 단면만을 측정하는 것이다. 따라서 자사의 서비스가 시장에서 어떻게 평가되고 있는지를 이해하기 위해서는 마케팅조사가 주기적 또는 지속적으로 이루어져야 한다.

⑥ 고객의 행위의도와 애호도를 측정하라

고객의 행위의도는 서비스품질의 긍정적 또는 부정적 결과를 반영하는 측정치가 된다. 긍정적 행위의도는 긍정적 구전, 타인에 대한 추천, 애호도 유지, 반복구매, 프리미엄가격 지불 의향 등이 있다. 또 부정적 행위의도는 부정적 구전, 거래단절, 거래처 전환, 소비자단체 고발 등을 의미한다. 고객의 행위의도에 대한 추적은 서비스 개선의 상대적 가치를 평가하거나 고객 애호도를 평가하는데 도움이 되고, 이탈 위험이 있는 고객을 식별하는데 도움이 된다.

(2) 서비스 조사 프로그램의 유형

기업은 효과적인 서비스 조사 프로그램을 갖추기 위해 기업의 여건과 조사목

적에 따라 적절한 조사방법을 선택하고, 여러 가지 조사방법을 병행하여 사용하게 된다. 서비스 조사 프로그램에서 기업이 사용할 수 있는 서비스 조사의 유형으로는 고객불만조사, 핵심사건연구, 고객요구조사, 관계조사, 추적전화조사, 주요고객연구, 미스터리쇼핑, 고객패널, 이탈고객조사, 미래기대조사 등이 있다.

1) 불만조사

불만조사(complaint solicitation)는 고객의 불만요인을 수집하고 불만족 고객을 확인하여 문제를 해결하고 서비스 실패점을 파악하는데 필요한 정보를 제공한다. 만일 어떤 기업이 좋은 기업이라면 고객불만을 야기하지 않도록 노력하고, 일단 고객의 불만이 발생하면 그 원인을 규명하여 문제해결을 시도할 것이다. 기업은 서비스 실패점을 개선하고 고객접점 종업원의 성과를 향상시키기 위해 실시간으로 조사하고 주기적으로 기록, 관리해야 한다. 미국의 마케팅조사기관인 TARP의 연구에 의하면 확인된 고객불만 자료만 가지고 문제해결을 시도하는 것은 부적절하다고 지적하였다. 불만을 느낀 고객 중에서 실제로 기업에 불만을 제기하는 고객은 전체의 4%에 불과하고 나머지 96%는 불만을 토로하지 않는다. 나머지 96%에 속하는 불만고객 10명 중 9명은 다른 사람에게 자신의 불만사항에 대하여 부정적인 입소문을 낸다는 것이다.

기업은 다양한 경로를 통해 불만을 접수하고, 그 불만의 유형과 빈도를 정확히 관리하여, 불만 빈도가 높은 것부터 해결해나가야 한다. 그리고 개별고객의 불만을 해소하기 위한 노력뿐만 아니라 항상 고객의 소리(VOC)에 귀를 기울이면서 회사의 전반적인 서비스품질을 개선하기 위한 노력도 지속적으로 기울여 나가야 한다.

2) 핵심사건연구(CIS)

핵심사건연구(CIS, Critical Incidents Studies)는 고객이 서비스접점에서 경험한 만족과 불만족 등에 대하여 얘기하도록 하는 질적 면접방식이다. 이 방법은 조사목적이 다양한 경우에 적합하며, 불만조사의 대안으로 활용할 수도 있다. 핵심사건연구는 양적 조사를 위한 고객의 요구조건을 파악하고, 서비스 실패점이나 불만족한 고객을 찾아내는데 효과적이다. 특히 서비스 접점의 구조적인 강·약점을 파악하고 고객접점에서 고객이 원하는 최상의 서비스를 파악하는데 효과적인 방식이다.

3) 고객 요구조사

고객 요구조사(requirement research)는 고객이 서비스에 대하여 바라는 편익과 속성, 즉 고객의 요구사항을 파악하기 위한 조사이다. 이것은 설문조사에 포함되어야 할 질문의 유형과 기업의 개선사항을 결정하는데 기본이 된다. 고객요구조사는 양적 조사를 위한 고객의 요구를 파악하는 기본적 조사이기 때문에 개방형 질문과 같은 질적 조사 형태가 적합하다.

4) 관계조사

관계조사(relationship survey)는 서비스기업과 고객과의 관계에 관한 모든 요소에 대하여 질문하는 방식으로 양적 조사로 이루어진다. 이것은 기업의 자사의 강점과 약점을 진단하거나 서비스 성과를 모니터하고 통제하는데 효과적이다. 또 서비스 품질과 만족, 고객만족과 행위의도, 서비스 성과와 같이 변수간의 인과관계를 파악하고 진단하는데도 효과적이다. 조사를 할 때에는 조사대상자를 무작위로 추출하여 조사가 통계적으로 타당하도록 해야 한다. 또한 자사와 경쟁사간에 성과를 비교하는데도 관계조사를 이용할 수 있다. 관계조사의 형태로 서비스 품질을 평가하는데 사용되는 대표적인 조사가 바로 서브퀄(SERVQUAL) 조사이다. 즉 서비스에 대한 고객의 기대와 실제 지각(성과)을 비교함으로써 기업의 서비스 품질을 평가하는 것이다.

5) 추적전화 또는 사후조사

추적전화(trailer calls) 또는 사후조사(posttransaction surveys)는 고객에게 제공된 서비스에 관하여 필요한 정보를 얻기 위한 조사로서 특정 서비스 거래가 일어난 후 바로 고객에게 이용한 서비스에 대한 만족도와 종업원에 대하여 몇가지 질문을 하는 것이다. 예컨대, 호텔에 투숙한 고객에게 체크아웃할 때 그 호텔에서의 이용 경험에 대하여 컴퓨터 터미널을 이용하여 4~5개의 질문을 하고 응답을 받는 경우가 해당된다.

사후조사는 서비스거래가 끝나는 시점에서 이루어지기 때문에 고객의 만족과 불만족 원인을 찾아내는데 유용하며, 고객이 만족했는지 여부를 확인하기 위해 전화하는 해피콜 서비스로 받아들인다는 점에서 효과적이다. 사후조사는 조사결과를 바탕으로 서비스 성과에 대한 사후 피드백 자료로 활용할 수 있다. 이를테

면, 우수한 평가를 받은 종업원에 대해서는 인센티브를 제공하고, 문제가 된 종업원이나 서비스 실패점에 대해서는 개선 노력을 통해 서비스 품질관리의 기회로 활용할 수 있다.

6) 미스터리 쇼핑

미스터리 쇼핑(mystery shopping)은 기업이 외부 조사기업을 이용하거나 자체적으로 요원을 현장에 파견하여 고객인 것처럼 가장하여 서비스를 경험하게 하는 방법이다. 이때 미스터리 쇼핑을 수행하는 미스터리 손님(mystery shopper)은 고객이 중요하게 여기는 기준에 대하여 사전 교육을 받고 서비스를 제공하는 종업원의 성과에 대하여 객관적으로 평가해야 한다. 일반적으로 사전에 평가항목을 준비하여 현장에 파견하게 된다.

미스터리 쇼핑은 개별 종업원의 서비스 성과를 진단하고 고객접점의 구조적 강·약점을 파악할 수 있다. 또한 서비스 종업원이 언제 어디서나 평가받을 수 있다는 것을 알게 함으로써 항상 최선의 서비스를 제공하도록 하는 이점이 있다. 그러나 서비스 종업원들에게는 미스터리 쇼핑이 감정노동의 고충과 함께 또 다른 업무 스트레스로 작용할 수 있기 때문에 신중하고 세심한 접근이 필요하다.

7) 고객패널

고객패널(customer panels)은 상품에 대한 고객의 태도와 지각 정보를 지속적으로 서비스 제공기업에 알려주기 위해 모집된 고객집단을 말한다. 이들은 정기적으로 적시에 고객정보를 기업에 알려줌으로써 서비스 상품에 대한 고객의 반응과 시장상황을 추정할 수 있게 해 준다. 고객패널은 최종소비자들 중에서 규모가 큰 세분시장의 의견을 반영할 수 있도록 구성되어야 한다.

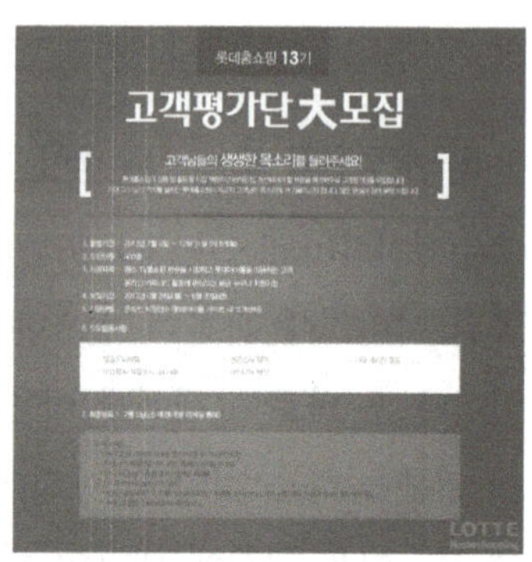

고객패널의 사례로는 CJ홈쇼핑의 '심미안', GS홈쇼핑의 '고객 모니터, 고객통신원', 농심의 '주부 모니터, 사이버 모니터', 청정원의 '주부 맛테스터' 등이 있으며, 이들은 출시전 신제품 품평, 신제품 반응조사, 고객 간담회, 모니터링 보고서 제

출, 제품기능과 디자인의 장단점 제시, 시장조사, 제품 테스트, 제품 아이디어 제안 등의 활동을 한다.

8) 주요고객연구

기업이 사업자나 중간상과 같은 조직구매자와 거래를 하는 경우 거래단위가 큰 주요 고객들에 대해서는 특별관리를 할 필요가 있다. 주요고객연구(key client studies)는 이러한 주요 고객들에 대하여 깊이있게 조사하여 그들의 요구와 구매성향, 고객만족도, 회사 상황 등을 연구하는 것을 말한다. 주요고객들과의 연결고리를 마련하고, 이들과의 지속적인 대화를 통해 호의적인 관계를 유지·강화하는 것이 중요하다. 예컨대, 은행은 최상위 예금자나 대출자를 조사하고, 항공사는 이용빈도가 높은 주요 기업고객들을 조사하여 특별관리하면서 그들의 만족도를 높여나갈 수 있을 것이다.

9) 이탈고객조사

이탈고객조사(lost customer research)는 자사의 서비스를 더 이상 구매하지 고객을 찾아 그들이 이탈하게 된 이유를 파악하는 조사이다. 거래에 대한 불만족이나 거래중지의 원인을 알아보기 위한 개방형 심층질문 형태를 사용할 수 있으며, 경우에 따라 이탈고객들을 대상으로 표준화된 질문조사를 할 수도 있다.

10) 미래기대조사

미래기대조사(future expectations research)는 서비스에 대한 고객의 미래 기대를 예측하고 신규 서비스 아이디어를 개발하고 검증하기 위한 조사를 말한다. 고객의 기대는 매우 역동적이며 변동적이기 때문에 기업은 고객의 현재 기대뿐만 아니라 미래 기대에 대해서도 알고 싶어 한다.

경쟁이 치열하고 적대적인 시장에서는 고객의 기대가 매우 빠르게 변화한다. 따라서 경쟁이 증가하고 소비자 기호가 변하고 소비자의 지식이 점차 증가함에 따라 기업은 그들의 정보와 전략을 지속적으로 최신화(update)할 수 있도록 수정·보완해나가야 한다.

고객의 미래기대조사 방법으로는 미래에 가능한 서비스에 대하여 고객이 바라는 특징을 질문하는 특징조사(feature research), 선도자 또는 혁신 고객들에게 기존 서비스에서 충족되지 않는 요구를 파악하는 선도사용자조사(lead user research),

보다 광범한 범위의 선도사용자를 대상으로 미래기대를 알아보는 창조적 문제해결법(synectics approach) 등이 있다.

지금까지 살펴본 서비스 조사의 유형별 특성은 〈표 5-1〉과 같이 요약할 수 있다.

표 5-1 서비스 조사의 유형과 특성

조사 유형	조사목적	정보비용				통계적타당성
		조사	금전	시간	빈도	
고객 불만조사	• 불만고객의 파악과 처리 • 서비스실패점 파악	질적 조사	낮음	낮음	지속적	×
핵심 사건연구	• 접점에서 '최상의 서비스' 파악 • 양적조사를 위한 고객요구 파악 • 서비스 실패점 파악 • 고객접점의 구조적 강약점 파악	질적 조사	낮음	중간	주기적	×
고객 요구조사	• 양적조사를 위한 고객요구 파악 • 기본적 조사	질적 조사	중간	중간	주기적	×
관계 조사	• 서비스 성과의 통제 및 파악 • 전반적 기업성과 비교 평가 • 만족과 행위의도간의 관계 파악 • SERVQUAL 조사	양적 조사	중간	중간	연도별	○
추적전화 사후조사	• 서비스 성과에 대한 사후 피드백 • 서비스제공 변경의 효과성 측정 • 개인과 팀의 서비스성과 평가 • 서비스 실패점 및 개선자료 수집	양적 조사	중간	중간	지속적	○
미스터리 쇼핑	• 개별종업원 성과 측정 • 고객접점의 구조적 강약점 파악	양적 조사	낮음	낮음	분기별	○
고객 패널	• 고객기대의 변화 추적 • 신규서비스 아이디어의 제안과 평가를 위한 포럼	질적 조사	중간	중간	지속적	×
주요 고객연구	• 주요 고객과의 대화 모색 • 주요 고객과의 연결고리 마련	질적 양적	낮음	중간	연도별	×
이탈 고객조사	• 고객이탈 이유 파악	질적 조사	낮음	낮음	지속적	×
미래 기대조사	• 고객의 미래기대 예측 • 신규서비스 아이디어 개발, 검증	질적 양적	높음	높음	주기적	×○

3. 자료 수집방법의 결정

(1) 자료의 원천(data source)

마케팅조사의 자료는 1차자료와 2차자료로 구분된다.

1차자료(primary data)는 조사자가 특정 조사목적을 달성하기 위해 관찰 기록하여 직접적으로 수집한 자료로서 조사자와 직접적인 관련을 갖는 데 반하여, 2차자료(secondary data)는 문제해결과 관련된 조사자가 아닌 다른 사람에 의해 또는 다른 목적을 위해 이미 작성된 기존의 문헌자료를 말한다.

일반적으로 조사목적을 달성하기 위해서는 우선 2차자료를 탐색해본 뒤에 그것이 부적합하다고 판단되면 1차자료를 수집하는 단계로 들어간다. 최근에는 컴퓨터 활용의 증가 추세로 2차자료의 양이 방대해지고 활용가치도 높아가고 있다.

2차자료의 장점은 무엇보다 시간과 비용의 절약에 있다. 그리고 마케팅조사활동을 진행함에 있어 일차적으로 문제나 배경상황에 관한 제반 정보를 획득하는 데 활용되며, 문제해결을 위한 가설설정이 용이해질 수 있고, 기존의 유사한 시장조사방법을 통하여 어떤 유익한 시사점을 찾을 수 있다는 이점이 있다.

그러나 2차자료를 특정 조사목적에 이용하는 데는 다음과 같은 한계가 있다.

첫째, 2차자료의 측정단위가 조사자가 측정하려는 단위와 일치하지 않으면 이용하기 어렵다.

둘째, 조사목적이 서로 다르면 조사내용의 분류기준도 달라지기 때문에 동일한 내용의 2차자료라 하더라도 이용가치가 없다.

셋째, 기존의 2차자료가 오래된 것이면 마케팅상황의 변화로 인해 더 이상 이용가치가 없을 수 있다.

또한 2차자료는 시간과 비용 면에서의 이점에도 불구하고 자료를 수집·분석하는 과정에서 많은 오류가 개재될 가능성이 있고, 그 정확성을 평가할 방법이 없다. 따라서 이러한 자료의 정확성을 평가하기 위해서는 자료원, 자료출간 목적 및 자료의 신뢰성에 관한 증거입증에 노력을 기울여야 한다.

2차자료의 원천은 일반적으로 기업 내에서 찾을 수 있는 내부자료와 기업외부의 타기관이나 정보원으로부터 얻을 수 있는 외부자료로 나누어지는데, 먼저 내부자료를 구한 다음에 기업외부자료를 다양한 원천으로부터 구하게 된다. 2차자료의 원천은 〈표 5-2〉와 같이 분류할 수 있다.

▶▶ 표 5-2 2차자료의 원천

2차자료	2차자료의 원천
내부자료	• 회사의 재무제표(대차대조표, 손익계산서 등) • 영업보고서, 과거 조사보고서 • 판매보고서 및 판매원 보고서 • 고객반응 및 중간상 보고서 등
외부자료	• 각종 정부간행물(통계연감, 정책보고서, 백서 등) • 정기간행물(업계나 단체의 간행물, 전문학술지 등) • 전문서적, 신문, 잡지, 방송자료 등 • 마케팅조사기관의 자료(상업용 자료 포함) • 각종 연구기관이나 도서관 등

2차자료 만으로 문제를 해결할 수 없다고 판단되면, 조사자는 1차자료를 수집하게 된다. 1차자료는 조사자가 조사목적을 달성하기 위해 처음으로 관찰기록하여 수집한 자료를 의미한다.

1차자료는 2차자료에 비해 다음과 같은 장점을 가지고 있다.

첫째, 조사자가 자신의 조사문제를 해결하기 위해 사전에 적합한 조사설계를 통해 직접 수집한 자료이기 때문에 정확성, 신뢰성 및 타당성이 높다.

둘째, 조사목적을 위해 최근에 수집된 자료이기 때문에 적용시기상의 문제가 전혀 없다.

반면에 1차자료는 2차자료에 비해 조사비용이나 인력, 시간이 많이 든다는 단점이 있다.

(2) 자료 수집방법

일반적으로 1차자료의 수집방법은 질문조사법과 관찰법, 실험법의 세 가지로 구분된다. 조사자가 어떠한 수집방법을 선택할 것인가 하는 것은 각 방법이 지니고 있는 장단점을 고려하여 자료의 다양성이나 자료수집의 신속성, 소요비용, 객관성과 정확성, 조사요원들의 능력 등에 의해 결정된다.

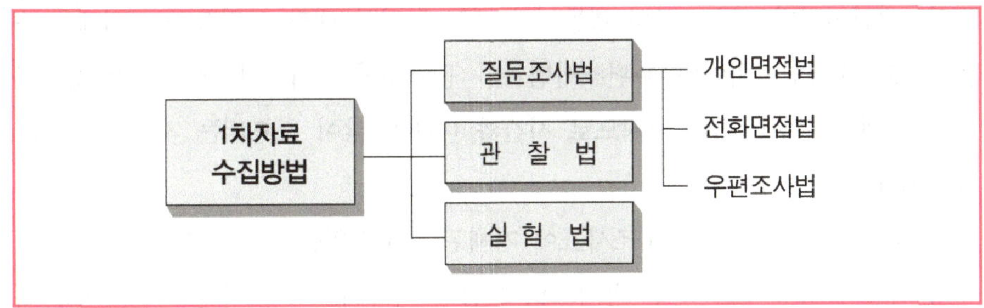

[그림 5-2] 자료 수집방법

1) 질문조사법

질문조사법(survey method)은 의사소통법이라고도 하는데, 모집단으로부터 추출된 응답자(표본)에게 질문을 통해 면접(interview)을 함으로써 행해지는 조사를 말하며, 어떤 현상이나 사상에 대한 묘사적인 정보수집 또는 기술적인 연구에 적절한 조사방법이다. 질문조사는 ① 구조적 질문조사의 형태로 모든 응답자들에게 동일한 질문문항의 설문지를 가지고 필요한 정보를 수집하거나, ② 비구조적 질문조사의 형태로 조사자가 응답자의 반응에 따라 면접을 진행하면서 필요한 정보를 수집할 수 있다.

주로 설문조사의 형태로 이용되는 질문조사법은 일반적으로 가장 널리 이용되는 자료수집방법인데, 상이한 마케팅 상황에서 다양한 정보를 얻을 수 있을 뿐만 아니라 다른 조사방법에 비하여 조사가 신속하고 비용이 적게 든다는 이점이 있다. 반면에 면접자의 면접능력이 문제되거나 편견(bias)이 개입될 소지가 많으며, 부재자의 응답을 받을 수 없고 응답자가 정확한 정보를 주지 않을 수 있다는 등의 한계가 있다. 최근에는 컴퓨터의 보급이 확대됨에 따라 컴퓨터 통신망을 통해 설문조사를 하는 텔레리서치(tele-research)가 많이 이용되고 있다.

질문조사법에서 조사대상을 접촉하는 방법으로는 개인면접법과 전화면접법, 우편조사법이 있다.

(가) 개인면접법

개인면접법(personal interviewing)은 조사원이 소비자나 판매점 등의 조사대상자를 방문하여 대면 접촉함으로써 질문하여 회답을 얻는 방법이다. 이 방법은 개인면접 또는 6~10명의 표적집단면접(FGI : Focus Group Interview)으로 실시

된다. 개인면접법은 소비자의 행동이나 태도에 관한 대답이 정확하게 기재될 수 있으므로 전화면접법이나 우편조사법보다 응답률이 높다. 반면에 면접대상자가 있는 곳에서 면접이 이루어지므로 시간과 비용이 많이 소요되는 것이 단점으로 지적된다.

이 방법의 장점은 ① 질문조사표에 기재된 질문범위를 넘어 보다 심도있는 조사가 가능하며, ② 표준화된 방식으로 응답이 기록되므로 이해와 집계가 용이하며, ③ 면접에 협조적인 표본만을 선정하여 면접할 수 있으므로 응답률이 높으며, ④ 면접자의 반응에 따라 적절하게 질문함으로써 질적인 정보수집이 가능하다는 점 등이다. 반면에 단점으로는 ① 부재자에게는 면접이 불가능하므로 조사가 왜곡되기 쉬우며, ② 표본이 분산되어 있을 경우에는 시간과 비용이 많이 소요되며, ③ 응답자의 개인적 성향의 질문일 경우에는 거절되기 쉽고, ④ 응답시 면접자의 편견(bias)이 개재될 가능성이 크다는 점 등이다.

(나) 전화면접법

전화면접법(telephone interviewing)은 조사대상자에게 전화로 질문하여 응답을 기록하는 방법이다. 이 방법의 장점은 ① 짧은 시간내에 조사가 종결될 수 있으므로 필요한 자료를 신속히 수집할 수 있으며, ② 조사비용이 적게 소요되며, ③ 표본의 무작위추출로 자료수집이 비교적 간단하며, ③ 컴퓨터의 연결을 통해 응답결과를 즉시 기록·분석할 수 있다는 점이다. 반면에 단점으로는 ① 많은 양이나 질적인 정보를 수집하기 어려운 방법이며, ② 표본은 전화소유자에게 국한되므로 표본의 대표성이 결여될 수 있으며, ③ 신뢰성있는 개인적 정보를 얻기 어렵고, ④ 원거리 전화 시에는 시간과 비용이 많이 소요되는 경우가 있어 원격지의 표본대상자를 제외하는 경향이 있다는 점 등을 들 수 있다.

(다) 우편조사법

우편조사법(mail interviewing)은 조사대상자에게 설문지를 우송하고 응답을 기록하게 하여 회송하도록 하는 조사방법이다. 이때 설문지 발송자는 설문지 이외에 조사의 취지나 목적을 기술한 협조의뢰서한을 동봉하는 것이 좋다.

이 방법의 장점은 ① 저렴한 비용으로 전국적인 조사가 가능하며, ② 면접자에 의한 심리적인 압박감을 받지 않고 응답을 할 수 있으며, ③ 조사원의 주관이나 편견(bias)이 개입되지 않으며, ④ 질문문항이 많을 때 유리하다는 점이다. 반면에 단점으로는 ① 응답률이 낮으며, ② 소수의 회송자가 집단을 대표하지 못하며, ③ 응답의 회송시기 통제가 어렵고, ④ 응답자의 편견(bias)이 개입되기 쉽다는 점 등을 들 수 있다.

2) 관찰법

관찰법(observational method)이란 관찰대상자의 행동이나 특정한 현상을 관찰함으로써 필요한 자료를 수집하는 방법으로서 탐색적 연구에 적합하다. 관찰방법은 사람을 통해 직접 관찰(기술적 방법)하거나 CCTV, 녹음기 등을 이용하여 관찰대상의 행동을 측정·기록할 수 있다. 이때, 관찰대상자가 인식하지 못하는 상태에서 관찰이 이루어지는 것이 바람직하다. 소비자는 자신이 관찰되고 있음을 의식하게 되면 예상 밖의 의도적인 행동방향으로 변경하고 싶어 하는 경향이 있기 때문이다.

이 방법은 관찰대상자의 행동을 있는 그대로 관찰·기록하는 것이므로 조사결과가 비교적 구체적이고 정확하지만, 관찰되지 않은 면(사건 발생의 원인)에 대해서는 알 수 없고, 증거입증이 없는 한 생리학적 현상이나 선호 및 동기 등을 관찰자의 주관대로 추측하여서는 안 되며, 시간이나 비용이 많이 소요된다는 취약점도 지니고 있다. 따라서 관찰법은 소비자들의 의견이나 태도, 동기조사를 위해서는 부적합한 방법이다.

오늘날 점차 보편화되고 있는 컴퓨터화된 체크아웃스캐너(check-out scanner)의 이용은 관찰법의 주요 돌파구로서 조사자들로 하여금 매우 구체적이고 유용한 정보를 수집하게 해 준다.

3) 실험법

실험법(experimental method)은 조사문제에 맞는 집단을 선정하여 그 집단에게 여러 가지 실험처리를 하고, 관련이 없는 외생변수들을 통제한 다음, 관찰조사된 결과의 통계적 유의성을 검토함으로써 마케팅 변수들 간의 인과관계를 설명하려는 것이다. 이 방법은 신제품의 판매실험이나 제품의 판매가격 실험, 광고원고 실험, 제품사용실험 등의 경우에 활용될 수 있다. 조사자는 가능한 한 실험상황을 철저하게 통제하여 독립변수(예: 가격)가 종속변수(예: 수익)에 미치는 영향을 파악하도록 해야 한다.

실험법은 실제의 시장상황을 이용하여 실험이 행해지기 때문에 가장 과학적이고 현실적이며, 확실한 조사방법이라고 할 수 있다. 그러나 이 방법은 실제 상황에서 변수들의 철저한 통제가 쉽지 않으며, 모든 변수가 불변인 상태로 유지되는 통제집단과 실험집단의 선정이 쉽지 않다는 등의 한계가 있다.

4. 표본설계

마케팅조사자는 자료수집방법의 결정과 함께 표본추출계획을 설계해야 한다. 일반적으로 마케팅조사는 비용 면이나 시간상의 제약으로 전수조사보다는 표본조사에 의존하는 경우가 많다. 즉, 조사대상자를 구성하고 있는 모집단 전체를 조사하지 않고, 그 중에서 일부를 표본으로 추출하여 모집단의 특성을 추정하는 방법을 사용한다. 그러므로 표본선정의 목적은 조사대상이 되는 모집단의 특성을 파악하는데 있다. 전수조사란 조사대상으로 하는 집단의 구성원 전체를 조사하는 통계조사를 말하며, 표본조사는 조사대상으로 하는 집단의 일부만을 조사하여 전체에 대한 정보를 추측하는 조사형태를 의미한다. 표본조사는 특정 표본이 모집단을 유효하게 대표한다는 것을 전제로 하고 있다. 표본조사가 사용되는 경우에 모집단의 특성을 수적으로 나타내는 모집단의 수는 표본의 특성을 수적으로 나타내는 표본통계량으로부터 추론이 가능하다.

마케팅조사에서 전수조사를 하지 않고 표본조사를 통해 모집단을 추정하는 이유는 첫째, 모집단의 수가 많을 경우 시간이나 비용 및 인력 면에서 경제적이고, 둘째, 전수조사 보다 비표본오차가 적으며, 셋째, 현실적으로 전수조사가 불가능한 경우가 있기 때문이다. 예를 들면, 전구제품의 수명을 시험하는 경우 만일 생산된 모든 전구를 시험한다면 판매할 제품이 없어지게 되고 말 것이다.

표본을 통해 모집단의 특성을 추정하기 위해서는 ① 표본의 모집단 대표성 확보, ② 표본으로 추출될 모집단의 구성목록 수집, ③ 표본의 크기결정 등을 고려해야 한다.

또한, 마케팅조사자가 표본추출계획을 수립하기 위해서는 기본적으로 다음과 같은 세 가지의 의사결정이 필요하다.[2)]

---

2) P. Kotler, Marketing Management, *op. cit.*, pp.109~110.

① 표본추출단위의 결정(sampling unit)

조사자는 먼저 조사대상이 모집단을 명확하게 정의하고, 누구를 대상으로 조사할 것인가를 결정해야 한다. 그리고 모집단 내의 모든 사람들에게 동일한 표본기회를 갖도록 하는 표본추출계획과 추출방법이 수립되어야 한다.

② 표본크기(sample size)

조사자는 모집단 중에서 얼마나 많은 사람을 대상으로 조사할 것인가를 결정해야 한다. 표본이 크면 클수록 신뢰성 있는 결과를 얻을 수 있지만, 동시에 시간과 비용부담이 증가되는 등의 제약이 따르게 된다.

③ 표본추출절차(sampling procedure)

이는 응답자를 어떻게 선정할 것인가를 결정하는 것이다. 대표성있는 표본을 얻기 위해서는 가능한 한 표본을 확률적으로 추출함으로써 표본추출 오류를 최소화해야 한다.

(1) 표본추출방법

일반적으로 표본을 추출하는 방법에는 확률표본추출법과 비확률표본추출법이 있다. 확률표본추출법은 모집단의 구성요소가 표본으로 선정될 확률이 알려져 있고(0 이상의 확률), 표본추출방법이 무작위적(random)이며, 표본을 객관적으로 평가할 수 있는 추출방법이다. 반면에 비확률표본추출법은 모집단의 구성요소가 표본에 포함될 확률을 추정하는 방법이 없고, 표본추출방법이 주관적이어서 표본을 객관적으로 평가할 수 없다는 점이 특징이다.

확률표본추출법과 비확률표본추출법은 다시 몇 가지 유형으로 세분할 수 있다. 즉, 확률표본추출법에는 단순무작위표본추출법, 층화표본추출법, 집락표본추출법이 있고, 비확률표본추출법에는 임의표본추출법, 판단표본추출법, 할당표본추출법이 있다.

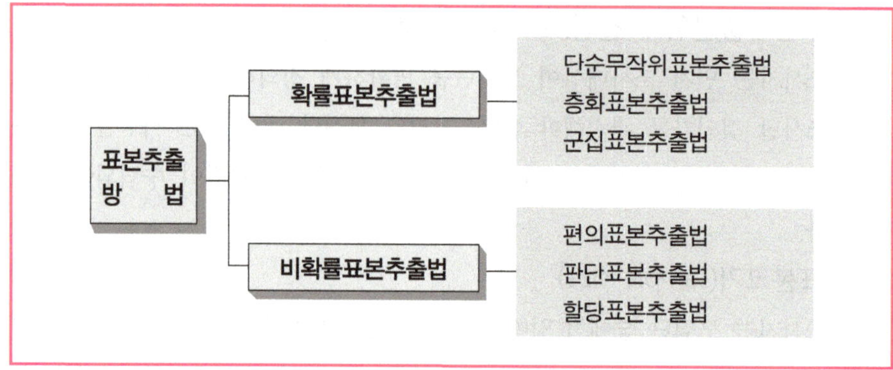

[그림 5-3] 표본추출방법의 유형

1) 확률표본추출법

(가) 단순무작위표본추출법

단순무작위표본추출법(simple random sampling)은 모집단을 구성하는 각 측정치들에 대하여 동일한 추출기회를 부여하여 객관적이고 무작위적·확률적으로 추출하는 표본추출방법을 말한다. 또한, 모집단 N개로부터 n개의 표본을 선정한다면 어떤 조합이라도 선정될 확률은 모두 동일하다고 하는 점이다. 이 방법은 무작위성을 확실히 하기 위해 난수표[3]를 이용하는 것이 바람직하다.

(나) 층화표본추출법

층화표본추출법(stratified ramdom sampling)이란 모집단을 몇 개의 동질적 세분집단[이를 층(strata)이라고 함]으로 나누고, 각 세분집단에서 표본의 구성요소들을 단순무작위로 추출하는 방법을 말한다. 이 추출방법은 모집단을 구성하는 기본단위의 특성이 아주 다양하고 사전에 모집단의 구조를 잘 알고 있을 때에 사용된다. 층화표본추출방법에서 표본수는 각 세분집단으로부터 얻어지게 될 표본의 비율을 통해 결정된다.

(다) 군집표본추출법

군집표본추출법(cluster sampling)은 모집단을 동질적인 M개의 군집으로 구분한 후에 이로 부터 m개의 표본군집을 임의추출하여 이 표본군집에 대해서만 전

---

3) 난수표란 동일한 독립적인 발생확률을 가진 0에서부터 9까지의 10개의 숫자를 컴퓨터를 이용하여 임의적으로 배열한 표를 말한다.

수조사를 실시하는 방법을 말한다. 군집표본추출의 절차는 우선 모집단을 상호 배반적인 세분집단으로 분류한 다음, 이 세분된 집단 중에서 무작위로 표본을 선정하게 된다. 군집표본추출법은 층화표본추출법과는 달리 표본의 정밀도를 높이는 방법이라고는 할 수 없지만 시간과 노력을 절약하기 위한 방법이라고 할 수 있다.

2) 비확률표본추출법

(가) 편의표본추출법

편의표본추출법(convenience sampling)은 표본을 선정하는 방법이 가장 용이하고 시간과 비용면에서도 가장 많이 절약할 수 있다는 특성을 가지고 있다. 즉, 조사자가 표본선정을 자신의 편의에 따라 임의적으로 할 수 있는 방법이다. 이 방법은 추출된 표본이 모집단을 대표할 수 없다고 하는 점이 큰 취약점이다. 이 방법은 설문지를 개선하기 위한 사전조사나 문제해결을 위한 대안의 창안폭을 넓히려는 탐색조사에서 주로 사용된다.

(나) 판단표본추출법

판단표본추출법(judgement sampling)은 조사자가 조사대상에 관해 충분한 지식을 가지고 있을 경우에 사용될 수 있는 방법으로서 표본추출의 기준을 전문가의 주관적·직관적·경험적 판단에 의존하는 방법이다. 이 방법은 모집단의 구성요소를 조사의 목적에 일치하도록 표본을 추출하려 한다는 점에 특징이 있다.

(다) 할당표본추출법

할당표본추출법(quota sampling)은 비확률표본추출법 중에서 가장 널리 사용되는 방법으로서, 표본요소의 구성분포가 동일한 특성을 가진 모집단의 구성분포에 일치되도록 표본을 추출하는 방법이다. 즉, 표본수를 결정하고 모집단을 세부적인 모집단으로 분류한 다음, 이 집단에 대해 표본을 할당하여 그 할당수 만큼의 표본을 추출하는 방법이다. 할당표본추출법의 특징은 표본을 선정할 때에 객관적인 절차보다는 조사자의 주관적인 판단에 의존하며, 표본선정에 따른 비용이 저렴하다는 점이다.

5. 자료의 분석과 해석

자료분석의 목적은 수집된 자료의 의미를 파악하는데 있다. 자료의 의미를 파악하는 방법은 수집된 자료를 편집·기호화하여 집계표를 작성하는 등의 통계적 분석을 통해 이루어진다. 이와 같은 자료분석을 위한 예비적 절차가 완료되면 그 조사에 적절한 분석방법을 선택하게 되는데, 이때 ① 자료의 유형, ② 조사설계 방법, ③ 통계량의 검정과 관련된 사항 등을 고려하여야 한다.

수집된 자료의 귀납적 결과에 불과한 통계적 분석과정이 끝나면, 그 결과에 대한 해석단계로 들어가게 된다. 분석은 자료의 가치를 파악하기 위해 자료를 세분하여 연구하는 과정이라 할 수 있고, 해석은 분해된 자료를 재정리하여 논리적이면서 기업경영상 어떤 의미를 지니는 방향으로 나타내도록 하는 과정이다. 즉, 해석은 조사의 최종목적인 결론형성에 도달하는 과정이라 할 수 있다.

자료의 해석과정에서는 두 가지의 작업, 즉 분석을 통해 얻은 결과를 일련의 권유안으로 전환하기 위하여 논리적인 추론과정을 밟아가는 '논리적 해석'과 특정기업의 구체적 상황에 적용될 수 있도록 하기 위한 '실제적 해석'이 이루어져야 한다.

6. 보고서 작성

보고서는 조사의 최종결과를 평가하는 기준이므로 대단히 중요한 작업의 의미를 지닌다. 보고자는 보고서를 작성할 때 조사 의뢰자가 알고자 하는 사항을 논리적으로 응축시켜야 하는데, 특히 정책방향을 제시하고자 하는 표현에 대해서는 도표나 그래프를 이용하여 그 내용을 명료하고 이해하기 쉽도록 전달하여야 한다. 아울러 조사자는 조사방법상의 문제점과 한계 그리고 오류의 범위 등에 관한 상세한 내용들을 서식화된 조사보고서를 통해 표현하여야 한다.

이와 같이 보고서는 표현기능 뿐만 아니라 경영자의 의사결정이 합리적으로 이루어지게끔 하는 설득기능을 가지고 있다. 그 외에도 보고서는 자료의 분석과정 및 조사결과를 체계적이고 영구보존이 가능한 형태로 집약시키는 보존기능을 가지고 있다.

조사보고서는 그 사용목적에 따라 전문보고서, 일반보고서, 절충보고서로 구분할 수 있다.

① 전문보고서는 보고서를 이용하는 독자가 주로 전문층으로 구성되어 있다. 일반적으로 전문층은 조사문제에 관한 전문지식이나 비판력을 가지고 있기 때문에, 보고서의 형식은 조사목적, 조사내용과 조사방법, 조사시기, 결론 및 권유내용 등이 포함되어야 한다.

② 일반보고서는 독자대상이 주로 일반인이다. 일반 경영자나 관리자는 주로 신속한 의사결정을 위해 조사결과의 권유안에 관심이 모아지므로 핵심적인 조사내용이나 계획수립에 필요한 정보 등이 간략하게 작성되도록 해야 한다. 일반보고서를 작성시에는 전문용어 사용을 지양하고, 전문적인 통계기법의 활용은 가급적 줄여야 하며, 논리적이기보다는 서정적인 표현으로 구성하는 것이 좋다.

③ 절충보고서는 전문보고서와 일반보고서의 절충형식으로서 독자의 속성이나 조사내용의 성격 등이 적절하게 고려된 보고서를 말한다.

현장사례 ··· 통계의 바다에는 대박이 숨어있다!

"거짓말에는 세 종류가 있다. 그냥 거짓말과 지독한 거짓말 그리고 통계"

통계의 속성을 간파한 격언으로 인용되는 말이다. 하지만 19세기처럼 통계를 거짓말로 무시하기엔 현대의 통계에 함축된 의미는 무궁무진하다.

여기 평범한 숫자에 특별한 의미를 부여해 황금알을 낳는 거위로 변모시키기 위해 밤을 잊은 사람들이 있다. 김성영 신세계 기획팀장. 연간 50억 건에 달하는 이마트의 방대한 데이터베이스를 분석하는 일이 그의 임무다. 6만 개가 넘는 상품들이 움직이는 동선이 김 팀장 손 안에 있다. 이마트 매출이 10조 원을 넘어선 숨은 비결이기도 하다. 김 팀장은 "날마다 영업시간이 끝나는 자정무렵부터 4시간 동안 다음날 매출을 맞추는 게임이 벌어진다"며 "이마트 103개 점포의 8만 개 상품 주문량을 어떻게 맞추느냐에 연간 수백억 원대 이익이 좌지우지된다"고 말했다.

이세희 비씨카드 대리는 대학에서 경영학과 마케팅을 전공하고 카드사에 취업한 지 5년 된 숫자 전문가다. BC카드 고객은 2,700만 명. 고객이 날마다 사용하는 카드 정보는 그가 속한 CRM팀의 분석 대상에 오른다. 시도 때도 없이 쏟아지는 엄청난 소비 데이터를 의미있는 정보로 바꾸는 것이 그가 맡은 임무.

기업에 통계 활용은 전쟁에 가깝다. 통계를 무시하다간 경쟁에서 탈락하는 건 시간문제다. 메르세데스-벤츠는 신차를 개발하면서 교통량, 라이프스타일 변화는 물론 고령자 통계까지 분석한다. 작고 귀여운 'Smart'는 1인 가구가 늘고 있다는 통계를 면밀히 추적해 탄생한 명차다. 미국 유통업체 시어즈는 인구통계를 잘 분석한 주방욕실을 선보여 큰 성공을 거둔 기업으로 꼽힌다. 국내 기업이 내놓은 순한 소주 '처음처럼', 즉석밥 '햇반'은 철저한 통계 분석을 통해 탄생한 제품이다.

통계 데이터 활용은 성공적인 기업 마케팅을 위한 첫걸음이다. 창업을 꿈꾸고 주식을 투자하고, 재테크를 하는 일에도 통계는 확실한 도우미다.

이처럼 통계는 성공의 길을 안내해 주는 등대다. 하지만 통계를 적극적으로 활용하기보다 19세기 마크 트웨인처럼 '지독한 거짓말'로 여기는 분위기가 여전히 남아 있다. 이제 창업을 하든, 식당을 열든 새로운 사업에 도전하기 전에, 혹은 신상품을 만들어내기 전에 곳곳에 숨어 있는 통계에 대한 의미를 따져보는 것이 필요하지 않을까?

* 자료 : 매일경제, 2016. 11. 10.

연구문제

1. 서비스 마케팅조사의 필요성과 중요성에 대하여 토의해 보자.

2. 서비스 마케팅조사를 수행하는 절차에 대하여 설명하시오.

3. 마케팅조사를 위한 자료수집방법과 각각의 장단점에 대하여 토의해 보자.

4. 표본조사에 있어서 다양한 표본추출방법에 대하여 토의해 보자.

5. 마케팅조사 자료를 분석하고 해석하는 방법에 대하여 토의해 보자.

service marketing

제6장 서비스 운영과 마케팅전략

학습목표

- 서비스 운영전략
- 서비스 마케팅전략의 의의
- 시장세분화
- 표적시장의 선정
- 서비스 포지셔닝

01 서비스 운영전략

서비스 기업이 경쟁관계에 대응하기 위해서는 원가효율성, 개별화, 서비스 품질 차원의 세 가지 접근방법으로 운영전략을 개발할 수 있다.

원가효율성(cost efficiency)은 자본투자를 줄이기 위해 공업화 절차를 강조하는 전략이다. 개별화(customization)는 고객들의 개인적인 욕구(needs)를 충족시키기 위해 서비스를 설계하는 전략이다. 또 서비스 품질(service quality)은 보다 우수한 수준의 서비스 품질을 강조하는 전략이다. 기업의 서비스 운영전략은 이들 세 가지 대안 중 어떤 부문에 비중을 둘 것인가에 의해 결정된다.

첫째, 원가효율성 전략은 경쟁사보다 낮은 가격으로 서비스를 제공하고 총매출액의 증가를 통해 이익을 얻는 것을 목표로 한다. 따라서 이러한 기업은 비용을 줄이고 보다 능률적인 운영을 하려고 할 것이다. 패스트푸드업계에서 컴퓨터 정보기술을 이용하여 운영 효율성을 높이는 경우를 예로 들 수 있다.

둘째, 개별화 전략은 개별 고객의 욕구를 이해하고 이를 최대한 충족해 주는 것을 목표로 한다. 컨설팅 서비스는 개별화 전략의 전형적인 서비스 유형이라고 할 수 있다. 각 컨설팅 프로젝트는 철저히 고객의 특정한 욕구를 충족할 수 있도록 설계된다. 개별화 전략이 전개되는 상황에서는 원가효율성을 얻기 어렵다.

셋째, 서비스 품질전략을 강조하는 기업은 경쟁자보다 더 높은 서비스 품질을 제공하기 위하여 노력한다. 우수한 서비스 품질은 기능적 품질이나 기술적 품질에 의해 나타낼 수 있다. 기능적 품질은 반응성이나 확신성, 공감성의 관점에서 고객을 어떻게 응대할 것인가 하는 과정에 중점을 둔다. 반면에 기술적 품질은 서비스의 결과와 유형성, 신뢰성과 같은 서비스 품질 차원에 중점을 둔다.

서비스 관리자가 선택할 수 있는 서비스 운영전략 대안은 [그림 6-1]과 같은 '포지션 맵(position map)'으로 설명할 수 있다. 그림에서 삼각형의 세 점은 원가효율성, 개별화, 서비스 품질을 나타낸다. 여기서 서비스 품질은 기술적 품질과 기능적 품질로 나눌 수 있으므로 삼각형의 두 면에 표시된다. 기능적 품질을 강조하는 기업은 원가효율성보다 개별화에 더 중점을 두고, 기술적 품질을 강조하는 기업은 개별화보다 원가효율성에 더 중점을 두게 된다. 그림에서 기술적 품질

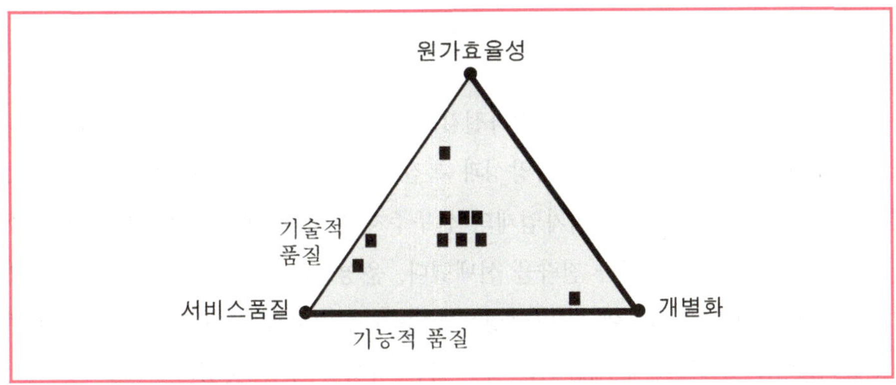

[그림 6-1] 서비스의 전략적 포지션 맵

은 원가효율성과 같은 면에 표시되고 기능적 품질은 개별화와 같은 면에 표시되고 있다. 그리고 삼각형 내의 ■ 표시는 경쟁사들의 위치를 나타내고 있다.

서비스 기업이 운영전략을 선택하기 위해서는 먼저 경쟁사들의 전략적 포지션을 파악하여 [그림 6-1]과 같이 포지션 맵의 삼각형에 표시하여야 한다. 어느 지역의 레스토랑업계에 10개의 경쟁사들이 있으며, 여기서 '우리 레스토랑'은 6개 기업이 치열한 경쟁을 벌이고 있는 삼각형의 중앙에 위치하고 있다고 하자. 이러한 상황에서 우리 레스토랑이 선택할 수 있는 운영전략 대안으로는 ① 아직 경쟁자가 없는 기능적 품질에 초점을 둔 전략을 전개하는 방법, ② 원가효율성 전략을 강화하여 기존의 1개 기업에 대한 경쟁우위를 구축하는 방법, ③ 개별화 전략을 강화하여 개별 고객의 욕구를 보다 잘 충족시킬 수 있는 서비스를 설계하여 제공하는 방법 등이 있을 것이다.

서비스 기업이 효율적인 경영을 위해서는 다음과 같은 세 가지 운영목표를 달성해야 한다.

첫째, 서비스 기업이 목표로 하는 운영전략을 지원해야 한다.

둘째, 가능한 한 단위원가가 낮아야 한다.

셋째, 고객들에게 균질적이고 일관된 서비스 품질을 제공해야 한다.

서비스 기업의 운영전략별 운영방안은 운영목표, 설비 입지와 배치, 직무설계 등의 관점에서 검토해 볼 수 있다.[1)]

---

1) Kurtz, D. L., Clow, K. E.(1998), *op. cit.*, pp.145~158.

1. 원가효율성 전략

원가효율성 전략은 운영상의 원가절감을 통한 저원가 구조를 지향하게 되며, 이를 위해 서비스 프로세스의 다양성과 복잡성 수준을 모두 줄이는 노력이 필요하다.[2)] 리틀시저스 피자는 피자업계의 선두주자인 피자헛과 경쟁하기 위해 복잡성과 다양성을 모두 줄이는 전략을 선택했다. 운영상의 복잡성을 줄이기 위해 픽업과 배달서비스만 제공했고, 다양성을 낮추기 위해서 피자의 크러스트와 토핑 수를 줄이고 고객들에게 제공되는 부가적인 아이템 수를 줄였다.

(1) 운영목표

원가효율성 전략을 전개하는 기업은 효율성 극대화와 생산성 극대화라는 두 가지 목표를 갖게 된다. 서비스 운영의 청사진을 통해 생산성이나 효율성에 악영향을 미치는 부문과 병목지점을 나타내고, 이러한 문제를 해소할 수 있는 방안을 강구하게 된다. 서비스 기업은 자동화나 표준화, 전문화와 같은 기법들을 원가효율성을 높이는데 적용할 수 있다. 예컨대, 극장업계에서는 홈비디오나 유선TV와 경쟁하기 위해 보다 효율적이고 생산적인 운영방법을 채택해오고 있다. 멀티플랙스의 도입으로 인력과 공간의 활용을 통한 설비의 효율성을 높일 뿐만 아니라 멀티스크린과 편안한 좌석, 전산화된 매표시설, 넓은 주차장 확보 등으로 많은 고객을 다시 유인할 수 있었다.

---

2) 서비스를 일련의 프로세스로 규정할 때, 이는 복잡성과 다양성으로 설명할 수 있다. '복잡성'이란 서비스를 수행하는데 필요한 단계와 절차의 수를 말하며, '다양성'이란 서비스 프로세스 상 각 단계별 절차의 범위와 가변성을 말한다. 복잡성과 다양성에 따른 운영전략은 아래의 〈표〉와 같다.

〈표〉 서비스 프로세스의 복잡성과 다양성에 따른 운영전략

다양성 \ 복잡성	높 음	낮 음
높음	개별화 전략 (컨설팅, 전문서비스)	기능적 품질전략 (연예, 레크리에이션)
낮음	기술적 품질 전략 (호텔, 건축)	원가효율성 전략 (패스트푸드, 편의점)

(2) 설비의 입지와 배치

서비스 설비의 입지와 배치는 단위당 생산비를 줄이고 높은 매출고를 유도함으로써 원가효율성을 높일 수 있다.

입지 결정은 고객접촉부분과 지원부분의 상대적 비중에 따라 좌우된다. 고객접촉부분은 매출고 증대를 위해 고객들에게 편리한 곳에 입지해야 하지만, 고객지원부분은 자본투자가 적게 소요되고 임대료가 저렴한 지역에 입지해도 무방하다. 예컨대, 제과점은 고객접촉부분이 되는 매장은 잠재고객들에게 최대한 노출될 수 있는 곳에 위치시키고, 대신에 고객지원부분이 되는 주방설비는 임차료가 싼 곳에 위치시켜 하루에 한두 번 신선한 빵을 공급함으로써 전체 운영비용을 낮추고 원가효율성을 높일 수 있다. 그러나 고객접촉부분과 지원부분을 분리하기 어려운 경우도 있다. 주유소는 통행량이 많고 운전자들의 눈에 잘 띄는 곳에 입지하여 고객접촉지점을 최대한 편리하게 설계하고 고객지원부분은 후방에 위치하도록 해야 할 것이다.

원가효율성 전략을 선택하는 기업의 설비 배치는 단위원가를 절감하면서 서비스 운영의 속도와 효율성을 극대화해야 한다. 이를 위해 고객접촉부분에서는 서비스를 제공받는 고객 수를 극대화하는 것이 목표가 되며, 고객지원부분에서는 단위생산비를 줄이면서 설비의 생산성을 극대화하는 것이 목표가 된다. 많은 극장은 멀티플랙스 설계를 통해 인력과 공간활용의 극대화를 기하고 설비의 효율성을 증가시킬 수 있었다. 또 멀티스크린이나 매표창구, 영사실, 매점 등을 효율적으로 배치함으로써 입장객 수를 극대화할 수 있었다.

(3) 직무설계

원가효율성 전략을 취하는 기업의 종업원 직무설계는 고객지향이 아니라 생산지향적인 설계가 되어야 한다. 이를 위해 이용할 수 있는 기법으로는 고객접촉부분의 최소화, 지원부분의 최대화, 서비스 제공절차의 표준화, 분업과 전문화, 종업원의 직무순환교육, 전산화, 자동화, 업무의 일괄처리, 요소구매, 셀프서비스 등이 있다.

분업과 전문화는 고객접촉부분과 고객지원부분의 분리로부터 시작된다. 서비스 기업은 운영상의 원가효율성을 높이기 위해 고객접촉기능을 최소화하고 고객

지원기능을 최대화하기를 원한다. 고객접촉기능보다 고객지원기능의 생산성과 원가효율성을 높이는 것이 상대적으로 더 쉽기 때문이다.

서비스 기업이 고객접촉부분을 줄일 수 있는 방법에는 세 가지가 있다.

① 셀프서비스를 이용하는 것이다.

② 자동화와 전산화이다.

③ 고객접촉부분 종업원의 업무를 지원부분 종업원에게 위양한다.

서비스 제공절차의 표준화는 고객지원부분과 고객접촉부분 모두 가능하다. 종업원 순환교육은 종업원의 유연성을 증가시켜 원가효율성을 높이며, 피크수요나 긴급상황이 발생했을 때 효과적으로 활용할 수 있다. 업무의 일괄처리는 고객의 주문이나 서비스 지원기능을 한데 묶어서 붐비지 않는 시간에 처리함으로써 생산성과 원가효율성을 높이는 것을 말한다. 요소구매는 서비스 생산에 필요한 요소나 원·부자재를 전문 공급업자로부터 구매함으로써 단위원가를 줄이고 생산성을 높이는 것을 말한다.

2. 개별화 전략

개별화 전략을 취하는 서비스 기업은 서비스 프로세스의 복잡성과 다양성이 모두 높다. 주로 의료, 법률, 컨설팅과 같은 전문 서비스에서 활용되며, 고객중심적인 서비스 설계가 요구된다.

개별화 전략을 이용하는 기업에 필요한 운영목표와 설비 입지 및 배치, 직무설계에 대하여 살펴보기로 하자.

(1) 운영목표

개별화 전략을 전개하기 위해서는 고객접촉부분과 고객지원부분의 분리가 필요하기 때문에 서비스 운영 청사진이 매우 중요하다. 고객접촉부분은 생산지향이 아니라 고객지향적이어야 한다. 고객접촉부분에서는 각 단계별 처리시간과 단위당 산출을 측정하는 것이 중요하지 않지만 고객지원부분에서는 각 단계별 소요시간을 측정하는 것이 도움이 될 것이다. 결혼이나 출장 파티와 같은 캐이터링 서비스에서는 고객접촉부분과 고객지원부분이 분리된 청사진을 바탕으로 하여 개별화된 서비스가 제공되고, 행사와 관련한 모든 결정은 고객의 입장에서 이루어지게 된다.

(2) 설비의 입지와 배치

개별화 전략을 전개하는 상황에서는 입지가 중요하더라도 기업의 생존에 직결될 만큼 중요하지는 않다. 고객접촉 지점을 잘 입지시킴으로써 고객들에게 서비스 제공자의 전문성과 역량을 강화하는 이미지를 전해줄 수 있다. 설비배치는 고객의 중요성을 강조하는 방향으로 이루어져야 한다. 고객 대기실, 고객 상담실, 사무실 등의 공간은 회사의 이미지와 역량을 높일 수 있도록 배치하여야 한다.

(3) 직무설계

개별화 전략을 전개하는 기업의 종업원 직무설계는 고객지향적이어야 한다. 그리고 직무설계에서 서비스의 고객접촉부분과 고객지원부분은 분리시키는 것이 중요하며, 고객접촉부분은 특히 고객지향적으로 설계해야 한다. 종업원들은 즐거운 마음으로 고객들과 접촉해야 하고 뛰어난 커뮤니케이션 기술을 가지고 있어야 한다. 또 이들은 좁고 전문적인 식견보다는 서비스에 대한 광범한 지식을 가지고 있어야 한다. 개별화된 서비스를 위해서는 광범한 지식이 필수적이다. 고객과 서비스 제공자간의 상호작용적 질을 강화하기 위해 전산화와 자동화가 이용될 수도 있다.

개별화 전략을 취하는 기업은 고객접촉부분에서는 원가우위를 획득할 수 없기 때문에 생산성 향상을 위해서는 고객지원기능에 중점을 두어야 한다. 기업은 고객지원부분에서 분업, 전문화, 순환근무, 자동화, 전산화, 업무 일괄처리 등의 원가효율성 제고 방안을 이용할 수 있다.

3. 서비스 품질전략

서비스 품질전략은 서비스의 결과를 반영하는 기술적 품질이나 서비스의 제공과정을 반영하는 기능적 품질을 강조한다. 기술적 품질을 강조하는 서비스 기업은 다양성이 낮고 복잡성이 높으며, 고품질의 서비스를 생산하기 위해서는 서비스의 전문화가 필요하다. 따라서 이러한 기업은 고객의 선택성을 최소화해야 한다.

이와 반대로, 기능적 품질을 강조하는 서비스 기업은 다양성을 높이고 복잡성

은 낮추려고 할 것이다. 따라서 서비스 제공과정상의 단계나 절차를 줄이되 각 단계별로는 고객들에게 더 많은 선택권을 주면서 효율성을 높이게 된다. 서비스 기업은 고객과의 상호작용적 질을 증가시키려고 한다. 이는 개별화 전략을 전개할 때와 비슷하지만 운영상의 복잡성이 줄어든 것이라고 할 수 있다.

(1) 운영목표

기술적 품질을 강조하는 서비스 기업은 서비스의 지원부분에 초점을 두어 고품질 서비스를 생산할 수 있는 설비투자를 중점을 둔다. 그리고 서비스 청사진을 만들어 서비스 제공에 소요되는 시간을 효율적으로 관리하고, 품질관리를 위한 감독자를 필요로 한다.

기능적 품질을 강조하는 서비스 기업은 고객접촉부분에 초점을 두고 고객과의 접촉 회수나 커뮤니케이션을 늘린다. 또 설비와 감독에 투자하기보다는 고객접촉부분의 인력부문에 더 많은 투자를 한다. 서비스 접점에 있는 종업원의 역할과 상호작용을 중요시하고, 이들을 통해 고객을 만족시킬 수 있다고 본다.

(2) 설비의 입지와 배치

서비스 품질 전략을 선택하는 기업은 고품질 서비스라는 인상을 창출하기 위해 고급이미지를 갖는 지역에 고객접촉부분을 입지시켜야 한다. 고객접촉부분과 고객지원부분을 분리할 수 있으면 고객지원부분은 저렴한 지역에 입지시켜도 된다. 설비의 배치는 고객지향적이어야 하며, 고객접촉부분은 고객들에게 고품질의 서비스를 제공한다는 인상을 심어주어야 한다.

(3) 직무설계

기술적 품질을 강조하는 서비스 기업은 원가효율성 전략 하의 직무설계 과정을 이용할 수 있으며, 기능적 품질을 강조하는 서비스 기업은 개별화 전략 하의 직무설계 과정을 이용할 수 있다.

기술적 품질을 강조하는 기업은 서비스 결과 질에 초점을 두고 있기 때문에 일선업무에 대한 전문지식을 가진 감독자를 고용한다. 감독자는 엄격하게 설정된 기준에 부합되는지 여부를 철저히 검사하고 기준에 부합되지 못하면 감독자는 재작업을 시킨다.

기능적 품질을 강조하는 기업은 서비스 접점에 있는 종업원과 고객간의 상호작용을 중요시하는 과정 질에 초점을 두고 있다. 감독자는 종업원들의 직무수행을 정기적으로 또는 가끔씩 점검하며, 주로 고객과 종업원의 매개적 역할을 수행한다. 고객을 정기적으로 방문하여 문제가 확인되면 이를 해당 종업원에게 통보하고, 전문가인 일선 종업원을 통해 문제를 해결하게 한다. 감독자에게는 대인관계에 관한 교육을 실시한다.

서비스 품질전략을 이용하는 상황에서는 직무전문화와 분업이 매우 중요하다. 기술적 품질을 강조하는 기업은 종업원을 전문가로 양성하고 표준화된 서비스 절차와 업무지침서에 따라 업무를 수행하도록 하여 서비스의 품질을 높이고자 한다. 또 일괄처리 방식으로 업무를 수행하여 규모의 경제를 실현하기도 한다. 한편 기능적 품질을 강조하는 기업은 직무설계를 함에 있어서 기능적 측면보다 고객중심적인 측면에서 직무전문화와 분업을 추구한다. 종업원들은 다양한 업무기능을 익히고, 프로세스 중심의 업무설계를 한다. 기능적으로 전문화된 직무를 수행하기 보다 고객이 원하는 바를 이해하고 고객의 편의를 최대한 도모하는 서비스를 제공하고자 하는 것이다.

지금까지 살펴본 서비스 운영전략별 운영방안들을 요약하면 〈표 6-1〉과 같다.

표 6-1 서비스 운영전략의 운영방안

운영전략 / 운영방안	원가효율성 전략	개별화 전략	서비스 품질전략	
			기술적 품질	기능적 품질
운영 목표	• 생산성 극대화	• 서비스 개별화와 고객지향성 극대화	• 서비스 결과 질 극대화	• 서비스 과정 질 극대화
설비 입지	• 고객접촉부분은 고객 가까운 곳에 입지 • 고객지원부분은 저렴한 곳에 입지	• 고급이미지 지역에 입지	• 고객접촉부분은 고급이미지 지역에 입지 • 고객지원부분은 저렴한 지역에 입지	• 고객접촉부분은 고급 이미지 지역에 입지 • 고객지원부분은 저렴한 지역에 입지
설비 배치	• 운영 속도와 효율성 극대화	• 고객의 중요성 강조	• 고객접촉부분에서 고객중요성 강조	• 고객접촉부분에서 고객중요성 강조
직무 설계	• 고객접촉부분의 최소화 • 고객지원부분의 최대화 • 절차의 표준화 • 분업과 전문화 • 순환근무제 • 전산화 • 자동화 • 업무 일괄처리 • 셀프서비스	• 고객접촉부분의 강화 • 고객지원부분의 표준화 • 분업과 전문화 • 전산화 • 자동화	• 고객접촉부분의 최소화 • 고객지원부분의 최대화 • 절차의 표준화 • 분업과 전문화 • 순환근무제 • 전산화 • 자동화 • 업무 일괄처리 • 요소구매	• 고객접촉부분의 강화 • 고객지원부분의 표준화 • 분업과 전문화 (고객중심) • 전산화 • 자동화

현장사례 ··· 디지털 시대 마케팅

쇼셜 미디어와 스마트폰으로 대표되는 디지털 시대의 도래로 기업 마케팅전략도 대대적인 변화를 요구받고 있다. 미국의 노스웨스턴대 켈로그 경영대학원의 필립 코틀러(Philip Kotler) 교수가 제안한 4가지 전략을 소개한다.

첫째, 디지털 시대에는 기업이 핵심 고객층을 분류하고 공략하기보다는 동일한 관심사를 갖고 자발적으로 모인 독자 커뮤니티를 키우고 활용해야 한다.

둘째, 브랜드 유연성을 강화해야 한다. 브랜드의 핵심은 유지하되 급변하는 드렌드에 맞춰 바꿀 수 있는 능력이 중요하다.

셋째, 마케팅에 고객 참여를 유도해야 한다. 제품 구상, 가격 결정 및 유통 단계까지 고객을 참여시킬 수 있는 능력이 중요하다.

넷째, 서비스센터 만으로 모든 고객 불만을 해결할 수 없다. 온라인에 자신의 문제를 직접 해결할 수 있는 공간을 마련해줘야 한다.

* 자료 : 대한상공회의소, 리더스경제, 2018. 12. 7.

02 서비스 마케팅전략의 의의

1. 서비스 마케팅전략

기업은 전략적인 결정을 함에 있어서 끊임없이 기업의 목적과 사명을 이해하고 기업의 존속과 성장을 위하여 외부환경의 동향에 적응할 수 있는 마케팅전략을 개발하고 경쟁시장에서 경쟁우위를 획득하고 유지할 수 있는 마케팅 제수단을 동원해야 한다.

서비스 마케팅전략(service marketing strategy)은 기업경영의 전략적 사고를 고객중심적 경영이념과 결합시킨 것으로서 마케팅목표를 달성하기 위하여 마케팅 제수단을 결정하여 서비스 마케팅믹스를 함으로써 경쟁에서 이길 수 있는 방책을 구하는 일련의 서비스 마케팅활동이라고 할 수 있다. 다시 말해 서비스 마케팅전략은 마케팅목표를 달성하기 위하여 마케팅 제수단을 결정하고 서비스 마케팅믹스를 통해 서비스기업의 경쟁우위 방책을 강구해나가는 활동을 말한다.

[그림 6-2]는 기업이 서비스 마케팅전략을 수립하고 실행하는 일련의 과정을 보여주고 있다.

먼저 마케팅관리자는 해당 제품/시장에 대한 상황분석을 실시한다. 외부환경분석을 통해 시장의 마케팅 기회와 위협요인을 분석하고, 내부환경분석을 통해 가용자원의 강점과 약점요인을 분석한다. 이러한 상황분석 결과를 토대로 하여 해당 제품시장에서 성취해야 할 서비스 마케팅목표를 설정한다. 일반적으로 마케팅목표는 매출수익과 이익으로 표현된다. 다음으로 서비스 마케팅목표를 달성하기 위한 서비스 마케팅전략 대안으로서 시장세분화와 표적시장 선정 및 서비스 포지셔닝이 결정된다. 그 다음 단계는 서비스 마케팅전략을 구체적으로 실행하기 위한 마케팅 프로그램이 되는 서비스 마케팅믹스가 결정된다. 마지막으로 마케팅 프로그램을 실행하고 평가하여 그 결과가 다시 피드백되는 마케팅통제 과정을 거친다.

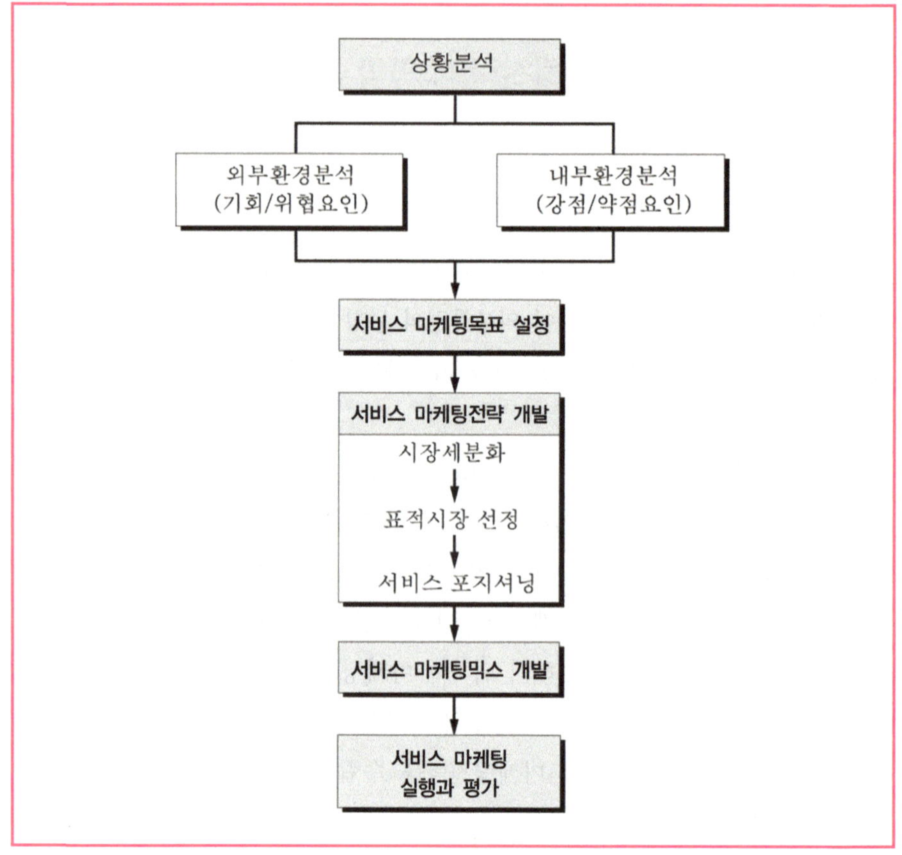

[그림 6-2] 서비스 마케팅전략 수립과정

2. 표적마케팅

기업이 경쟁시장에서 잠재고객들을 향해 취할 수 있는 서비스 마케팅 방안으로는 크게 두 가지로 구분할 수 있다. 그 하나는 전체시장의 욕구를 동질적으로 보고 규모의 경제에 기초를 둔 대량마케팅(mass marketing)을 지향하는 것이고, 다른 하나는 전체시장의 욕구를 이질적으로 보고 고객집단별 시장세분화에 기초하여 선정된 표적시장을 대상으로 하는 표적마케팅(target marketing)을 지향하는 방법이다. 치열한 경쟁 속에서 고객의 욕구충족과 소비자만족을 지향하는 현대 마케팅전략의 초점은 바로 후자의 표적마케팅으로 모아진다. 시장의 동질성에 기초하여 무차별적 대량 마케팅(mass marketing)을 추구하던 과거의 마케팅

방식을 '산탄식 마케팅'이라고 한다면, 시장의 이질성에 기초하여 표적시장의 욕구에 소구하는 오늘날의 표적마케팅(target marketing)은 '소총식 마케팅'이라고 할 수 있다.

따라서 오늘날의 마케팅활동은 불특정 다수의 소비자를 대상으로 마케팅활동을 전개하는 것이 아니라 전략적인 결정을 통해 특정 고객집단을 대상으로 한 표적마케팅을 전개하지 않으면 안 된다.

일반적으로 기업경영에서 요구되는 전략적 사고란 기업이 장기적인 목표를 달성할 수 있도록 환경변화에 적응해 나가는 동시에 지속적 경쟁우위(SCA : sustainable competitive advantage)를 확보하기 위하여 효율적으로 자원배분을 하는 사고라고 정의할 수 있다. 결국 서비스 마케팅전략은 고객 중심적 경영이념과 전략적 사고를 접합시킨 것으로서 경쟁시장에서 이길 수 있는 방책을 강구하는 일이라고 규정할 수 있다.

서비스 마케팅전략의 수립에 직접적으로 관련되는 세 당사자는 고객(Customer), 자사(Company), 경쟁사(Competitor)이며, 이들 3자의 머리글을 따서 '마케팅전략의 3C'라고 부른다. 전략적 표적마케팅의 핵심은 시장세분화(Segmenting), 표적시장 선정(Targeting), 서비스 포지셔닝(Positioning)의 3단계로 집약되며, 이들 3자의 머리글을 따서 '마케팅전략의 STP'이라고 한다. [그림 6-3]은 기업이 고객을 중심으로 자사와 경쟁사 간에 차별화된 마케팅전략이 전개되는 '마케팅전략의 3C와 STP'를 보여주고 있다.

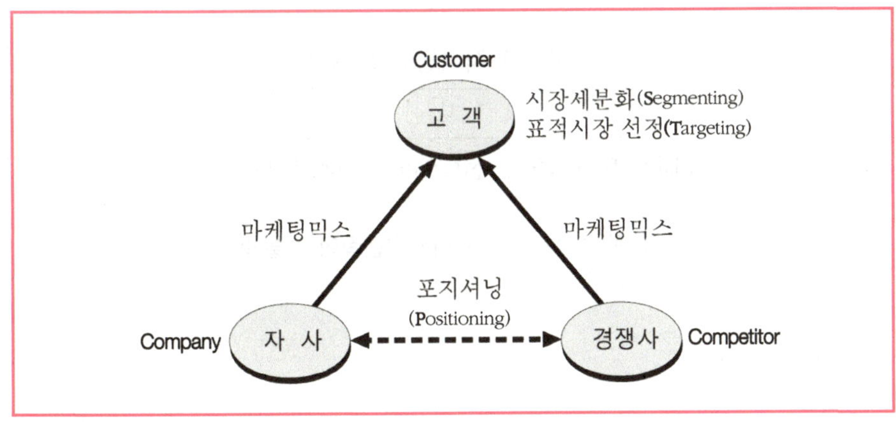

[그림 6-3] 마케팅전략의 3C와 STP

기업이 잠재고객의 다양한 욕구를 이해하고 분석하기 위해서는 이질적인 전체시장을 동질적인 몇 개의 세분시장으로 나누는 시장세분화(market segmentation)를 수행하고, 이를 통해 기업이 지향하는 표적시장(target market)을 선정하고, 마지막으로 표적고객들에게 회사가 원하는 특성을 갖는 서비스 상품으로 각인시키는 서비스 포지셔닝(service positioning)을 하게 된다. 즉, 시장을 세분화(Segmenting)하고, 기업이 목표로 하는 표적시장을 선정(Targeting)하고, 경쟁사보다 유리하게 서비스 상품을 고객들의 마음 속에 포지션시키는(Positioning) 전략을 'STP 마케팅전략'이라고 한다. 마케터는 경쟁사와 차별화된 고유의 독특한 포지셔닝에 따라 그에 대응한 서비스 마케팅믹스(service marketing mix)를 결정함으로써 서비스 마케팅전략을 구체화하게 된다.

[그림 6-4]는 상황분석을 토대로 시장세분화, 표적시장 선정, 서비스 포지셔닝을 거쳐 서비스 마케팅믹스 전략에 이르는 서비스 마케팅전략의 개발 과정을 보여주고 있다.

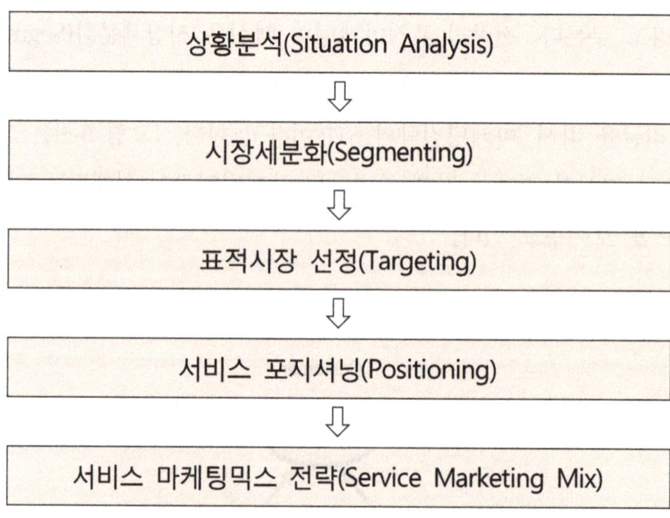

[그림 6-4] 서비스 마케팅전략의 개발과정

03 시장세분화

1. 시장세분화의 개념과 요건

(1) 시장과 시장세분화

시장(market)이라는 말은 여러 가지 의미를 가지고 있다. 매매의 중심무대로서 상품의 매매가 이루어지는 특정한 장소라는 말로 이해되기도 하며, 특정 상품의 수요와 공급간의 관계에서 상품과 화폐가 교환되는 장소의 의미로 이해되기도 한다. 그러나 공급자인 기업(조직)이 전개하는 마케팅의 관점에서 볼 때, 시장이란 기업과 화폐를 교환하는 상대방인 '수요자의 집합'으로 정의할 수 있다. 미국마케팅학회는 시장을 "구매자나 판매자가 상품 및 서비스의 이전이 이루어지도록 의사 결정하는 제조건의 총체로서, 상품이나 서비스에 대한 잠재구매자의 총수요"라고 정의하고 있다.

본서에서는 마케팅에서의 시장 개념을 "어떤 상품에 대한 욕구를 가지고 있으며, 그 상품을 구매할 능력과 구매의사 및 구매권한을 가지고 있는 개인이나 조직의 집합체"로 규정하고자 한다. 즉, 시장은 수요자인 사람들의 집합체로서 특정한 상품에 대한 ① 구매욕구(needs), ② 구매능력(ability), ③ 구매의사(willingness), ④ 구매권한(authority)의 네 가지 요건을 충족해야 한다는 것이다.

소비자시장은 잠재구매자들의 집합체로 이루어져 있는데, 그들은 욕구나 자원, 지리적 위치, 구매태도, 구매관습 등에 따라 상이한 특성을 지니고 있다. 이러한 제변수들은 모두 시장을 세분화하는데 사용될 수 있다.

시장세분화(market segmentation)란 이질적인 전체시장을 동질적인 몇 개의 세분시장으로 나누는 행위를 말하며, 각 세분시장의 수요와 요구에 따라 마케팅전략을 적합시키려고 하는 것이다. 즉, 시장세분화는 광범위한 전체시장을 구성하는 각 세분시장의 소비자 요구에 대응하여 제품이나 마케팅활동을 조절하고자 하는 것으로서, 소비자를 그 이질성에 따라 몇 개의 특정 집단으로 분할하고, 각 세분시장의 소비자 수요에 대응하여 마케팅전략을 전개하는 하는데 의의가 있다.

(2) 시장세분화의 요건

효과적인 시장세분화를 위해서 세분시장이 갖추어야 할 요건은 다음과 같이 4가지로 집약할 수 있다.

1) 측정가능성(measurability)

각 세분시장의 규모나 구매력, 즉 판매잠재력, 비용, 이익 등은 정확히 측정, 비교될 수 있어야 한다. 어떤 세분화 변수는 측정하기 곤란하다. 예컨대, 부모에게 반항하기 위하여 담배를 피우는 10대 흡연자의 세분시장 규모는 측정하기 어렵다.

2) 접근가능성(accessibility)

기업의 특정한 마케팅믹스노력이 선정된 세분시장에 도달하기 쉬워야 한다. 어떤 세분시장은 법규나 사회적 제약, 유통상의 제약요인으로 인하여 도달하기 어려운 경우도 있다. 국내 기업들이 잠재수요가 큰 북한시장에 진출하여 마케팅 활동을 전개하기에는 현실적으로 많은 제약이 따르는 상황을 예로 들 수 있다.

3) 실질성(substantiality)

세분시장은 별도의 마케팅 프로그램이나 노력을 투입할 수 있을 만큼 충분히 규모가 크거나, 수익성이 유지되어야 한다. 예컨대, 자동차 사고율이 높은 저소득층을 세분시장으로 한 자동차 보험상품 개발은 수익성이 충분하지 못할 것이다.

4) 집행력(actionability)

선정된 세분시장에 효과적인 마케팅 프로그램을 수립하고 집행할 수 있는 마케터의 능력이나 자질을 말한다. 예컨대, 어떤 소규모 항공사가 7개의 유망한 세분시장을 발견했다고 하더라도, 그 회사의 마케터는 각 세분시장에 맞는 별도의 마케팅 프로그램을 개발하여 실행하기는 어려울 것이다.

2. 시장세분화의 변수

시장세분화 변수란 전체시장을 세분시장으로 나누기 위해 사용되는 개인이나 집단 또는 조직의 제차원이나 특성을 말한다. 이를테면, 지리적 위치나 연령, 성별, 상품 사용률 등은 세분화 목적을 위해 사용될 수 있다.

세분화 변수를 선택하기 위해서는 여러 요인들이 고려된다. 세분화 변수는 서비스상품에 대한 고객의 욕구나 용도, 행동과 관련되어야 한다. 즉, 사람들의 욕구나 용도 및 행동은 선택된 세분화 특성에 따라 달라야 한다. 예컨대, 항공업계는 시장세분화의 변수로 소득이나 여행목적을 사용할 수 있다. 하지만 사람들의 항공기에 대한 욕구가 그들의 신앙과는 별로 차이가 없기 때문에 종교를 세분화 수단으로 사용하지는 않는다. 아울러 전체시장의 개인이나 조직을 효과적이고 정확하게 세분하기 위해서는 세분화 변수가 앞에서 제시한 측정가능성, 접근가능성, 실질성, 집행력 등의 요건을 갖추어야 한다.

세분화 변수를 선정하는 일은 시장을 세분화하는 데 있어서 매우 중요한 단계이다. 다시 말해, 세분화 변수가 잘못 선정되면 성공적인 마케팅전략 개발의 기회를 놓치게 된다.

일반적으로 사용되는 시장세분화의 변수로는 인구 통계적 변수, 지리적 변수, 심리 분석적 변수, 행위적 변수 등 네 가지가 있다.

표 6-2 시장세분화의 기준과 변수

시장세분화 기준	이용 가능한 변수
인구통계적 세분화	연령, 성, 직업, 소득, 교육, 사회계층, 가족 수, 가족수명주기, 종교, 인종, 국적 등
지리적 세분화	지역, 도시·지방, 인구밀도, 도시밀도, 도시규모, 기후 등
심리분석적 세분화	개성, 동기, 라이프 스타일 등
행위적 세분화	편익, 사용량, 사용률, 사용양상, 태도, 상표충성도 등

(1) 인구통계적 세분화

인구통계적 세분화(demographic segmentation)는 연령, 성, 직업, 소득, 교육, 사회계층, 종교, 가족 수, 가족수명주기, 출생률, 사망률, 인종, 국적, 이주패턴 등의 인구 통계적 변수를 기준으로 전체시장을 세분화하는 것을 말한다. 마케터들이 흔히 인구 통계적 특성을 세분화 변수로 사용하는 이유는 이들 제변수가 고객의 제품욕구와 구매행동과 밀접하게 관련되어 있고, 또 측정하기가 용이하

기 때문이다.

(2) 지리적 세분화

지리적 세분화(geographic segmentation)는 기후, 지역, 자연자원, 인구밀도, 도시·지방, 도시규모, 하위 문화적 가치관 등의 지리적 변수를 기준으로 하여 특정상품의 시장을 세분화하는 것을 말한다. 이러한 지리적 변수는 지역에 따라 상이한 고객들의 욕구성향을 판별해 줄 수 있을 뿐만 아니라 쉽게 세분화할 수 있어서 세분화의 도구로 흔히 사용된다.

(3) 심리분석적 세분화

심리분석적 세분화(psychographic segmentation)는 라이프스타일, 개성, 동기 등의 변수를 기준으로 하여 시장을 세분화하는 것을 말한다. 심리분석적 변수들은 그 자체로서 시장세분화 도구로 사용되거나 다른 세분화 변수 척도와 결합되어 사용될 수 있다.

(4) 행위적 세분화

행위적 세분화(behavioral segmentation)는 제품에 대한 소비자들의 행동특성에 기초하여 시장을 세분하는 것으로서, 소비자가 추구하는 편익(benefits), 서비스 상품의 사용량이나 사용률, 고객충성도, 서비스 상품에 대한 태도, 구매준비상태 등의 변수를 사용한다.

특히 고객들이 서비스상품으로부터 추구하는 편익에 따라 시장을 세분하는 편익 세분화(benefit segmentation)가 있다. 대부분의 세분화 변수들은 그 변수와 고객욕구간의 의도된 관계를 의미하지만, 편익 세분화는 고객들이 추구하는 편익이 바로 그들의 서비스 욕구라는 점에서 차이가 있다. 즉, 편익 세분화에서는 고객들의 욕구에 따라 직접적으로 시장을 세분한다.

이밖에 소비자들의 상표충성도(brand loyalty)에 따라 중(重)충성자, 중(中)충성자, 경(輕)충성자, 비(非)충성자로 구분하고, 서비스 상품에 대한 태도, 즉 열정의 정도에 따라 열광적 집단, 긍정적 집단, 무관심 집단, 부정적 집단, 적대적 집단으로 구분하며, 서비스 상품의 사용상태에 따라 비사용자, 이전사용자, 잠재사용자, 현재사용자 등으로 시장을 세분할 수 있다.

현장사례 … 중국, 사물인터넷(IoT) 시장 규모 1조 위안 돌파

지난해 중국 사물인터넷 시장 규모는 1조 위안(약 164조 원)을 돌파했고, 연 복합성장률(CAGR)은 25%를 넘어섰다. 중국 사물인터넷(IoT) 시장이 지난해부터 실질적인 발전 단계로 접어든 것이다.

19일 중국 인민망은 '2017~2018년 중국 사물인터넷 발전 연간보고서'를 인용, 이같이 밝혔다. 이 보고서는 사물인터넷 클라우드 플랫폼이 핵심 경쟁 분야로 성장했고, 중국 사물인터넷 플랫폼 투자 규모는 2021년까지 전 세계 1위가 될 것으로 내다봤다.

인민망에 따르면, 중국 사물인터넷은 교통, 물류, 환경보호, 의료, 보안, 전력 등 분야에서 매년 규모화 검증을 거치고 있다. 사물인터넷과 각종 업계가 융합돼 나타난 새로운 시장은 계속해서 세분화되고 있다. 그중 스마트도시, 산업 사물인터넷, 자동차 사물인터넷, 스마트리빙 등은 4대 주요 시장으로 자리잡았다.

마이크로칩과 스마트인식, 감지기, 블록체인, 엣지 컴퓨팅 등 사물인터넷 관련 신기술이 쏟아지면서 사물인터넷 응용 제품은 스마트함과 간편함, 저전력 및 소형화를 추세로 빠르게 발전하고 있다.

* 자료 : 산업일보, 2018. 9. 20.

04 표적시장의 선정

1. 세분시장의 평가

시장세분화는 기업이 직면하는 세분시장의 기회를 나타내 준다. 적절한 세분화기준에 따라 시장세분화가 이루어지면, 이제 마케터는 ① 여러 세분시장을 평가하고, ② 어느 세분시장에 그리고 얼마나 많은 세분시장을 대상으로 마케팅노력을 기울일 것인가를 결정해야 한다.

마케터가 상이한 세분시장을 평가하기 위해서는 적어도 다음과 같은 세 가지 측면을 고려해야 한다.

(1) 세분시장의 규모와 성장성

먼저 마케터는 잠재적 세분시장이 적절한 규모와 성장성을 유지하고 있는지를 검토해야 한다. 여기서 적절한 규모란 상대적인 개념이다. 일반적으로 대기업들은 판매잠재력이 큰 시장을 선호하는 반면에, 중소기업들은 자원의 제약으로 인하여 큰 시장을 회피하는 경향이 있다. 또한, 세분시장의 성장성은 기업의 장래의 판매 및 이익잠재력을 측정하는 한 수단이 될 수 있다. 마케터는 성장성이 높은 세분시장은 상대적으로 경쟁자들의 진입가능성이 높다는 사실을 간과해서는 안 된다.

(2) 세분시장의 구조적 매력성

어떤 세분시장은 적정한 규모와 성장성을 갖추었다고 하더라도 수익성 관점에서 매력성이 결여될 수 있다. 포터(M. Porter, 1985)는 전체시장 또는 특정 세분시장의 장기적인 매력성을 결정하는 요인을 ① 산업 내 기존경쟁자의 위협, ② 새로운 경쟁자의 침투 위협, ③ 대체품의 등장 위협, ④ 구매자의 파워 위협, ⑤ 공급업자의 파워 위협 등 5가지로 제시하고 있다. 마케터는 이들 위협요인이 기업의 장기적인 수익성에 미치는 영향을 평가·검토함으로써 각 세분시장의 매력성(수익성)을 측정할 수 있다.

(3) 기업의 목표와 자원

마케터는 특정 세분시장이 기업의 장기적 목표에 부합하는지를 검토하고, 또 기업이 그 세분시장에서 성공하는데 필요한 기술과 자원을 갖추고 있는지 여부를 고려해야 한다. 즉, 아무리 매력적인 시장이라 하더라도 기업의 목표를 범할 수는 없으며, 특정 세분시장의 성공요건을 충족할 정도의 기업능력과 경쟁적 우위를 확보할 수 있어야 한다. 기업이 마케팅믹스를 개발하고 유지하는 데는 상당한 정도의 기업의 자원이 소요되는 바, 선정되는 세분시장, 즉 표적시장은 관련되는 마케팅믹스를 개발하고 유지하는데 소요되는 비용을 정당화할 수 있을 만큼 충분한 판매잠재력이 있어야 한다.

2. 표적시장 선정관련 마케팅전략 대안

표적시장의 선정과 관련하여 마케터가 고려할 수 있는 마케팅전략 대안은 [그림 6-4]에서 보는 바와 같이 시장의 동질성 및 이질성에 대한 사고를 기준으로 하여 비차별적 마케팅전략, 차별적 마케팅전략, 집중적 마케팅전략 등 세 가지로 대별된다.

(1) 비차별적 마케팅전략

비차별적 마케팅전략(undiffernтiated marketing strategy)은 각 세분시장의 차이를 무시하고 하나의 상품으로 전체시장을 향해 마케팅활동을 전개하는 전략을 말한다. 기업은 소비자 욕구나 선호의 차이점보다는 공통점이 무엇인가에 초점을 맞추고 전체시장을 동질적으로 보며, 가장 많은 고객들에게 광범하게 소구하거나 가장 큰 세분시장에 소구될 수 있는 상품과 마케팅 프로그램을 설계하고 개발한다. 또한 기업은 대량유통과 대량광고를 통해 대량판매를 추구하며, 서비스 상품이 소비자들의 마음 속에 우위적인 이미지를 갖도록 하는데 목표를 둔다.

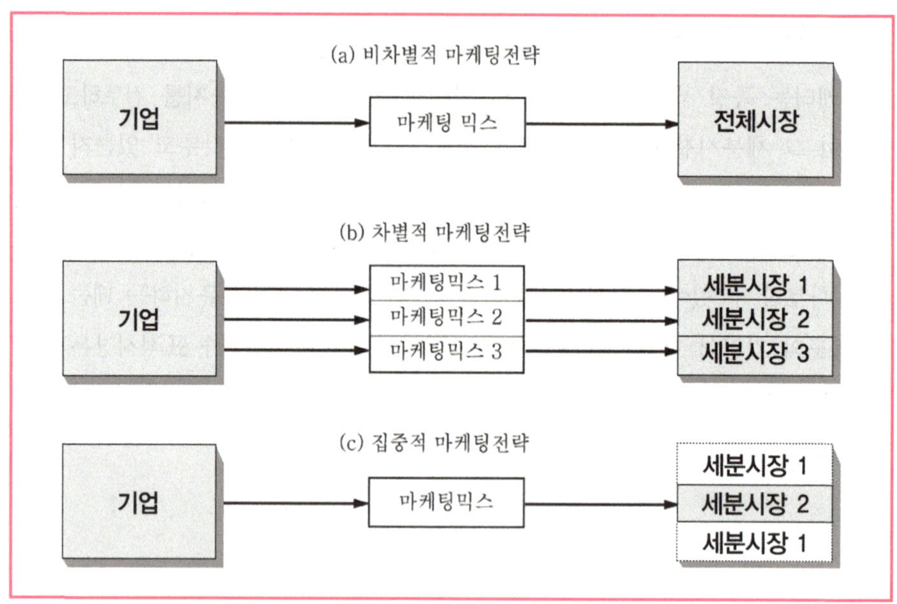

[그림 6-5] 표적시장 선정과 관련한 마케팅전략 대안

따라서 기업은 서비스차별화와 촉진활동의 강화를 통해 자사상품의 차별적 이미지를 구축하기 위해 모든 노력을 기울인다.

비차별적 마케팅은 서비스표준화, 대량생산, 대량유통, 대량판매, 대량광고 등으로 인한 규모의 경제성으로 제비용을 절감할 수 있다는 이점이 있다. 또한, 세분시장에 대한 마케팅조사와 세밀한 마케팅계획이 없어도 되기 때문에 마케팅비용과 제품관리비용이 절감될 수도 있다. 그러나 소비자들에게 광범하게 소구되는 대규모 세분시장만을 표적으로 삼는 이 전략은 그 세분시장에서의 격심한 경쟁으로 수익성이 감퇴되고, 소규모 세분시장(고객층)들의 불만족을 야기하는 우를 범하는 단점이 있다. 퀘헨과 데이(A. Kuehn and R. Day)는 기업들이 대규모 세분시장을 추구해 가는 이러한 경향을 '다수의 오류(majority fallacy)'라고 했다. 기업들은 이러한 오류를 인식함으로써 작은 세분시장에 대해서 보다 많은 관심을 갖게 되었다.

(2) 차별적 마케팅전략

차별적 마케팅전략(differentiated marketing strategy)은 복수세분시장전략(multisegment strategy)이라고도 하는데, 이질적인 전체시장을 세분화한 다음 두 개 이상의 세분시장을 표적시장으로 삼고 각 세분시장의 상이한 욕구에 부응할 수 있는 마케팅믹스를 개발하여 적용함으로써 기업의 마케팅목표를 달성하고자 하는 전략이다. 이 전략은 기본적으로 전체시장에 개입하게 되므로 특정의 한 시장에서 그 시장의 의미가 퇴색한다고 해도 기업에 미치는 영향이 적다는 이점이 있다. 그리고 다각화된 상품계열을 다양한 경로를 통해 판매를 하게 되므로 비차별적 마케팅에 비하여 더 많은 판매고를 창출할 수 있다.

그러나 차별적 마케팅전략은 세분시장별 상이한 마케팅활동에 연관된 제비용, 즉 생산비, 연구개발비, 재고비, 관리비, 촉진비, 제품수정비 등의 증가를 수반하므로 이 전략의 수익성은 단정할 수 없으며, 지나친 시장세분화는 차별적 마케팅전략의 이점을 감퇴시키는 결과를 초래한다. 따라서 이 전략의 결정은 효용 또는 판매증대에 따른 수익이 비용을 상회하는 한도 내에서 이루어져야 한다. 일반적으로 이 전략은 재무적인 잠재력이 상대적으로 큰 대기업에서 선호할 수 있는 전략이다.

비차별적 마케팅이 전체시장을 동질적으로 보고 서비스표준화를 통한 대량생산·유통·판매를 추구하는 판매 지향적 마케팅전략인 반면에, 차별적 마케팅은 전체시장의 이질성을 전제로 하여 고객의 다양한 욕구충족을 중요시하는 고객지향적 마케팅전략이라는 점에 차이가 있다.

(3) 집중적 마케팅전략

집중적 마케팅전략(concentrated marketing strategy)은 단일세분시장전략(single-segment strategy)이라고도 하며, 여러 세분시장 중에서 하나 또는 제한된 수의 세분시장만을 표적시장으로 삼고 기업의 마케팅노력을 집중하는 전략을 말한다. 소형 승용차시장에만 집중한 독일의 폭스바겐은 그 좋은 예가 된다. 많은 세분시장들 중에서 단일시장에 기업의 집중된 역량을 투입할 수 있으므로 마케팅비용이 절약되고, 기업의 자원이 한정된 중소기업에서 주로 선호된다. 마케터가 이 전략을 응용하기 위해서는 시장의 성장성이 크고, 경쟁이 심하지 않은 세분시장을 선택하는 것이 중요하며, 다른 세분시장으로 시장범위를 확대하기 위한 출발점으로 삼고자 할 때 이 전략을 적용할 수 있다.[3]

집중적 마케팅을 구사하면 기업이 세분시장의 욕구를 보다 잘 알게 되므로 그 시장에서 강력한 시장지위와 명성을 구축할 수 있으며, 생산, 유통 및 촉진활동의 전문화를 통해 여러 가지 운영상의 경제성을 누릴 수 있는 이점이 있다. 이러한 점에서 집중적 마케팅은 이익지향적인 전략이라고 할 수 있다. 그리고 세분시장이 잘 선정되면 기업은 높은 투자수익률을 얻을 수 있다. 그러나 표적고객들의 욕구가 갑작스레 변하여 소비자 수요가 격감하거나 동일시장내에 경쟁자가 진입하게 되면 일시에 표적시장을 상실할 위험성을 안고 있다.

3. 마케팅전략 대안의 선정기준

마케터는 시장확보전략(market coverage strategy)으로서 위에서 제시된 세 가지 마케팅전략 대안 중에서 한 가지를 선정할 때, 다음과 같은 요인들을 고려함으로써 기업이 당면한 제여건에 가장 합당한 전략을 결정할 수 있다.

(1) 기업의 자원

기업의 자원이 풍부할 때에는 차별적 마케팅전략이 유리하지만, 자원이 제한되어 있을 때에는 집중적 마케팅전략이 유리하다.

(2) 서비스의 동질성

소비자들에게 동질성이 높은 서비스로 인식되는 상품은 비차별적 마케팅이 좋고, 경쟁상품들간에 이질적인 서비스는 차별적 마케팅이나 집중적 마케팅이 보다 적절하다.

(3) 서비스수명주기 단계

기업이 신상품을 출시하는 도입기에는 점진적인 시장개척을 위한 집중적 마케팅이나 일차적 수요(primary demand)를 흡수하기 위한 비차별적 마케팅이 적절

---

3) 대기업이나 유수한 경쟁사들이 규모의 경제성이 없다는 이유로 등한히 하는 소규모 세분시장을 발견하여 시장기회를 찾거나 시장침투를 기하는 전략을 틈새시장전략(niche market strategy)이라고 한다.

하다. 그리고 경쟁이 덜하고 수요가 급증하는 성장기에서는 비차별적 마케팅이 유리하지만, 기업 간의 경쟁이 치열해지는 성숙기나 쇠퇴기에는 차별적 마케팅을 전개하는 것이 유리하다.

(4) 시장의 동질성

구매자들의 욕구나 기호가 유사하면 구매빈도가 유사하고 기업의 마케팅자극에 유사하게 반응할 것이므로 비차별적 마케팅이 적절하다. 그러나 이질적인 시장에서는 차별적 마케팅이나 집중적 마케팅이 유리하다.

(5) 경쟁자의 마케팅전략

경쟁자가 적극적인 시장세분화정책을 구사하면 비차별적 마케팅이 유리하며, 반대로 경쟁자가 비차별적 마케팅을 추구하면 여러 가지 요소를 고려하여 차별적 마케팅이나 집중적 마케팅전략을 전개할 수 있을 것이다.

(6) 경쟁자의 수

경쟁자가 없는 시장상황에서는 비차별적 마케팅이 좋지만, 경쟁이 치열할 때는 차별적 마케팅이나 집중적 마케팅이 더욱 합당하다.

이밖에 서비스 상품에 대한 소비자의 민감도(sensitivity)나 시장의 규모도 고려해야 한다. 즉, 소비자의 민감도가 낮거나 잠재시장의 규모가 작을 때는 비차별적 마케팅이 유리하고, 그 반대일 때는 차별적 마케팅이나 집중적 마케팅이 유리하다.

현장사례 ··· 호텔업계는 지금 '부티크 호텔' 전쟁 중... 차별화·고급화로 승부

최근 호텔업계는 부티크 호텔을 열며 호텔산업의 틈새시장을 공략하고 있다.

레스케이프는 신세계조선호텔이 지난 7월 19일 선보인 첫 독자 브랜드 부티크 호텔이다. 요즘 이 호텔은 얼리어답터들의 성지다. 지상 25층으로 총 204개 객실을 보유한 중급 규모의 호텔로 19세기 말 파리의 귀족 문화를 공간 인테리어의 모티브로 삼았다. 레스케이프 관계자는 "파리 하면'호텔 코스테', 뉴욕 하면 '노마드호텔'이 떠오르는 것처럼 '서울' 하면 대표적으로 떠오르는 부티크 호텔이 되는 것이 목표"라며 "독특한 경험을 원하는 외국인 개별 관광객과 여유로운 호캉스(호텔+바캉스)를 보내고 싶은 내국인을 타깃으로 잡고 있다"고 말했다.

〈19세기 말 파리의 귀족 문화를 모티브로 디자인된 레스케이프 호텔 객실(왼쪽)과 공연, 파티가 펼쳐지는 문화 공간인 L7 홍대의 루프톱 수영장〉

글로벌 호텔 체인 메리어트 인터내셔널은 지난 4월 서울 홍대에 부티크 호텔 '라이즈 오토그래프 컬렉션'을 열었다. 호텔롯데는 2016년 1월 'L7 명동'을 시작으로 홍대·강남 등 주요 상권에 부티크 호텔 브랜드 L7을 선보였다. 올해 1월 문을 연 'L7 홍대'는 미술·음악 등 다양한 분야의 젊은 예술가들이 즐길 수 있는 놀이터 콘셉트의 호텔이다. 최상층에 있는 루프톱 바와 수영장은 디제잉과 공연(콘서트), 파티가 펼쳐지는 문화 공간이다. 개점 이후 매월 두 자릿수 이상 매출이 늘고 있다.

대형 호텔업체들이 부티크 호텔로 눈을 돌리는 첫 번째 이유는 이미 5성급 특급 호텔과 비즈니스 호텔시장이 포화상태이기 때문이다. 국내 호텔업계는 한동안 비즈니스 호텔을 중심으로 시장이 성장해왔다. 2011년부터 급증한 외국인 관광객의 숙박 수요를 국내 숙박업체들이 못 따라가자 정부가 호텔 용적률을 대폭 확대하면서 비즈니스호텔 공급이 많이 늘어난 것이다. 한국호텔업협회에 따르면 2013년 191개였던 서울시 호텔 수는 지난해 399개로 급증했다. 넓은 부지가 필요하고 투자비가 많이 드는 특급 호텔의 경우 확장이 더뎠다.

하지만 국내 호텔업계는 지난해 사드(THAAD) 배치 여파로 중국인 단체 관광객이 급감하고 북핵 위협 등 한반도 긴장 상태로 일본인 관광객이 줄어드는 위기를 겪으면서 양적 성장보다는 차별화와 고급화에 방점을 찍고 있다. 이런 상황에서 호텔업계의 대안으로 떠오른 것이 부티크 호텔이다. 특급 호텔보다 비교적 좁은 면적에 지을 수 있고, 차별화된 경험을 원하는 고객을 대상으로 한다는 점에서 성장 가능성이 높기 때문이다. 최근 휴가 목적으로 호텔을 이용하는 2030 호캉스족이 많다는 점도 부티크 호텔이 늘어난 이유 중 하나다.

부티크 호텔업체들은 단순히 독특한 디자인이나 인테리어를 제공하는 데 그치지 않고 지역 특성을 반영한 시설과 문화 콘텐츠 등을 개발해 소비자의 호기심을 자극하는 데 중점을 두고 있다. 부티크 호텔에 주력하고 있는 호텔롯데와 신세계조선호텔, 글래드호텔스그룹은 부티크 호텔이 2030세대를 주축으로 한 내국인과 외국인 개별 관광객이라는 틈새시장을 열어줄 것으로 보고 있다. 다만 현재 내국인에 치중된 고객 수요를 외국인으로 확장하는 것은 남겨진 과제다.

* 자료 : ECONOMY Chosun, 2018. 9. 3.

05 서비스 포지셔닝

1. 서비스 포지셔닝의 의의

(1) 서비스 포지셔닝의 개념

일단 표적시장이 선정되면, 기업은 그 표적시장에 대응하는 서비스 포지셔닝 전략을 수립해야 한다. 기업은 적절한 포지셔닝을 통해 표적고객들에게 소구하여 경쟁적 이점을 구축하려고 노력한다.

포지셔닝(positioning)이란 경쟁시장에서 자사의 제품이나 서비스에 대한 차별적 위치를 소비자들의 마음 속에 심어주는 활동이라는 의미를 갖고 있다. 전략적 마케팅 차원에서 시장세분화를 통하여 자사에 적합한 표적시장이 선정되면, 기업은 표적시장 내에 있는 경쟁상품들에 대하여 차별적 우위를 점할 수 있도록 자사 상품이나 브랜드의 포지셔닝을 검토하게 된다.

서비스 관리자들에게 있어서 포지셔닝 개념은 ① 자사의 서비스 컨셉은 무엇인가? ② 경쟁 상품들과 어떻게 다른가? ③ 다양한 세분시장에서 고객들의 욕구를 얼마나 잘 충족시킬 수 있는가?에 대한 유익한 통찰력을 제시해 준다.

서비스 포지셔닝(service positioning)이란 경쟁상품과 관련하여 고객들의 마음 속에 자사의 어떤 서비스 컨셉을 개발하고 유지시키고자 하는 마케팅 활동을 의미하며, 자사의 서비스에 대한 고객들의 인식좌표를 설정하는 것이라고 할 수 있다.

효과적인 서비스 포지셔닝을 위해서는 무엇보다도 서비스의 특성과 관련한 고객의 지각구조를 정확히 이해하는 작업이 선행되어야 한다. 서비스 마케터는 표적시장의 고객들이 자사의 서비스가 경쟁사의 서비스와 어떻게 다른가를 이해하고 평가할 수 있도록 기업의 이미지와 서비스를 설계해야 한다.

효과적인 서비스 포지셔닝은 서비스 자체의 객관적인 우월성보다는 고객들이 자사의 서비스를 지각하는 주관적인 가치나 평가에 의해 이루어질 수 있다. 따라서 서비스의 포지션은 자사가 제공하는 서비스에 대한 고객들의 지각이나 인상, 또는 느낌의 총체라고 할 수 있다. 서비스 마케터는 표적시장 내에서 경쟁우위를 점할 수 있는 차별적 위치를 결정하고 이를 유지 강화해 나갈 수 있는 마케팅믹스를 개발하는 것이 필요하다.

효과적인 서비스 포지셔닝을 위해서는 먼저 자사와 경쟁사의 서비스 상품들이 주어진 시장에서 고객들에게 어떻게 지각되고 있는지를 파악하는 일이 필요한데, 이를 위해 흔히 지각도가 이용된다.

지각도(perceptual map) 또는 포지셔닝 맵(positioning map)이란 경쟁관계에 있는 서비스 상품들에 대한 고객들의 지각에 바탕을 두고 2차원 또는 3차원의 도면 위에 시각적으로 위치시키는 것을 말한다. 다시 말해, 지각도는 여러 동종 상품들에 대한 고객들의 인식 정도를 주요 평가기준에 따라 도면 위에 나타내는 것으로서 표적시장의 특성을 시각화한 것이라고 할 수 있다.

[그림 6-6]의 지각도에는 고객들에게 지각되는 서비스 품질과 가격요소를 기준으로 하여 시장에 나와 있는 4개 경쟁상품(A, B, C, D)의 위치를 좌표 상에 나타내고 있다.

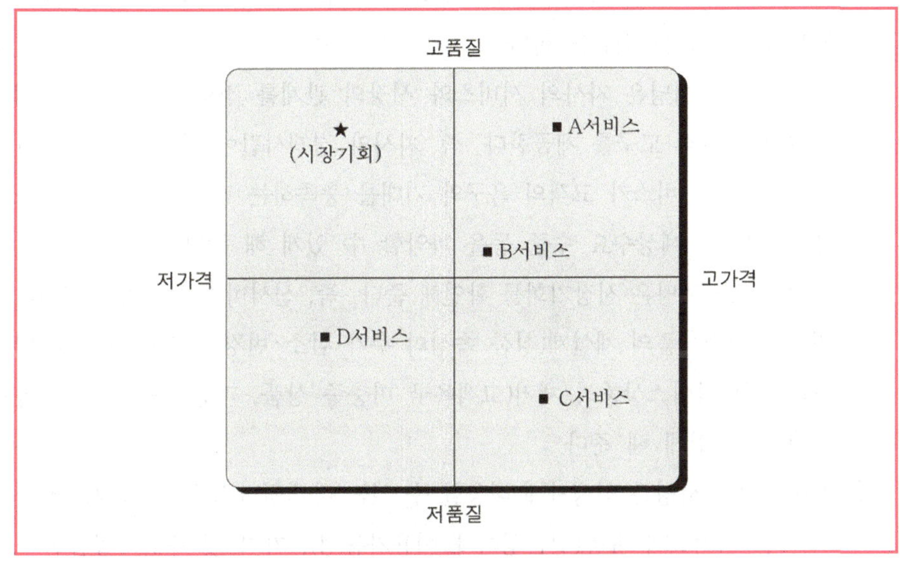

[그림 6-6] 지각도에 의한 서비스 포지셔닝의 예

이 회사는 경쟁상품들과 경합되지 않는 ★의 위치(고품질/저가격)에 자사의 서비스를 포지셔닝할 것을 검토할 수 있다. 이를 위해서는 ① 저가격으로 고품질(기능적/ 기술적 품질)의 서비스를 제공할 수 있는 기술이나 역량의 확보 여부와

② 해당 서비스의 시장규모 및 ③ 타사 서비스 상품들과 비교되는 이 서비스의 차별적 이점을 소비자에게 확신시킬 수 있어야 한다.

일반적으로 마케팅 지향적인 기업들은 기존의 경쟁자를 직접적으로 공격하기 보다는 이들이 충족시키지 못하고 있는 고객의 욕구를 발견하려고 노력을 한다. 물론, 기존의 경쟁상품들이 현재의 위치에서 고객의 욕구를 충족시키지 못하고 있을 때에는 경합되는 영역에서 차별화 전략으로 자사의 서비스 포지셔닝을 개발할 수도 있을 것이다.

서비스 기업은 표적시장에서 경쟁사의 서비스 포지셔닝 전략을 고려하면서 자사 서비스의 경쟁우위가 확보될 수 있도록 서비스 포지셔닝 전략을 수립해야 한다.

(2) 서비스 포지셔닝의 역할

표적시장에서 경쟁사 서비스와 관련하여 고객들의 마음 속에 고유의 차별화된 위치를 유지·강화하는 것을 목적으로 하는 서비스 포지셔닝은 마케팅관리적 측면에서 다음과 같은 역할을 한다.

① 서비스 포지셔닝은 자사의 서비스와 시장의 관계를 정의하고 이해하는데 필요한 진단적 도구를 제공한다. 즉, 자사와 경쟁사간에 서비스 속성의 차이, 자사의 서비스가 고객의 욕구와 기대를 충족하는 정도, 제시된 가격조건 하에서의 예상수요 수준 등을 파악할 수 있게 해 준다.

② 서비스 포지셔닝은 시장기회를 확인해 준다. 즉, 신서비스 상품의 도입이나 기존 서비스상품의 재설계(상품 속성의 추가·감소·변경, 강조할 속성의 변화), 기존 서비스상품의 제거(고객욕구 미충족 상품, 과잉경쟁 상품) 등을 확인할 수 있게 해 준다.

③ 서비스 포지셔닝은 경쟁자에 대응할 수 있는 마케팅믹스를 결정하게 해 준다. 즉, 서비스의 유통(접근성이나 이용가용성), 가격 및 수요-공급전략, 촉진·광고전략, 서비스 제공절차의 조정, 종업원 및 고객관리 등을 통해 차별화 된 경쟁우위를 확보할 수 있게 해 준다.

④ 서비스 포지셔닝은 경쟁자의 시장진입과 모방으로부터 자사를 보호할 수 있게 해 준다. 시장의 잠재경쟁자와 기존경쟁자들을 파악하고, 지각도를 바탕으로 경쟁상품들을 비교 평가함으로써 자사 상품의 경쟁우위를 유지

강화할 수 있는 방책을 강구할 수 있다.

(3) 서비스 포지셔닝의 중요성

서비스 포지셔닝의 중요성은 새로운 서비스 이미지의 구축, 기존 서비스 이미지의 유지·강화, 재포지셔닝을 통한 기존이미지의 변화라는 세 가지 관점으로 요약할 수 있다.

① 서비스 포지셔닝은 미충족 시장의 위치를 선점하여 새로운 서비스 이미지를 구축하는데 기여한다. 미국의 유나이티드 저지은행은 경쟁관계에 있는 대형은행들의 약점을 조사한 결과 서비스가 느린 것이 문제가 됨을 알고 '재빠르고 신속한 은행'이라는 서비스 컨셉을 설정하고 이를 포지셔닝하여 커다란 성공을 거두었다.

② 서비스 포지셔닝은 기존의 서비스 이미지를 유지·강화할 때 중요하다. 마리오트 호텔은 '내집과 같이 편안한 곳'이란 이미지로 포지셔닝하고 이를 실천하기 위한 다양한 서비스와 촉진노력으로 성공할 수 있었다.

③ 서비스 포지셔닝은 재포지셔닝을 통해 고객들에게 인식된 기존의 서비스 이미지를 변화시키는데 이용할 수 있다. 중남미의 아이티는 온화한 기후와 아름다운 산하, 인간의 기원지, 거대한 성곽, 포트프린스 휴양지 등의 풍부한 관광자원을 보유하고 있음에도 불구하고 빈곤과 미신이 판치는 독재국가라는 부정적인 이미지 때문에 관광객을 유치하지 못하고 있었다. 아이티 정부는 '미신과 신비가 가득한 무당의 나라 아이티'라는 역발상적인 포지셔닝을 통해 '아이티! 무당의 나라'라는 슬로건을 개발해 모험과 신비의 세상을 즐기고 싶어 하는 외국인들을 표적시장으로 한 캠페인을 전개함으로써 관광객 유치에 성공하였다.

2. 서비스 포지셔닝전략의 개발

일반적으로 서비스 포지셔닝전략을 개발하는 과정은 [그림 6-7]과 같은 단계를 통해 이루어진다. 그림에서 서비스 포지셔닝을 개발하는 전체적인 과정은 서비스 마케팅전략의 STP 분석 과정을 따른다고 할 수 있다. 즉, 시장세분화를 통해 표적시장이 선정되면, 서비스 포지셔닝을 구축하고, 설정된 포지셔닝을 실행하기 위한 마케팅믹스 프로그램을 개발하는 단계로 이루어진다.

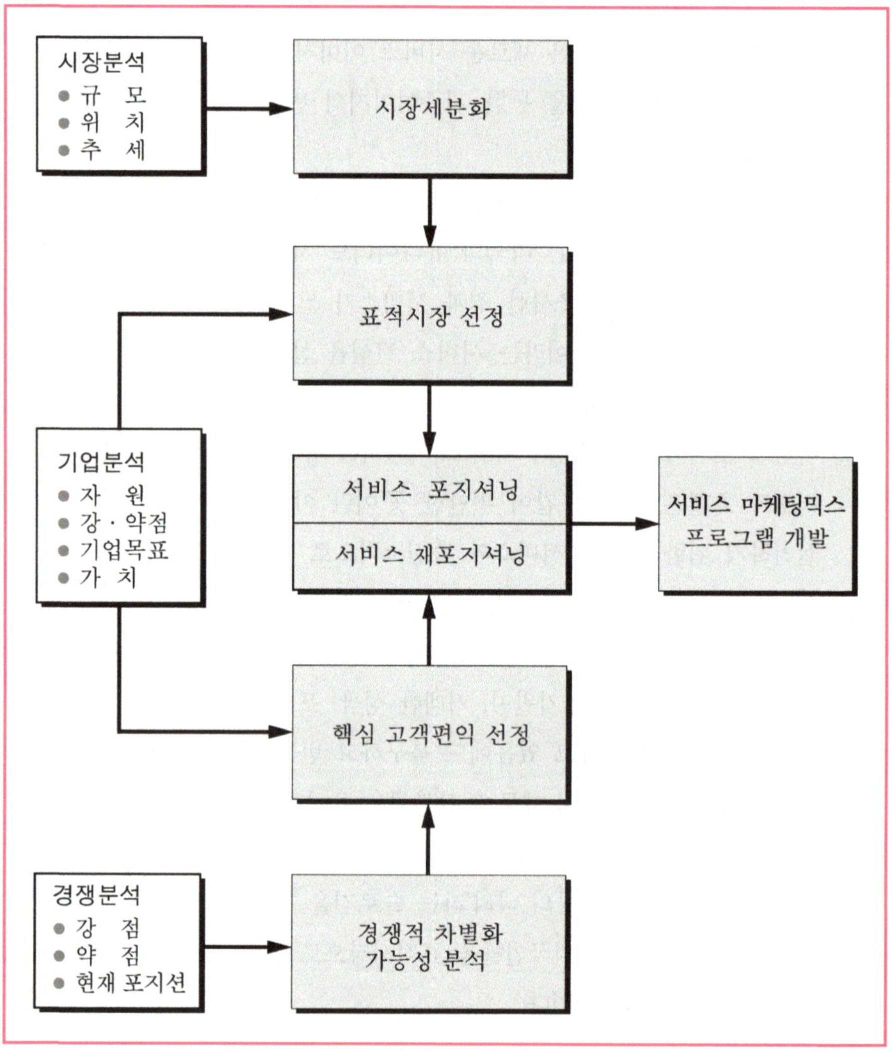

[그림 6-7] 서비스 포지셔닝전략의 개발단계

(1) 시장분석

시장분석(market analysis)은 서비스에 대한 전반적인 수요수준과 추세 및 수요의 지리적 위치를 분석하고 시장을 구성하는 고객의 욕구에 대한 정보를 수집하고 이해하는 과정을 말한다. 마케터는 시장분석 결과를 바탕으로 시장세분화 기준에 따라 시장을 세분하고 여러 세분시장들의 규모와 잠재력을 평가해야 한다. 이때 시장조사를 통해 각 세분시장의 고객욕구와 선호도를 파악하고 고객들이 경쟁상품들을 어떻게 지각하는지를 파악할 수 있다.

(2) 기업분석

기업분석(corporate analysis)은 기업이 보유하고 있는 제 자원(인적·물적·재무자원, 역량 등)과 제약요인, 기업목표를 직시함으로써 자사의 강·약점을 분석하고, 자사가 제공하는 서비스 상품의 특성과 지각된 가치를 평가하는 과정을 말한다. 기업은 이러한 분석결과를 통해 서비스를 제공할 표적시장을 선정하고, 다른 한편으로는 고객들에게 강조할 편익을 결정하게 된다. 이때 편익은 표적시장의 고객들이 중요하게 여기는 서비스 속성을 기준으로 평가한다. 예컨대, 은행 서비스의 경우는 예금과 대출 이자율, 서비스의 신속성, 직원의 친절성, 거래의 안전성, 이용 편리성, 은행의 규모, 평판 등이 평가속성이 된다.

(3) 경쟁분석

경쟁분석(competitive analysis)은 경쟁사와 경쟁상품의 강·약점을 분석하고 고객들에게 지각되는 포지션을 확인하는 것을 말한다. 포지셔닝은 기본적으로 경쟁사에 비해 자사가 경쟁우위를 점할 수 있는 포지션을 결정하는 과정이기 때문에 경쟁분석은 매우 중요하다. 소비자가 고려하는 경쟁의 범주는 포지셔닝의 수준에 따라 달라진다. 포지셔닝의 수준은 산업차원, 조직차원, 서비스계열 차원, 개별서비스 차원으로 구분할 수 있다.

예를 들어, 피자와 김밥은 언뜻 보기에는 제품속성이 달라 서로 경쟁관계가 없는 것으로 보이지만 패스트푸드라는 관점에서 보면 경쟁관계에 있는 것이다. 경쟁상품들에 대한 고객들의 평가는 지각도나 포지셔닝 맵을 그려봄으로써 확인할 수 있다. 이러한 경쟁분석을 통해 경쟁사에 대한 자사 상품의 차별화 가능성을 분석하고, 이는 다시 자사가 제공할 핵심 편익으로 연결된다.

(4) 서비스 포지셔닝의 개발과 평가

기업은 이상의 세 가지 분석결과를 종합하여 표적시장에서 차별적 경쟁우위를 점할 수 있는 최적의 포지션 조건(서비스 상품의 컨셉트와 차별적 특성, 표적시장 등)에 대하여 기술하는 포지션문(position statement)을 작성하고 서비스 포지셔닝 전략을 개발한다. 마케터는 자사의 포지셔닝을 구체적으로 실행하기 위한 마케팅믹스 프로그램을 개발하고 마케팅 계획을 수립한다.

일단 서비스 포지셔닝이 실행된 후에는 고객들과의 커뮤니케이션을 통해 의도한 위치에 정확히 포지셔닝되었는지 여부를 확인하는 피드백 과정이 필요하다. 또 시간의 흐름에 따라 고객의 욕구나 경쟁상황의 변화 양상을 지속적으로 모니터링하여 목표 포지션의 수정이 필요한 것으로 판단되면 재포지셔닝(repositioning)을 해야 한다.

3. 서비스 포지셔닝의 방법

(1) 일반적인 서비스 포지셔닝 방법

일반적으로 서비스는 다음과 같은 6가지 방법으로 포지셔닝할 수 있다.

1) 서비스 속성

서비스 속성(service attributes)은 기업이 '가장 잘할 수 있는 것'에 초점을 맞추고 포지셔닝하는 것을 말한다. 페드럴 익스프레스사는 '하루밤새 배달'이라고 하는 최고의 택배회사로 포지션하고 있다. 반면에 경쟁업체인 UPS사는 '포장배달'에 있어서 최고회사로 포지션하기 위해 노력하고 있다.

2) 서비스 용도

서비스 용도(use or application)는 제공되는 서비스가 어떻게 사용되고 적용되는가에 초점을 둔 포지셔닝을 말한다. 예를 들어 헬스클럽은 이용상황에 따라 고객을 체중조절을 원하는 사람, 단지 운동을 원하는 사람, 근육단련을 원하는 사람 등으로 분류할 수 있다. 이때 각 포지션은 각각 서로 다른 세분시장을 목표로 하기 때문에 고유의 장비와 설비를 필요로 한다.

3) 가격/품질 관계

가격과 품질의 관계(price/quality relationship)도 포지셔닝 기준이 될 수 있다. 사우스 웨스트 항공사(Southwest Airline)는 관광여행을 하는 고객들을 대상으로 부가 서비스를 제공하지 않는 저렴한 가격의 항공사로 포지셔닝하였다. 이 회사는 고객들은 기내식을 포기하더라도 저렴한 가격을 원한다고 믿는 것이다. 이와 반대로 스칸디나비아 항공사(SAS)는 비즈니스 여행자들은 신속하고 쾌적한 여행을 원한다고 믿고 고품질/고가격 서비스를 제공하는 항공사로 포지션하고 있다.

4) 서비스 등급

서비스 등급(service class)에 의한 포지셔닝의 예로서, 피자헛(Pizza Hut)은 단순한 패스트푸드 레스토랑이 아니라 '정통 레스토랑'으로 포지셔닝되기를 원한다. 광고문구에는 '피자업체 중 최고의 정통 레스토랑'이라는 표현을 쓰고 있다. 이렇게 포지셔닝함으로써 자신들의 서비스에 대해서 더 높은 가격책정이 가능해지고 수익성도 높일 수 있었다. 이러한 포지셔닝은 피자헛이 패스트푸드업체와 경쟁하는 것이 아니라 정통 레스토랑업체들과 경쟁하겠다는 의미이기도 한다.

5) 서비스 이용자

어떤 서비스 기업은 서비스 이용자에 따라 포지셔닝하기도 한다. 메리메이즈(MerryMaids)가 가정용 세탁을 전문으로 하는데 반해 서비스 마스트(Service Master)는 경쟁사인 비즈니스용 세탁 전문업체로 포지셔닝하였다. 또 홀리데이인(Holiday Inn)이 레저 여행자를 대상으로 포지셔닝한 데 반해 마리오트 호텔(Marriott)은 비즈니스 여행자들을 대상으로 포지셔닝하였다.

6) 경쟁사

서비스 기업은 경쟁사와 대비하여 자신의 서비스를 포지셔닝할 수 있다. 렌트카 회사인 에비스(Avis)는 자사를 시장점유율 1위 업체인 허츠(Hertz)와 비교하여 "우리는 두 번째입니다. 우리는 더욱 노력하겠습니다.(We are No.2. We'll try harder.)"라는 비교광고 캠페인을 벌였다. 소비자들은 에비스를 허츠와 거의 같은 수준의 서비스를 제공하는 다른 대안으로 믿게 되면서 에비스의 이미지가

개선되었다. 결국 에비스는 바닥권 수준에서 업계 제2위의 기업으로 발돋움할 수 있었다. 또 삼성 애니콜은 세계적인 휴대폰 단말기 경쟁업체인 미국의 모토롤라와 비교하여 "한국지형에 강한 애니콜"이라는 광고캠페인으로 포지셔닝하여 높은 시장점유율을 유지할 수 있었다.

(2) 서비스 품질차원에 따른 포지셔닝

서비스 기업은 서비스 품질의 5개 차원을 고려하여 포지셔닝을 개발할 수 있다.

1) 신뢰성

신뢰성(reliability)은 서비스 제공자가 약속된 서비스를 정확하게 수행할 수 있는 능력을 말한다. 페더럴 익스프레스사는 "반드시 하루 안에 화물이 도착하게 하자"는 슬로건을 통해 알 수 있듯이 고객들에게 높은 신뢰성으로 포지셔닝하여 성공하였다. 신뢰성은 다른 경쟁사들과 차별화시킬 수 있는 특성으로 유지될 수 있어야 포지셔닝의 의미를 갖는다.

금융업이나 텔레커뮤니케이션, 사이버쇼핑, 항공업과 같은 서비스업에서는 서비스의 신뢰성이 너무나 당연시되는 사업의 핵심요소로 간주된다. 따라서 이러한 서비스의 경우 신뢰성 요소는 성공적인 차별화 요인이 되지 못한다.

2) 반응성

반응성(responsiveness)은 고객들에게 신속하고 즉각적인 서비스를 제공하려는 서비스 제공자의 의지를 말한다. 포시즌 호텔이나 리츠칼튼 호텔은 고객의 어떠한 요구에도 즉각적으로 응답한다는 광고를 통해 반응성에 초점을 맞춘 포지션을 하고 있다. 또 아메리칸 익스프레스사는 신규카드 발급 소요기간, 분실카드 재발급 소요시간, 가맹점들의 전표처리시간 등 거의 모든 서비스 업무 프로세스에 반응성 표준을 정해 놓고 있다. 이 표준은 기업의 관점에서 규정된 것이 아니라 서비스의 반응성과 관련한 고객의 요구나 지각에 기초하여 정해진 것이다.

3) 확신성

확신성(assurance)은 서비스 제공자의 지식과 신용성 및 공손함, 거래의 안전성을 심어줄 수 있는 능력을 말한다. 확신성은 금융·보험업이나 건강·의료 서비스와 같이 서비스 제공자의 신용과 책임이 강조되는 서비스 분야의 포지셔닝에 효과적으로 이용된다. 프루덴셜(Prudential) 보험회사는 '한 덩이의 바위를 가져보세요'라는 슬로건을 사용하여 바위와 같이 안전성과 신용을 보장하는 보험회사 이미지로 포지셔닝하고 있다. 그러나 신뢰성 차원과 같이 은행이나 보험업에서는 고객들에게 확신성이 당연한 품질 차원으로 인식될 수 있기 때문에 확신성으로 포지셔닝을 하기 위해서는 다른 품질차원이나 서비스 속성과 결합하여 차별화시킬 필요가 있다.

4) 공감성

공감성(empathy)은 서비스 제공자가 고객의 개인적 요구를 이해하고 배려하며 그들과 원활한 커뮤니케이션을 하려는 노력을 말한다. 독일의 루프탄자(Lufthansa) 항공사는 '세계 곳곳에서 온 여행자들을 맞이하면서 쌓은 오랜 경험이 우리가 고객을 이해하는데 도움을 주고 있습니다'라는 광고캠페인으로 다양한 문화권에서 온 고객 개개인들의 욕구를 잘 이해하는 기업으로 자사를 포지셔닝시켰다.

기업이 대량고객화(mass-customization)나 맞춤서비스를 지향하는 경우에는 부분적으로나마 공감성 차원으로 포지셔닝하게 된다. 예컨대, 많은 항공사들은 고객들이 선호하는 지불방법이나 좌석위치, 여행시각, 기내 서비스 등을 전산입력하고, 전산화된 고객파일을 이용하여 상용고객 우대프로그램과 같은 공감성 차원의 마케팅전략을 개발하고 있다.

5) 유형성

유형성(tangibles)은 시설이나 장비, 종업원, 고객 커뮤니케이션 자료 등의 물리적인 외형 요소를 말한다. 알래스카(Alaska) 항공사는 승객들에게 넓은 좌석공간을 강조함으로써 유형성 차원의 서비스 품질에 포지셔닝하였다. 이러한 유형성에 초점을 둔 포지셔닝 전략은 할인을 잘 하지 않는 가격전략과 수준 높은 기내 식사와 서비스를 제공하는 고객서비스전략과 일치한다. 유형성 차원은 항공사나 리조트, 호텔, 식당, 전문소매점 등의 서비스 포지셔닝에 흔히 사용된다. 유형성은 물리적인 환경요소로서 서비스 품질을 평가하는 유형적 단서가 되기 때문에 고객들에게 미치는 영향이 매우 크다. 따라서 기업은 어떠한 포지셔닝 전략을 사용하든지 간에 유형성 요소와 일관성 있게 설계하는 것이 필요하다.

(3) 서비스 증거에 따른 포지셔닝

서비스 포지셔닝은 고객의 관점에서 서비스 증거에 초점을 두고 전개할 수도 있다. 서비스 증거(service evidence)는 크게 나누어 참여자(people), 물적 증거(physical evidence), 프로세스(process)의 세 가지로 분류할 수 있다. 무형적인 서비스를 유형화시키는 것은 서비스 포지션을 구축하고 강화하는데 매우 중요한 역할을 한다. 서비스 증거가 원하는 포지션과 일치할 때에는 포지셔닝 전략을 강화하는데 도움이 되지만, 그렇지 못할 때에는 혼란이 야기되고 실패한 전략이 될 수 있다.

1) 사람 : 서비스접점 직원과 다른 고객

사람(참여자, people)이란 서비스 접점에 위치한 종업원과 다른 고객들을 말한다. 이들이 어떻게 행동하고 고객들에게 인식되느냐 하는 것은 고객의 마음속에 지각되는 서비스에 영향을 미친다. 어떤 도시에 처음 와서 식당을 찾는 경우를 생각해보자. 거리의 여러 식당을 돌아보며 창문을 통해 보이는 종업원이나 다른 고객들의 모습이나 차림새, 연령분포 등을 볼 수 있고, 이를 통해 느낀 점으로 그 식당에 대한 인식, 즉 포지셔닝을 갖게 될 것이다.

디즈니사(Disney)는 재미를 만끽할 수 있는 테마공원으로서의 일관된 이미지를 심어주기 위해 종업원들의 채용과 교육훈련에 중점을 둔다. 청소원에서부터 매표소 직원, 배우에 이르기까지 모든 종업원은 고객들에게 도움을 줄 수 있고 테마공원에 대하여 자세한 안내를 할 수 있도록 충분한 교육받는다.

종업원의 유니폼이나 복장은 특정한 서비스의 포지션을 강화하고 커뮤니케이션 하는데 도움을 준다. 유니폼은 고객이 기업에 대한 이미지를 마음속에 갖게 하는 물리적인 서비스의 표현이며, 그래서 '서비스 제공자의 포장'이라고 불리어진다. 사우스웨스트 항공사는 기내 승무원을 포함한 모든 직원들에게 짧은 바지와 테니스화를 신도록 허락함으로써 즐겁고 캐주얼한 항공사 이미지를 강화시켰다. 이렇듯, 기업이 지향하는 서비스 이미지와 종업원들의 유니폼은 일치시키는 것이 필요하다.

2) 물적 증거 : 유형적 커뮤니케이션, 가격, 물리적 환경, 보증

물적 증거(physical evidence)는 팸플릿이나 전단, 브로슈어, 광고, 명함과 같은 유형적 커뮤니케이션과 가격, 물리적 환경(시설, 장비, 내부장식 등), 보증 등을 포함하는 것으로서 서비스 품질의 유형성 요소와 유사한 개념이다. 유형성은 고객이 품질을 지각하는데 중요하지만, 유형적 증거물은 기업이미지를 포지션하고 강화하는데 중요하다. 모든 유형적 증거물은 고객의 마음속에 구축된 포지션과 일치해야 한다. 예컨대, 대학의 최고경영자 교육프로그램에서는 뛰어난 그래픽과 고급종이로 만든 브로슈어, 유명한 강사진, 체계적인 프로그램과 교육과정, 평균수준 이상의 수업료, 최고의 편의시설과 후생복지 등을 통해 고품질의 이미지를 전달할 수 있어야 한다. 즉, 일반대중을 대상으로 하는 교육프로그램과는 차별화된 유형적 증거물이 필요하다는 것이다.

3) 프로세스 : 활동의 흐름, 프로세스의 복잡성과 다양성

서비스 청사진은 서비스 프로세스 요소들의 연결관계를 이해하는데 도움이 된다. 서비스 프로세스는 복잡성과 다양성이라는 두 가지 차원으로 정의할 수 있다. 복잡성(complexity)은 서비스를 제공하는 단계의 수를 말하며, 다양성(divergence)은 각 단계별 절차의 범위와 가변성을 말한다. 서비스의 복잡성과 다양성 정도는 서비스 청사진을 보면 쉽게 알 수 있다.

서비스 포지셔닝과 재포지셔닝은 이러한 두 차원으로 파악할 수 있다. 예컨대, 내과의료 서비스는 복잡성과 다양성이 모두 높지만, 극장이나 자동차 세차는 복잡성과 다양성이 모두 낮은 서비스이다. 호텔 서비스는 복잡성은 높지만 다양성은 낮다. 하지만 가수나 연예 서비스는 복잡성은 낮으나 다양성은 높다. 복잡성과 다양성 정도를 기준한 이러한 틀에서 현재의 포지셔닝을 살펴봄으로써 재포지셔닝의 기회를 찾아볼 수 있다. 포지셔닝의 변화는 재포지셔닝을 위해서라기보다 효율적인 운영이나 재무적인 이유 때문에 발생하기도 한다.

현장사례 … BTS 성공 비결…"SNS로 전 세계 팬과 꾸준한 소통"

'BTS'라는 약어가 더 익숙한 방탄소년단은 2년 연속 빌보드 뮤직어워드에서 톱 소셜 아티스트 상을 받았고, 빌보드 핫200에서 1위, 전세계 구글 트렌드 검색 1위, 트위트 팔로어 1,500만에 1억 뷰가 넘는 뮤직비디오만 13곡에 이른다. K팝의 새로운 역사를 쓰고 있다고 해도 과언이 아니다.

많은 전문가들이 방탄소년단의 성공 비결을 그동안 우리가 놓치고 있었던 '진심'이라고 진단한다. 그리고 눈에 보이지 않는 그들의 '노력'에 더 집중해야 한다고 이야기한다. 방탄소년단 멤버들은 데뷔 전부터 연습벌레로 알려져 있었다. 그렇지만 정말 노력만 가지고 성공을 이룰 수 있을까. 진심을 담은 열정과 에너지도 중요하다. 그 무엇보다도 얻기 힘든 중요한 성공 요소다. 하지만 단순히 방탄소년단의 성공비결을 진심, 노력 등 피상적이고 원리적인 수준으로만 이해한다면 올바른 판단이라고 할 수 없다. 더구나 이들의 성공 모델을 비즈니스에 활용하려고 한다면 진심이나 노력 같은 피상적 접근이 아닌 방탄소년단의 활동 사실과 결과를 경영학적으로 분석할 필요가 있다.

저자는 방탄소년단의 성공 비결을 이해하는 큰 축으로 '캐즘(chasm)'과 '플랫폼(platform)'을 든다. 캐즘이란 마케팅 이론에서 '처음에는 사업이 잘되는 것처럼 보이다가 더 이상 발전하지 못하고 마치 깊은 수렁에 빠지는 것과 같은 심각한 정체상태에 이르는 현상'을 말한다. 아울러 최근 팝 시장에선 아티스트의 인지도를 확산시키고 화제를 전파하는 유튜브, 트위터 등 네트워크 플랫폼과 플랫폼 사용자의 역할이 매우 크다. 실제로 방탄소년단은 2013년 데뷔 당시엔 크게 주목받지 못하다가 2015년께 유튜브 콘텐츠 확산을 통해 본격적으로 해외에 알려지면서 글로벌 아이돌로서 대세를 굳히게 됐다. 대형기획사 출신의 K팝 가수들도 넘지 못한 그 간극을 극복할 수 있었던 비결은 과연 무엇일까?

방탄소년단을 제대로 평가하려면 눈에 보이는 빌보드 차트 순위나 '2조 원'이라는 경제적 가치보다 그들을 이 자리까지 도달하게 한 과정에 주목할 필요가 있다. 이 책에서 저자는 방탄소년단의 성공비결을 타이밍(Timing), 타깃팅(Targeting), 완전완비제품(Whole product), 화제성 전파(Viral)로 개념화하고 이에 따른 그들만의 전략이 글로벌 팝시장에서 통했기 때문이라고 분석한다.

방탄소년단 진출 10여년 전부터 아시아, 유럽, 남미 고객들은 보아, 비, 원더걸스, 동방신기, 빅뱅, 슈퍼주니어, 소녀시대, 엑소 등 K팝에 대한 학습을 이미 시작해 거부감이 많이 상쇄된 상태였다. 방탄소년단은 또 유튜브, 트위터 등 온라인으로 꾸준히 소통하며 소수 고객에게 오랜 기간 집중하는 전략을 폈다. 방탄소년단은 이들과 끊임없이 소통하고 귀를 기울이면서 피드백하는 모습을 보여줌으로써 팬들과 수평적 연대를 모색했다.

완전완비제품은 현재 시장에 퍼뜨릴 수 있는 히트 상품을 의미한다. 방탄소년단에게 있어 완전완비제품은 '화양연화 시리즈'로 대표되는 강한 스토리와 감성적 콘셉트다. 이에 맞춰 멜로디, 퍼포먼스, 영상, 노래, 가사 등이 적당한 요소를 이루며 고객의 만족도를 높였다.

마지막으로 방탄소년단은 화제성 전파를 위해 다양한 종류의 콘텐츠를 쏟아냈으며 유튜브 등에서 해외 팬들이 지역적 제한에 구애받지 않고 콘텐츠에 참여하도록 최선을 다했다. 단순히 물량 공세만으로는 이루기 어려웠던 화제성 전파를 각고의 노력 끝에 해냈다는 점에서 의의가 크다.

김학렬 더리서치그룹 소장은 "방탄소년단은 3대 대형 기획사가 주로 활용하는 매스미디어가 아닌 타깃팅을 위주로 하는 최적화 마케팅을 했다. 지금 세대가 가장 많이 활용하는 소셜 매체를 활용하다 보니 현재 시장에서 요구하는 상품과 서비스를 정확하게 파악하고 그 요구대로 충족시킬 수 있었던 것"이라고 설명했다.

* 자료 : 박형준, 「BTS 마케팅」, 파이낸셜뉴스 2018. 10. 3.

연구문제

1. 서비스 운영전략의 운영방안과 그 적용사례에 대하여 토의해 보자.

2. 서비스 마케팅전략 계획의 수립과정에 대하여 설명하시오.

3. 서비스에서 적용할 수 있는 시장세분화 변수에 대하여 살펴보자.

4. 표적시장 선정과 관련한 서비스 마케팅전략 대안과 그 선정기준에 대하여 살펴보자.

5. 서비스 포지셔닝 전략의 개발과정에 대하여 설명하시오.

6. 서비스 포지셔닝의 방법에 대하여 설명하시오.

제2부

Service marketing

서비스 마케팅믹스

service marketing

제7장 서비스 상품관리

학습목표

- 서비스 상품의 이해
- 서비스 상품의 속성
- 서비스 신상품의 개발
- 서비스수명주기

01 서비스 상품의 이해

1. 서비스 상품의 개념과 구성요소

서비스는 기본적으로 고객의 욕구를 충족하기 위하여 고객의 요청에 따라 서비스 제공자가 제공하는 무형의 행위나 과정 또는 그 결과로서의 성과라는 개념을 지니고 있다. 이러한 서비스가 시장에서 판매를 위해 제공되거나 제품 판매를 수반하여 제공되는 경우를 일컬어 '서비스 상품'이라고 한다. 마케팅적인 관점에서 볼 때, 서비스 상품은 고객의 욕구충족 대상물로서 시장에서 상품화될 수 있고 교환(exchange)을 통해 얻을 수 있는 무형적인 제 속성의 복합체라고 할 수 있다.

서비스 상품은 일반적으로 핵심 서비스와 이와 결합된 다양한 부가 서비스의 묶음으로 구성되어 있다. 핵심 서비스(core service)는 고객의 기본적인 욕구인 핵심가치를 충족하기 위한 서비스를 말한다. 운송회사의 상품 운송이나 병원의 질병 치료, 컴퓨터회사의 컴퓨터 수리 등은 핵심 서비스의 예에 속한다.

부가 서비스(supplementary service)는 '보조 서비스'라고도 하며, 핵심 서비스의 이용을 편리하게 하거나 강화 또는 확장시키기 위한 서비스를 말한다. 부가 서비스에는 고객이 필요로 하는 정보를 제공하거나 문제해결을 위한 자료 제공, 기타 다양한 서비스 활동을 포함한다. 예를 들어 이동전화 서비스에서 무선 전화 통화는 핵심서비스에 속하지만, 이와 관련하여 부가적으로 제공되는 문자 메시지, 음성사서함, 인터넷 접속, 전자우편, 전자수첩, 시간관리, 대금결제, 교통카드, 위치추적, 원격 PC제어, 모바일 경호 등의 기능은 모두 부가 서비스에 해당된다.

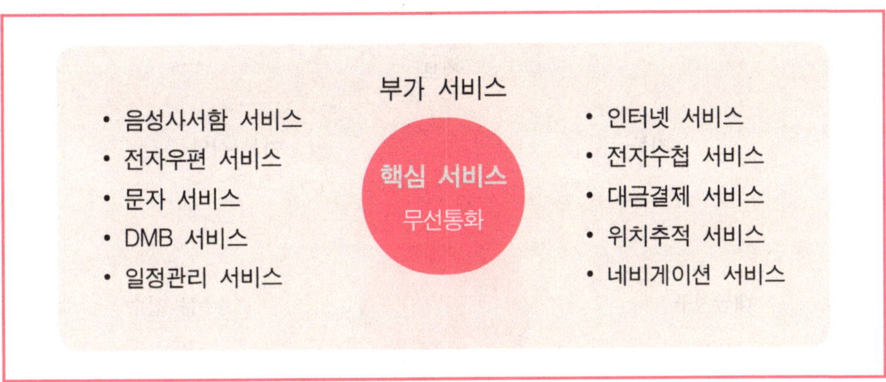

[그림 7-1] 핵심서비스와 부가 서비스(이동전화의 예)

러브록(Lovelock)은 핵심 서비스의 가치를 부가해 주는 확장상품(augmented product)으로서 부가 서비스의 유형을 다음과 같은 8가지의 범주로 제시하고 있다.

① **정보요소(information)** : 고객이 제공되는 서비스로부터 완전한 가치를 얻기 위해 필요로 하는 정보

② **자문·상담요소(consultation)** : 고객의 요구사항에 대한 정확한 판단을 위해 고객과 대화를 하고 고객의 요구에 부합되는 해결책을 강구하는 것

③ **주문접수요소(order-taking)** : 구매할 준비가 된 고객에 대한 서비스 신청, 주문처리, 예약과 관련한 서비스 요소

④ **접대·환대요소(hospitality)** : 고객을 반갑고 친절하게 맞이하고 고객들을 위해 최대한의 배려와 환대를 하는 것

⑤ **안전유지요소(safekeeping)** : 고객과 동행한 사람이나 애완동물, 소지품, 구매 또는 대여 상품, 사용시설에 대하여 안전성을 도모해 주는 서비스

⑥ **예외사항요소(exception)** : 정상적으로 제공되는 서비스 범위 밖에서 고객의 요구에 의해 예외적 또는 추가적으로 수행되는 부가 서비스

⑦ **대금청구요소(billing)** : 대금청구와 관련된 부가 서비스로서 정확하고 명료한 요금 청구가 필요하다.

⑧ **지불요소(payment)** : 고객의 대금 지불행동과 관련된 서비스 요소

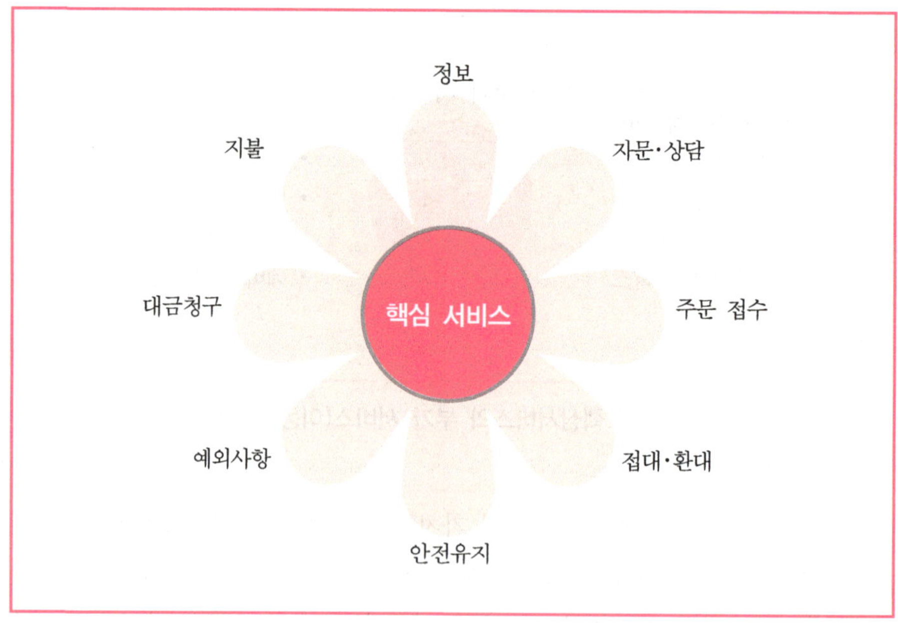

[그림 7-2] 서비스의 꽃

러브록(Lovelock)은 이러한 8가지 범주의 부가 서비스를 핵심 서비스 상품이라는 중심을 둘러싸고 있는 꽃잎으로 비유하여 [그림 7-2]와 같이 '서비스의 꽃(the flower of service)'이라고 명명하였다. 즉, 싱싱한 암술과 수술이 여러 장의 꽃잎과 잘 어우러져 예쁜 꽃을 피우는 것처럼 핵심 서비스가 잘 설계된 부가 서비스들과 결합되면 내부적으로 상호보완이 이루어져 전체 서비스의 가치가 높아지고 고객의 욕구 충족도를 높일 수 있다는 것이다. 반대로 서비스가 잘못 설계되거나 엉성하게 운영되어 꽃잎이 시들거나 몇 장 빠진 꽃과 같이 된다면 아무리 핵심 서비스가 완전하다고 하더라도 전체적인 서비스의 인상이나 이미지는 나빠지고 만다는 것이다.

2. 서비스 상품의 분류

우리는 제1장에서 서비스의 속성이나 성격에 따라 1차원적 또는 다차원적 분류기준에 근거하여 서비스를 분류하였다. 그러나 이러한 분류는 서비스를 구매하는 주체인 고객의 행동이나 고객의 관점에서 분류된 것이 아니기 때문에 마케팅적인 시사점을 얻는데 한계가 있다.

서비스 상품은 고객의 관점에서 고객이 서비스 상품을 어떻게 인식하고 구매하느냐에 따라 편의서비스 상품, 선매서비스 상품, 전문서비스 상품으로 분류할 수 있다. 이러한 분류기준은 구매하고자 하는 서비스 상품에 대하여 고객이 지각하는 위험수준, 구매노력 정도 및 고객의 관여수준에 의해 설명된다.

(1) 편의서비스 상품

편의서비스 상품(convenience services)은 고객이 최소한의 시간이나 노력을 투입하여 습관적으로 자주 구매하는 저가의 서비스 상품을 말한다. 우편 서비스나 필름현상소, 세탁 서비스 같은 예를 들 수 있다. 이러한 서비스 상품은 구매에 따른 위험이 별로 지각되지 않고 고객의 관여 정도도 매우 낮은 편이다. 고객은 많은 정보탐색이나 쇼핑노력을 기울이지 않으려고 하기 때문에 이러한 서비스 상품은 광범한 유통과 최대한의 노출이 필요하고 가능한 한 소비자들에게 편리한 위치에 입지해야 한다.

(2) 선매서비스 상품

선매서비스 상품(shopping services)은 고객이 브랜드나 가격, 서비스 품질, 경쟁상품 등을 비교하면서 많은 노력과 시간을 들인 후에 구매하는 서비스 상품을 말한다. 치과나 미장원, 식당과 같은 서비스 상품을 예로 들 수 있다. 일반적으로 선매서비스 상품은 사회적, 심리적으로 중요하게 인식되는 경우가 많기 때문에 편의서비스 상품에 비해 높은 구매위험을 느끼며, 서비스에 대한 관여 정도도 높은 편이다. 소비자는 적절한 서비스 구매를 위해 여러 경쟁상품들을 비교하며 정보탐색을 많이 하게 된다. 마케터는 경쟁 서비스 상품에 대응하는 차별적 서비스 포지셔닝을 통해 고객들에게 경쟁 우위적인 서비스 가치를 명확히 알리는 것이 중요하다.

(3) 전문서비스 상품

전문서비스 상품(specialty services)은 서비스가 가지고 있는 독특한 특성이나

매력, 전문적인 성격으로 인하여 고객이 특정 서비스 상품이나 브랜드를 구매하기 위하여 특별한 노력을 기울이는 서비스 상품을 말한다. 좋아하는 가수의 콘서트, 특수 클리닉, 유명한 헤어 디자이너·패션 디자이너, 법률 서비스, 경영컨설팅 등이 이러한 서비스 상품의 범주에 속한다. 이러한 서비스 상품은 가격이 비싸고 고객에게 지각된 구매위험이 크기 때문에 구매를 위하여 기꺼이 많은 시간과 노력을 투자하며 많은 정보탐색 활동을 하게 된다. 따라서 고객의 관여도가 매우 높은 서비스 상품이다. 전문서비스 상품은 가격에 대해서는 비탄력적인 경우가 많다. 마케터는 장소(입지)의 편의성을 갖추는 일은 중요하지 않으며, 자신의 위치나 명성을 잠재고객들에게 고지시키는 노력을 기울여야 한다.

표 7-1 서비스 상품의 유형별 특성

서비스 유형 / 특 성	편의서비스	선매서비스	전문서비스
지각된 위험정도	낮음	높음	매우 높음
구매 노력정도	낮음	중간	높음
고객의 관여수준	매우 낮음	높음	매우 높음
정보탐색 정도	낮음	중간	높음
가격 수준	낮음	중간	높음
서비스의 예	우편서비스, 필름현상소, 세탁소,	치과, 미장원, 레스토랑	법률서비스, 경영컨설팅, 병원,

3. 서비스 상품믹스

(1) 서비스 상품믹스의 개념

어떤 서비스 기업이든 단일 서비스만으로 고객들의 다양한 욕구를 충족하기는 어려우며 경쟁상황에서 생존하기도 어렵다. 따라서 어떤 형태로든 서비스 상품믹스가 필요하다.

서비스 상품믹스(service mix)란 한 기업이 판매를 위하여 시장에 생산·공급하고 있는 모든 서비스 상품의 총합을 말하며, 모든 서비스 계열과 서비스 품목을 통틀어 일컫는 말이다. 여기서 서비스 계열(service line)이란 기업이 생산·판매하는 하나의 서비스 상품 군으로서 고객의 욕구나 용도, 기술적 특징, 기능, 가격 범위 등이 서로 유사하여 밀접하게 관련되어 있는 서비스 상품들의 집단을 말한다. 이 서비스 계열들의 조합이 바로 서비스 상품믹스가 된다. 그리고 서비스 품목(service item)이란 가격이나 서비스 범위 등의 속성이 서로 다른 가장 기본적인 상품단위를 말한다. [그림 7-3]에는 3개의 서비스 계열과 12개의 서비스 품목을 갖는 어느 은행의 서비스 상품믹스를 예시한 것이다.

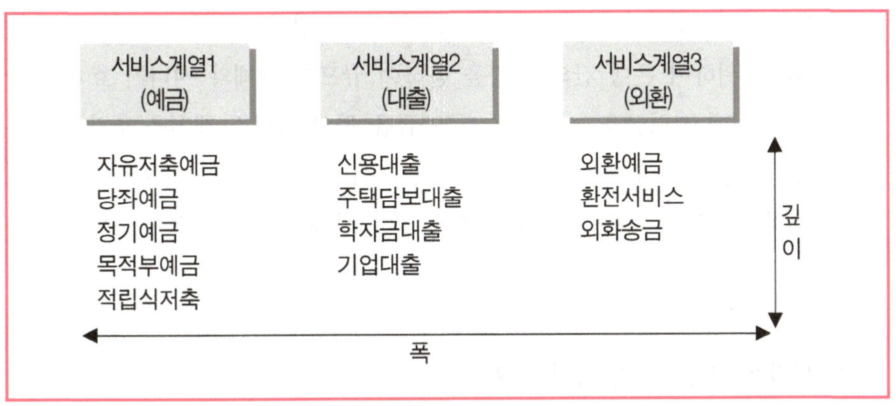

[그림 7-3] 서비스 상품믹스의 예(은행 서비스)

서비스 상품믹스는 그 구성에 있어서 폭과 깊이, 길이 및 일관성의 개념도 고려해야 한다. 폭(width)이란 기업이 현재 취급하고 있는 서비스 계열의 수를 말한다. 그림에서 이 은행은 예금과 대출, 외환 등 3개의 서비스 계열을 갖는 서비스 상품믹스의 폭을 나타내고 있다. 깊이(depth)란 각 서비스 계열에 속해 있는 서비스 품목의 수를 의미하며, 길이(length)란 서비스 상품믹스 안에 있는 전체 서비스 품목의 수를 말한다. 그림에서 이 은행은 현재 예금과 대출, 외환계열에서 각각 5개, 4개, 3개의 깊이를 보이고 있으며, 총 길이는 12개, 평균 길이는 4개(= 12 ÷ 3)가 된다.

서비스 상품믹스의 일관성(consistency)이란 여러 서비스 계열들이 그 용도, 고객욕구, 경로 등에 있어서 서로 얼마나 연관되어 있는가 하는 것을 말한다. 위의 그림에서 예금이나 대출, 외환 서비스는 고객들의 금융·재테크 욕구를 충족시키는 서비스 군이라고 할 수 있으므로 이 은행의 서비스 상품믹스는 일관성이 있다고 말할 수 있다.

기업의 서비스 상품믹스는 전략적으로 중요한 의미를 갖는다. 서비스 상품믹스의 이러한 네 가지 차원(폭, 깊이, 길이, 일관성)은 기업의 서비스 상품전략을 수립하기 위한 조종간이 된다. 기업은 서비스 계열의 확대나 축소, 서비스 계열 내 서비스 품목의 추가나 제거, 서비스 계열의 일관성 유지 등의 서비스 상품믹스에 관한 의사결정을 통해 제공되는 서비스의 효율성과 효과성을 제고할 수 있다. 기업은 현재의 서비스 상품믹스에 대한 평가를 토대로 하여 기업의 목표와 가용자원, 핵심역량 뿐만 아니라 변동적인 마케팅환경에 가장 적합한 최적 서비스 상품믹스를 결정해야 한다. 예컨대, 은행은 글로벌화된 금융시장에서 경쟁력을 강화하기 위하여 은행 간의 합병을 통하여 규모의 경제와 시너지 효과를 극대화함과 동시에 기업금융, 신탁금융, 국제금융 등의 서비스 계열을 추가 확장하고, 이익을 창출하지 못하는 일부 서비스 품목이나 계열을 제거함으로써 서비스 상품믹스의 최적화를 기하고 은행 운영의 효율성과 효과성을 높일 수 있을 것이다.

(2) 서비스 상품믹스의 확대와 축소

기업의 서비스 상품믹스에 관한 결정은 크게 나누어 서비스 상품믹스의 확대와 축소라는 두 가지 차원으로 구분된다.

서비스 상품믹스의 확대는 서비스 계열을 추가하거나 서비스 계열 내의 품목을 추가하는 것으로서 '서비스 다양화(service diversification)'라고도 한다. 소비자 욕구의 다양화와 욕구수준의 향상, 급속한 기술의 진보와 혁신, 경제의 서비스화 현상, 기업간의 치열한 경쟁, 서비스수명주기의 단축화 등의 요인으로 인해 기업은 서비스 신상품을 개발하고, 서비스 계열과 품목을 점차 확대하는 방향으로 나아가게 된다. 그러나 기업이 서비스 상품믹스의 확대를 위해서는 ① 수익성과 ② 기업의 목적 또는 전략에의 부합성이라는 두 가지 제약사항을 고려할 필요가 있다.

한편, 서비스 상품믹스의 축소는 현재의 서비스 계열에서 이익이 적은 한계상품이나 적자상품 또는 해당 서비스 계열을 정리·축소해 나가는 것으로서 '서비스 단순화(service simplification)'라고도 한다. 적절한 상품믹스의 축소는 기업의 자원낭비를 막고 수익성을 제고시켜 기업의 체질을 강화해 주며, 마케터로 하여금 새로운 마케팅기회를 추구하고 남아 있는 서비스 상품의 관리에 시간과 노력을 집중하게 해준다. 그러나 지나친 단순화는 서비스 상품의 구색이나 해당 산업부문에서의 기업의 이미지와 명성에 나쁜 영향을 미칠 수 있다. 특히, 완전계열(full line)을 추구하는 기업이라면 이익이 없는 서비스 상품이라고 하더라도 전체적인 서비스 상품믹스를 위해 그대로 남겨 둘 필요가 있다.

02 서비스 상품의 속성

1. 서비스 상표

(1) 서비스 상표의 의의

상표(브랜드, brand)는 특정 기업의 제품이나 서비스임을 확인하고 그것이 경쟁사의 것과 구별될 수 있도록 하기 위해 사용하는 명칭, 용어, 기호, 상징, 디자인 또는 이들의 결합을 말한다. 이처럼 상표는 기본적으로 자사의 상품을 경쟁사의 상품과 분명하게 구별하기 위한 것으로서 물리적인 제품보다 무형적이고 구매위험이 더욱 크게 지각되는 서비스의 마케팅에서 더욱 중요하게 다루어진다.

제품 마케팅에서는 기업의 제품 상표(product brand)가 중요하지만 서비스 마케팅에서는 무형의 서비스 상품에 상표를 붙이기가 힘들기 때문에 기업상표(company brand)가 큰 의미를 갖고 중요시된다. 즉, 기업명이 서비스 기업의 상표명이 되는 경우가 일반적이라는 것이다. 소비자들이 에버랜드나 롯데리아, 하얏트호텔, 피자헛 등이 제공하는 서비스를 선택할 때 개별 서비스 상품의 상표를 평가하기보다는 해당 기업상표를 기준 하여 평가하고 그 선택여부를 결정하는 경우를 흔히 볼 수 있다. 서비스 기업은 잠재고객이나 종업원, 주주 등에게 광고나 전단, 인쇄물, 판매촉진, 운송차량, 설비, 종업원 유니폼, 홍보 등의 커뮤니케이션 매체를 통해 기업의 상표를 알리게 된다.

기업의 상표는 상표명(brand name)뿐만 아니라 상표마크(brand mark), 등록상표(Ⓡ, Registered Trade Mark)[1], 슬로건(Slogan), 로고(Logo), 심벌(Symbol),

색상 등의 구성요소로 이루어진다. 이들 상표의 구성요소들은 서로 통합적인 조화를 이루어야 하며, 고객들에게 일관성 있게 제시되어야 강한 상표 정체성(brand identity)이 구축될 수 있다. 따라서 기업의 상표명에 수반되는 상표 마크나 심벌과 같은 시각적 제공물은 상표의 차별화와 인지도 제고에 중요한 역할을 한다. 시각적 표현물이 문자나 단어보다 더 기억하기 쉽고 오래 기억되기 때문이다. 맥도널드의 황금아치나 KFC의 '커넬 샌더스 할아버지 상', 월트디즈니의 캐릭터 '미키마우스'는 우리들에게 친숙하게 기억되고 강한 브랜드 정체성을 갖고 있는 심벌들이다.

기업의 상표화(branding) 전략은 다음과 같은 상황에서 효과적으로 전개될 수 있다.

① 고객이 기업의 서비스 컨셉트와 품질, 가치를 경쟁사의 것과 비슷하다고 느낄 때
② 고객이 경쟁자의 서비스를 이용한 경험이 별로 없거나 제시된 상표에 강하게 반응할 때
③ 기업이 관련된 서비스 범주에 진입하려고 하거나 새로운 서비스 범주로 상표를 확장하려고 할 때
④ 기업이 혁신적인 서비스 신상품을 도입할 때
⑤ 기업이 마케팅전략을 전환하여 새로운 상표전략을 사용하려고 할 때

상표는 고객이나 서비스 제공자 모두에게 중요하다. 고객들은 서비스 상표의 명성이나 이미지를 통해 무형의 서비스를 시각화하고 서비스 품질을 평가하는 단서로 삼을 뿐만 아니라 서비스 구매와 관련한 금전적, 사회적 위험을 감소시키고, 서비스 구매에 소요되는 시간을 절약할 수 있다.

---

1) 등록상표(Registered Trade Mark)란 상표법에 의하여 특허청에 등록된 상표를 말하며, 독점적인 상표권을 얻게 된다. 상표등록의 출원은 선원등록주의이므로 원칙적으로 먼저 출원한 쪽에 등록이 허가된다. 존속기간은 10년이며 갱신할 수 있으므로 반영구적이다. 등록상표임을 나타내기 위하여 상표에 ® 기호를 붙인다.

서비스 제공자 입장에 볼 때, 상표는 고객의 반복구매를 통해 안정된 시장확보와 서비스 충성도를 구축할 수 있고, 서비스 차별화와 시장세분화의 수단으로 삼을 수 있으며, 서비스 기업이 제공하는 전체 서비스 상품에 대한 촉진노력에 도움이 된다. 또 좋은 상표는 기업이미지를 제고시켜 주며, 등록상표를 통해 자사의 독특한 서비스 특성이나 혁신내용을 법적으로 보호받기도 한다.

[그림 7-4] 서비스 상표의 예

(2) 서비스 상표의 요건

일반적으로 서비스 기업의 상표명은 다음과 같은 네 가지 요건을 갖추고 있어야 한다.

1) 독특성

상표는 경쟁자의 상표와 쉽게 구별될 수 있는 독특함(distinctiveness)이 있어야 한다. 흔히 쓰이는 일반적인 용어를 상표로 사용하는 것은 부적절하며, 기업의 독특한 특성과 개성을 나타내는 것이어야 한다. 때로는 독특성을 나타내기 위해 기존의 해당 서비스 부문에서 사용되지 않는 개성 있고 참신한 이름, 창업주나 그 가문의 이름, 가공의 단어(fabricated word)를 사용한 이름 등의 상표를 창안하기도 한다. 서비스 기업의 특성을 나타내고 있는 '시티뱅크(City bank)' '에버랜드', 창업주 가문의 이름을 붙인 '송가네', 고객에게 친밀감을 주고 개성 있는

이름을 붙인 '예치과', '고른이치과' 등이 있다.

2) 관련성

상표는 서비스의 특성이나 편익을 잘 나타내는 것이어야 한다. 즉, 상표와 서비스의 특성을 연관 지을 수 있는 관련성(relevance)이 있어야 한다는 것이다. 관련성은 단순히 서비스의 특성을 나열하거나 묘사하는 것이 아니라 함축적이고 독특한 표현이 되도록 하는 것이 좋다. '비자카드'는 해외여행 중 어느 나라에서나 사용 가능하다는 신뢰감을 주며, '에니콜'은 통화품질의 우수성이라는 고객 편익을 연상시키는 좋은 브랜드라고 할 수 있다.

3) 기억용이성

상표는 발음하기 쉽고, 쓰기 쉬우며, 기억하기 용이해야 한다(memorability). 가능한 한 간결하고 단순하여 사용하기 편리해야 한다. 상표의 간결성과 단순성은 로고를 효과적으로 도안하는데도 도움이 된다. KFC (Kentucky Fried Chicken), LG(Lucky Goldstar), P&G(Proctor & Gamble), 3M (Minnesota, Mining & Manufacturing)은 모두 기억용이성과 간결·단순성을 위해 축약된 상표를 사용한 예가 된다. 때로는 기억의 용이성을 위해 철자를 특이하게 사용하기도 한다.

미국의 장난감 유통업체인 '토이저러스(Toys Я Us)'는 'are'를 평범하게 표현하지 않고 'R'자를 거꾸로 표기하여 소비자들의 기억에 오래 남는 상표가 되도록 하였다. 또 국내의 한글과 컴퓨터사는 한글 소프트웨어의 상표를 우리의 고어를 사용하여 'ᄒᆞᆫ글'이라고 표기함으로써 소비자들에게 독특하고 인상 깊은 상표로 기억되고 있다.

4) 유연성

시간이 지남에 따라 기업이 제공하는 서비스의 속성이나 범위는 변화하는 것이 불가피하기 때문에 상표는 유연성(flexibility) 있게 적응 또는 변경될 수 있어야 한다. 그리고 상표는 기업이 지향하는 사업방향이나 비전을 포함하는 장기적인 안목을 가지고 설정되어야 한다. 또 부정적이거나 저속하거나 진부하지 않은 것이어야 하며, 제한적인 인상을 주는 상표는 피하는 것이 좋다. 특정 지역·지명을 사용하거나 한정된 서비스 범위를 나타내는 상표를 설정하게 되면 서비스 제공 영역과 범위의 확장하는데 장애요인이 되며, 세계화 전략을 추진하는데도 걸림돌이 된다.

예컨대, 국제적인 종합운송회사를 지향한다는 기업의 상표에 '**트럭'이나 '**철도', '서울**'라는 식의 표현이 들어가면 상표의 유연성에 문제가 야기된다. 선경그룹(SUNKYUNG)의 경우 영어로 읽으면 '가라앉은 젊은이'라는 뜻의 'Sunk Young'으로 발음되어 부정적인 인상을 주어 'SK'로 바꾸었다. 현대그룹(HUNDAI) 역시 영어로 'Hun Die'로 발음되어 부정적인 인상을 줄 수 있어 'Sunday'의 발음을 비유하는 현지광고를 통해 올바른 발음을 유도하는 노력을 기울였다.

(3) 브랜드 자산

1) 브랜드 자산의 의의

브랜드, 즉 상표는 한 회사가 생산, 판매하는 제품이나 서비스의 얼굴이다. 그런데 기업의 상표가 시장에서 갖는 브랜드 파워와 가치는 제각기 다르다. 소비자들에게 별로 알려지지 않은 무명상표에서부터 강력한 브랜드 파워와 브랜드 충성도가 형성됨으로써 높은 브랜드 가치를 창출하는 유명상표에 이르기까지 다양하다. 오늘날 많은 기업들은 브랜드를 기업의 주요 무형자산으로 인식하고 브랜드 파워를 구축하기 위해 노력하고 있으며, 수천 수만의 브랜드들이 소비자들의 마음을 사로잡기 위해 각축을 벌이고 있다.

브랜드 자산(brand equity)이란 고객이 어떤 상표에 대하여 호감을 갖게 됨으로써 그 상표가 붙여진 상품의 가치가 증가된 부분을 의미한다. 즉, 어떤 제품이나 서비스에 상표를 붙임으로써 추가되는 가치를 말한다. 브랜드 자산의 효과는 상표인지도의 증가, 강력한 상표연상, 상표충성도 구축, 시장점유율이나 수익의 증가 등의 형태로 나타난다.

Coca-Cola, 롯데리아, 맥도날드 등 소비자들의 귀에 익숙한 브랜드들은 그 자체로서 엄청난 브랜드 파워와 무형자산을 형성하고 있다. 브랜드 파워가 잘 구축되면 높은 브랜드 자산을 갖게 된다. 브랜드 자산은 소비자의 브랜드 인지도와 브랜드 연상에 의해 형성된다. 즉, 고객이 어떤 브랜드에 대하여 잘 알고 있고(브랜드 인지도), 그 상표와 관련하여 호의적이고 강하고 독특한 연상을 기억 속

에서 떠올릴 수 있을 때(브랜드 연상) 브랜드 자산이 형성되는 것이다. 우리가 흔히 청량음료를 찾을 때 평소 익히 알고 있는 '코카콜라'를 떠올리고, 햄버그를 필요로 할 때 '롯데리아'를 떠올리게 되는 것은 이들 브랜드가 소비자들에게 높은 상표자산이 형성되어 있기 때문이다.

오늘날 우리 주변에 있는 많은 상품들은 경쟁상표들 간에 품질의 차이를 별로 느낄 수 없고 치열한 경쟁으로 인해 제품의 차별화가 점점 더 어려워지고 있다. 이러한 상황에서 자사 제품이나 서비스의 브랜드 이미지 차별화를 통한 브랜드 파워의 구축은 제품차별화의 한 도구로서 경쟁기업들간에 파멸적 가격경쟁을 피하고 시장점유율과 수익성을 높이는 전략 대안이 될 수 있다.

일반적으로 브랜드 자산은 기업과 소비자 모두에게 가치를 창조한다. 먼저 기업측면에서 강력한 브랜드 자산은 시장점유율을 증대하거나 높은 가격 프리미엄을 획득할 수 있으며, 상표 라이센싱에 의해 수익을 얻을 수 있고, 상표확장을 통해 신상품의 성공 가능성을 높이거나 출시비용을 낮출 수 있다. 또한 소비자 측면에서 브랜드 자산은 소비자에게 상품의 가치를 평가하는데 영향을 미친다. 즉 해당 상표품에 대한 정보를 해석하고 처리하는데 도움을 주며, 소비자의 구매 결정에 대한 판단에 영향을 미칠 수 있다. 뿐만 아니라 브랜드 연상효과를 통해 구매 제품에 대한 고객만족도에 영향을 미칠 수도 있다.

〈표 7-2〉에는 세계 기업들의 10대 브랜드 가치 순위를 보여주고 있다. 2018년 세계 최고의 브랜드는 2144.8억 달러의 브랜드 가치를 가지고 있는 '애플'이며, 2위는 구글(1555.6억 달러), 3위는 아마존(1007.6억 달러)이었다. 마이크로소프트(927.2억 달러), 코카콜라(663.4억 달러), 삼성전자(598.9억 달러), 도요타(534.4억 달러), 메르세데스-벤츠(486.1억 달러), 페이스북(451.7억 달러), 맥도날드(434.2억 달러) 등이 그 뒤를 이었다. 우리나라에서 가장 브랜드 가치가 높은 삼성전자는 세계 6위로서 598.9억 달러의 브랜드 가치를 갖고 있는 것으로 평가받고 있으며, 그 뒤를 이어 현대자동차가 36위(135.4억 달러), 기아자동차가 71위(69.3억 달러)로 세계 100대 브랜드의 반열에 이름을 올렸다. 2018 베스트 글로벌 브랜드에 선정된 한국의 브랜드 가치 총액은 803.5억 달러로서, 미국, 독일, 일본, 프랑스에 이어 5위를 차지하였다.

표 7-2 세계 기업의 브랜드 가치 순위

(단위 : 억 달러)

순 위	기업명 (브랜드)	브랜드 가치	전년대비 성장률
1	애플	2144.8	16%
2	구글	1555.6	10%
3	아마존	1007.6	56%
4	마이크로소프트	927.2	16%
5	코카콜라	663.4	-5%
6	삼성전자	598.9	6%
7	도요타	534.4	6%
8	메르세데스-벤츠	486.1	2%
9	페이스북	451.7	-6%
10	맥도날드	434.2	5%

※ 자료 : 인터브랜드(2018)

2) 브랜드 자산의 관리

브랜드 자산은 크게 브랜드 인지도와 브랜드 연상의 두 가지 요소로 이루어진다. 따라서 강력한 브랜드 자산을 구축하기 위해서는 소비자의 브랜드 인지도와 브랜드 연상을 효과적으로 관리해야 한다.

① 브랜드 인지도

브랜드 인지도(brand awareness)란 브랜드가 소비자들에게 어느 정도 알려져 있는가 하는 것으로서 소비자가 어떤 브랜드를 인식하거나 회상할 수 있는 능력을 의미한다. 여기서 브랜드 인식(재인, brand recognition)은 하나의 브랜드에 대한 제품정보가 소비자의 기억 속에 있는지 여부를 말하며, 브랜드 회상(brand recall)은 소비자들이 자신의 기억 속에 이미 저장되어 있는 특정 브랜드의 정보를 그대로 인출할 수 있는 능력을 말한다. 실제로 소비자가 어떤 브랜드에 대한 인지가 없는 상태에서 상품을 구매하는 경우는 별로 없을 것이다. 또 어떤 브랜드가 소비자의 기억 속에 저장되어 있지 않거나 저장되어 있다고 하더라도 구매결정과정에서 회상되지 않는다면 그 브랜드는 선택될 수 없을 것이다.

기업이 브랜드 인지도를 높이기 위해서는 브랜드인식이나 브랜드회상을 높이기 위한 노력이 필요하다. 따라서 브랜드 인지도는 소비자에게 친숙한 느낌을 제공하고 소비자의 마음속에 특정 브랜드가 강하게 인식됨으로써 경쟁상표가 소비자의 마음속에 침투하여 자리 잡는 것을 막아주는 역할을 한다.

소비자는 브랜드에 대한 인지과정을 통해 그 브랜드의 편익이나 특성을 이해할 수 있기 때문에 브랜드 인지도를 구축하는 것은 브랜드 파워를 구축하고 브랜드 자산을 형성하기 위한 필수조건이 된다.

브랜드 인지도를 높이기 위해서는 반복광고, 경쟁사와 차별화된 커뮤니케이션, 상품정보와 시각적 정보의 결합, 슬로건이나 로고송의 이용, 행사후원을 통한 파트너십 마케팅, 상표연장전략, 구매시점에서 브랜드에 대한 기억을 떠올릴 수 있는 단서 제공 등의 방법을 활용할 수 있다.

② 브랜드 연상

브랜드 연상(brand association)이란 브랜드와 관련하여 소비자의 기억 속에서 떠오르는 모든 것을 말한다. 즉, 소비자가 어떤 상표를 듣거나 보았을 때 떠올리게 되는 모든 생각이나 느낌, 영상들을 총칭하는 말이다.

'맥도널드'를 생각하면 황금색 아치모양의 로고와 햄버그, 친절하고 따뜻한 느낌을 연상하게 되고, '코카콜라'를 생각하면 빨간색 로고와 날씬한 병모양, 독특한 맛을 연상하고, 'KFC'를 생각하면 커넬샌더스 할아버지와 치킨너겟, 친절하고 신속한 서비스, 생일파티 등을 연상하게 된다.

브랜드 연상의 유형은 크게 상품속성과 관련된 연상(상품범주, 상품속성, 품질/가격대 등)과 상품속성과 직접 관련이 없는 연상(상표개성, 사용자/용도, 기업이미지, 원산지 등)으로 구분할 수 있다.

브랜드 연상은 호의적이고(favorable) 강력하고(strong) 독특할수록(unique) 좋은 연상이 된다. 즉 어떤 브랜드를 들었을 때 얼마나 즉각적으로 브랜드와 관련한 연상이 머리 속에 떠오르고, 그 연상이 얼마나 긍정적이며, 경쟁상품에 비하여 얼마나 차별화된 이미지로 연상되는가 하는 것이 중요하다. 아무리 호의적이고 강력한 연상이 떠오를지라도 다른 경쟁제품과 뚜렷이 구별되지 못한다면 자사제품의 경쟁우위를 획득하기 어렵게 된다.

표 7-3 브랜드 연상의 유형과 예

브랜드 연상의 유형		브랜드 연상의 예
상품 속성 관련 연상	상품범주	박카스–피로회복 강장제
	상품속성	Hite–천연암반수 맥주
	품질/가격대	제네시스–명품 고급자동차
상품 속성과 관련없는 연상	상표개성	나이키 신발(에어조던)–마이클 조던
	사용자/사용용도	게토레이–갈증해소 음료
	기업이미지	삼성–우리나라 대표브랜드
	원산지	프랑스–향수(샤넬)

현장사례 ··· 한국, 국가브랜드 가치 2조 달러 '세계 10위'

세계에서 국가브랜드 가치가 가장 높은 나라는 어디일까? 영국의 세계적인 브랜드 컨설팅 업체인 브랜드 파이낸스(Brand Finance)에 따르면 미국의 브랜드 가치가 가장 높은 것으로 평가됐다. 미국의 국가브랜드 가치는 지난해 보다 23% 상승해 25조 9천억 달러에 달하는 것으로 조사됐다. 2위는 중국으로 12조 8천억 달러로 평가됐고, 3위는 5조 천억 달러를 기록한 독일이 차지했다. 4위는 영국(3조 8천억 달러), 5위는 일본(3조 6천억 달러), 6위는 프랑스(3조 2천억 달러), 7위는 캐나다(2조 2천억 달러)가 차지했다. 우리나라의 브랜드 가치는 2조 달러로 지난해에 이어 동일하게 세계 10위를 기록했다.

2010년 이후 브랜드 파이낸스가 조사한 상위 10개 국가의 순위 변동을 보면 중국의 약진이 눈에 띈다. 중국은 2010년에 국가 브랜드 가치에서 4위를 차지한 이후 2012년부터 줄 곳 2위 자리를 지켜오고 있다. 반면 일본은 3위에서 조금씩 하락해 2018년에는 6위에 머물렀다.

브랜드 파이낸스는 세계 100개 국가의 브랜드 가치를 기업의 가치를 평가하는 것과 동일한 방식을 적용해 평가했다고 밝혔다. 우선 상품과 서비스, 투자 환경 그리고 기업 윤리와 생활의 질을 포함한 사회 분야 평가 등 세 가지 핵심 지표를 활용해 국가브랜드의 경쟁력을 평가하고 여기에 GDP 성장률과 경제에 대한 위험 가중치 등을 적

용해 전체 가치를 평가하는 방식이다.

국가의 브랜드 가치는 일반적으로 국가에 대한 인지도·호감도·신뢰도 등 유형, 무형의 가치들을 모두 합한 것을 말한다. 최근에 국가브랜드는 국가에 대한 단순한 이미지가 아니라 중요한 자산으로 인식되고 있다. 외국인의 투자를 유치하고, 외국 관광객을 불러들이며, 수출품의 가치를 높이고, 정치적 동맹을 형성하는 등 국가의 전반적인 활동에 커다란 영향을 미치기 때문이다.

자료 : KBS NEWS, 2018. 10. 15.

2. 서비스 보증과 사후 서비스

(1) 서비스 보증의 의의

보증(warranty)은 제품이나 서비스에 이상이 있을 경우에 생산자나 판매자가 어떻게 하겠다고 보장하는 것을 말하는 것으로, 제품의 한 부분이 된다. 보증의 유형에는 반품과 교환의 보증, 일정한 품질의 보증, 고장이나 손상에 대한 보증, 일정기간의 보증 등이 있다.

일반적으로 보증은 제품의 판매에서 중요한 전략적 수단이 되어 왔는데, 서비스의 판매에 있어서도 중요한 전략이 될 수 있다. 다만, 서비스는 무형성과 소멸성의 특성을 가지고 있기 때문에 교환이나 수리 보증은 어렵고, 대신에 환불이나 추가적인 서비스 제공, 일정한 품질 보증 등을 제공할 수 있다. 기업이 제공하는 보증의 유형과 수준은 구매자에게 매우 중요한 관심사가 된다. 보증은 가격이 비싸고 기술적으로 복잡하거나 구매위험이 크고 구매자가 구매상품에 대한 지식이 없을 때 그 중요성이 커진다. 특히 서비스는 제품에 비해 구매위험이 높게 지각되고 품질관리가 어렵기 때문에 서비스 상품에 대한 보증은 소비자의 구매위험을 감소시키고 신뢰감을 갖게 한다. 뿐만 아니라 서비스 품질에 대한 확신으로 고객의 충성도를 높이고 구전효과를 통해 새로운 고객을 확보할 수 있다.

서비스 보증은 기업이 고객이 제공받을 서비스의 여러 측면에 대해 고객에게 공식적으로 약속(formal promises)하는 것으로서 기업이 사전에 약속한 서비스의 정확한 제공을 보장하는 것을 말한다. 기업이 서비스 보증 프로그램을 통해 실질적인 효과를 얻기 위해서는 무엇보다도 고객이 기업의 보증제도를 잘 알고 있고 그 보증이 확실히 제공될 것으로 믿어야 한다. 서비스 보증은 일관성 있는 서비스가 제공될 것을 약속하고, 불만족한 고객에게는 기업이 틀림없이 보상 또는 배상을 해주겠다는 약속을 할 때 그 효과를 기대할 수 있다.

서비스 보증은 종업원들의 불량 서비스를 줄이게 되어 결과적으로 비용절감을 가져올 수 있다. 즉, 보증제도는 서비스 종업원들에게는 기업에 대한 자긍심을 갖게 하고, 고객들에게는 만족감과 신뢰감을 갖게 하기 때문에 서비스 보증에 소요되는 지출은 단순한 비용이 아니라 장기적인 투자로 봐야 한다는 것이다. 불량한 서비스가 제공되면 그에 따른 사후 처리비용이 발생하고 고객불만이 야기되어 기존고객이 이탈할 뿐만 아니라 이들의 나쁜 구전으로 다른 잠재고객들까지 잃게 되어 결국 큰 손실을 입게 된다. 요컨대, 서비스 보증은 서비스 실패에 따른 기업의 손실을 예방하고 경쟁력을 강화하는 수단이 된다고 할 수 있다.

(2) 서비스 보증의 요건

성공적인 서비스 보증을 위해서는 다음과 같은 요건이 필요하다.

① 단서를 달지 않고 무조건적인 보증이어야 한다. 보증과 관련한 조건이나 단서가 많을수록 서비스 보증의 효과는 반감되고 만다.

② 보증은 고객과 종업원들에게 이해하기 쉽고 설명하기 쉬워야 한다. 구체적이고 명료한 언어로 보증내용을 제시하고 공표해야 한다. 도미노피자는 주문 후 '30분 이내에 배달이 안 되면 3달러 할인'이라는 보증을 제시했다.

③ 보증은 고객에게 중요하게 여겨지는 것을 적정한 수준으로 제공해야 한다. 도미노피자는 초기에 '30분 이내 배달이 안 되면 무료'를 보증한 적이 있었는데, 고객들은 이 보증내용이 너무 관대하여 부담을 느낀다는 사실을 알게 되었다. 이에 따라 도미노피자는 보증내용을 보다 합리적인 수준으로 여겨지는 '30분 이내 배달이 안 되면 3달러 할인'으로 바꾸어 시행하였다.

④ 보증은 이용하기 편리해야 한다. 고객이 복잡한 서류와 절차를 거쳐야만 보증을 이용할 수 있는 상황이라면 불만족고객을 더욱 더 화나게 만드는 결과를 초래하여 오히려 역작용을 일으킨다. 보증을 통해 확인되는 고객의 불만이나 불평은 서비스 개선을 위한 주요 정보가 된다.

⑤ 보증내용은 고객과 종업원에게 신뢰성을 주는 것이어야 한다. 보증내용이

고객과 종업원 모두에게 신뢰감을 얻지 못하게 되면 그 서비스는 외면당하거나 탁상공론이 되고 만다.

서비스 보증은 고객의 유지·창출과 호의 구축에 중요한 기능을 하며, 보증이 잘 정착되기 위해서는 최고경영층의 적극적인 의지와 지원이 무엇보다도 중요하다. 불만족 고객을 골칫덩어리로 여기고 보증을 단순한 비용요인으로 간주하는 상황이라면 보증이 제대로 정착될 수 없을 것이다.

(3) 사후 서비스

사후 서비스(A/S : After Service)는 판매된 제품이나 서비스에 대하여 필요한 대체 부품을 공급하고 고장 시에는 무료 또는 실비로 수리하거나 부품 교환을 통해 그 상품이 지니고 있는 본래의 정상적인 기능을 항시 유지할 수 있도록 하는 활동을 말한다. 사후 서비스는 구매후 불만족을 감소시키고 자사 상품의 구매자를 영구적 고객으로 만들 수 있어 차별적 경쟁수단으로 매우 중요시되고 있다. 서비스는 무형적인 특성 때문에 물리적인 제품에 비해 사후 서비스의 범위가 일부 제한될 수는 있지만 사후 서비스의 중요성은 간과할 수 없다.

예를 들어, 백화점이나 할인점과 같은 소매점은 판매된 상품에 대하여 자체적으로 반품, 교환, 환불, 수리 등의 사후 서비스를 제공하고 있다. 또 치과병원에서는 인공치아를 해준 뒤에 문제가 있을 때 치아를 다시 해주거나 교정해 줌으로써 고객만족을 도모하고 있다. 이밖에 은행이나 증권회사와 같은 금융기관에서는 고객들의 재테크에 도움이 될 수 있는 다양한 투자정보와 투자자문 서비스를 제공하고 있다.

서비스 기업은 사후 서비스를 통해서 고객만족과 고객충성도를 획득할 뿐만 아니라 서비스에 대한 고객들의 반응이나 서비스 개선을 위한 아이디어를 얻을 수 있다.

03 서비스 신상품의 개발

1. 서비스 신상품의 개념과 유형

(1) 서비스 신상품의 개념

서비스 마케팅의 성공은 기존 서비스 상품을 통해 얻어질 뿐만 아니라 서비스 신상품의 개발에 의해서도 얻어질 수 있다. 서비스 신상품의 개발이란 서비스를 구성하는 제 요소와 특성을 객관적이고 구체적으로 나타내고 그 실행과정에 대한 명세를 하나의 서비스 청사진으로 표현하는 것을 말한다.

서비스 신상품들 중에는 고객의 욕구나 시장조사 정보에 근거하여 설계되지 않고 경영자나 종업원들의 주관적인 견해에 기초하여 시장에 출시되어 실패하는 경우를 종종 볼 수 있다. 서비스가 무형적이기 때문에 서비스 컨셉트를 정확히 정의하지 못한다는 것은 정당화될 수 없다.

서비스는 생산과 소비가 동시에 이루어지고 서비스 접점 종업원과 고객간의 상호작용을 수반하므로 신서비스의 설계과정에는 종업원과 고객을 함께 포함시키는 것이 중요하다.

종업원은 서비스 그 자체인 경우가 많고, 그렇지는 않더라도 서비스 접점에서 종업원이 서비스를 수행하고 제공하며, 고객과 가장 근접해 있어서 고객의 욕구를 잘 파악하고 있기 때문에 서비스를 설계하는 과정에 이들을 참여시키는 것은 매우 중요하다. 또 서비스를 설계하고 개발하는 과정에 종업원들이 참여하게 되면 양질의 서비스 제공을 위해 해결해야 할 조직 내의 문제를 잘 파악할 수 있어서 신서비스의 성공 가능성은 그만큼 높아지게 된다.

또한 고객도 서비스 제공과정에서 적극적인 참여자로서 일정한 역할을 할 수 있기 때문에 신서비스의 개발과정에 포함시켜야 한다. 이때 고객은 자신의 욕구에 관한 정보를 제공할 뿐만 아니라 서비스 신상품의 컨셉트와 설계과정에 도움을 줄 수 있다. 고객 지향적인 서비스 개발과 설계를 위해서는 고객의 참여가 꼭 필요하다고 할 수 있다.

(2) 서비스 신상품의 유형

서비스 신상품은 서비스 혁신의 결과로서 업계 최초의 신상품에서부터 단순히 기존 상품의 스타일 변화에 이르기까지 다양한 유형이 있다.

1) 주요혁신

주요혁신(major innovation)은 아직까지 명확하게 정의되지 않거나 세분시장이 구분되지 않은 시장을 겨냥한 업계 최초의 서비스 신상품이다. TV방송 서비스가 처음 제공되었을 때나, 패더럴 익스프레스의 전국 24시간 내 수화물 배달 서비스 같은 경우가 해당된다.

2) 사업개시

사업개시(start-up business)는 시장에 기존 서비스 상품이 이미 존재하지만 동일한 본원적 욕구를 충족시킬 수 있는 새로운 유형의 상품으로 제시된 것을 말한다. 다양한 건강관리 프로그램(비만 클리닉 등), 은행 업무처리를 위한 ATM 설치, 실버타운 등을 예로 들 수 있다.

3) 기존시장 신서비스

기존시장 신서비스(new service for the currently served market)는 다른 기업에서는 이미 제공되고 있으나 자사로서는 고객들에게 처음으로 제공하는 서비스를 말한다. 주유소에서 세차나 경정비를 하거나, 편의점에서 세탁, 공과금 수납, ATM 등의 서비스를 제공하는 경우 등을 예로 들 수 있다.

4) 서비스 계열확장

서비스 계열확장(service line extension)은 현재 제공되고 있는 서비스 계열에서 새로운 서비스 계열을 추가로 제공하는 것을 말한다. 새로 추가된 식당 메뉴, 항공사의 새로운 노선 추가, 우체국에서 다양한 금융상품을 추가로 개발하는 경우 등을 예로 들 수 있다.

5) 서비스 개선

서비스 개선(service improvement)은 기존 서비스 상품의 형태나 특성을 변화시켜 서비스 수행속도를 빠르게 하거나 서비스 제공시간을 연장 또는 서비스 제공환경을 개선하는 것 등을 말하며, 가장 일반적인 서비스 혁신의 유형이라고 할 수 있다. 대형 할인점의 신용카드 결제, 은행의 대기번호표 교부, 병원의 진료시간 연장이나 출장진료, 영화관의 심야상영 등을 예로 들 수 있다.

6) 스타일 변화

스타일 변화(style change)는 기존 서비스 상품의 스타일을 변화시켜 고객의 인식이나 감정, 태도에 영향을 주고자 하는 것으로서 가장 미미한 수준의 서비스 혁신이라고 할 수 있다. 서비스 제공장소의 외관이나 내부 인테리어의 변화, 기업 로고의 변화, 서비스 제공절차의 변화, 종업원 유니폼의 변경 등을 예로 들 수 있다.

이상에서 살펴본 서비스 신상품의 유형은 기업 차원과 시장 차원의 새로움 정도에 따라 [그림 7-5]와 같이 나타낼 수 있다.

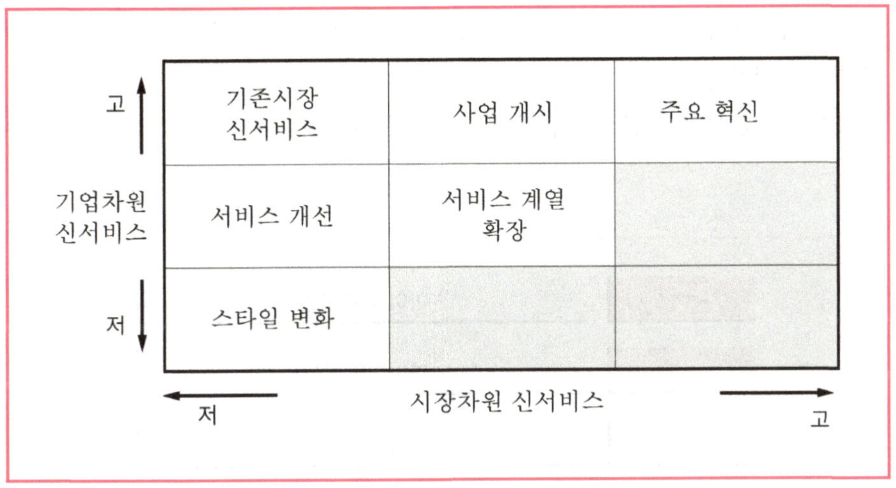

[그림 7-5] 서비스 신상품의 유형

2. 서비스 신상품의 개발단계

서비스 신상품의 개발과정은 제조업의 신제품 개발과정과 유사한 단계를 거친다. 다만 서비스는 제품과 다른 고유의 특성을 지니고 있기 때문에 구체적인 서비스 신상품 프로그램을 개발하는 과정에서는 차이가 난다고 할 수 있다.

▶▶ 표 7-4 신서비스 전략 개발을 위한 성장기회 매트릭스

서비스 \ 시 장	기존시장	신시장
기존서비스 상품	시장침투전략	시장개척전략
서비스 신상품	서비스개발전략	다각화 전략

기업이 서비스 신상품을 개발하기 위해서는 기업의 전략적 비전과 사명에 기초하여 신서비스 전략을 개발해야 한다. 신서비스 전략은 〈표 7-4〉와 같은 성장기회 매트릭스를 이용하여 시장침투전략, 시장개척전략, 서비스 개발전략, 다각화 전략 등의 전략 대안을 검토할 수 있다.

기업에 적합한 서비스의 유형은 그 기업의 목적과 비전 및 사업능력과 기업의 성장계획에 의해 결정된다. 경영자는 시장이나 서비스 유형, 시간범위, 수익기준 등의 관점에서 신서비스 전략을 개발함으로써 서비스 신상품의 아이디어를 쉽게 창출할 수 있다. 기업은 주요 혁신에서 스타일 변화에 이르는 연속선상에서 특정 수준의 서비스 신상품 개발에 초점을 맞출 수도 있고, 특정 세분시장을 겨냥하여 신서비스 전략을 개발할 수도 있다.

일반적으로 서비스 신상품의 개발과정은 [그림 7-6]과 같은 6단계로 설명할 수 있다.

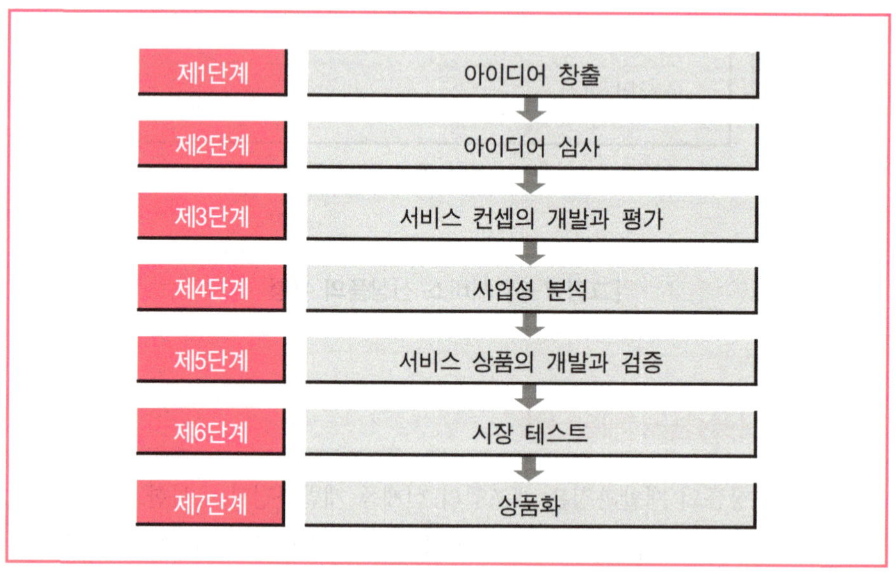

[그림 7-6] 서비스 신상품의 개발단계

(1) 아이디어 창출

서비스 신상품을 개발하는 첫 번째 단계는 신서비스 전략을 기초로 하여 새로운 서비스 아이디어를 창출(idea generation)하는 것이다. 아이디어 창출을 위해서는 회사의 임직원이나 고객을 통한 아이디어 제안, 경쟁사 서비스 상품에 대한 학습, 브레인스토밍(brain storming) 등의 방법을 사용할 수 있다. 특히 서비스업에서는 서비스를 실제로 제공하고 고객과의 접점에 있는 종업원들이 서비스를 개발하거나 개선·보완할 수 있는 중요한 아이디어 원천이 될 수 있다. 서비스 기업은 아이디어 창출을 위한 공식적인 메커니즘으로 신서비스 개발 전담 부서나 제안제도, 신서비스 개발팀, 고객과 종업원으로 구성된 표적집단면접(FGI; focus group interview), 경쟁분석 등을 활용할 수도 있다.

(2) 아이디어 심사

아이디어 심사(idea screaning)는 수집된 많은 서비스 아이디어 중에서 기업의 목표와 자원에 부합하고 상품개발 잠재력이 가장 큰 아이디어를 선택하기 위하여 분석·검토하는 단계이다. 서비스 상품 아이디어를 심사하는 과정에서 기업은 탈락오류와 채택오류를 범하지 말아야 한다. 탈락오류(drop error)는 실제로는 좋은 아이디어임에도 불구하고 기각시키는 오류를 말하며, 채택오류(go error)는 그 반대로 상품성이 결여된 나쁜 아이디어임에도 불구하고 채택하여 상업화 단계까지 진행시킴으로써 불필요한 비용지출과 자원낭비를 초래하는 오류를 말한다.

아이디어 심사의 주된 목적은 부적합한 아이디어를 가능한 한 빨리 선별해내는 데 있다. 상품은 기본적으로 소비자의 욕구충족 뿐만 아니라 장기적인 소비자 복리를 증대시키는 것이어야 하며, 상품의 안전성과 책임성이 고려되어야 한다. 신상품 아이디어의 평가와 상품개발의 우선순위를 결정하기 위해서는 체크리스트법이나 투자수익률법(ROI)을 이용할 수 있다.

(3) 서비스 컨셉의 개발과 평가

다양한 원천을 통해 수집된 서비스 아이디어가 기존사업과 신서비스 전략에 적합성이 높은 것으로 판명되면, 서비스 컨셉을 명확히 정의하고 그 개념에 대한

고객과 종업원의 반응을 확인하고 평가하는 과정이 필요하다. 일반적으로 서비스는 그 특성상 서비스 컨셉을 구체적으로 묘사하거나 신서비스 개발 관계자들 간에 합일점을 도출하기가 쉽지 않다. 따라서 이 단계에서는 서비스 컨셉을 명확하게 정의하고 관계자들 간에 합일점을 도출하는 것이 중요하다.

일단 서비스 컨셉이 명확히 정의되면, 서비스의 구체적인 특성과 내용을 기술하고 그 서비스 개념에 대한 고객과 종업원의 초기반응을 확인해야 한다. 이를 위해 만들어지는 서비스 설계안에는 신서비스가 해결할 수 있는 문제와 고객 편익 및 서비스 프로세스를 상세하게 기술하고, 고객이 신서비스를 구매해야 할 합당한 논리를 제공해야 한다. 그리고 서비스 제공과정에서 종업원과 고객이 수행해야 할 역할도 기술되어야 한다.

기업은 서비스 설계안을 토대로 하여 고객과 종업원들에게 제시된 서비스 아이디어에 대한 이해도, 서비스 컨셉에 대한 호감도, 미충족된 욕구 충족도 등을 질문함으로써 서비스 컨셉을 평가하게 된다.

(4) 사업성 분석

서비스 컨셉트에 대한 평가 결과가 우수하게 나타나면, 세 번째 단계로 사업성 분석, 즉 실행가능성과 잠재수익성 분석을 한다. 이 단계에서는 수요분석과 함께 예상매출액과 비용분석 및 운영상의 실행가능성이 분석되어야 한다. 기업은 이러한 분석을 통해 자사에서 정한 최소한의 실행가능성과 수익성을 기준으로 평가하여 서비스 아이디어의 개발 여부를 결정하게 된다.

(5) 서비스 상품의 개발과 검증

사업성 분석이 끝나면, 서비스 청사진을 만들어 서비스 상품을 개발하고 검증하는 단계에 들어간다. 서비스 청사진은 서비스 제공절차와 고객과 종업원의 역할 및 서비스 구성요소들을 상세하게 시각적으로 묘사해놓은 것을 말한다. 이 단계에서는 서비스 접점에 있는 종업원과 고객뿐만 아니라 기업 내에서 서비스 제공에 관계하는 모든 당사자들이 참여하여 신서비스 제공과 관련한 그들의 입장과 해결과제를 종합적으로 검토해야 한다. 그렇지 않으면 겉으로 중요하지 않아 보이는 운영상의 문제요인들로 인해 개발된 신서비스가 실패로 끝날 수 있기 때문이다.

신서비스 제공과 관련된 모든 부서나 집단은 서비스 제작된 청사진의 내용을 검토하고 각기 세부적인 실행계획으로 발전시켜야 한다.

(6) 시장 테스트

이 단계는 개발된 서비스의 시장수용성을 알아보는 단계를 말한다. 제품과 달리 서비스는 서비스 신상품이 기존 서비스의 제공시스템과 얽혀 있는 경우가 많아 별도의 한정된 시장에 신서비스를 출시하여 테스트 마케팅(test marketing)을 실시하기가 어렵다. 따라서 그 대안으로 일정 기간 동안 종업원과 그 가족들에게 개발된 서비스를 제공하고 마케팅믹스 변수의 변화에 대한 그들의 반응이나 구매의도를 조사해 봄으로써 시장의 수용성을 알아보는 방법이 있다. 또 시험운영(pilot run)을 통해서 개발된 서비스가 정상적으로 운영될 수 있는지 여부를 평가해 볼 수도 있다.

(7) 상품화

상품화는 신서비스가 시장에 도입(출시)되는 단계를 말하며, 두 가지의 주요 목적이 있다. 첫 번째 목적은 서비스 제공과정에 참여하는 종업원들에게 신서비스를 수용하게 하고 강화하는 것이다. 이것은 종업원들에 대한 적극적인 내부마케팅을 통해 가능하다. 두 번째 목적은 서비스수명주기 동안 신서비스의 모든 국면을 모니터링 하는 것이다. 이때 전화통화나 대면접촉, 계산서 청구, 고객불만, 서비스 제공에 따른 문제 등 서비스의 세부항목들에 대한 평가와 신서비스의 운영효과와 수익/비용에 대한 추적·평가가 자세하게 이루어져야 한다.

상품화 단계에서 서비스의 시장도입을 통해 수집된 정보는 시장의 실제 반응에 기초하여 서비스 제공 프로세스와 종업원의 충원상황, 마케팅믹스 변수 등을 수정하는데 이용할 수 있다.

04 서비스수명주기

인간이 태어나서 성장과정을 거치면서 사망하기까지 일련의 주기가 있듯이 시장에 도입된 제품이나 서비스도 일정한 수명과 주기를 가지고 있다. 즉, 시장에 도입된 신상품은 일정한 기간이 지나면 소비자 욕구의 변화나 새로 개발된 대체 신상품의 등장으로 인하여 점차로 시장에서 쇠퇴하고 모습을 감추게 된다는 것이다.

서비스수명주기(SLC ; service life cycle)란 서비스 신상품이 시장에 처음으로 도입(출시)되어 경쟁상품에 의하여 다시 그 시장에서 사라지기까지의 과정을 말한다. 제조업 부문의 제품수명주기와 마찬가지로 서비스수명주기도 시간의 흐름에 따른 매출을 기준으로 도입기, 성장기, 성숙기, 쇠퇴기의 4단계로 나누어진다. 그러나 서비스가 갖는 고유의 제특성으로 인해 제품수명주기 전략이 서비스수명주기 전략에 그대로 적용되기는 곤란하며, 서비스 부문에 맞도록 전략의 수정이 필요하다.

[그림 7-7]에는 전형적인 S자형의 서비스수명주기 곡선을 보여주고 있는데, 서비스 신상품이 시장에 처음 출시된 도입기에는 완만한 매출성장을 보이고 이익도 기대할 수가 없으나, 성장기가 되면 매출의 급속한 신장과 함께 이익률도 절정에 달하게 된다. 기업 간의 치열한 경쟁과 서비스 상품에 대한 수요가 포화상

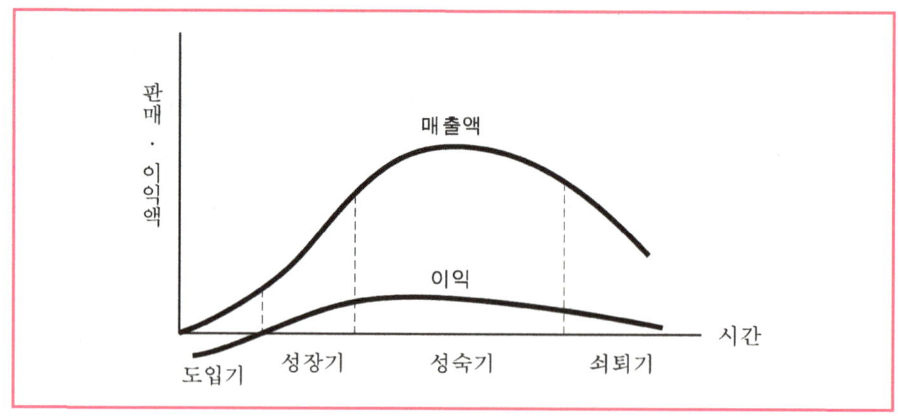

[그림 7-7] 서비스수명주기 곡선

태를 이루는 성숙기에는 매출성장이 둔화되고 이익률도 떨어지며, 종국에 가서는 대체적인 경쟁 신상품에 의하여 쇠퇴기를 맞이하고 시장에서 철수한다는 것이다.

어떤 서비스 상품이 수명주기를 가지고 있다고 하는 것은 다음과 같은 네 가지 의미를 지니고 있다.

① 서비스 상품은 유한한 수명을 가지고 있다.
② 서비스의 판매고는 여러 단계를 거치며, 각 단계는 판매자에게 상이한 도전기회가 제기된다.
③ 서비스수명주기의 각 단계별로 이익은 점차 증가하다가 감소한다.
④ 서비스수명주기에 따라 각기 상이한 마케팅전략이 요구된다.

그런데 서비스수명주기는 반드시 S자형 패턴을 그리지는 않는다. 서비스의 유형이나 시장상황에 따라 [그림 7-8]과 같은 다양한 모양을 가진 서비스수명주기를 보이기도 한다.

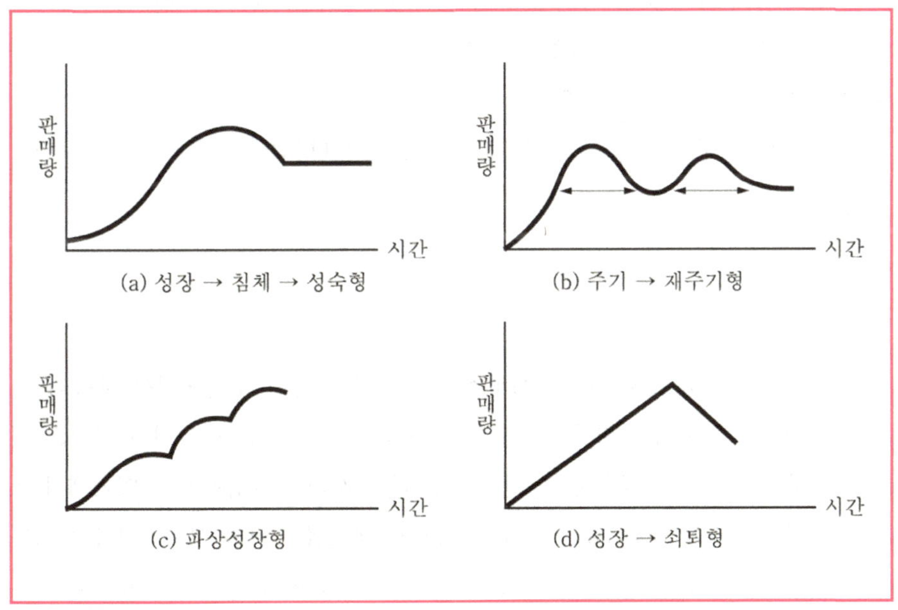

[그림 7-8] 비S자형 서비스수명주기 곡선의 유형

또 서비스수명주기의 길이는 서비스의 유형에 따라 다르며, 서비스수명주기가 갖는 의미는 각 주기의 정확한 길이보다는 향후 맞이할 새로운 단계를 예측하고 그에 따른 마케팅계획과 전략을 입안하는 데 있다. 일반적으로 기존서비스 상품에 비하여 신상품의 상대적 이점이 클수록, 또 서비스의 사용경험을 통해 호의적인 구전이 이루어질수록 그 서비스 상품의 매출 성장속도는 더 빠르다.

오늘날 서비스수명주기는 날로 단축되는 경향을 보이고 있는데, 그 원인은 다음과 같이 몇 가지로 요약할 수 있다.

① 급속한 기술혁신(특히, 컴퓨터와 정보기술 분야)
② 모방상품의 등장
③ 경쟁의 격화
④ 소비자욕구의 다양화·다변화·고급화
⑤ 유행의 빠른 변화

특히 무형성을 지닌 서비스는 제품에 비해 모방성이 강하고 서비스 혁신에 따른 대체 신상품의 도입이 빨라 서비스수명주기가 짧고 가변적인 경우가 많다.

서비스수명주기가 갖는 마케팅적 의미는 기존 상품의 수명과 장래성을 예측하고 서비스수명주기 단계별 특징과 마케팅전략을 효과적으로 수립할 수 있는 유용한 지침을 제공해 주는데 있다.

이하에서는 서비스수명주기의 단계별 특징과 마케팅전략에 대하여 살펴보기로 한다.

1. 도입기

도입기(introduction stage)는 서비스 신상품이 시장에 도입되면서 매출이 완만하게 성장하는 시기를 말한다. 시장도입에 따른 비용부담으로 인해 이익은 거의 존재하지 않거나 손실을 내는 시기이다. 많은 서비스 상품들은 도입기에서 소비자의 시선을 끌지 못한 채 사라지기도 한다. 제조업과 달리 서비스 부문에서는 소규모 투자로 사업을 개시할 수 있으며 소비자들의 인지도가 높아지면 쉽게 사업규모가 확장될 수 있는 이점이 있다. 이에 따라 시장 도입에 따른 재무위험을 낮고 도입기의 실패비용이 상대적으로 더 적게 든다.

도입기에는 경쟁자들은 거의 없으나 서비스의 특성상 혁신에 대한 저작권이나 특허로 보호받기가 힘들기 때문에 경쟁자들이 쉽게 모방상품을 출시하게 된다. 따라서 서비스의 도입기는 제품에 비해 짧게 이루어진다. 시장도입에 성공하게 되면 빠르게 성장기로 진입하게 되지만 그렇지 못하면 바로 사라지고 말기 때문이다. 신규 서비스에 대한 고객들의 수용가능성을 알아보기 위해서는 기존의 고객들을 신규 서비스에 참여시켜 보는 방법이 있다. 또 이 시기에는 해당 서비스 산업의 수요를 창출하는 것이 중요하며, 서비스 신상품의 수요를 자극하기 위해 고지형 광고나 쿠폰과 같은 촉진노력을 전개하고 초기 수용자들에 의한 긍정적 구전효과를 유도할 수 있다.

2. 성장기

성장기(growth stage)는 서비스 상품의 시장수용이 급속히 이루어짐에 따라 매출과 이익이 현저하게 증가하는 시기이다. 현금흐름이 개선되어 플러스가 되고 수익성이 높아진다. 잠재이윤이 증가함에 따라 경쟁사들이 시장에 진입하게 되어 경쟁이 증가하고 서비스 산업의 규모가 점차 확대된다. 따라서 서비스 제공업체들은 차별화전략이나 지속적 경쟁우위 전략을 개발해야 한다.

기업은 자사의 상표에 대한 애호도를 제고시킬 수 있는 방안을 강구하게 된다. 또 회원카드제, 보너스 포인트제 등을 통해 고객충성도를 제고하고 반복 구매율을 높이기 위한 전략을 모색하게 된다.

3. 성숙기

성숙기(maturity stage)는 수요가 포화상태가 이르러 대체수요나 반복구매 수요가 주류를 이루는 상황이며, 기업 간에 경쟁이 격화되어 매출성장이 둔화되고 이익률도 계속 떨어지는 시기이다. 매출은 안정세를 보이고 더 이상 늘어나지 않게 된다. 기업이 시장점유율을 늘리거나 매출을 증대시키기 위해서는 경쟁기업의 고객을 빼앗아야 한다. 따라서 기업 간의 경쟁은 점점 더 치열해진다. 취약한 경영기반을 가진 기업은 시장에서 퇴출 된다. 또 고객들은 경쟁 기업들간에 별다른 차별화 요인을 찾지 못하는 상황이 된다.

성숙기의 치열한 경쟁에서 살아남기 위해서는 강력한 마케팅수단을 개발하는 것이 필요하다. 즉, 생존을 위해서는 운영비 절감이나 구조조정, 기술적 또는 기능적 서비스 품질 향상, 특정 세분시장 집중, 보조서비스의 강화, 설득적 광고 강화 등의 한 두 가지 주요 전략에 집중하여 강력한 경쟁우위수단을 개발하는 것이 중요하다. 성숙기에 접어든 미국의 호텔업계에서 마리오트 호텔은 다른 업체들과 경쟁하기 위하여 이윤이 나지 않는 호텔들을 처분하고 인력감축 등의 구조조정을 하고, 예전과 같은 수준의 서비스를 제공하면서 원가를 줄이기 위한 다양한 방안들을 강구하였다.

4. 쇠퇴기

쇠퇴기(decline stage)는 서비스 상품이 시장성을 잃어감에 따라 매출이 급속히 감소하고 이익도 줄어들어 영(0)에 가까워지는 시기를 말한다. 매출이 감소하는 원인은 기술의 진보에 따른 대체 신상품의 등장, 소비자 기호의 변화, 국내외적 경쟁의 심화 등 여러 가지가 있다. 예를 들어 컴퓨터에 의한 문서작성이 보편화되면서 타자기의 수요가 없어짐에 따라 타자기 수리 서비스는 쇠퇴기를 맞이하게 되었다. 쇠퇴기 상황에서는 적극적인 마케팅전략을 수행해도 별로 성과를 기대할 수 없다. 수요가 격감하기 때문에 많은 기업들은 사업 포트폴리오에서 해당 서비스 부문을 없앤다. 결과적으로 기업 간의 경쟁은 줄어든다.

쇠퇴기에 있는 서비스를 제공하는 기업이 취할 수 있는 전략대안은 다음과 같은 다섯 가지가 있다.

① 철수전략(divestment)

철수의 타이밍이 중요하다. 쇠퇴기의 초기나 성숙기의 말기에 철수하는 것이 좋은데, 이때가 높은 가격으로 양도할 수 있다. 성급하게 철수를 하게 되면 극적인 전환기회를 놓칠 수 있다.

② 수확전략(harvest)

수요가 계속 감소하고 있을 때, 가능한 한 지출을 줄이고 최대한의 수익을 얻도록 하는 것이다. 노동집약적인 서비스에서는 이 전략을 사용하는데 어려움이 있다.

③ 정리전략(pruning)

제공되는 서비스의 수를 선별하여 줄이는 것이다. 이익을 내지 못하는 서비스는 중단하고 이익을 많이 내는 서비스만 선택적으로 제공하는 방법이다.

④ 비용절감전략(retrenchment)

이익을 내지 못하는 부문에 지출되는 비용은 최대한 줄이는 대신에 이익을 얻을 수 있는 부문의 지출은 계속 유지·확장하는 것이다. 이 전략은 여러 매장을 가진 대규모 기업이나 기업 간 서비스(B to B service)를 제공하는 기업에 유용한 전략이다.

⑤ 재활성화전략(rejuvenation)

자사의 표적시장이나 다른 표적시장을 찾아 새로운 방법으로 서비스를 제공하는 전략이다. 이 전략은 도입기에 버금가는 현금의 지출이 요구되기 때문에 매우 위험한 접근방법이다. 이 전략의 목표는 서비스수명주기를 성숙기 상태로 되돌리는 데 있다.

지금까지 살펴본 서비스수명주기 단계별 특성과 마케팅전략을 요약하면 〈표 7-5〉와 같다.

표 7-5 서비스수명주기 단계별 특성과 마케팅전략

구분	도입기	성장기	성숙기	쇠퇴기
단계별 특성	• 경쟁이 없음 • 매출성장 완만 • 적자상황 • 세분시장 미구분	• 해당산업 급성장 • 매출 증가 • 이익률 증가 • 세분시장 명확 • 경쟁자 진입증가	• 매출 제자리 걸음 • 경쟁이 극심함 • 부실기업 퇴출 • 브랜드 평준화 • 시장세분화 뚜렷	• 매출감소 • 이익감소 • 경쟁감소 • 시장성장률 감소 • 대체신상품 등장
마케팅 전략	• 서비스 설계에 고객 참여 • 초기수용자 확인 및 반응 확인 • 산업 수요 창출 • 촉진유인물 제공 • 긍정적 구전 자극	• 경쟁우위전략 개발 • 브랜드선호 유도 • 서비스 충성도 제고 • 반복구매 유도 • 시장점유율 확대	• 운영비용 감소 • 서비스품질 제고 • 특정 세분시장 집중 • 부가서비스 추가 • 설득적 광고 • 경쟁우위전략	• 철수전략 • 수확전략 • 정리전략 • 비용절감전략 • 재활성화전략

서비스수명주기 개념은 동태적인 시장에서 기존 상품의 현재 및 장래의 수명주기 단계적 특성을 토대로 하여 당면한 마케팅 과업을 이해하고, 그에 대응한 구체적인 마케팅계획과 전략을 수립하는데 유용한 도구가 된다. 그러나 서비스수명주기 이론은 크게 두 가지의 한계를 지니고 있다.

첫째, 서비스수명주기의 형태는 서비스 상품의 특성에 따라 다르다. 즉 모든 서비스가 S자형 주기패턴을 따르지는 않는다는 것이다. 이것은 S자형에 기초한 제품수명주기이론의 유용성을 제약하는 요인이 될 수 있다.

둘째, 서비스수명주기의 길이와 각 단계별 구분이 명료하지 않아서 그 서비스가 현재 어느 단계에 도달해 있는지를 정확히 알 수 없다. 기업은 서비스의 일시적인 판매고 변화를 서비스수명주기 단계의 변화로 오인하기 쉽다.

현장사례 … 장수 브랜드의 성공비결… '브랜드에 필요한 세 가지 용기'

장수 브랜드에게는 자신만의 성공 방정식이 존재할 것이며, 브랜드를 어느 정도 궤도에 올렸지만 지속가능성에 대한 고민이 많은 마케터나 브랜드를 이제 막 키우려는 마케터들 모두에게 이들의 브랜드 전략 및 성공 비결은 좋은 교훈이 될 것이다.

장수 브랜드의 성공비결 핵심 3요소를 도출해보면 일관과 신뢰, 소통이다.

① 일관 (Consistency) : 일관된 브랜드 아이덴티티 유지

② 신뢰 (Confidence) : 철저한 소비자 신뢰관리

③ 소통 (Contemporary) : 적극적인 시대 소통

이들 핵심 3요소는 각 기간에만 필요한 것이 아닌 브랜드가 생존하고 있는 브랜드 수명주기의 전 기간에 걸쳐 필요한 요소이다.

▶일관 (Consistency) : 일관된 브랜드 아이덴티티 유지

소비자의 마음에 들려면 끊임없이 혁신해야 한다. 그러나 무턱대고 혁신하다가는 큰 코 다친다. 브랜드라면 꼭 지켜야 할 아이덴티티가 있기 때문이다. 브랜드 아이덴티티는 브랜드가 소비자에게 궁극적으로 어떠한 가치를 제공할 수 있는지가 담겨야 하며, 한번 정립된 아이덴티티는 소비자와 강하게 연결되어 있기 때문에 이를 일관되게 유지해야 한다.

브랜드가 지켜야 할 아이덴티티는 크게 두 가지다. 브랜드 에센스(내재적 가치)와 브랜드 연상 요소(외형적 표시)다.

브랜드 에센스란 브랜드가 소비자에게 전달하고 싶은 명확하게 표현되는 가치를 말하며, 볼보의 '안전', 코카콜라의 '행복', 애플의 '혁신' 등을 예로 들 수 있다. 장수 브랜드들의 브랜드 에센스는 너무도 명확하며, 수십 년이 지나도 유지되고 있다. 브랜드 연상 요소란 소비자가 브랜드를 연상할 때 떠오르게 되는 이미지나 상징, 경험 등을 말한다. 브랜드의 개성으로도 표현되며, '맥도날드'의 삐에로, '새우깡'의 손이가요 손이가~ 같은 CM송, '애플'의 한입 베어 문 사과 로고처럼 고유의 색이나 슬로건, 캐릭터, 포장, 로고, BGM 등 소비자가 브랜드를 연상하기 쉽게 만들어주는 모든 요소를 말한다.

1985년에 출시한 '뉴코크'는 '코카콜라'의 가장 큰 오점으로 지금까지 회자되고 있다. '코카콜라'는 '펩시'가 젊은 층을 공략한 것에 맞대응하기 위해 '뉴코크'를 출시했는데, 3개월 만에 '뉴코크'는 사라졌고 그 자리는 원조 '코카콜라'가 채웠다. 이유는 단순하다. 전통적인 콜라 맛에 대한 소비자 선호가 강했기 때문이다. 또, 1993년 '펩시'는 '크리스탈 펩시'라는 투명한 빛깔의 제품을 출시했다. 투명한 콜라는 혁신적인 것으로 화제가 컸지만, 정작 소비자는 구매하지 않았다. 기존 콜라 색에 강하게 앵커링되었기 때문이다.

▶신뢰 (Confidence) : 철저한 소비자 신뢰관리

한번 떠난 소비자는 다시 돌아오지 않는다. 브랜드에 한 번 실망하게 된 소비자는 다신 그 브랜드를 찾지 않는다. 장수 브랜드는 항상 소비자와의 관계유지를 최우선시하며 신뢰확보를 위한 브랜드 평판 관리에 절대적인 중요성을 부여해왔다. '애플'은 수년간 친환경 정책을 고수하며 기후 변화 등 인류가 당면한 여러 환경 문제에 대해 적극적인 실천을 보여준 것이다. 그리고 브랜드 평판 관리를 위해서는 소비자의 소리에 적극적으로 대응해야 한다. 소비자와의 관계를 최우선시하는 태도를 지속해서 보여줄 때, 소비자는 브랜드에 깊은 신뢰를 하게 될 것이다.

▶소통 (Contemporary) : 적극적인 시대 소통

시장의 흐름, 소비 트렌드의 변화를 잘 읽고 이에 대응하는 브랜드 리뉴얼 활동은 필수다. 향후 시장 경쟁에 살아남기 위해 현재 브랜드 상황에서 무엇을 변화시켜야 하는지에 대해 적극적이고 지속적으로 점검해야 한다. 물론 브랜드 아이덴티티를 유지하는 것은 기본이다.

1년에 91억 잔 이상이 소비되는 동서식품의 '맥심'은 소비 트렌드 변화에 맞춰 4년마다 브랜드 리뉴얼을 진행하는 것으로 유명하다. 매년 100건 이상의 시장조사와 분석을 통해 소비 트렌드를 정확하게 진단하여 4년마다 맛과 향, 패키지 디자인을 업그레이드시킨다. 건강을 중요시하는 라이프 스타일이 트렌드가 되었던 시기에는 기존 제품에서 설탕을 1/3 가량 줄인 '모카골드S'를 출시했다. 물론 제품을 업그레이드할 때 맥심이 가장 중요하게 생각하는 건, 향이 좋은 커피라는 '맥심'본연의 향미를 지키는 것이다. 장수 브랜드의 이러한 적극적인 시대 소통은 브랜드를 끊임없이 젊게 만드는 원동력이 된다.

▶브랜드에 필요한 세 가지 용기

일반적으로 브랜드가 단명하는 원인을 뽑으면, 임시방편적인 브랜드 정책으로 인한 일관성의 결여와 트렌드를 읽지 못하는 변화 대응능력 미흡, 마지막으로 소비자의 신뢰를 중요하게 생각하지 않아 생기는 브랜드 평판관리 부족을 뽑을 수 있다. 즉 '일관', '신뢰', '소통'을 브랜드가 지키지 못할 때 브랜드 단명화가 촉진되는 것이다.

브랜드(마케터)에게는 두 종류의 용기가 필요하다. "모든 것을 버릴 수 있는 용기, 그리고 절대로 버리지 않는 용기!" '뱅크오브아메리카'의 찰스 홀리데이 회장의 말이다. 일관된 브랜드 아이덴티티 유지로 브랜드를 지키려는 용기와 적극적인 시대 소통으로 브랜드를 진화시키는 용기가 필요함을 역설한 것이다. 그리고 21세기 마케터들은 하나의 용기가 더 필요하다고 얘기한다. 브랜드에 대한 '신뢰'를 지켜내기 위한 용기다.

브랜드의 핵심 정체성은 '일관'되게 고수하며, 시대와 '소통'하며 브랜드를 진화시키고, 사소한 고객의 소리도 놓치지 않는 민첩한 대응으로 소비자의 '신뢰'를 얻는 브랜드 만이 장수 브랜드가 될 수 있다.

* 자료 : 이성길, Platum, 2017. 9. 21.

연구문제

1. 서비스 상품의 개념과 구성요소를 설명하고, '서비스의 꽃'이 갖는 의미에 대하여 설명하시오.

2. 서비스 상품믹스의 의미와 그 사례를 조사해 보자.

3. 서비스 브랜드의 구성요소와 요건에 대하여 설명하시오.

4. 서비스 보증의 의미와 요건에 대하여 생각해 보자.

5. 서비스 신상품의 유형에 대하여 설명하고, 실제 사례를 조사해 보자.

6. 서비스 신상품의 개발과정에 대하여 토의해 보자.

7. 서비스수명주기의 의미와 단계별 특성 및 마케팅전략에 대하여 설명해 보자.

8. 서비스 수명주기상 쇠퇴기에 취할 수 있는 전략대안에 대하여 토의해 보자.

service marketing

서비스 가격관리

학습 목표

- 서비스 가격의 의의
- 서비스 가격의 결정
- 서비스 가격전략

01 서비스 가격의 의의

1. 서비스 가격의 개념과 중요성

(1) 가격의 개념

일반적으로 가격(price)이란 구매자가 어떤 제품이나 서비스를 구입하고 그 대가로 지불하는 화폐가치 또는 구매 제품이나 서비스의 가치 또는 편익에 대하여 지불되는 반대급부를 말한다. 다시 말해 가격은 구매자에게 제공되는 것(제품이나 서비스)에 대하여 그 대가로 요구되는 교환금액이라고 할 수 있다. 이처럼 구매상품과 화폐의 교환비율을 의미하는 가격은 실제상황에서 여러 가지의 다양한 명칭으로 사용되고 있다.

즉, 시장에서 구매한 상품에 대해서는 대금(price)을 지불하며, 버스나 택시를 이용하면 차비를 낸다. 회사 종업원에게는 봉급이 지급되고, 병원 환자는 진료비를 내며, 학생들은 수업료를 낸다. 또 은행 대출금에 대해서는 이자를 내고, 보험 가입자는 보험료를 낸다. 이 모두가 제공된 상품이나 서비스에 대한 대가로서 가격의 의미를 갖는 것이다.

서비스 마케팅믹스 요소들 중에서 가격은 수익에 가장 직접적인 영향을 미칠 뿐만 아니라 수익을 가장 용이하게 조절할 수 있는 요소이다. 그러나 가격결정은 실제 비즈니스 상황에서 매우 복잡하고 어려운 문제가 되고 있다.

(2) 가격의 중요성

가격은 개별기업의 입장에서뿐만 아니라 소비자나 국가 경제적인 측면에서 다음과 같은 중요성을 지니고 있다.

첫째, 가격은 서비스를 포함하는 상품의 수요를 결정하는 중요한 요인이 된다. 일반적으로 가격과 구매 상품에 대한 수요는 반비례 관계를 갖게 되며, 이는 기업의 시장점유율과 수익성에 영향을 미친다. 서비스 기업은 가격을 수요-공급의 균형을 위한 도구로 많이 사용한다. 극장의 조조할인, 여행사나 호텔, 항공사의 비수기 할인, 레스토랑의 낮 시간 할인가격제는 모두 이러한 예에 속한다.

둘째, 가격은 기업의 이익의 원천이 된다. 총수익에서 총비용을 차감한 값으로 산출되는 기업의 이익을 극대화하기 위해서는 상품의 가격탄력성이나 경쟁관계 등을 고려하면서 총수익(=가격 × 판매량)을 극대화할 수 있도록 가격을 결정해야 한다.

셋째, 가격은 기업의 다른 마케팅믹스 결정에 영향을 미친다. 즉, 기업 수익의 원천이 되는 가격은 서비스 상품, 촉진, 유통 등의 마케팅믹스 수단을 운용하는데 필요한 자금원 역할을 한다.

넷째, 소비자들은 상품에 대한 불완전한 정보로 인해 가격을 품질의 지표로 삼는 경향(price-quality association)이 있다. 특히 서비스는 무형적이고 고객들에게 구매위험이 높게 지각되기 때문에 가격이 품질의 지표로 작용되는 경우가 많다.

다섯째, 가격은 불경기 상황이나 인플레이션이 심한 경우, 기업 간의 경쟁이 치열하거나 진입장벽을 구축하고자 할 때, 시장이 포화상태에 있을 때에 특히 중요한 마케팅 도구가 될 수 있다.

여섯째, 가격은 물가수준과 소비자의 생활수준에 큰 영향을 미치는 요인이며, 따라서 법률의 규제를 많이 받는다. 정부는 물가안정이나 생산자 또는 소비자 보호를 위하여 가격을 통제하는 경제정책을 취하기도 한다.

2. 가격결정의 목표

기업은 서비스의 가격을 결정함에 있어서, 먼저 그 서비스로부터 목표하는 바가 무엇인가를 분명히 결정해야 한다. 기업이 가격결정을 통해서 추구할 수 있는 기업목표로는 다음과 같이 다섯 가지로 요약할 수 있다.

(1) 기업생존

과잉설비 문제나 기업 간의 극심한 경쟁, 소비자의 욕구 변화 등으로 고심하는 서비스 기업들은 기업의 생존이 주요 목표가 된다. 수요 증대를 위한 영업전략을 수행하는 경우에는 가격을 낮게 책정하게 된다.

(2) 현재 이익의 극대화

많은 기업들은 가능한 한 최대한의 이윤을 얻기 위해 현재의 단기적 이익을 극대화하는 가격목표를 설정한다. 여러 가격 대안들에 대한 서비스의 수요와 비용을 추정한 다음 단기이익이나 현금흐름 또는 수익률을 극대화할 수 있는 가격을 선택한다.

(3) 판매량의 극대화

이는 서비스 기업이 판매수익의 극대화를 통해 장기적으로 이익 극대화와 시장점유율의 증대를 도모하는 상황이라고 할 수 있다. 기업은 서비스의 수요함수를 중심으로 하여 판매수익의 극대화를 위한 가격결정을 하게 된다.

(4) 시장점유율 선도

이는 시장점유율의 증대에 초점을 맞추는 가격목표를 말하며, 판매량 극대화와 같은 목표로 이해되기도 한다. 시장점유율 증대를 통해 판매량이 증가하면 규모의 경제에 의해 단위당 원가가 낮아지고 장기적으로 이익을 더 증대시킬 수 있다고 보는 것이다. 시장선도자(market leader)를 목표로 하거나 시장점유율을 높이기 위해서는 저가전략(시장침투가격전략)을 채택하게 된다.

(5) 서비스 품질 선도

이는 전체시장에서 서비스 품질의 선도기업이 되고자 하는 목표를 말한다. 기업은 고급 시설과 설비 및 전문인력을 확보하여 우수한 품질의 서비스를 제공하고 고품질 이미지 구축을 위해 고가정책을 취하는 것이 일반적이다.

3. 서비스 가격의 역할

기업이 서비스의 가격을 책정할 때 서비스 가격에 대한 소비자들의 지각이나 반응을 정확히 이해하는 것은 매우 중요하다. 서비스 기업이 제시하는 가격이나 가격의 변화에 대하여 소비자들이 각기 다르게 지각하는 이유는 다음과 같이 세 가지로 설명할 수 있다.

(1) 고객의 준거가격 차이

고객은 어떤 서비스를 구매하고자 할 때 자신의 준거가격을 기초로 하여 가격을 평가한다. 준거가격(reference price)이란 제품이나 서비스를 평가하는 기준이 되는 기억 속의 가격으로서 i) 가장 최근에 지불한 가격, ii) 빈번하게 지불되는 가격, iii) 유사한 상품을 구입하기 위해 지불한 평균가격 등으로 결정되는 가격을 말한다. 그런데 고객의 기억 속에 있는 서비스에 대한 준거가격은 제품에 비해 정확하지 못하며, 따라서 고객들마다 서비스 가격에 대하여 다르게 평가할 수 있다.

고객이 서비스에 대하여 정확한 준거가격을 갖지 못하는 이유는 다음과 같다.

첫째, 서비스는 무형적인데다 서비스 기업에 따라 다양한 형태로 서비스를 제공할 수 있어서 가격구조가 매우 복잡하기 때문이다. 예를 들어, 생명보험의 경우 다양한 보험상품에다 가입조건, 고객의 나이, 건강상태, 흡연 여부 등에 따라 가격이 달라질 수 있기 때문에 전문가가 아니면 가격을 비교하기 어렵다.

둘째, 서비스 제공자가 개별 고객에게 부과할 서비스 가격을 미리 계산하기 어렵고, 때로는 가격을 미리 정하지 않으려고 하기 때문이다. 법률 서비스나 의료 서비스와 같이 서비스 가격은 서비스가 제공되는 범위나 수준 또는 상황에 따라 가격이 달라지는 경우가 많다.

셋째, 서비스에 대한 고객의 개인적 욕구가 다양하기 때문이다. 호텔을 이용하는 경우, 객실의 크기나 연중시기, 방의 여유, 등급, 고객 수, 개인/단체 여부에 따라 가격이 달라지 게 된다.

넷째, 서비스를 비교하기 위한 정보탐색이 어렵기 때문이다. 소매점에 진열된 제품들을 비교 쇼핑하는 경우와 달리 고객이 여러 호텔을 찾아다니며 서비스를 비교하는 것은 번거로운 일이기 때문이다.

(2) 비금전적 원가의 역할

소비자가 제품이나 서비스를 얻기 위해서는 금전적 가격(monetary price)만 희생하는 것이 아니라 여러 가지 비금전적 비용에 의해서도 많은 영향을 받는다. 즉, 고객의 총비용은 금전적 가격(화폐적 비용)과 비금전적 비용의 합으로 이루어진다.

비금전적 비용(nonmonetary costs)은 고객이 서비스를 구매하고 사용할 때 지각되는 희생을 총칭하는 것으로서 시간비용, 정보탐색 비용, 불편비용, 심리적 비용 등을 포함하는 것이다. 서비스를 구매할 때에는 금전적 가격보다 비금전적 비용이 더 중요하게 작용할 수도 있다. 예를들어, 비행기 티켓을 구매하는 소비자는 비행시간을 줄이기 위해(시간비용) 직항편을 선택하거나, 여행 중의 편리를 위해(불편비용) 비즈니스석을 이용하거나, 안전에 대한 위험을 줄이기 위해(심리적 비용) 우수 항공사의 티켓을 구매할 수 있을 것이다. 고객은 이러한 금전적, 비금전적 비용 요소를 고려하여 총비용을 결정하게 되는 것이다.

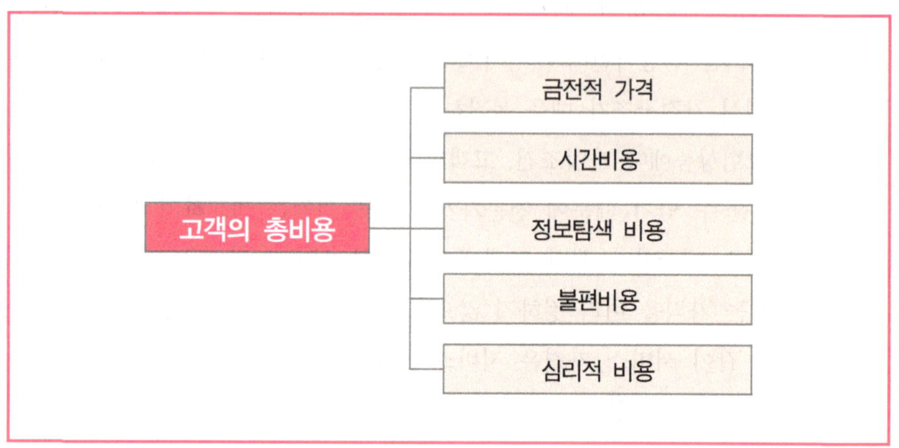

[그림 8-1] 고객의 총비용 구성요소

비금전적 비용은 다음과 같이 네 가지로 구분할 수 있다.

1) 시간비용

대부분의 서비스 제공과정에는 고객의 참여가 필연적이기 때문에 고객은 서비스제공에 참여하는 시간뿐만 아니라 대기시간을 필요로 하며, 이는 곧 비금전적 비용요인이 된다. 병원을 찾은 환자는 진료를 받기 위해 기다리는 대기시간과 의사의 진료시간을 소비하게 된다. 서비스의 대기시간은 제품 구입을 위해 기다리는 시간에 비해 길고 예측하기 어려운 특성이 있다.

2) 정보탐색 비용

이는 고객이 원하는 서비스를 찾고 여러 대체안들 중에서 선택하는데 들이는 노력을 말한다. 정보탐색 비용 역시 제품보다 서비스에서 더 높게 나타난다. 대개 서비스 가격은 경험을 통해서 알 수 있고, 서비스 제공자들은 경쟁자의 서비스를 함께 제시해 주지 않기 때문에 탐색비용이 많이 든다.

3) 불편비용

고객이 서비스를 제공받기 위해 감수해야 하는 여러 가지 불편비용을 말한다. 서비스 시간에 맞추기 위해 개인일정을 조정해야 하거나 서비스를 받기 위해 이동하는데 따르는 불편, 서비스 준비를 하는데 요구되는 시간과 노력(방역, 이사 등) 등의 불편에 따른 희생비용이 포함된다.

4) 심리적 비용

이는 어떤 서비스를 제공받기 위해 고객이 치러야 하는 심리적 비용을 말한다. 서비스의 몰이해에 따른 두려움, 서비스 제공자의 거절에 대한 두려움, 고가격이나 결과의 불확실성에 대한 두려움 등의 심리적 비용으로 구성된다.

고객은 이러한 비금전적 원가요인들에 대한 자신의 우선순위를 기준하여 서비스 대안들을 평가하고 선택하게 된다. 예컨대, 독감에 걸려 병원을 찾고 있는 환자의 경우, 시간적 여유가 없고 불편비용을 감수하기 어려운 상황이라면 가까운 내과 의원을 찾지만, 시간이 많고 심리적 비용이 크게 작용하는 환자라면 종합병원을 찾게 될 것이다.

비금전적 원가와 관련한 시사점을 살펴보면 다음과 같다.

첫째, 서비스 기업은 시간비용 등의 비금전적 원가를 낮추는 대가로 금전적 가격을 더 높일 수 있다.

둘째, 고객은 비금전적 원가를 낮추는 대신에 금전적 가격을 더 지불할 용의가 있다. 파출부나 놀이방, 홈쇼핑, 세탁소 등은 모두 자가 서비스를 하는 대신에 금전적 비용을 들여 외부 용역을 이용하는 경우이다.

(3) 서비스 품질의 지표

서비스는 품질을 평가하기 어렵기 때문에 가격을 서비스 품질의 지표로 삼는

경향이 있다. 또 동일한 서비스 부문 내에서 서비스의 품질과 가격의 변동폭이 클 때나 서비스의 구매위험이 크게 지각되는 경우에도 가격은 품질의 지표로 작용한다. 의료 서비스나 경영컨설팅, 법률 서비스와 같은 신뢰 질의 서비스는 가격을 품질의 지표로 인식하는 경우가 많다.

이처럼 가격은 서비스 품질의 단서로 이용될 뿐만 아니라 서비스 품질에 대한 고객의 기대를 낳게 하기 때문에 기업은 서비스 가격을 신중하게 결정해야 한다. 서비스 가격은 제 비용을 커버하고 경쟁자의 서비스에 대응할 수 있어야 하며, 적절한 품질의 신호로 전달될 수 있어야 한다. 가격이 너무 낮게 책정되면 서비스 품질을 의심할 수 있으며, 반대로 가격이 너무 높게 책정되면 기업이 감당하기 어려운 고객 기대를 갖게 하고 소비자 저항을 불러일으킬 수 있다.

02 서비스 가격의 결정

일반적으로 가격은 너무 낮아서 이익을 내지 못하는 하한수준과 너무 높아서 최소한의 수요도 창출하지 못하는 상한수준의 사이에 존재한다. 따라서 가격은 경쟁상황이나 수요관계를 고려하여 적정한 수준의 이익이 창출될 수 있는 수준에서 결정이 되어야 하는 것이다.

[그림 8-2]에는 기업의 가격결정시 주요 고려요인을 나타내고 있다. 이 그림에서 서비스 원가는 가격의 하한선이 되고, 자사의 서비스에 대한 소비자의 지각은 가격의 상한선이 된다. 서비스 기업은 이러한 양 극단 사이에서 경쟁사의 가격과 내·외적 요인들을 고려하여 가장 적정한 수준의 가격을 결정하게 된다.

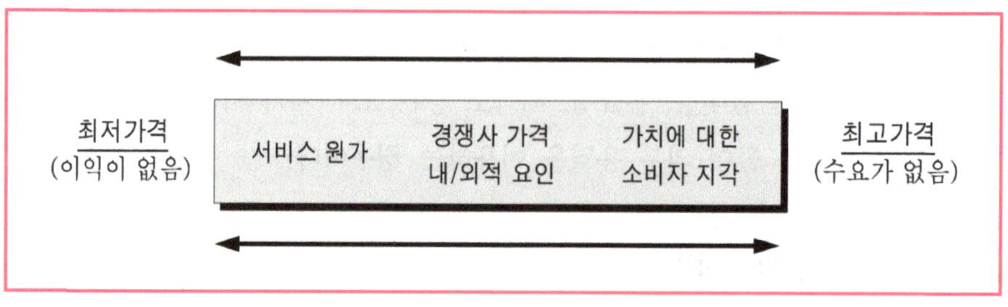

[그림 8-2] 가격 결정 시의 고려요인

일반적으로 제품이나 서비스의 가격결정은 주요 가격결정요소라 할 수 있는 원가와 경쟁 및 수요에 의하여 주로 영향을 받게 된다. 따라서 전형적인 가격결정방법도 이들 세 요소를 중심으로 원가중심, 경쟁중심, 수요중심의 가격결정방법으로 나눌 수 있다.

1. 원가중심 가격결정

(1) 원가중심 가격결정의 개념

일반적으로 원가(cost)는 가격의 하한선이 된다. 원가중심 가격결정 방법(cost-based pricing)에서는 직접비와 간접비 및 마진을 더하여 가격을 결정하게 된다. 여기서 직접비와 간접비는 서비스의 원가를 구성한다. 직접비는 서비스와 관련된 재료비와 노무비로 구성되며, 간접비는 조업도나 매출액과 관계없이 일정하게 발생하는 비용으로서 건물임대료, 감가상각비, 각종 설비, 제세금, 보험료, 급여, 자본비용, 보수·유지비 등을 말한다.

상품의 가격은 원가에 마진(이폭, margin)을 더한 값으로 이루어진다. 여기서 마진은 가격과 원가의 차액이며, 마진율은 '가격에 대한 마진의 비율(= 마진/가격 × 100)'을 의미한다.

판매 상품의 가격은 '원가 ÷ (1 − 마진율)'로 계산한다. 예를 들어, 원가가 10만원인 상품을 20%의 마진을 남기고 판매하려면, 판매가격을 얼마로 해야 할까? 판매가격은 125,000원(= 100,000 ÷ (1 − 0.2))이고, 마진은 25,000원이 된다.

> 가격 = 원가 + 마진 = 직접비 + 간접비 + 마진
> 마진율 = 마진 ÷ 판매가격 × 100
> 가격 = 원가 ÷ (1 - 마진율)

(2) 원가중심 가격결정의 이점과 문제점

원가중심 가격결정 방식은 가격결정이 매우 간단하고 사회적으로 공정한 것으로 인정될 수 있으며, 수요예측이 어려워도 일정한 적정이윤이 확보되고 가격경쟁이 최소화될 수 있다는 이점이 있다.

그러나 원가중심 가격결정 방식을 서비스 부문에 적용할 때에는 다음과 같은 몇 가지 문제점이 있다.

첫째, 서비스 부문에서는 원가를 추정하기가 어렵다는 점이다. 서비스는 산출물을 기준으로 하는 것이 아니라 서비스를 얻기 위한 투입요소(시간 등)를 기준으로 하여 판매되고 있기 때문이다.

둘째, 서비스 부문의 주요 원가요소는 재료가 아니라 종업원들의 시간인데, 그들의 시간가치를 계산하거나 추정하기가 매우 힘들다. 특히 경영컨설팅이나 엔지니어링, 건축, 세무회계, 법률 서비스, 개인지도 등의 전문서비스는 대부분 활동시간을 기준으로 하여 수수료가 산정된다.

셋째, 서비스의 원가는 고객에게 제공된 서비스의 가치를 정확하게 반영하지 못할 수 있다는 점이다. 예컨대, 세탁소에서 고급 양복정장과 작업복의 수선작업에 소요된 시간이 같아 두 벌 모두 1만 원씩의 수선비를 받는다면, 고급양복을 맡긴 고객은 기꺼이 지불할 수 있는 가격이라고 생각하지만, 작업복을 맡긴 고객은 1만 원이 너무 비싸다고 생각할 수 있을 것이다. 이처럼 단순히 투입된 시간만을 기준으로 하여 가격을 책정하면 고객이 지각하는 서비스 가치를 정확히 반영하지 못할 수 있다.

원가중심 가격결정법은 공공 서비스나 도소매업, 건설, 엔지니어링 부문과 같이 원가를 미리 추정할 수 있는 서비스 산업에서 주로 이용된다.

2. 경쟁중심 가격결정

(1) 경쟁중심 가격결정의 개념

가격결정은 경쟁기업의 서비스 가격의 영향을 많이 받는다. 특히 시장에 다양한 경쟁상품들이 있을 경우에는 경쟁상품의 가격과 품질을 고려하여 가격을 결정해야 한다. 그렇지 않으면 자사상품의 판매가 어려워질 수 있기 때문이다.

경쟁중심 가격결정(competition-based pricing)이란 동일한 산업 내의 다른 경쟁사들의 가격에 기초하여 가격을 결정하는 방법이다. 즉, 기업은 경쟁사 가격이나 시장가격을 기준으로 하여 경쟁사와 동일한 수준으로 판매가격을 정하거나, 경쟁사보다 높게 또는 낮게 판매가격을 정할 수 있다.

경쟁중심 가격결정법은 기업 간에 과열경쟁을 막을 수 있으며, 업계의 조화를 도모하고 업계 평균수준의 적정이익을 창출할 수 있다는 이점이 있다. 하지만 경쟁사의 가격에 따라 자사의 가격이 결정되기 때문에 일관된 가격전략을 수행하기가 어려워진다는 단점이 있다. 또 동네 세탁소나 소매점과 같이 규모가 작은 서비스 기업은 규모가 큰 서비스 기업이나 체인점과 경쟁할 수 있는 낮은 가격으로는 적정한 마진을 얻지 못하는 문제가 생길 수 있다.

서비스 공급자들간의 이질성은 경쟁중심 가격결정 방법의 사용을 복잡하게 만든다. 예를 들어, 은행들은 예금, 대출, 송금, 외환 등 다양한 종류의 서비스를 제공하면서 은행간에 서비스 가격의 차이가 많이 나는 경우를 볼 수 있는데, 이는 가격책정의 어려움 때문이기도 하겠지만 고객이 여러 은행을 다니면서 서비스 가격의 차이를 확인하기 어려울 것이라는 계산이 반영되어 있는 것이다.

기업의 가격결정에 미치는 영향은 시장의 경쟁구조, 즉 독점·과점·독점적 경쟁·완전경쟁 상황인가에 따라 다르지만, 일반적인 경쟁상황은 독점적 경쟁 또는 과점 상황 하에 있게 마련이다. 독과점 시장에서는 가격을 낮춤으로써 얻게 되는 이점을 상쇄시키기 위해 경쟁자 간에 가격을 서로 맞추려 하기 때문에 '가격신호현상(price signaling)'이 나타난다. 일반적으로 가격신호현상은 시장의 선도기업이 가격을 결정하면 이를 대외적으로 알려서 다른 경쟁기업들이 따라오게 하는 형태로 이루어진다.

(2) 경쟁중심 가격결정의 유형

시장의 경쟁관계를 기초로 하여 가격을 결정하는 방법으로는 시장대응가격결정법과 입찰가격결정법이 있다.

시장대응가격결정법(going-rate pricing)은 주요 경쟁사나 시장 선도기업의 가격에 기초하여 자사의 가격을 결정하는 방법을 말한다. 과점상황에 있는 기업들은 가격을 비슷하게 책정하는 것이 보통이다. 또 동질적이고 표준화되어 있는 서비스 상품을 다수의 경쟁자가 제공하는 경우에는 개별기업의 독자적인 가격설정이 어렵게 되므로 시장의 대표적인 가격이나 업계의 평균가격 수준에서 가격을 설정한다.

입찰가격결정법(sealed-bid pricing)은 자사의 원가나 수요보다 경쟁사들이 어

느 정도로 가격을 책정할 것인가에 기초하여 가격을 설정하는 방법을 말한다. 건축설계나 시스템 구축 같은 프로젝트의 공개입찰에서는 계약체결 가능성(확률)과 잠재이익의 가능성에 따른 기대이익을 검토하여 경쟁사보다 낮은 가격을 책정해야 계약을 따낼 수 있다.

3. 수요중심 가격결정

(1) 수요중심 가격결정의 의의

원가나 경쟁을 중심으로 가격을 결정하는 방법은 모두 고객이 준거가격을 가지고 있지 않거나 비금전적 원가에 민감할 수 있으며, 가격을 품질의 지표로 판단할 수 있다는 점을 고려하지 않고 있다. 기업은 이러한 요인들을 고려하여 고객들의 수요와 지각가치를 기준으로 가격을 결정할 수 있다. 즉 기업이 제공하는 서비스에 대하여 고객이 지불하고자 하는 금액을 기준으로 가격을 책정할 수 있다는 것이다.

수요중심 가격결정(demand-based pricing)은 제품이나 서비스의 시장수요와 고객의 지각가치를 기준으로 가격을 설정하는 방법을 말한다. 수요중심의 가격결정은 제품이나 서비스의 구매자인 고객의 관점에서 가격을 결정하는 것이기 때문에 고객(구매자) 중심 가격결정이라고도 한다.

서비스에 대한 시장의 수요탄력성은 가격결정에 커다란 영향을 미친다. 수요가 탄력적인 경우에는 시장수요가 가격의 변화에 직접적으로 영향을 받게 되며, 따라서 가격을 인상하면 시장수요는 감소하고, 가격을 인하하면 시장수요는 증가하는 것이다. 그러나 수요가 비탄력적인 경우에는 가격의 변화가 수요에 대하여 크게 영향을 주지 않는다.

서비스에 대한 수요-공급 분석을 통해 가격을 결정한다는 것은 쉬운 일이 아니다. 수요곡선이나 한계수입 및 한계비용곡선을 구하기가 매우 어려울 뿐만 아니라 서비스는 그 특성상 제품에 비해 수요예측과 수급조절이 쉽지 않기 때문이다. 그러나 수요분석에 의하여 가격과 수요 및 비용관계를 이해하고 그것을 가격결정에 반영하는 것은 매우 필요한 일이다.

서비스의 가격탄력성에 영향을 미치는 요인들은 다음과 같다.

① 서비스의 특성(탐색 질·경험 질·신뢰 질 속성)
② 서비스의 사치성과 필수성
③ 소비자의 개인적 특성과 서비스에 대한 욕구
④ 대체서비스의 수요
⑤ 보완서비스의 수요
⑥ 경쟁사 상품의 가격과 수요
⑦ 시간의 흐름(장·단기적 수요의 변화)

(2) 지각가치 가격결정

오늘날 많은 기업들은 서비스에 대한 고객들의 지각가치, 즉 고객들의 주관적인 평가를 기초로 하여 가격을 결정하고 있는데, 이를 지각가치 가격결정(perceived value pricing)이라고 한다. 고객의 지각가치에 부합되는 가격결정은 수요중심 또는 고객중심 가격결정의 핵심이 된다.

기업은 자사의 상품이나 경쟁상품에 대하여 고객들이 지각하고 있는 가치를 파악하여 가격을 지각가치에 맞도록 결정해야 한다. 고객들의 마음속에 지각된 가치를 높이기 위해서는 상표 이미지나 서비스 품질, 시설, 내부장식 등의 비가격 변수를 많이 이용하여야 한다.

예컨대, 소비자들은 같은 커피라고 하더라도 커피숍에서는 3,000원에 마실 수 있는 커피를 호텔 커피숍에서는 10,000원이라도 기꺼이 지불할 수 있는데, 이는 분위기나 서비스에 따라 소비자들의 지각가치가 다르게 평가되기 때문이다. 고객들에게 지각되는 가치가 높을수록 가격은 비싸지는 것이다. 만일 서비스의 가격을 소비자가 지각하는 가치보다 높게 결정하면 판매량이 감소하게 되고, 반대로 지각가치 이하로 결정하면 이익기회를 잃거나 품질이 낮은 서비스로 지각할 수 있을 것이다.

서비스에 대한 지각가치 가격결정이 제품의 경우와 다른 점은 다음과 같다.

첫째, 비금전적 비용과 편익이 고객의 지각된 가치를 계산하는데 고려되어야 한다는 점이다. 만일 고객이 시간이나 노력, 불편성 등의 비금전적 비용이 드는 서비스를 제공받을 경우에는 이를 금전적 가격으로 보상되도록 해야 하며, 반대로 비금전적 비용을 절감하는 서비스를 제공받는다면 고객은 기꺼이 높은 금전

적 가격을 지불하려고 할 것이다.

둘째, 고객은 서비스의 원가 정보를 정확히 알기 어렵기 때문에 서비스 선택 시에 금전적 가격이 제품보다 덜 중요시된다는 점이다.

고객은 서비스의 가격을 검토함에 있어서 지각된 가치 외에도 구매위험, 구매에 대한 고객의 관여수준, 서비스에 대한 개인적 참여도 등을 고려하게 된다.

(3) 가격과 가치

서비스 가격을 결정하는 가장 적절한 방법중의 하나는 바로 서비스에 대한 고객의 지각된 가치를 근거로 하여 가격을 결정하는 것이다. 고객의 지각가치는 자신의 과거경험이나 대체상품의 이용가능성, 전환원가, 개인적 욕구 등에 기초하여 결정된다. 그렇다면 고객에게 있어서 가치란 무엇이며, 어떤 의미를 갖는가?

자이스믈(Zeithaml)은 고객 관점에서 가치의 개념을 다음과 같은 네 가지 유형으로 제시하고 있다.[1)]

① 가치란 낮은 가격이다.

이는 고객이 가치를 지각할 때 금전적 가격이 가장 중요한 요소임을 의미하는 것이다. 즉, 고객이 서비스 구매를 위해 지불하는 돈에 초점을 둔 것이다. 예컨대, 쿠폰을 이용하여 햄버그를 구입하거나 최저가로 여행사 서비스를 받을 때를 가장 가치 있다고 보는 것이다.

② 가치란 서비스에서 고객이 원하는 모든 것이다.

이는 고객이 서비스로부터 얻는 편익(benefits)을 가치의 가장 핵심적인 요소로 보는 것이다. 이러한 가치 개념은 가격보다 고객이 원하는 품질이나 특징을 더 중요하게 여기는 상황이다. 예컨대, 결혼기념일에 저렴한 가격보다 아내를 크게 감동시킬 수 있는 선물을 가장 가치 있다고 여기는 경우라고 할 수 있다.

---

1) Zeithaml, Valarie L.(1988), "Consumer Perceptions of Price, Quality, and Value: A Means-End Model and Synthesis of Evidence", *Journal of Marketing*, 52(July), pp.2~21.

③ 가치란 고객이 지불한 가격에 대하여 얻은 품질이다.

이는 가치를 고객이 지불한 비용(가격)과 그가 얻는 품질과의 상쇄효과(trade-off)로 간주하는 것을 말한다. 예를 들어, 호텔을 이용할 때, 저렴한 가격에 비해 품질이 우수하다고 여기는 경우나 가격은 높지만 최고급 호텔 서비스를 제공받고 있다고 여기는 경우를 가치가 있다고 보는 것이다.

④ 가치란 고객이 '준 것'에 대하여 '받는 것'이다.

이는 고객이 희생한 모든 요소(금전적 가격과 시간, 노력 등의 비금전적 비용)를 고려하여 얻게 되는 모든 편익을 가치라고 정의하는 관점이다. 예컨대, 미용실에서 고객이 지불한 가격과 시간, 노력을 들인 대가로 얻어진 흡족한 헤어스타일이나, 적은 비용과 노력으로 좋은 외국어 교육 효과를 얻었다고 생각하는 경우를 가치있다고 보는 것이다.

위에서 살펴 본 가치에 대한 정의들을 하나의 통합적인 개념으로 표현한다면, 지각된 가치란 '주는 것(희생된 것, give : 금전적 가격, 시간, 노력 등)'과 '얻는 것(get : 품질, 양, 편의성, 경제성 등)'에 대한 고객의 지각에 기초하여 서비스의 효용을 전반적으로 평가하는 것이라고 할 수 있다. 이때 '주는 것'과 '얻는 것'은 고객에 따라 다르게 지각된다.

가치란 낮은 가격이다.	가치란 서비스에서 고객이 원하는 모든 것이다.
가치란 고객이 지불한 가격에 대하여 얻은 품질이다	가치란 고객이 준 것에 대하여 받는 것이다.

[그림 8-3] 고객관점의 가치에 대한 네 가지 정의

서비스 가치(service value)는 다음과 같이 고객이 얻는 것, 즉 서비스 품질(+)과 희생된 것(−)의 함수관계로 표시할 수 있다.

SV = f(SQ, SAC)
〈SV : 서비스 가치, SQ : 서비스 품질, SAC : 희생된 것〉

서비스 가치는 '주는 것'과 '얻는 것' 간의 상쇄관계(trade-off)에 의해 결정되고 평가되는 것이라고 할 수 있다. 따라서 서비스 가치는 서비스 품질(+)과 그것을 얻기 위해 희생된 것(−)의 합으로 측정할 수 있다. 이를 가법모델 또는 보상모델이라고 하며, 아래와 같은 공식으로 나타낼 수 있다.

SV = SQ + SAC ······························ 〈가법모델〉
〈SV : 서비스 가치, SQ : 서비스 품질, SAC : 희생된 것〉

한편, 서비스 가치와 고객의 구매의도간의 관계는 [그림 8-3]과 같이 서비스 품질(+)과 희생된 것(−)의 상쇄관계(trade-off)에 의해 서비스 가치가 결정되고, 서비스 가치는 고객의 구매의도에 영향을 미치는 것으로 나타낼 수 있다. 일반적으로 소비자의 구매의도는 서비스 가치와 서비스 품질의 상위적 개념으로 이해된다.

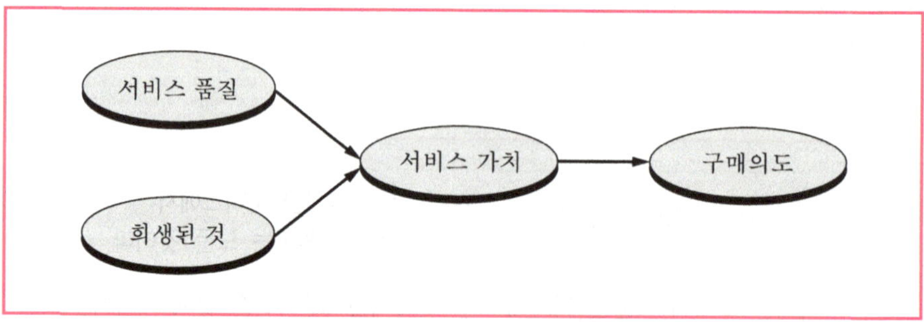

[그림 8-4] 서비스 가치와 구매의도의 관계

소비자들은 서비스를 선택할 때 항상 최고의 품질만을 원하는 것이 아니며, 그렇다고 항상 최저의 가격이나 희생만을 원하는 것도 아니다. 따라서 서비스 기업은 고객이 서비스를 구매함으로써 얻게 되는 편익(+)과 그것을 얻기 위해 희생하는 금전적·비금전적 비용(−) 간의 차이를 통해 서비스 가치를 강화하는 마케팅 전략을 전개하는 것이 중요하다.

서비스는 제품과 달리 비용구조가 명확하지 않고 경쟁이나 고객, 수요, 수익 등에 따라 다양한 기준에 따라 전략적인 가격 결정을 필요로 한다. 성공적인 가격결정을 위해서는 다음과 같은 가격결정 지침이 필요하다.

① 가격은 고객이 이해하기 쉬워야 한다.
② 가격은 고객에게 서비스 가치를 대변해야 한다.
③ 가격은 고객 유지 및 고객 관계를 촉진해야 한다.
④ 가격은 고객 신뢰를 강화해야 한다.
⑤ 가격은 고객 불확실성을 감소시켜야 한다.

현장사례 ··· 소비자를 파트너로 만드는 가격전략

디지털 전환 시대를 맞아 플랫폼 기업들이 전통 기업들을 밀어내고 있다. 디지털 환경에 적합한 혁신전략들을 내세워 기존 플레이어들의 자리를 위협한다.

카카오의 PWYW 전략

프라이싱(pricing, 가격책정방식)을 바라보는 시각 역시 다르다. 디지털 시대에 많은 플랫폼 기업들이 이전엔 없던 새로운 방식의 가격 전략으로 돈을 벌고 있다. 대표적인 사례가 PWYW(Pay What You Want) 전략이다. 디지털 시대의 혁신적인 가격전략이라고도 불리는 PWYW은 소비자들이 직접 그들이 내고 싶은 만큼의 가격을 정하도록 하는 것이다.

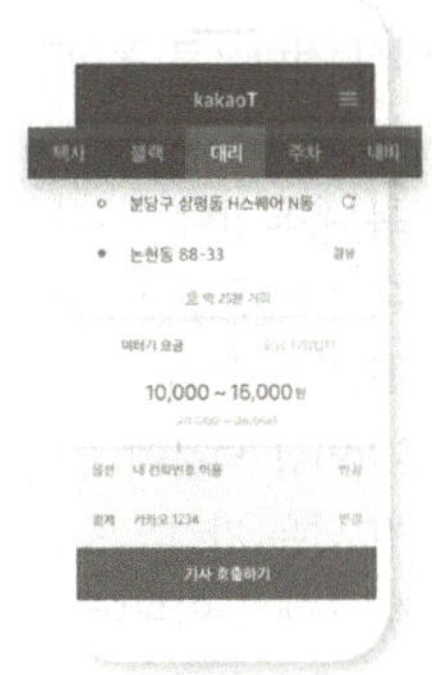

카카오 대리운전 앱을 켜고 기사를 호출하면 소비자는 두 가지 가격 옵션 중 하나를 선택할 수 있다. 우선 카카오 대리운전에서 제안하는 정해진 가격(fixed price)을 지불하고 서비스를 이용하는 것이다. 다른 하나는 소비자가 그 가격이 마음에 들지 않으면 지불의향이 있는, 즉 본인이 내고 싶어 하는 가격을 직접 써내는 옵션을 선택할 수 있다. 소비자는 카카오 제안가보다 낮은 금액을 직접 써넣고, 대리기사 중 해당 가격에 서비스를 제공할 의향이 있는 사람이 있으면 거래(deal)가 성립된다. 소비자 입장에서는 직접 가격을 설정할 수 있기에, 대리기사 콜서비스보다 더 이득을 얻을 수 있다고 생각하며 플랫폼에 모여들 것이다.

과거의 프라이싱 전략은 기업 주도적으로 이뤄졌다. 전통적인 기업이 수요공급 법칙에 기반해 적절한 가격을 정하거나, 해당 서비스를 제공하는 데 필요한 다양한 비용을 계산하고 최적의 이윤을 얻을 수 있는 가격을 책정하는 형태였다. 그러나 새로운

플랫폼 기업들은 가격 영역에서의 핵심적인 역할을 소비자들에게 양보함으로써 더 많은 소비자가 그들 플랫폼에 모이도록 한다.

PWYW 가격전략의 핵심은 더 이상 소비자들에게 일방향적으로 기업이 정한 서비스를 푸쉬(push)하는 방식은 디지털 시대에 맞지 않는다는 점이다. 소비자들에게 이득을 가져다주는 형태를 띠면서, 기업이 원하는 방향으로 자연스럽게 끌어당기는 풀(pull) 전략 방식을 플랫폼 기업들은 더 선호한다.

우버의 서지 프라이싱

우버(Uber)는 직접 소유한 차량 한대도 없이 연간 수백만대의 차를 생산하는 자동차 회사들보다 더 높은 기업가치를 만들어가고 있다. 우버는 설립 초기부터 운송서비스 이용자와 공급자인 드라이버 양쪽에게 이득을 주는 다양한 가격 전략들을 적극적으로 시험했다.

일단 전통적인 택시를 이용할 때 보다 더 저렴한 가격과 편리한 방식으로 서비스를 개선해 나갔다. 우버를 이용하면 등록된 카드로 서비스 요금이 지불되기에 소비자는 현금을 꺼내는 귀찮은 과정을 거칠 필요가 없다. 또한 상대적으로 택시보다 더 저렴한 가격으로 서비스를 이용할 수 있다.

우버는 낮은 가격으로 소비자들에게 이득을 주는 것을 넘어, 현 운송시스템에서 발생할 수 있는 문제점을 해결하는 혁신적 가격전략을 끊임없이 테스트했다. 소비자의 가장 큰 불편함 중 하나는 눈, 비가 오거나 크리스마스 같은 기념일에 택시잡기가 너무 힘들다는 것이다. 우버는 서지 프라이싱(Surge Pricing)으로 불리는 탄력 요금제로 이러한 문제점을 해결하고자 했다. 많은 소비자들의 택시 이용이 몰리는 시간대에 가격을 인상하는 정책을 도입한 것이다.

전통적인 운송 기업들은 서비스를 제공하는 드라이버를 직접 채용하고 일하는 시간과 매일 벌어야 하는 수입을 정해주면서 드라이버를 컨트롤한다. 반대로 우버 플랫폼은 드라이버가 그들이 일하고 싶을 때 일하고, 일하기 싫을 때에는 하지 않아도 되기에 스스로 일에 대해 컨트롤 권한을 갖는 시스템이다. 서지 프라이싱 전략으로 높아진 서비스 가격은 드라이버들에게 일종의 단기 인센티브를 제공하는 형태가 돼 짧게 일하고 더 많은 돈을 벌고 싶어하는 드라이버들이 서비스를 제공하도록 유도한다.

우버는 이러한 서지 프라이싱 전략이 공급자인 택시 드라이버의 이익뿐만 아니라 소비자에게도 더 이득을 줄 수 있다고 설명한다. 일부 소비자들은 사람들이 몰리는 시간 때에 높은 가격을 지불하는 것에 불만을 표출한다. 그러나 서지 프라이싱 덕분에 평일 낮시간 같이 수요가 없는 시간대에는 소비자들이 기존 택시보다 훨씬 낮은 가격으로 동일한 서비스를 이용할 수 있다. 이 때문에 장기적으로는 소비자에게 손해가 아니다.

카카오 대리 운전의 PWYW 전략과 우버의 서지 프라이싱 전략 사례에서 본 것처럼 지금도 다양한 플랫폼 기업들이 공급자와 소비자 양쪽에 가치를 주는 방식으로 끊임없이 새로운 가격 전략들을 시험하며 성장해나가고 있다.

* 자료 : 이승윤, THE PR, 2018. 12. 21.

03 서비스 가격전략

위에서 살펴본 바와 같이 서비스의 가격은 기본적으로 원가중심, 경쟁중심, 고객 수요중심의 관점에서 책정될 수 있다. 본 절에서는 이러한 가격결정 대안들을 기초로 하여 서비스 기업이 전개할 수 있는 가격전략에 대하여 살펴보고자 한다.

1. 가격차별화 전략

가격차별화 전략(differential pricing strategy)은 동일한 서비스 상품에 대하여 두 가지 이상의 상이한 가격으로 판매가격을 설정하는 경우를 말한다. 가격차별화의 목적은 수요조절에 있으며, 수요가 많을 때에는 수요가 적은 시기로 옮기고, 수요가 저조할 때에는 수요를 자극하여 증가시키기 위한 것이다.

가격차별화 전략을 효과적으로 수행하기 위해서는 다음과 같은 요건이 필요하다.

첫째, 각 세분시장의 고객들은 서비스 가치를 다르게 평가하고 있어야 한다. 즉 차별화된 가격조건에 대하여 소비자가 반응할 수 있어야 한다.

둘째, 각 세분시장은 분명히 확인되고 이익을 낼 수 있을 정도로 규모가 커야 한다.

셋째, 저가격대 시장에서 구매한 고객이 고가격대의 세분시장에 다시 판매할 수 없도록 조치해야 한다.

넷째, 가격차별화를 수행하는 비용이 이로 인해 얻어지는 수익 증가분을 초과해서는 안 된다.

다섯째, 가격차별화가 현재 및 미래 고객들에게 혼란을 주어서는 안 된다.

가격차별화의 방법으로는 시간대에 따른 차별화, 구매량에 따른 차별화, 고객에 따른 차별화, 장소에 따른 차별화 등이 있다.

(1) 시간에 따른 가격차별화

서비스의 이용 시간대나 구매 시간대에 따라 수요가 다를 때 가격을 차별화하는 방법이다.

1) 서비스 이용 시간대별 가격차별화

심야전기요금 할인제, 영화관의 조조할인, 호텔이나 항공사, 여행사의 비수기 요금할인제 등이 있다. 서비스는 생산과 동시에 소비가 이루어지지 않으면 소멸하기 때문에 공급능력에 맞는 수요관리가 필요하다.

2) 구매시간대별 가격차별화

연극이나 연주회, 가수콘서트, 호텔, 항공사의 경우 서비스 당일에 티켓을 구입하지 않고 사전에 예약을 하거나 티켓을 구매하게 되면 할인혜택을 받을 수 있다. 예약판매를 하게 되면 서비스 제공자는 수요를 사전에 예측할 수 있어 수요관리가 가능하며, 서비스 품질을 유지하고 서비스 수행에 필요한 자금을 미리 조달할 수 있다는 이점이 있다. 또 고객은 서비스를 받기 위해 기다릴 필요가 없고 원하는 시간에 저렴한 가격으로 서비스를 이용할 있다는 장점이 있다. 그러나 예약은 고객의 예약취소에 따라 가용능력의 활용기회를 잃게 되는 위험이 있다. 때로는 이러한 위험을 피하기 위해 일정비율의 초과예약을 받기도 하는데, 예상이 빗나가 고객불만을 초래하기도 한다.

(2) 고객에 따른 가격차별화

고객의 연령이나 직업, 소속집단, 회원 여부 등에 따라 가격을 차별화 하는 경우를 말한다. 박물관, 놀이공원, 극장에 입장할 때나 버스, 기차를 승차할 때 학생이나 노인 고객들에게 할인요금을 부과하는 경우, 항공기나 호텔의 상용고객들에게 할인요금을 적용하는 경우, 소매점, 패스트푸드점에서 쿠폰을 모은 고객에게 할인혜택을 주는 경우 등이 해당된다.

(3) 장소에 따른 가격차별화

서비스를 제공 또는 소비하는 장소에 따라 가격을 달리 부과하는 방법이다. 예컨대, 경기장이나 공연장, 연주회의 경우 고객들이 선호하는 위치에 따라 등급을 부여하여 가격이 다르게 부과된다.

(4) 구매량에 따른 가격차별화

이는 고객이 서비스를 구매하는 양에 따라 가격을 달리 부과하는 방법으로서 구매량에 따라 평균단가가 달라지기 때문에 '비선형 가격결정(nonlinear pricing)'이라고도 한다. 구매량에 따른 가격차별화 방법으로는 다음과 같은 세 가지 유형이 있다.

① 이중요율제

이중요율제(two-part tariff)는 구매량에 관계없이 기본가격과 단위가격이 부과되는 가격체계를 말한다. 기본요금에다 주행거리와 시간에 따라 일정 비율의 주행요금이 부과되는 택시요금이나 기본요금에다 전화사용량에 따라 일정한 전화료가 가산되는 전화요금의 경우가 해당된다.

② 2단계 요율제

2단계 요율제(two-block tariff)는 어떤 구매량을 기준으로 그 구매량보다 적은 양을 구매할 때에는 높은 단위가격이 적용되고, 그 구매량을 초과하는 구매량에 대해서는 낮은 단위가격을 부과하는 가격체계를 말한다.

③ 전량수량할인제

전량수량할인제(all-units quantity discount)는 어떤 수량할인점(x)을 기준하여 그 이하를 구매할 때에는 높은 단위가격을 적용하고, 수량할인점 이상을 구매할 때에는 전체 구매량에 대하여 낮은 단위가격을 적용하는 가격체계를 말한다. 놀이공원이나 사우나실에 입장할 때 일정 수 이상의 단체 고객들에게 할인요금을 적용해 주는 경우나 도·소매점에서 일정량 이상 구매고객들에게 할인가격으로 상품을 판매하는 경우를 예로 들 수 있다.

구매량에 따른 가격차별화의 세 가지 유형은 [그림 8-5]와 같이 나타낼 수 있다.

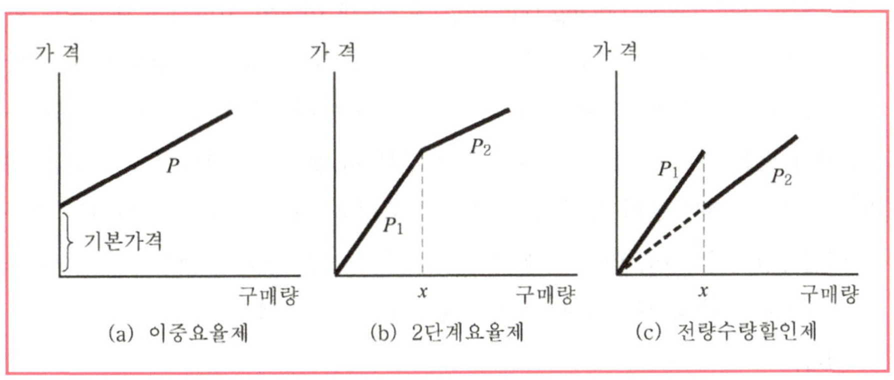

[그림 8-5] 구매량에 따른 가격차별화의 유형

2. 묶음가격 전략

묶음가격 전략(price bundling)이란 두 개 이상의 제품이나 서비스를 하나의 패키지로 만들어 특별한 가격으로 제공하는 가격전략을 말한다. 서비스 부문에서 묶음가격을 사용하게 되는 배경은 서비스 산업의 원가구조상 초기 시설투자비 등의 고정비 비중이 높기 때문에 다양한 형태의 서비스를 제공함으로써 공급능력을 유연성 있게 활용할 수 있고, 또 상호의존적이고 보완적인 관계에 있는 서비스 수요를 함께 창출할 수 있도록 하여 기업의 전체 수익을 증대시킬 수 있기 때문이다. 이는 고객과의 관계관리를 강화하고 이를 기반으로 하는 시스템 판매(system selling)의 차원으로 이해할 수 있다.

묶음가격에는 순수묶음가격과 혼합묶음가격이 있다.

(1) 순수묶음가격

순수묶음가격(pure price bundling)은 두 개 이상의 서비스를 개별적으로는 구매할 수 없고 패키지로만 구매할 수 있도록 하여 가격을 책정하는 방법을 말한다. 카센터의 자동차 오일교환이나 여행사의 스키캠프는 순수묶음가격의 예에 속한다.

(2) 혼합묶음가격

혼합묶음가격(mixed pricing bundling)은 두 개 이상의 서비스를 패키지로 할인된 가격에 구매할 수 있도록 하면서 개별적으로도 구매할 수 있도록 하는 방법을 말한다. 이때 패키지로 구매하는 고객에게는 서비스를 따로따로 구매하는 가격보다 낮은 가격을 제시하게 된다. 맥도널드나 롯데리아에서 콤보 메뉴를 패키지로 판매하면서 햄버그, 음료수, 감자튀김 등을 개별적으로도 판매하는 경우나 대입학원에서 국어, 영어, 수학과목에 대하여 개별 강좌를 개설하면서, 세 과목을 패키지로 수강하는 학생들에게는 할인된 가격을 제시하는 경우를 예로 들 수 있다.

혼합묶음가격에는 다시 혼합리더가격과 혼합결합가격이 있다.

① 혼합리더가격

혼합리더가격(mixed leader pricing)은 A라는 서비스를 구매하는 고객에게 B라는 서비스를 할인하여 제공하는 것을 말한다. 카센터에서 오일교환을 하는 고객들에게 50% 할인된 가격으로 세차를 하게 해주거나 예식장 이용 고객들에게 피로연을 위해 지정 레스토랑을 이용하면 요금의 30%를 할인해 주는 예가 해당된다. 혼합리더가격 전략은 보완재 관계에 있는 서비스끼리 묶는 것이 효과적이며, 수요가 많은 서비스를 리더 서비스로 하고 수요가 없거나 적은 서비스를 할인되는 서비스로 하는 것이 효과적이다.

② 혼합결합가격

혼합결합가격(mixed joint pricing)은 두 개 이상의 서비스가 고정된 가격으로 함께 제공되는 것을 말한다. 이 방법은 주로 외식업에서 많이 사용한다. 대부분의 패스트푸드점에서는 샌드위치나 햄버거, 감자튀김, 음료수 등을 묶은 콤보 메뉴를 제공하면서 이들을 각각 개별적으로 구입했을 때 보다 훨씬 더 저렴한 가격을 적용하고 있다. 또 여행사들은 항공권과 호텔 숙박, 관광, 렌트카에 이르는 모든 비용을 패키지화한 관광상품을 개발하여 운영하고 있다.

혼합결합가격 전략의 목적은 총수익을 증대시키는 데 있다. 결합되는 항목들은 저렴한 패키지 가격으로 제공되기 때문에 고객들은 개별적으로 구입하는 것보다 훨씬 더 이익이 된다고 생각한다. 서비스 항목들을 결합할 때에는 먼저 상호 보완관계가 있는지를 검토한 뒤에 고마진 서비스와 저마진 서비스를 적절하게 결합함으로써 이윤을 증대시킬 수 있다. 예컨대, 콤보 메뉴를 제공하는 패스트푸드점에서는 마진이 적게 남는 샌드위치와 마진이 많이 남는 음료수나 감자튀김을 함께 제공함으로써 전체 이윤을 조절하고 증대시킬 수 있다.

지금까지 살펴본 바와 같이 묶음가격은 핵심서비스의 수요를 증대시킬 뿐만 아니라 이와 연관되는 부수적인 서비스의 수요를 함께 창출할 수 있어 시너지 효과를 얻는 효과가 있다. 즉, 서비스 제공자 입장에서는 보다 낮은 가격으로 서비스를 제공하면서도 전체적으로 높은 수익을 기대할 수 있고, 소비자는 보다 저렴한 가격으로 다양한 서비스를 구매할 수 있다는 이점이 있다.

3. 복수이용 할인전략

많은 서비스 제공자들은 기존고객들의 반복구매를 자극하고 신규고객을 유인하기 위해 복수이용객 할인전략을 사용한다. 복수이용 할인전략(multiple-use price discount)은 서비스를 반복 구매하거나 여러 가지 서비스를 복수로 이용하는 고객들에게 일정한 가격할인 혜택을 주는 것을 말한다. 이 전략은 서비스의 이용 수를 제한하거나 제한하지 않을 수 있으며, 또 이용기간을 제한하거나 무제한적으로 실시할 수도 있다. 따라서 할인혜택을 받을 수 있는 서비스의 이용기간과 이용수의 제한여부를 기준으로 〈표 8-1〉과 같이 네 가지 형태의 조합이 만들어질 수 있다.

표 8-1 복수이용 할인전략의 유형

서비스 이용기간	서비스 이용 수	예시(대학의 평생교육 프로그램 이용)
제 한	제 한	"1~2월 중 10만 원에 3개 강좌 이용"
제 한	무제한	"1~2월 중 20만 원에 전체 강좌(10개) 이용"
무제한	제 한	"10만 원에 3개 강좌 이용"
무제한	무제한	"교직원·동문 가족 30% 할인"

예컨대, 어느 대학의 평생교육원에서 지역주민을 대상으로 전체 10가지의 평생교육 프로그램을 운영하고 있다고 하자. 교육 프로그램의 이용기간과 이용 수를 모두 제한하는 경우에는 "1~2월 중 10만 원에 3개 강좌 이용"을, 이용기간은 제한하되 이용 수는 무제한으로 하는 경우에는 "1~2월 중 20만 원에 전체 강좌(10개) 이용"을, 이용 수는 제한하되 이용기간은 무제한으로 하는 경우에는 "10만 원에 3개 강좌 이용"을, 마지막으로 교육 프로그램의 이용기간과 이용 수를 모두 제한하지 않는 경우는 "교직원·동문 가족 30% 할인" 등의 가격할인 혜택을 제시할 수 있다.

이밖에 놀이공원에서 특정 이벤트기간 동안 고객유치를 위해 할인가격을 제시하거나 자유이용권 또는 몇 개의 묶음상품으로 할인혜택을 주는 경우, 항공사나 호텔에서 상용고객들을 우대하기 위해 다양한 혜택을 제공하는 경우, 신용카드

사에서 회원고객들에게 보너스 포인트와 마일리지 적립제도를 운영하면서 다양한 혜택을 제공하는 경우 등이 복수이용 할인전략에 해당된다. 이러한 전략은 기존고객들에게 보상기회를 제공함과 동시에 반복구매와 애호도를 증가시키거나 새로운 고객을 유치하는 효과를 가져 올 수 있다.

서비스 기업이 복수이용 할인 프로그램을 설계하기 위해서는 다음과 같은 두 가지 요소를 결정해야 한다. 첫째, 이 프로그램을 적용할 표적시장을 결정해야 한다. 둘째, 이 프로그램의 목적을 결정해야 한다. 일반적으로 신규고객의 확보, 수요전환, 수요자극, 반복구매 증가 등이 목표가 된다.

〈표 8-2〉에는 복수이용 할인전략의 각 목표에 대응하는 최선의 조건들을 제시해 주고 있다.

표 8-2 복수이용 할인전략의 각 목표별 대응조건

복수이용객 할인 전략의 목표	서비스 이용 수 제한		서비스 이용 수 무제한	
	이용기간 제한	이용기간 무제한	이용기간 제한	이용기간 무제한
신규고객 확보	나쁨	적절함	나쁨	좋음
수요 전환	아주 좋음	나쁨	좋음	나쁨
수요 자극	아주 좋음	나쁨	좋음	나쁨
반복구매 증가	가능함	아주 좋음	가능함	좋음

※ 자료 : Kurtz, David L and Clow, Kenneth E., op. cit., p.259.

4. 심리적 가격전략

기업은 가격전략을 수립할 때 가격에 대한 소비자의 심리적 측면을 고려할 필요가 있다. 일반적으로 소비자는 상품에 완전한 정보(특히 원가정보)를 갖지 못하기 때문에 가격과 수요의 반비례 관계라는 일반적인 통념과 다른 구매결정을 내리기도 한다. 가격을 품질의 지표로 삼는 경우나 서비스에 대한 소비자의 지각가치에 근거하여 가격을 평가하는 경우는 그 대표적인 예에 속한다.

심리적 가격전략(psychological pricing strategy)이란 소비자의 심리적 측면에서 구매행동을 분석하여 가격을 결정하는 방법을 말한다. 이러한 가격결정방법으로는 품위가격, 단수가격, 가격단계화, 유인가격 등이 있다.

(1) 품위가격

품위가격(prestige pricing)은 고품질의 서비스 이미지를 유지하면서 고가정책을 구사하는 것을 말한다. 즉, 가격이 높을수록 고급품질의 상품이며, 따라서 그것을 사용하는 소비자의 지위도 높게 여기는 소비자심리를 이용하는 방법이다. 주로 신분의 상징으로 고가격 서비스를 선호하는 소비자들을 표적으로 한다. 품위가격제 하의 수요곡선은 일반적인 수요곡선과 달리 [그림 8-6]과 같은 D곡선(D curve) 형태를 띠게 된다.

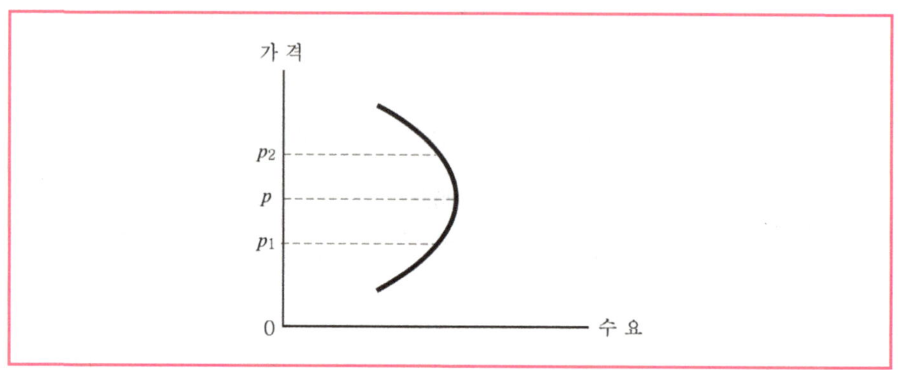

[그림 8-6] 품위가격제의 수요곡선

위의 그림에서, 가격이 오를수록 $(p_1 \rightarrow p)$ 수요가 증가하게 되지만, 소비자들이 감내하기 어려울 정도로 가격이 계속 오르게 되면 가격이 오를수록 $(p \rightarrow p_2)$ 판매량이 감소하는 현상을 보인다. 이러한 가격방식에 의하여 가격이 결정되는 상품을 'D곡선 상품'이라고 한다.

(2) 단수가격

단수가격(odd pricing)은 판매가격에 단수의 가격을 붙이는 방식을 말하는데, 소비자에게 서비스 상품의 가격이 최대한 낮은 수준에서 결정되었다는 인상을 주어 판매량을 증가시키기 위한 것이다. 예를 들어, 어느 여행사에서 3박4일 일정의 태국 관광상품의 가격을 500,000원이라고 하지 않고 499,000원으로 가격을 매기게 되면 실제로는 1,000원 밖에 가격차이가 나지 않지만 심리적으로는 40만

원 대의 상품으로 그보다 훨씬 더 저렴한 가격이라는 인상을 준다. 슈퍼마켓과 같은 소매점에서 상품가격을 매길 때 많이 쓰인다. 1~9의 단수들 중에서 가장 많이 활용되는 단수는 9자이다.

(3) 가격단계화

가격단계화(price lining)는 가장 잘 팔리는 가격범위나 가격대를 정하고, 그 범위 내에서 몇 개의 가격단계로 구분하는 것을 말한다. 즉, 소비자들이 선호하는 가격대 안에서 몇 개의 가격층을 두어 소비자 선택의 폭을 넓혀 줌으로써 판매를 증대하고자 하는 것이다. 이때 소비자가 서비스 선택시 고려하게 되는 가격범위를 준거가격(reference price)이라고 한다. 예를 들어, 여행상품 중 가장 선호되는 가격대가 300,000원에서 500,000원 사이라고 한다면, 300,000원, 400,000원, 500,000원의 형태로 층화하는 것을 말한다.

(4) 유인가격

유인가격(leader pricing, 유인용 손실가격)은 소비자의 반응을 유도하기 위한 목적으로 정책적으로 특정 품목의 가격을 매우 싸게 매기는 것을 말한다. 일단 서비스 기관이나 점포에 들어온 고객들로부터 그 안에 있는 다른 서비스 상품들도 함께 구매하는 효과를 노리는 것이다. 주로 호텔이나 레스토랑, 슈퍼마켓, 백화점 등에서 많이 사용된다.

이밖에 유인가격과 유사한 형태로 서비스 제공자는 휴가철이나 연휴와 같은 성수기나 수요가 없는 비수기에 상품의 가격을 대폭 인하한 특별행사가격(special event pricing)을 제시하여 구매를 자극하고 고객유치를 도모하기도 한다.

현장사례 … 이런 가격전략이 불황을 이긴다.

불황기에는 일반적으로 소비가 줄어든다. 하지만 실물 경기보다 소비 심리에 더 직접적으로 영향을 미치는 것은 향후 경기의 향방을 바라보는 사람들의 시각이다. 경제에 대한 비관적 전망, 불안이 높아진다는 것은 소비가 위축될 가능성이 그만큼 높다는 의미다. 따라서 불황기에 소비 진작을 위해서는 사람들이 소비에서 느끼는 다양한 불안 요소를 실질적·심리적으로 제거해 줄 필요가 있다. 불황이라고 소비 욕구 자체가 사라진 것은 아니기 때문이다. 다만 앞으로 불어 닥칠지 모를 재무 위기가 소비를 하지 말아야 할 명분을 더 크게 만드는 것이다.

가장 필요한 것은 '지출 정당화'

불황기 사람들을 소비하게 하는 데 가장 필요한 것은 지출 정당화다. 소비를 정당화하기 위해 더 많은 명분이 필요하기 때문이다. 저렴한 가격도 소비를 정당화할 수 있지만 더 정확히는 가격 대비 가치다. 제즈 프램턴(JezFrampton) 인터브랜드 사장은 "고객들은 수입이 줄어드는 시기에 거래의 대가로 돌려받을 것에 대한 기대가 높아진다"고 말했다. 기업은 기존과 다른 새로운 차원의 효용을 강조하는 것이 구매의 명분을 더해주는 방법이 될 수 있다. 바꿔 말하면 불황기에 가장 많이 눈에 띄면서도 조심해야 하는 전략은 '가격전략'이다. 불황기에는 무조건 싼 제품을 선호할 것이라는 통념과 달리 실제로 소비자들은 여전히 다양한 가치를 고려한다.

구매에 따른 손실 가능성을 줄여주기 위한 다양한 전략 가운데 하나가 최대 손실을 보장하는 것이다. 고객이 미래에 불안을 느낄 때는 고가의 제품이나 장기간 상환이 필요한 상품에 대한 지출이 눈에 띄게 줄어든다. 높은 실업률과 언젠가 장기 실직이 발생할 수 있는 불확실한 상황에서 장기지출 계획은 주저되게 마련이다. 이러한 소비 심리에 대응해 실직 불안에 시달리는 사람들을 안심시켜 주는 전략을 펼친 마케팅 사례도 있다.

현대자동차는 금융 위기의 여파로 미국 내 경제 불안과 실업에 대한 불안이 높아지자 구입 후 1년 안에 구매자가 실직하면 차량 반환을 허용해 줬다. 현대차는 당시 대부분의 북미 자동차 업체들이 25~50%의 매출 감소를 경험하고 있을 때 유일하게 2.6%의 성장을 기록했으며, 이 전략은 영국 소재 마케팅 회사 JWT 인터내셔널이 꼽은 불황기 최고의 마케팅으로 선정되기도 했다.

'신뢰'와 '안심' 마케팅 전략

또 제품을 구입한 뒤 '가격이 더 떨어지는 것은 아닐까', '더 싸게 파는 곳이 있지 않을까' 불안한 고객들의 심리를 파악해 독특한 가격 보증 프로그램을 운영하는 기업들도 있다. 온라인 여행사 오르비츠(Orbitz)는 고객이 자사나 혹은 타사 사이트에서 동일 상품에 대해 더 저렴한 구입가를 발견하면 그 차액만큼 변상해 주는 제도를 운영했다. 국내에서도 현대아이파크몰이 세일기간 직전에 정가로 물건을 산 고객에게 전화나 문자 서비스를 통해 정보를 주어 세일가를 적용 받게 하는 제도를 만들었다. 이러한 전략들은 고객이 구매를 잘못 선택하지 않도록 실질적으로 보장해 주거나 혹은 최소한 고객의 불안을 공감하고 신뢰를 구축하는 효과가 있다.

소비자들이 자신의 소비 활동을 더 현명하게 통제할 수 있도록 도와 소비 불안을 잠재울 수 있다. 대표적인 예가 미국 소매 유통에서 금융 위기 이후 다시 부활한 예약구매(Layaway) 제도다. 이렇게 소비 불안 요소를 실질적으로 차단해 주는 전략 외에 심리적으로 자신감을 북돋아 주거나 소비자에게 더 많은 통제권을 부여함으로써 무기력함을 극복하게 하는 것도 불황기 불안 심리에 대처하는 효과적 방법이다.

마지막으로 불황기일수록 '신뢰'가 중요하다. 불신이 팽배한 소비 환경에서는 기업이 전개하는 어떤 캠페인이나 정보도 상술로 받아들여지기 쉽다. 많은 사람들이 온라인 쇼핑을 저렴한 가격과 편리한 가격비교 때문에 이용하지만 정작 가장 최저 가격을 제시하는 사이트에서 물건을 구매하는 고객은 10%밖에 안 된다고 한다. 대부분의 고객은 익숙하고 신뢰가 가는 사이트에 더 많은 프리미엄을 부여하기 때문이다. 또 기업을 신뢰하지 못하는 사람들은 실제 가치조차 폄훼할 수 있다. 사람들이 향후 경기를 비관적으로 전망하면서도 여전히 전문 기관을 통한 투자보다 직접투자를 선호하는 것도 같은 이유다.

불황기에는 단순한 긴축과 저가 추구만이 진리는 아니다. 기업이 소비자의 불안 심리를 이해하고 신뢰로 다가가면 소비자들도 현명한 판단으로 소비의 빗장을 열 수 있을 것이다.

*자료 : 한경BUSINESS, 2018. 12. 1.

연구문제

1. 서비스 가격의 중요성과 역할에 대하여 설명하시오.

2. 서비스 가격의 결정방법에 대하여 설명하시오.

3. 가격과 가치의 관계에 대하여 설명하시오.

4. 서비스 가격전략의 유형에 대하여 설명하시오.

5. 가격차별화 전략의 유형에 대하여 살펴보고 실제 사례를 조사해 보자.

6. 묶음가격전략의 유형과 적용사례를 조사해 보자.

7. 심리적 가격전략의 유형과 실제 사례를 조사해 보자.

8. 서비스 가격이 경쟁력과 기업의 수익에 미치는 영향에 대하여 토의해 보자.

service marketing

서비스 유통관리

학습 목표

- 서비스 유통의 의의
- 서비스 유통경로의 설계
- 서비스의 중간상
- 멀티유통전략

01 서비스 유통의 의의

1. 서비스 유통경로의 개념

일반적으로 유통(distribution)이란 생산자로부터 소비자에게 재화나 서비스를 이전하는 경제활동으로서 생산과 소비를 연결하는 가교적 역할을 한다. 유통은 경제, 사회, 문화시스템의 일부로서 경제·사회·문화의 발전과 변화에 따라 유통도 변화함과 동시에 그 역할이 점차 증대되어왔다. 국민경제적 관점에서 볼 때 유통활동은 제품이나 서비스의 사회적 이전을 통해 상품의 사용가치와 경제적 효용을 증대시켜 부가가치를 창조하는 활동이라고 할 수 있다.

유통경로(distribution channel)는 '마케팅경로(marketing channel)'라고도 하는데, 어떤 제품이나 서비스를 생산자로부터 최종소비자나 사용자에게 옮겨가는 전 과정을 일컫는 말이다. 다시 말해 유통경로란 어떤 유통구조 하에서 특정 상품이나 서비스를 생산자로부터 소비자에게 이전시키는 과정에 참여하는 모든 개인이나 회사의 결합이라고 할 수 있다.

그런데 제조업 중심의 유통경로 개념을 서비스 부문에서 사용할 때에는 개념적인 혼란이 야기될 수 있다. 무형적인 서비스는 생산과 소비가 동시에 이루어질 뿐만 아니라 생산과 동시에 소멸되어 재고로 저장하거나 운송할 수 없기 때문이다. 그러나 서비스도 유통기능을 담당하는 주체가 있고 최종소비자에게 소비되기까지 어떤 형태로든 유통경로가 필요하게 된다. 따라서 물리적인 제품의 경우처럼 복잡하고 다양한 유통경로를 갖지는 않지만 서비스 고유의 유통경로가 필요하다. 다만 생산지점으로부터 소비지점까지 재화의 이동을 관리하는 물적유통에 대해서는 극히 제한적으로 이용된다. 도·소매업이나 렌트회사, 항공사, 컴퓨터 수리업의 경우 정상적인 서비스 활동을 수행하기 위해서는 각종 지원물자의 배송이나 재고관리 문제가 발생할 수 있다.

서비스 유통경로란 기업의 서비스 제공시스템(delivery system)을 통해 서비스 제공자가 고객에게 서비스를 전달해 주는 과정을 말한다. 제품의 유통경로에서는 다양한 형태의 중간상이 개입하는 간접유통이 주류를 이루고 있지만 서비스는 무형성과 소멸성, 생산과 소비의 비분리성으로 인해 제품의 유통경로와 다른 특성을 갖게 된다.

서비스는 제품과 달리 한 곳에서 생산하여 다른 곳으로 이동시킬 수 없기 때문에 고객에게 서비스를 제공하기 위해서는 고객의 욕구를 반영하는 적당한 곳에 점포를 두고 점포별로 마케팅믹스 활동을 전개해야 한다. 따라서 직접유통 방식이 많이 활용되고 있으며, 서비스 제공범위를 확장하기 위해 프랜차이즈 시스템이나 에이전트, 브로커 전자경로 등을 이용하게 된다.

서비스 기업이 효과적인 서비스 제공시스템을 구축하기 위해서는 고객이 원하는 시기에 고객에게 편리한 장소에서 서비스를 제공받을 수 있도록 유통경로를 설계해야 한다. 이것은 서비스 유통의 핵심적 두 가지 기능이자 요건으로서 '이용가능성'과 '접근가능성'으로 설명된다. 즉, 이용가능성(availability)은 고객이 서비스를 필요로 하는 시기에 서비스를 쉽게 이용할 수 있도록 설계하는 것을 말하고, 접근가능성(accessibility)은 고객이 서비스 제공자와 거래하는 것이 편리하도록 장소적 편의를 도모하는 것을 말한다.

2. 서비스 유통경로의 특성

(1) 서비스 특성에 기초한 유통경로 특성

① 무형성에 따른 유통경로 특성

서비스는 기본적으로 무형적인 특성을 지니고 있기 때문에 서비스 제공자는 서비스가 실제로 제공되는 서비스 유통현장에서 서비스의 유형적 증거물들을 통해 서비스의 무형성을 극복해야 한다. 서비스가 직접 제공되는 서비스 유통경로는 고객들에게 서비스를 유형화하고 경쟁사 서비스와 차별화 하는 강력한 기반을 제공해준다. 고객들은 서비스 유통경로를 통해 서비스에 노출되고 서비스를 직접 경험하기 때문이다.

② 비분리성에 따른 유통경로 특성

서비스 생산과 소비가 동시에 이루어지기 때문에 생산현장에 항상 고객이 현존하게 된다. 서비스의 유통경로는 서비스 접점에서 고객들에게 가시적인 상태를 보여줌으로써 서비스 품질을 반영하는 것이 된다. 따라서 유통경로의 접근성과 서비스 기관의 유형적 요소들을 고객들로부터 긍정적인

반응을 얻어낼 수 있도록 설계해야 한다. 또한 서비스 접점에서 고객은 어느 정도의 관여와 역할을 필요로 한다. 미용실이나 병원, 교육 등의 서비스 상황에서 고객의 참여와 역할, 협조가 없으면 서비스 성과를 기대할 수 없게 된다.

③ 소멸성에 따른 유통경로 특성

서비스는 생산과 동시에 소멸되기 때문에 서비스가 표적시장에 노출되는 동안 서비스 판매가 극대화되고 고객들에게 최대한 효과적으로 전달될 수 있도록 유통구조를 설계해야 한다. 항공사나 호텔업계는 서비스의 노출을 극대화하기 위하여 많은 여행사들을 활용하고 있는 경우를 볼 수 있다.

④ 이질성에 따른 특성

서비스는 서비스 접점에서 서비스를 제공하는 종업원에 따라, 또 서비스를 제공받는 고객에 따라 서비스 품질이 달라질 수 있다. 따라서 서비스 기업은 일관되고 균질적인 서비스를 제공하기 위하여 프랜차이즈 시스템을 도입하여 표준화된 양질의 서비스를 제공할 수 있다. 롯데리아나 맥도널드, KFC, 힐튼호텔 등의 체인화된 서비스 기업들은 제각기 서비스 표준을 만들어 이를 모든 가맹점들이 준수하도록 요구하고 있다.

(2) 짧은 유통경로

일반적으로 서비스는 생산과 소비가 동시에 이루어지기 때문에 제품에 비해 유통경로가 짧다. 즉, 서비스의 특성상 서비스 제공자가 중간상을 거치지 않고 소비자에게 직접 서비스를 전달하는 직접유통 방식을 취하는 경우가 많다. 세탁소, 이·미용실과 같은 소규모 서비스 제공자나 의사, 변호사, 건축설계사, 세무사와 같은 전문서비스 제공자가 그 대표적인 예에 속한다.

그러나 다양한 서비스를 제공하는 대규모 서비스 제공자나 서비스의 제공범위를 확대하고자 하는 경우에는 직영점포를 늘리거나 중간상을 이용할 수 있다. 서비스업에서는 다수의 직영점포를 운영하는 경우는 물론이고 중간상을 이용한다고 하더라도 유통경로의 길이는 제품에 비해 짧은 경우가 대부분이다. 은행이나 증권회사는 전국적으로 많은 직영 지점망을 구축하여 운영하고 있으며, 호텔이나 패스트푸드, 레스토랑, 편의점, 여행사와 같은 서비스 기업들은 프랜차이즈시스템, 에이전트, 전자경로 등의 중간상을 이용하는 경우를 볼 수 있다.

(3) 서비스의 이용가능성과 접근가능성 증가

위에서 언급한 바와 같이 서비스의 유통경로는 고객들이 원하는 시간에 편리하게 서비스를 이용할 수 있게 하는 접근가능성과 이용가능성을 극대화할 수 있도록 설계되어야 한다. 정보기술의 발달과 급속한 서비스 혁신으로 인해 서비스 유통의 시간적, 공간적 한계는 과거에 비해 많이 극복되고 있다.

서비스 기업의 영업시간은 서비스 업종에 따라 차이가 나지만 표적시장에 부합하는 시간대로 결정하는 것이 중요하며, 이는 서비스 유통의 중요한 의사결정 문제가 된다. 많은 유통업체들은 고객의 욕구를 반영하여 영업시간을 연장 또는 확대하고, 1일 24시간 영업체제를 갖추기도 한다.

인터넷이나 전화, CATV, 팩스 등의 텔레커뮤니케이션의 발달은 서비스 제공기회를 확대시켜줄 뿐만 아니라 고객의 접근가능성을 높여주고 있다. 많은 여행사들은 전화나 팩스, 인터넷 등의 전달매체를 이용하여 주문이나 예약을 받고 제공되는 서비스와 관련된 정보를 제공하며, 잠재고객들에게 접근하고 있다. 또 은행의 365일 자동화 코너나 텔레뱅킹, 인터넷 뱅킹은 고객들로 하여금 시간제한 없이 예금, 인출, 계좌이체, 대출 등의 금융 서비스를 편리하게 이용할 수 있게 함으로써 서비스의 이용가능성과 접근가능성을 크게 높여주고 있다. 향후 컴퓨터의 보급이 확대되고 인터넷을 이용한 전자상거래와 모바일거래가 활성화되면 서비스의 이용가능성과 접근가능성은 더욱 더 향상될 것이다.

02 서비스 유통경로의 설계

서비스 기업은 표적시장의 고객들이 원하는 욕구를 충족시킬 수 있는 는 최적의 유통경로를 설계해야 한다. 일반적으로 유통경로를 설계하기 위해서는 고객의 욕구에 기초한 경로목표의 설정, 경로구조의 검토, 유통정책의 수립, 경로대안의 평가 및 선정 등의 단계를 거치게 된다.

1. 경로목표의 설정

서비스 기업은 무엇보다도 고객의 욕구, 즉 고객들이 원하는 경로 서비스의 수준을 기초로 하여 경로목표를 설정해야 한다. 경로목표는 기업의 가용자원과 역량을 고려하여 고객들에게 제공할 경로 서비스의 수준을 정하는 것이 핵심적인 과제가 된다. 경로구성원들은 적정 수준의 서비스를 최소의 경로비용으로 제공할 수 있도록 기능적 직무를 조절한다. 기업은 소비자들이 원하는 서비스 수준에 따라 몇 개의 세분시장으로 나눌 수 있다. 효과적인 경로계획을 수립한다는 것은 기업이 어느 세분시장에, 어느 정도의 서비스를, 어떤 경로를 통해 제공할 것인가를 결정하는 것을 의미한다.

서비스 기업이 효과적인 경로목표를 설정하기 위해서는 표적시장 및 고객의 특성과 서비스 상품, 중간상, 자사와 경쟁사, 유통환경 등으로 인해 야기되는 제약조건들을 충분히 검토해야 한다.

2. 서비스 유통구조의 선정

기업이 경로목표를 달성하기 위해서는 최적의 유통구조를 선정해야 한다. 유통구조란 기업이 제품이나 서비스를 유통시키는데 필요한 유통단계의 수와 경로구성원들의 유형을 말하는 것으로서 유통경로의 형태를 결정짓는 것이라고 할 수 있다. 서비스의 유통구조는 서비스를 유통시키는 방법에 따라 직접유통과 간접유통으로 분류할 수 있다. 유통경로는 일단 구축이 되면 쉽게 변경할 수 없을 뿐만 아니라 경로변경을 위해서는 많은 시간과 비용이 요구되기 때문에 신중하게 경로선정을 해야 한다.

(1) 직접유통

직접유통(direct channel)은 중간상을 거치지 않고 서비스 제공자가 직접 소비자에게 서비스를 제공하는 유통방법을 말한다. 경영컨설팅, 의료, 법률서비스, 이·미용서비스 등 대부분의 전문서비스나 사업서비스가 직접유통 방식으로 유통된다. 서비스는 생산과 소비가 동시에 이루어지고 소멸적인 특성을 갖고 있기 때문에 제품에 비해 유통경로가 짧은 경향이 있다.

직접유통을 하게 되면 서비스 접점관리가 용이하고 고객과의 개인적인 접촉을 보다 차별화된 서비스를 제공할 수 있다. 즉, 고객과의 대면접촉을 통해 고객의 현재 욕구와 욕구의 변화동향을 파악할 수 있을 뿐만 아니라 자사와 경쟁사가 제공하는 서비스에 대하여 고객들이 어떻게 지각하고 평가하는지를 파악할 수 있다. 때로는 은행이나 보험회사와 같이 서비스 제공범위를 확대하기 위하여 전국적인 다점포를 운영하기도 한다.

(2) 간접유통

간접유통(indirect channel)은 중간상을 이용하여 고객들에게 서비스를 제공하는 유통방법을 말한다. 간접유통은 다양한 종류의 서비스를 제공하는 대규모 서비스제공자나 제공되는 서비스의 지리적 범위를 확대하고자 하는 경우에 이용된다. 서비스업에서 이용할 수 있는 중간상의 형태는 제품에 비해 제한된다.

서비스업의 중간상으로는 프랜차이즈 시스템이나 에이전트, 전자경로 등이 있다. 항공사, 호텔, 패스트푸드, 편의점, 엔터테인먼트 등의 서비스 부문에서 이러한 중간상을 이용하는 경우를 흔히 볼 수 있다. 많은 호텔들은 여행사나 렌트카회사, 인터넷 웹페이지 등을 이용하여 고객수요 창출을 도모하고 있다. 또 이동통신회사나 보험회사, 연예인들은 에이전트를 이용하여 서비스를 제공하기도 한다.

그런데 서비스 부문의 중간상은 서비스 생산자의 서비스를 대행하거나 계약관계를 통해 서비스 생산자와 같은 형태의 서비스를 생산하는 경우 또는 단순히 서비스 전달매체로서의 역할만을 수행하는 정도의 한정된 기능을 수행하므로 순수한 의미의 완전한 기능을 수행하는 중간상이라고 할 수 없다. 서비스 생산자는 중간상이 적정 수준의 서비스를 제공할 수 있도록 관리·감독하는 일이 중요하다.

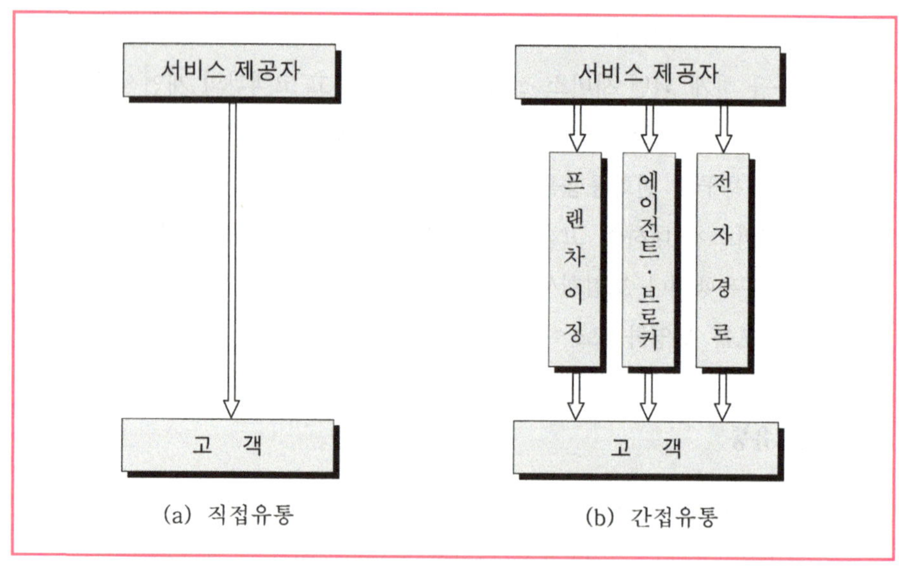

[그림 9-1] 서비스의 유통방법

(3) 복수경로 시스템

서비스 기업은 서비스를 제공할 시장 커버리지(market coverage)를 확대하기 위하여 두 가지 이상의 복수경로를 이용할 수 있다. 복수경로시스템 시스템(multichannel system)이란 하나 이상의 세분시장에 접근하기 위해 두 가지 이상의 복수경로를 이용하는 것을 말한다. 복수경로를 이용하게 되면 시장범위를 넓힐 수 있을 뿐만 아니라 유통비용을 절감하는 효과를 가져 올 수 있다. 많은 항공사들은 복수경로시스템을 이용하고 있다. 비행기표는 본사 영업점이나 지점망을 통해서 구입할 수도 있지만 각 지역에 산재해 있는 여행사나 인터넷을 통해 예매할 수 있다. 또 어떤 서비스 기업들은 판매범위를 확대하기 위하여 텔레마케팅 방법을 도입하거나 이를 제공하는 전문회사를 이용하기도 한다. 최근에는 인터넷의 보급과 이용이 확대됨에 따라 대부분의 서비스 기업들이 홈페이지를 구축하여 필요한 정보제공과 함께 고객의 접근성을 높이고 있다.

3. 서비스 유통정책

기업이 자사가 제공하는 서비스를 유통시키기 위한 경로구조와 중간상의 유형이 결정되면, 유통집중도와 관련하여 각 경로단계에서 몇 명의 중간상을 이용할 것인가를 결정해야 한다. 중간상의 수를 결정하는 것은 서비스 기업의 시장 커버리지(market coverage)의 정도를 결정하는 문제가 되며, 이것은 곧 유통경로정책을 개발·결정하는 문제가 된다.

유통경로정책을 수립하기 위해서는 다음과 같은 세 가지 문제가 검토되어야 한다.

① **경로의 선정** : 어떤 유통경로를 이용할 것인가?
② **경로의 검토와 강화** : 선정된 유통경로의 효율성을 어떻게 높일 것인가?
③ **중간상의 활용** : 중간상의 기능과 관계는 어떻게 설정할 것인가?

서비스 유통정책의 대안으로는 개방적 유통정책, 선택적 유통정책, 전속적 유통정책의 세 가지가 있다.

(1) 개방적 유통정책

개방적 유통정책(집중적 유통정책, intensive distribution policy)은 중간상의 수에 제한을 두지 않고 가능한 한 많은 점포에서 자사의 서비스를 취급하도록 하는 정책으로서 시장 커버리지를 극대화하려는 것을 말한다.

소비자들이 최소한의 노력이나 시간을 소비하여 구매하려고 하는 사진현상이나 우편서비스, 세탁서비스, 공중전화와 같은 편의서비스 제공자들이 주로 채택한다. 이러한 서비스를 구매하는 소비자들은 특정 상표의 구매를 위해 정보탐색이나 장시간 쇼핑을 하려고 하지 않는다. 따라서 가능한 한 많은 곳에서 서비스를 제공하여 서비스의 노출수준을 높여야 하며, 소비자 편의를 위하여 서비스의 접근성을 높여야 한다. 많은 시중은행들은 소비자들의 눈에 잘 띄는 곳에 입지하고 가능한 한 많은 점포나 출장소를 설치·운영함으로써 고객들이 최대한 은행서비스를 쉽게 이용할 수 있게 하는 경우를 볼 수 있다.

(2) 선택적 유통정책

선택적 유통정책(selective distribution policy)은 일정한 조건(서비스 제공능

력, 신용도, 경영능력, 협조성 등)을 충족하는 중간상을 선정하고, 이들에게 자사의 서비스를 우선적으로 유통시키는 정책이다. 기업은 제한된 수의 중간상들과 우호적인 협력관계를 확보함으로써 보다 높은 판매성과를 기대할 수 있다. 따라서 개방적 유통방식에 비하여 적은 유통비용으로 중간상 통제력을 더 높일 수 있는 이점이 있다. 보험회사가 제한된 수의 독립적 보험 대리점을 통해 보험상품을 판매하는 경우를 예로 들 수 있다. 이런 경우에 독립 보험대리점은 전속 보험대리점과 달리 여러 보험회사의 보험상품들을 함께 취급하게 된다.

개방적 유통정책에 따른 과다한 유통비용이나 중간상의 비협조, 저조한 실적 등의 문제가 대두되는 경우, 서비스 제공자는 선택적 유통정책으로의 전환을 모색할 수 있다. 거래선의 수를 줄여서 보다 능률적인 서비스 마케팅 프로그램으로 매출액의 증대를 가져올 수 있기 때문이다.

(3) 전속적 유통정책

전속적 유통정책(exclusive distribution policy)은 특정 지역에서 자사의 서비스를 독점적으로 취급할 수 있는 중간상을 선정하여 서비스를 유통시키는 정책이다. 이 정책은 전속적인 서비스 판매권을 가진 판매업자(전속 대리점 등)에게 자사 상품의 판매노력을 집중하게 함으로써 경로통제와 함께 매출 증대를 기하는데 목적이 있다. 또 이 정책은 자사 상품의 노출수준을 엄격히 제한함으로써 서비스 품질을 유지·강화하고 서비스의 희소성을 높여 주기도 한다. 그리고 유통경로와 중간상에 대한 통제를 강화하는 대신에 중간상 마진은 높여주는 경향이 있다. 고품질의 서비스를 추구하는 전문서비스나 사업서비스 마케팅에 흔히 이용된다. 보험회사나 이동통신회사가 전속 대리점을 통해 서비스를 유통시키는 경우를 예로 들 수 있다.

서비스 기업은 전속 판매업자가 수행하는 가격이나 촉진, 신용, 여타 서비스 등의 영업정책에 대하여 강력하게 통제를 할 수 있다. 특정 지역에서 취급 판매점의 판매부진은 바로 서비스 기업에 영향을 미치게 된다. 판매업자는 강한 책임감을 가지고 영업활동을 하고 서비스 기업과 공동운명을 갖게 되므로 협조적이지만, 판매업자가 고객에게 호의나 이미지를 부각시키지 못하면 서비스 기업도 피해를 입을 수 있다. 따라서 서비스 제공자는 전속 판매업자의 선정에 신중을 기해야 한다.

03 서비스의 중간상

서비스 기업이 이용할 수 있는 중간상의 유형에는 프랜차이즈 시스템, 에이전트·브로커, 전자유통경로 등이 있다. 본 절에서는 이들을 중심으로 살펴보고자 한다.

1. 프랜차이즈 시스템

(1) 프랜차이즈 시스템의 개념

프랜차이즈 시스템(가맹사업, franchise system or franchising)이란 가맹본부(franchisor)가 가맹점사업자(franchisee)와 일정한 계약을 맺고 일정기간 동안 특정 지역에서 자신들의 상표와 상호, 표준화된 상품 및 서비스, 사업운영방식 등을 사용하여 제품이나 서비스를 판매할 수 있는 특권(franchise)을 부여하고, 대신에 가맹점사업자는 가입비와 보증금, 매출에 대한 일정비율의 로열티(royalty) 등을 지급하는 형태의 계약형 수직적 마케팅시스템(VMS ; Vertical Marketing System)을 말한다[1]. 우리 주변에서 흔히 볼 수 있는 롯데리아, KFC, 맥도날드, 세븐일레븐, 버거킹 등의 각종 체인점들은 모두 프랜차이즈 시스템의 예이다.

프랜차이즈 시스템은 레스토랑이나 패스트푸드와 같은 외식업 부문을 비롯하여 호텔, 편의점, 할인점, 자동차 정비, 학습, 의류업, PC방, 세탁, 산후조리 등 다양한 서비스 산업분야로 확대되고 있으며, 서비스 부문의 가장 전형적인 중간상 형태가 되고 있다.

---

1) 우리나라 「가맹사업거래의 공정화에 관한 법률」(약칭 가맹사업법)에서는 가맹사업을 "가맹본부가 가맹점사업자로 하여금 자기의 상표·서비스표·상호·간판 그 밖의 영업표지를 사용하여 일정한 품질기준이나 영업방식에 따라 상품(원재료 및 부재료 포함) 또는 용역을 판매하도록 함과 아울러 이에 따른 경영 및 영업활동 등에 대한 지원·교육과 통제를 하며, 가맹점사업자는 영업표지의 사용과 경영 및 영업활동 등에 대한 지원·교육의 대가로 가맹금을 지급하는 계속적인 거래관계"라고 정의하고 있다(가맹사업법 제2조1항).

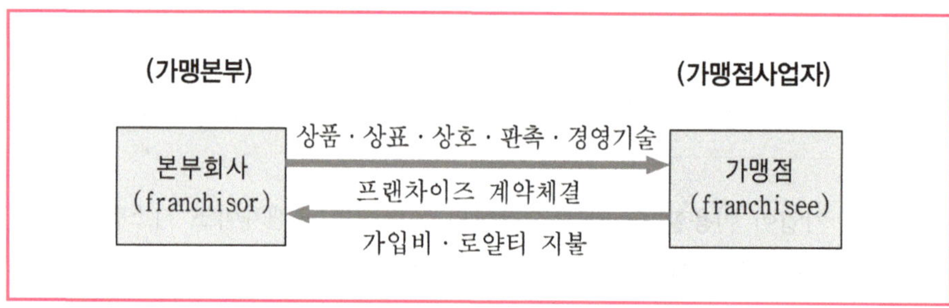

[그림 9-2] 프랜차이즈 시스템의 구조

프랜차이즈 시스템은 19세기 중반 미국에서 처음으로 도입된 이후 미국 전체 소매점 매출의 약 45%를 차지할 정도로 많은 발전을 해왔다. 국내에서는 1979년에 설립된 롯데리아와 커피전문점 난다랑이 최초의 프랜차이즈 시스템이었고, 이후 KFC(1984), 웬디스(1984년), 피자헛(1985년), 맥도날드(1988), 도미노피자(1990), 던킨도너츠(1994) 등의 미국계 프랜차이즈 업체들이 국내 시장에 많이 상륙하였다.

2018년 현재 우리나라는 가맹본부업체 수가 4,631개, 가맹점 수가 130,955개 운영되고 있다. 업종별로 살펴볼 때, 가맹점 수를 기준하면 외식업이 전체의 48.8%(112,719개)로 가장 많은 비중을 차지하고, 서비스업이 29.8%(68,762개), 도·소매업이 21.4%(49,474개)를 차지하고 있다. 가맹본부 수를 기준하면, 외식업이 74,6%로 가장 큰 비중을 차지하고, 그 다음으로 서비스업(19.1%), 도·소매업(6.3%)의 순으로 나타나고 있다(〈표 9-1〉 참조).

▶▶ 표 9-1 우리나라 프랜차이즈산업 현황

프랜차이즈 업종	가맹본부 수(개)	가맹점 수(개)	직영점 수(개)
외 식 업	3,457 (74.6%)	112,719 (48.8%)	6,061 (35.4%)
서비스업	884 (19.1%)	68,762 (29.8%)	3,209 (18,7%)
도·소매업	290 (6.3%)	49,474 (21.4%)	7,865 (45.9%)
계	4,631개	230,955개	17,135개

※ 자료 : 1. 가맹점 수, 직영점 수는 등록된 가맹본부의 전년도 가맹점 수 및 직영점 수임
2. 공정거래위원회 가맹정보제공시스템(2018)

(2) 프랜차이즈 시스템의 유형

1) 경로구성원들의 결합방법에 따른 분류

① 제조업자/소매상 프랜차이즈(예 자동차업계의 딜러 시스템)

② 제조업자/도매상 프랜차이즈(예 코카콜라, 세븐업, 정유사와 주유소)

③ 도매상/소매상 프랜차이즈(예 의약품 도매상–약국, 온누리 약국 체인)

④ 서비스회사/소매상 프랜차이즈 : 가장 전형적인 형태(예 외식업, 호텔, 자동차 정비 등의 모든 서비스 업종)

2) 프랜차이즈 시스템의 속성 또는 목적에 따른 분류

① 사업형 프랜차이즈 시스템(business-format franchise system)

프랜차이즈 본부가 가맹점에게 표준화된 상품과 등록상표, 사업운영방식, 경영 노하우 등을 패키지로 제공하고, 가맹점으로부터 가입비와 보증금, 로열티를 받는 가장 전형적인 프랜차이즈 시스템 형대이다.

② 상표명 프랜차이즈 시스템(trade-name franchise system)

프랜차이즈 본부가 가맹점에 대해 자사의 등록상표를 독점적으로 취급·판매할 수 있는 권리를 부여해주는 형태의 프랜차이즈 시스템을 말한다. 폴사인제를 택하고 있는 정유사와 주유소 관계, 코카콜라, GM, 포드 등의 자동차회사 등의 예가 있다.

③ 전환형 프랜차이즈 시스템(conversion franchise system)

독립적으로 운영되고 있던 점포를 프랜차이즈 시스템으로 끌어들여 가맹점화 하는 프랜차이즈 시스템 형태를 말한다. 독립 점포 입장에서는 프랜차이즈 본부의 브랜드 명성이나 고객확보능력, 사업운영 노하우 등을 활용할 수 있고, 본부는 단기간 내에 많은 가맹점을 확보하고 성장할 수 있다는 이점이 있다.

(3) 프랜차이즈 시스템의 장점

프랜차이즈 본부와 가맹점 및 소비자 입장에서 프랜차이즈 시스템의 장점을 요약하면 다음과 같다.

1) 프랜차이즈 본부 입장의 장점

① 자본확장의 용이성과 빠른 성장률

② 유통경로의 확장에 따른 사업기회의 확장과 수익 증대

③ 점포의 일관성 유지

④ 지역시장에 대한 지식의 습득

⑤ 재무위험의 감소와 자본조달 용이

2) 프랜차이즈 가맹점 입장의 장점

① 사업개시 위험의 최소화

② (본부회사에 대한) 검증된 사업기회 획득

③ 전국적인 브랜드 명성 확보

④ 소자본 창업 가능

⑤ 본부회사의 전문적 지원

⑥ 짧은 기간 내 안정된 수익 가능

3) 소비자 입장의 장점

① 어디서나 표준화되고 일관된 서비스 이용

② 정보탐색 비용과 구매위험 감소

③ 저렴한 가격으로 양질의 서비스 구매 가능

(4) 프랜차이즈 시스템의 단점

프랜차이즈 본부와 가맹점 및 소비자 입장에서 야기될 수 있는 프랜차이즈 시스템의 문제점을 요약하면 다음과 같다.

1) 프랜차이즈 본부 입장의 단점

① 가맹점 관리의 어려움

② 가맹점과의 갈등과 분쟁가능성

③ 가맹점의 불량 서비스로 인한 본부의 명성 훼손

④ 대고객 관계에서 가맹점에 주도권 상실

⑤ 낮은 잠재이익

⑥ 서비스 품질과 기업이미지 통제의 어려움

2) 프랜차이즈 가맹점 입장의 단점

① 경쟁의 심화에 따른 매출부진과 이익 감소

② 가맹점 수의 증가에 따른 시장의 포화와 잠식 가능성

③ 본부의 지나친 통제와 간섭

④ 가맹점의 창의성 발휘 곤란

⑤ 높은 수수료(가입비, 가맹금, 로열티)와 본부 중심의 계약

⑥ 본부의 지원기능 미흡

3) 소비자 입장의 단점

① 본부의 횡포에 따른 불합리한 가격과 서비스

② 본부–가맹점 간의 불분명한 책임 소재로 인한 소비자 피해

〈표 9-2〉에는 프랜차이즈 시스템의 장·단점을 프랜차이즈 본부와 가맹점 입장에서 비교 설명해 주고 있다.

표 9–2 프랜차이즈 시스템의 장·단점

	프랜차이즈 본부 입장	프랜차이즈 가맹점 입장
장점	• 자본확장의 용이성과 빠른 성장률 • 사업기회의 확장과 수익 증대 • 점포의 일관성 유지 • 지역시장에 대한 지식의 습득 • 재무위험의 감소와 자본조달 용이	• 사업개시 위험의 최소화 • 검증된 사업기회 획득 • 전국적인 브랜드 명성 확보 • 소자본 창업 가능 • 본부회사의 전문적 지원 • 짧은 기간 내 안정된 수익가능
단점	• 가맹점 관리의 어려움 • 가맹점과의 갈등과 분쟁가능성 • 가맹점에 의한 본부의 명성 훼손 • 대 고객관계에서 주도권 상실 • 서비스 품질과 기업이미지 통제의 어려움	• 경쟁의 심화에 따른 이익 감소 • 시장의 포화와 잠식 가능성 • 본부의 지나친 통제와 간섭 • 가맹점의 창의성 발휘 곤란 • 높은 수수료와 본부중심의 계약 • 본부의 지원기능 미흡

현장사례 ··· 프랜차이즈 창업을 준비하면서 꼼꼼히 챙겨봐야 할 것들!

프랜차이즈 창업을 준비하면서 꼼꼼히 챙겨봐야 할 것들을 살펴보자

1. 가맹본부의 정보공개서를 꼼꼼히 살펴라

정보공개서는 기업에 대한 중요한 정보를 담은 문서다. 매출액 뿐만 아니라 재무상황, 직영점이나 가맹점 현황, 법 위반사실 등 구체적인 내용들이 기재되어 있다. 가맹본부는 계약체결 전 가맹희망자에게 정보공개서를 제공하도록 되어 있다.

2. 업종보다는 가맹본부의 능력을 선택기준으로 삼아라

프랜차이즈 사업의 특성상 가맹점의 장사가 잘 되도록 경영지원을 하기 위해서는 무엇보다 본사의 시스템이 탄탄해야 한다. 가맹본부의 능력을 파악하기 위해서는 온라인 검색, 업계 평판, 가맹점주의 평가 등 다양한 정보를 수집해서 이러한 시스템이 잘 운영되고 있는지 반드시 체크해야 한다.

3. 직영점 운영 여부를 확인하라

기존 조사통계 자료를 보면 프랜차이즈 전체 브랜드 중 직영점이 없는 브랜드는 50% 이상을 차지하고 있다. 가맹출점 전 직영점 운영을 통해 상권입지에 대한 철저한 분석, 메뉴 및 서비스에 대해 다양한 실험과 보완연구로 우량 점포를 양성해 나갈 필요가 있다.

4. 기존 가맹점을 방문하여 평가를 들어라

기존 가맹점을 방문하여 메뉴도 직접 먹어보고, 어떤 메뉴들이 있는지 정기적으로 메뉴개발 공급은 이루어지고 있는지, 본사 경영지원과 물류공급의 신속성, 마케팅 지원, 슈퍼바이저의 방문과 능력 등을 살펴볼 필요가 있다. 이런 것들은 가맹점주의 이야기를 통해 최종 확인이 가능하다. 잘되는 매장 한두 곳으로는 판단하기 어렵다. 지역, 주변상권, 업종구성의 연관성, 매장 규모에 따라 매출 차이가 있기 때문이다.

5. 오더맨(계약직 영업사원)에 의존하는 가맹본부인지 확인하라

일부 프랜차이즈는 인건비 부담을 줄이기 위해 외부업체에 영업대행을 의뢰하는 경우가 있다. 오더맨(Order Man)은 가맹 계약 시 건당 일정한 수수료를 받고 영업하는 계약직 영업사원이다. 이들은 본사의 소속직원이 아니어서 가맹점에 대한 책임과 권한이 없는 경우가 많기 때문에 주의가 필요하다.

6. 동종의 여러 브랜드와 장단점을 비교 분석하라

한 개의 브랜드만 보지 말고 동종 브랜드를 조사해서 비교 분석하는 것도 좋은 방법이다. 시장에서 소비자들이 해당 브랜드에 대해 어떻게 인식하고 있는지, 브랜드의 강

점은 무엇인지, 브랜드의 지속성과 경쟁력은 있는지 꼼꼼히 따져야 한다.

7. 기타 체크사항

이외에도 본사 CEO의 경영관, 영업지역 보장 여부, 다른 브랜드를 모방한 미투(짝퉁)브랜드는 아닌지 체크해봐야 한다. 이와 아울러 가맹비와 로열티가 없다는 말에 현혹되지 말아야 한다.

* 자료 : 스타트업4(Startup4)(http://www.startup4.co.kr)

2. 에이전트와 브로커

에이전트와 브로커는 거래 대상이 되는 서비스에 대한 소유권을 갖지 않고 서비스 제공자와 고객간의 거래를 촉진·조성하는 중간상을 말한다.

(1) 에이전트

에이전트(agent)는 대리인 또는 대리상(점)이라고도 하는데, 서비스 제공자를 대신하여 고객과 서비스 제공자 사이의 계약을 체결하고 서비스 제공자를 위하여 다양한 마케팅기능을 수행하는 중간상을 말한다. 일반적으로 에이전트가 수행하는 마케팅 활동에 대해서는 법적인 권한을 갖는 경우가 많다. 기업들의 광고를 대행하는 광고대행사나 국내외 여행업무를 대행하는 여행사, 유명 가수나 스포츠 선수의 매니저는 에이전트의 대표적인 예가 된다. 에이전트가 받는 수수료(commission)는 대개 매출액의 2~6% 정도가 된다.

에이전트의 유형에는 판매 에이전트, 구매 에이전트, 구매촉진 에이전트 등이 있다.

① 판매 에이전트

판매 에이전트(selling agent)는 서비스 제공자의 산출물을 판매할 수 있는 권한을 갖고 서비스 구매자와 협상하고 계약을 체결하는 에이전트를 말한다. 서비스의 계약조건이나 판매가격, 서비스 제공기간 등에 관한 모든 권한은 판매 에이전트에게 위임하고, 서비스 제공자는 오직 자신의 본연의 일

에 전념할 수 있게 된다. 판매 에이전트는 영업지역의 제한을 받지 않으며, 판매가격의 일정지분을 수수료로 받는다. 가수, 개그맨, 영화배우와 같은 연예인이나 스포츠 선수의 매니저 등이 판매 에이전트의 대표적인 예가 된다.

② 구매 에이전트

구매 에이전트(purchasing agent)는 구매자와 장기적인 관계를 가지면서 구매자를 대신하여 상품을 검사, 평가하고 구매하는 대리인을 말한다. 구매 에이전트는 자신의 분야에 대한 지식이 풍부하여 최상의 조건으로 서비스를 구매하게 할 수 있으며, 자신의 고객에게 유익한 시장정보를 제공하기도 한다. 예술품이나 골동품, 보석 등의 전문가가 구매 에이전트로 활동하는 예를 들 수 있다.

③ 거래촉진 에이전트

거래촉진 에이전트(facilitating agent)는 어떤 거래를 위한 전문적 기술에다 금융 서비스나 위험관리, 운송과 같은 추가적인 지원서비스를 제공함으로써 마케팅이나 거래를 촉진하는 에이전트를 말한다. 기업의 양도나 인수합병 거래를 촉진하기 위해 노력하는 전문가가 그러한 예에 속한다.

(2) 브로커

브로커(broker)는 중개인 또는 거간이라고도 하는데, 서비스 제공자와 고객의 거래를 중개하여 촉진시키는 기능을 하는 중간상을 말한다. 거래가 성립되면 브로커를 고용한 당사자로부터 수수료(commission)를 받으며, 양쪽에서 수수료를 받기도 한다. 에이전트와 달리 브로커는 1회의 거래로 끝나는 단기적인 관계이며, 거래에 따른 위험부담을 지지 않는다. 부동산 중개인이나 보험, 증권, 결혼 등의 중개인이 대표적인 예에 속한다.

(3) 에이전트와 브로커의 장·단점

에이전트와 브로커가 갖는 장·단점을 살펴보면 다음과 같다.

1) 에이전트와 브로커의 장점

① 판매 및 유통비용의 절감

② 전문적인 기술과 지식의 소유
③ 광범한 지역으로의 진출 용이
④ 현지 지역시장에 대한 전문지식 보유
⑤ 고객의 서비스 선택을 용이하게 함(특히 독립 에이전트)

2) 에이전트와 브로커의 단점

① 서비스 제공자의 가격결정 및 여타 마케팅믹스에 대한 통제력 상실
② 복수 서비스 제공자의 서비스 대행과 이에 따른 품질통제 및 이미지에 나쁜 영향(독립 에이전트의 경우)
③ 과다한 수수료 부담

3. 전자유통경로

(1) 전자유통경로의 개념

전자유통경로(electronic channel)는 다양한 전자매체를 이용하여 서비스를 제공하는 유통경로로서 고객과 종업원의 직접적인 접촉을 필요로 하지 않는 유일한 경로라고 할 수 있다. 전자유통을 위해 필요한 요소는 고객에게 제공하고자 하는 서비스와 이를 제공할 전자매체의 두 가지이다.

서비스 제공자가 이용할 수 있는 전자매체로는 유·무선 전화, 팩스, 라디오, TV와 같은 전통적인 전자매체를 비롯하여 인터넷, 인공위성, 컴퓨터, 스마트폰 등의 새로운 전자매체들이 있다. 서비스 제공자는 이러한 전자매체를 통해 문자나 음성, 영상, 기타 다양한 정보들을 고객들에게 직접 전송할 수 있다. 고객이 이러한 전자매체를 통해 얻을 수 있는 서비스에는 교육, 오락, 정보 등의 주문형 서비스, 인터렉티브 뉴스와 음악, 은행과 금융서비스, 전자도서관과 데이터베이스, 원격학습, 영상회의, 원격진료, 인터렉티브 게임, 텔레마케팅, 인터넷 쇼핑몰, TV홈쇼핑 등이 있다.

서비스의 생산이 정보기술과 시설, 장비에 의존할수록 서비스 제공자와 고객 간의 대면접촉은 더 줄어들고 서비스의 비분리성과 이질성의 특성이 덜 나타난다. 즉, 전자경로는 서비스의 비분리성과 이질성 특성과 관련된 많은 문제점을 극복할 수 있게 해준다.

(2) 전자유통경로의 장·단점

1) 전자유통경로의 장점

① 일관된 서비스 제공에 따른 품질관리

② 인적 유통에 비해 저렴한 비용

③ 고객의 편의 증대(접근가능성과 이용가능성 제고)

④ 광범위한 유통(최종소비자와 중간상, 광역시장 유통)

⑤ 고객의 선택 폭 증대

2) 전자유통경로의 단점

① 전자환경에 대한 통제력 부족(특히 인터넷 환경)

② 개별화된 서비스 제공의 한계

③ 고객의 매체활용능력과 관련한 고객참여 문제 가능

④ 거래상의 보안 문제

현장사례 … 롯데마트, '1억 젊은 시장' 베트남서 보폭 넓힌다

베트남 소비 시장이 급팽창하면서 한국 유통·식품·엔터테인먼트 기업이 사업을 확장하고 있다. 2년여간 점포를 내지 않고 내실을 다져온 유통기업들의 행보가 특히 공격적이다.

2008년 베트남에 진출한 롯데마트는 13개 점포를 통해 모바일 주문 및 배송 시장 선점에 나섰다. 지난 6월 베트남 내 대형마트로는 처음 모바일 배송 서비스 '스피드L'을 도입했다. 20~30대 여성 소비자를 공략하기 위해서다.

스피드L은 소비자가 모바일 앱(응용프로그램)으로 신선식품 등을 주문하면 가까운 점포에서 물건을 골라 담아 3시간 뒤부터 고객이 지정한 시간에 집까지 배송하는 서비스다. 15만 동(약 7,500원) 이상은 무료로 배송하고, 그 이하는 ㎞당 5,000동(약 250원)의 배송료를 받는다. 배송은 지입 차량과 오토바이가 담당한다. 스피드L로 들어오는 1인당 평균 주문액은 81만 4,000동(약 4만 700원)으로 오프라인 점포의 1인 평균 구매액 40만 4,000동(약 2만 200원)의 두 배나 된다. 이달 초부터는 '주문 뒤 3시간'이었던 최소 배송시간이 1시간으로 대폭 단축됐다. 동남아시아 최대 승차공유기업인 그랩과 독점 제휴를 맺고 실시간 배송에 나섰기 때문이다.

강민호 롯데마트 법인장은 "오토바이로 북적이는 호찌민 시내에서 기존 배송 차량은 한 번 나가면 돌아오는 데 상당한 시간이 걸렸다"며 "그랩 바이크 기사는 물건을 배송한 뒤 다시 점포로 돌아올 필요 없이 그곳에서 다른 손님을 태우고 각자 영업하면 되는 만큼 비용과 시간이 모두 절감되는 효과가 있다"고 말했다.

베트남의 온라인 쇼핑 규모는 아직 전체 유통시장의 1% 수준이다. 1위 업체 라자다의 연매출은 2,000억 원 정도다. 롯데마트는 향후 2년간 출점할 70여 개 중형 점포로 그랩을 활용한 스피드L 서비스를 늘려나갈 계획이다. 베트남의 롯데마트 점포들은 매장이면서 동시에 물류센터로 기능하게 된다.

* 자료 : 한국경제, 2018. 12. 3.

04 멀티유통전략

서비스 기업은 유통영역의 성장 확대를 위해 멀티유통 전략을 사용한다. 멀티유통전략(multi-distribution strategy)이란 유통의 성장을 위하여 기업이 제공하는 점포(site), 서비스(service) 또는 세분시장(segment)을 다양화하고, 이들 요소를 결합하여 제공하는 유통전략을 말한다.

멀티유통전략은 크게 기본전략과 선택전략으로 구분할 수 있다.

1. 기본전략

멀티유통의 기본전략에는 복수점포 전략, 복수서비스 전략, 복수시장 전략 등의 세 가지 유형이 있다.

(1) 복수점포 전략

복수점포 전략(multisite strategy)은 서비스를 한 지역에서 다른 지역으로 확대 유통시키는 것으로 가장 전형적인 유통성장 전략이다. 어떤 기업이 한 지역에서 성공을 하게 되면 다른 지역으로 확장을 하고, 그곳에서 성공하면 다시 제3, 제4의 지역으로 영역을 넓혀 나가게 된다. 이 전략은 비용 효율성을 중요시하는 기업에 효과적이다. 이 전략이 성공하기 위해서는 한두 개의 상품계열로 특화된 서비스를 제공할 수 있어야 하며, 서비스 품질관리가 중요하다.

롯데리아나 맥도널드, 웬디스, 버거킹 등의 패스트푸드업체들은 이러한 전략을 성공적으로 수행해 왔다. 또한 기업은 한정된 상품계열을 표준화된 서비스 패키지로 제공하고 좋은 입지를 선정할 필요가 있다.

이 전략의 문제점으로는 확장속도가 너무 빠르면 자원조달 문제가 발생할 수 있고, 복수점포의 관리 문제가 대두될 수 있다. 또 비용 효율성과 저마진을 추구하기 때문에 간접비가 많이 지출되지 않도록 통제해야 한다. 점포의 관리자 수를 줄여 간접비를 줄이려고 하는 경우에는 각 점포의 품질관리 문제가 발생할 수 있다.

(2) 복수서비스 전략

복수서비스 전략(multiservice strategy)은 기업이 기존의 서비스에 새로운 서비스를 추가하는 전략을 말한다. 이 전략은 기업이 개별화된 서비스나 기능적 서비스 품질을 추구할 때 매우 효과적이다. 어떤 경우든 고객에게 초점을 맞추고 고객의 편익을 최대한 도모해야 한다.

기존 서비스에 새로운 서비스를 확장할 때에는 기업의 핵심서비스와 이를 지원해 주는 보조서비스를 구분하여 고려해야 한다. 기존의 핵심서비스에 새로운 핵심서비스를 추가하기보다는 보조서비스를 추가하는 것이 상대적으로 더 쉽다. 그러나 보조서비스의 추가로 인해 핵심 서비스의 수요를 잠식하게 해서는 안 된다. 미용실이 피부관리 서비스를 보조서비스로 추가하면서 너무 많은 침대를 설치해 본연의 핵심서비스 영역인 머리손질 서비스에 방해가 된다면, 이는 문제가 되는 것이다.

복수서비스 전략의 문제점으로는 효율성이 낮다는 것이다. 신규 서비스를 추가하게 되면 추가적인 자원이 필요하며, 이는 기업 전체의 효율성을 떨어뜨릴 수 있다. 따라서 기업은 신규 서비스로 인해 얻을 수 있는 증분수익과 희생되는 효율성의 감소를 대비하여 그 득실을 신중하게 판단한 뒤에 신규 서비스의 추가여부를 결정해야 한다. 그리고 기존의 서비스와 부합되지 않는 핵심서비스나 보조서비스의 추가는 문제가 될 수 있음을 알아야 한다. 많은 할인점들은 고객들의 원스톱 쇼핑(one-stop shopping) 욕구를 확인하고 매장 내에 세탁소, 패스트푸드점, 사진관, 은행 등의 보조서비스를 추가함으로써 고객만족도를 높여 주고 있다.

(3) 복수시장 전략

복수시장 전략(multisegment strategy)은 기업이 현재 제공하고 있는 서비스를 새로운 세분시장으로 확대하여 제공하는 전략을 말한다. 이 전략은 기업이 현재의 설비를 충분히 활용하지 못하고 있을 때 특히 효과적이다. 서비스에 대한 수요가 적을 때 기업은 그 서비스를 필요로 하는 새로운 세분시장을 찾아 서비스를 제공해야 한다.

볼링장이나 실내 골프장의 오전과 낮 시간대에는 수요가 많지 않아 유휴시설이 발생하므로 이 시간대에 주부나 노인층을 대상으로 한 마케팅 전략을 수립하

여 새로운 수요를 창출할 수 있다. 시간대나 계절에 따라 서비스 수요의 차이가 많은 놀이공원, 극장, 학원, 호텔, 여행사, 레스토랑 등에서도 이러한 전략을 사용할 수 있다.

복수시장 전략은 서비스가 제공되는 세분시장 고객들이 서로 상호작용하지 않을 때 더 효과적이다. 저녁에 볼링장을 찾는 일반고객들은 낮 시간에 볼링을 치는 경우가 별로 없다. 반면에 노인이나 주부들은 혼잡한 저녁시간을 피하기를 원한다. 따라서 이런 상황에서 복수시장 전략은 매우 효과적이다.

세분시장이 서로 중복될 때에는 이 전략은 별로 효과적이지 못하다. 예를 들어 대학에서 낮 시간에 볼링장에서 볼링수업을 듣는 학생들은 저녁시간에는 개별적으로 볼링장을 이용할 수 있기 때문에 저녁시간대에는 혼잡이 가중되어 많은 사람들이 대기해야 하는 상황이 발생할 것이다.

복수시장 전략을 사용하는데 따른 어려움은 기존의 세분시장과 다른 수요구조를 갖고 있는 세분시장을 발견하는 것과 기존 시장과 동일한 서비스를 원하는 시장을 발견하는 것이다. 만일 서로 다른 세분시장들이 혼합되어 있다면 복수시장 전략을 운영하는데 여러 가지 어려움이 따를 것이다. 이렇게 되면 고객을 혼동시킬 수 있고, 종업원들 역시 여러 세분시장의 고객들에게 동시에 서비스를 제공해야 하는 부담을 안게 된다.

2. 선택전략

멀티유통의 선택전략은 기본전략의 3요소인 점포, 서비스, 세분시장을 필요에 따라 적절히 결합한 형태의 전략으로서 복수점포/복수서비스 전략, 복수점포/복수시장 전략, 복수서비스/복수시장 전략, 복수점포/복수서비스/복수시장 전략 등의 전략 대안들을 말한다.

(1) 복수점포/복수서비스 전략

많은 기업들은 초창기의 성장전략으로 복수점포 전략을 취하지만 해당 세분시장이 포화상태가 되면 복수점포/복수서비스 전략을 통해 계속적인 매출성장을 꾀하게 된다.

복수점포/복수서비스 전략의 한 가지 접근방법으로는 기존 점포와 신규 점포에 모두 새로운 서비스를 제공하여 매출성장을 도모하는 것이다. 예컨대, 피자헛은 초기에 복수점포 전략으로 점포 확장에 주력했으나 더 이상 매출이 증가하지 않자 모든 점포에서 배달 서비스를 새로 추가함으로써 도미노 피자 등의 경쟁사들에 효과적으로 대응할 수 있었다.

복수점포/복수서비스 전략을 사용하면 간접비가 증가한다. 새로운 서비스를 추가하기 때문에 전체 서비스 구조를 관리하는 문제에 직면할 수 있고 추가되는 서비스로 인해 각 점포의 서비스 품질이 떨어질 수도 있다. 즉, 이 전략은 고객들에게 일괄구매를 제공할 수 있다는 점에서는 장점이 되지만, 한 두 가지 특화된 서비스만을 취급하는 기업이 누릴 수 있는 규모의 경제와 원가효율성을 얻을 수 없다는 단점이 있다.

이 전략의 또 다른 접근방법으로는 새로운 점포에만 새로운 서비스를 제공하는 것이다. 이는 한 점포에서 여러 가지 서비스를 제공하는 데 따르는 혼란을 피할 수 있다. 또 새로운 서비스를 다른 새로운 점포에 제공함으로써 초기 점포들에서 누릴 수 있었던 영업 효율성을 새로운 점포에서도 계속 유지할 수 있다. 예를 들어 펩시코사는 레스토랑 사업부에서 복수점포/복수서비스 전략을 사용했는데, 패스트푸드 시장별로 별도의 레스토랑 체인을 세웠다. KFC는 치킨 종류를 전문으로 하며, 피자헛은 피자를 전문으로 함으로써 세분시장별 수요를 효과적으로 충족시켜 성공을 거둘 수 있었다.

(2) 복수점포/복수시장 전략

복수점포/복수시장 전략은 세분시장별로 별도의 점포를 개설하여 운영하려고 할 때 가장 효과적이다. 따라서 이 전략은 서로 다른 세분시장들이 섞여 있을 때 나타날 수 있는 문제점들을 예방해 준다. 또 비슷한 수요구조를 가지고 있는 상이한 세분시장들의 문제점을 예방해 줄 수 있다. 기업은 각 세분시장을 독립적으로 운영할 수 있다.

이 전략이 갖는 문제점으로는 각 세분시장별로 서로 다른 점포를 개설하는데 드는 비용과 각 점포별로 인적·물적 자원들을 배분하는 문제이다. 점포별로 중복되는 비용은 자칫 각 점포의 매출수익을 초과할 수도 있다. 따라서 이 전략이

성공하기 위해서는 먼저 각 세분시장의 규모가 기업이 다른 지역에 점포를 운영하여 이익을 낼 수 있을 만큼 충분히 커야 한다는 점이다.

(3) 복수서비스/복수시장 전략

복수서비스/복수시장 전략이 성공하기 위해서는 몇 가지 조건들이 충족되어야 한다. 첫째, 세분시장 고객들이 서로 다른 시간에 기업을 이용하거나 다른 지역의 시설을 이용해야 한다. 둘째, 서비스 기업은 각 세분시장 고객들에게 다른 종류의 핵심서비스를 제공해야 한다. 셋째, 고객들간에 최소한의 상호작용이 이루어져야 한다. 이 전략은 서비스 시설의 가동률이 낮을 때 잘 적용된다. 새로운 세분시장에 새로운 서비스를 추가하는 것은 유휴 서비스 시설의 활용을 증대시키게 된다.

같은 서비스 시설을 가지고 복수의 세분시장에 복수의 서비스를 제공하기는 어렵다. 이를 위해 종업원들은 각 세분시장에 다양한 서비스를 제공할 수 있는 교육훈련을 받아야 한다. 물론 이러한 능력을 보유한 종업원을 선발하는 것도 중요한 일이다. 종업원들이 다양한 종류의 서비스를 제공할 수 있다면 성공가능성은 그만큼 높아지는 것이다.

각 세분시장에 부합되는 다양한 서비스를 제공하는 경우로는 문화센터나 스포츠센터에서 하루 중 시간대별로 오전에는 주부나 노인층을, 오후에는 방과후의 학생들을, 저녁시간대에는 직장인들을 대상으로 다양한 프로그램들을 개발하여 운영하는 것을 예로 들 수 있다.

(4) 복수점포/복수서비스/복수시장 전략

복수점포/복수서비스/복수시장 전략은 기본전략의 세 가지 요소인 점포와 서비스 및 세분시장을 모두 결합하여 운영하는 형태를 말한다. 이 전략은 세 가지 기본전략이 개별적으로 사용되었을 때 발생할 수 있는 위험을 피할 수 있는 이점이 있지만 여러 가지 결점도 안고 있다. 일반적으로 이 전략은 간접비용이 증가한다. 다양한 서비스를 제공하는 여러 개의 점포를 효율적으로 관리한다는 것은 매우 어려운 일이다. 게다가 서비스 품질을 관리한다는 것은 더욱 어려운 일이 된다.

이 전략은 대개 시간이 지남에 따라 진화하는 형태를 갖는다. 즉, 기업은 여러 가지 전략 중 어느 하나를 선택하여 출발하지만 계속 성장함에 따라 두 번째, 세 번째 선택전략을 추가하게 된다. 하지만 이렇게 복잡해진 전략은 자칫 간접비의 과다한 지출과 효율성의 저하로 인해 수익성이 악화되기 쉽다. 그러나 낮은 운영비를 유지하고, 결합 요소들을 잘 연계시킬 수 있다면 이 전략은 성공적인 결과를 낳을 수 있다. 대형 시중은행이 여러 지역의 지점들을 통해 세분시장별로 다양한 금융서비스 상품을 제공하면서 성공적으로 운영하는 예를 들 수 있다. 또 원스톱 건강 서비스를 지향하는 기업은 병원, 건강진단센터, 요양시설, 양로원 등의 복합시설을 갖춘 통합시스템을 운영함으로써 고객들에게 보다 저렴한 비용으로 고품질의 건강 서비스를 제공할 수 있다.

〈표 9-3〉에는 지금까지 살펴본 멀티유통 전략의 유형별 장점과 운영상의 고려사항을 요약해주고 있다.

최근에는 시장의 경쟁이 심화되고 인터넷을 기반으로 한 전자유통이 급속도로 보급됨에 따라 오프라인 및 온라인 유통의 결합이나 다양한 판매채널을 결합하는 형태의 유통 다양화가 이루어지고 있다. 특히 온라인 유통은 전통적인 오프라인 유통이 갖는 시간적, 공간적 한계를 극복할 수 있는 대안으로서 상호 결합에 의한 시너지 효과를 누릴 수 있게 해준다.

예를 들어, 설계사 중심의 전통적인 판매채널에서 열세를 보였던 중소형 보험사들은 다양한 판매채널을 통한 영업력 강화를 대형 보험사에 대항하는 전략으로 채택하여 설계사 조직 외에도 텔레마케팅, 인터넷, 홈쇼핑 등을 통한 다이렉트 채널, 방카슈랑스 채널 등을 개발하고 이에 맞는 다양한 상품을 내놓고 있다. 이에 대형 보험사들도 맞대응을 시작하면서 멀티채널전략에 대한 관심은 고조되고 있는 상황이다. 그러나 이러한 멀티채널전략이 시너지 효과를 내기 위해서는 각 채널에서 취급하는 제품 및 서비스의 가격 조정, 고객정보의 공유 등 채널간 통합 조정이 필수적이며 채널간 갈등을 줄이고 고객의 다양한 욕구에 따른 기능 조정 문제 등이 우선 해결되어야 할 것이다.[2)]

---

2) 이유재, 전게서, p.361.

▶ 표 9-3 멀티유통 전략의 유형별 장점과 주요 고려사항

멀티유통 전략	장 점	주요 고려사항
복수점포 전략	• 빠른 확장 • 매출의 성장 • 관리가 용이함	• 좋은 입지 • 추가 재무자원 필요 • 복수의 점포관리 • 서비스 품질관리 • 지나친 급성장 문제
복수서비스 전략	• 기존고객에 보다 좋은 서비스 제공 • 신규고객 창출이 용이함 • 매출 증대	• 효율성 저하 • 추가 재무자원 필요 • 복수 서비스 관리 • 서비스 품질관리
복수시장 전략	• 서비스 시설의 최대 활용 • 매출 증대	• 수요창출가능 시장 탐색 • 고객의 혼동 • 서비스 품질관리
복수점포/ 복수서비스 전략	• 매출 증대 • 고객의 일괄구매 가능 • 기존고객에게 보다 좋은 서비스 제공	• 간접비용 증가 • 서비스 구조 관리 • 서비스 품질관리
복수점포/ 복수시장 전략	• 매출 증대 • 각 시장에 맞도록 점포 특화	• 간접비용 증가 • 서비스 구조 관리 • 서비스 품질관리
복수서비스/ 복수시장 전략	• 매출 증대 • 기존 고객에게 보다 좋은 서비스 제공	• 서비스 품질관리 • 서비스 구조 관리 • 고객의 혼동
복수점포/ 복수서비스/ 복수시장 전략	• 매출 증대 • 고객의 원스톱 쇼핑 가능 • 경쟁사의 자사 시장 잠식 방지	• 간접비용 증가 • 서비스 구조 관리 • 서비스 품질관리 • 추가 재무자원 필요 • 고객의 혼동

현장사례 … 유통 빅3, AI쇼핑 시장 선점 경쟁 '활활'

유통업계가 인공지능(AI) 기술을 활용한 미래점포 구축과 업무효율화에 집중하고 있다. 유통업계에 따르면 '유통 빅3'로 불리는 신세계·롯데·현대는 AI쇼핑 시대를 맞아 시장 선점을 위한 업무협약(MOU) 체결과 신기술 개발에 열을 올리고 있다.

<이마트의 자율주행카트 '일라이'>

신세계의 IT계열사 신세계I&C는 지난 20일 신세계백화점, 구글과 AI기술기반서비스 사업에 협력하기 위해 MOU를 맺었다. 신세계I&C와 신세계백화점은 이번 MOU로 신세계백화점 내 구글 기술기반의 챗봇 서비스를 개발한다. 신세계I&C는 챗봇 서비스를 시작으로 기계학습, AI기반 분석서비스, 다양한 쇼핑채널과 연계한 스마트 장치 등 서비스를 확장할 계획이다. 신세계그룹의 이마트 역시 'S랩(유통첨단기술연구조직)'을 통해 자율주행카트 '일라이'와 쇼핑 도우미 로봇 '페퍼'를 선보였다.

롯데그룹은 하반기 채용 서류전형 심사에 AI시스템을 활용하는 등 그룹차원에서 AI 기술을 적극 도입하고 있다. 롯데쇼핑은 지난 21일 KT의 AI스피커인 '기가지니'와의 대화를 통해 온라인 상품을 주문할 수 있는 'AI장보기 서비스'를 선보였다. 롯데백화점의 AI채팅로봇 '로사'는 소비자와 채팅을 주고받으며 상품을 추천하거나 매장안내를 돕는다. 롯데홈쇼핑은 '스마트 AI편성시스템'을 통해 TV홈쇼핑 방송상품을 최적의 조합으로 자동편성하고, VR기술을 활용해 실제 매장에 있는 것처럼 쇼핑이 가능한 'VR 스트리트' 서비스를 선보였다.

현대백화점은 글로벌 유통기업 아마존의 자회사 아마존 웹서비스와 손잡고 미래형 유통매장 구현을 위한 전략적 협력 협약'을 체결했다. 양사는 무인자동화 매장 '아마존 고'의 '저스트 워크 아웃(쇼핑 후 걸어나오면 자동으로 결제)' 기술을 활용한 무인 슈퍼마켓을 비롯해 드론을 활용한 식음료 배달, 아마존의 인공지능을 활용한 무인안내 시스템 구축 등을 연구한다. 현대백화점은 이번 협약을 통해 백화점과 아울렛 등 오프라인 매장 운영 전반에 첨단 기술을 접목해 '미래형 유통매장 모델'을 개발, 운영할 계획이다.

업계 관계자는 "AI쇼핑 시대를 앞두고 시장선점을 위해선 소비자들의 트렌드에 발맞춰야 한다"며 "인공지능 및 빅데이터를 통한 고객 맞춤형 서비스를 지속적으로 제공할 계획"이라고 말했다.

* 자료 : 현대경제신문, 2018. 12. 2.

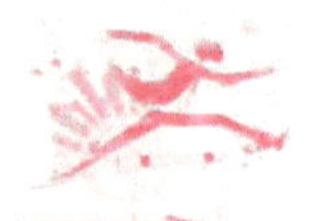

연구문제

1. 서비스 유통경로의 특성에 대하여 토의해 보자.

2. 서비스 유통경로의 설계과정에 대하여 설명하시오.

3. 서비스 간접유통의 유형과 각각의 장단점에 대하여 설명하시오.

4. 서비스 프랜차이즈 시스템의 운영사례와 경로갈등에 대하여 조사해 보자.

5. 멀티유통전략의 유형을 설명하고 실제 사례에 대하여 조사해 보자.

6. 전자유통경로의 유형과 장·단점에 대하여 토의해 보자.

7. 멀티유통전략의 유형에 대하여 토의해 보자.

service marketing

서비스 촉진관리

학습 목표

- 서비스 촉진의 의의
- 광고
- 판매촉진
- 인적판매
- 홍보와 공중관계 및 스폰서십 마케팅
- 소셜 네트워크

01 서비스 촉진의 의의

1. 촉진과 커뮤니케이션

기업은 표적시장과 효과적인 커뮤니케이션을 하기 위하여 다양한 촉진적인 접근방법을 사용해야 한다. 즉, 서비스 기업이 아무리 훌륭한 상품을 적정한 가격에 적정한 경로를 통하여 표적시장에 유통시킨다고 하더라도 현재 및 잠재고객들에게 설득적 커뮤니케이션으로 적절한 촉진활동을 전개하지 못하면 효과적인 판매를 할 수 없을 뿐만 아니라 오늘날과 같이 치열한 경쟁상황에 대처할 수 없게 된다. 마케팅에서 커뮤니케이션은 기본적으로 정보를 전달하고, 잠재고객을 설득하며, 기업이나 상품을 다시 회상시키는 세 가지 기본적인 역할을 수행한다.

촉진(promotion)의 어원은 라틴어로 '앞으로 나아가다(to move forward)'라는 뜻을 가지고 있다. 좀 더 엄밀히 말해 촉진은 판매증대(특히 수요감퇴기)를 위하여, 서비스 신상품을 시장진입을 빠르게 하기 위하여, 서비스 신상품 제공시스템의 시장수용을 촉진하기 위하여, 그리고 촉진활동을 수행하지 않을 때보다 더 빨리 고객들의 구매행동을 창출하기 위하여 설계하는 마케팅 활동이라고 할 수 있다.

결국, 촉진이란 잠재고객의 태도와 행동에 영향을 주기 위하여 기업과 잠재구매자간에 정보를 커뮤니케이션하는 것이다. 즉, 설득적 커뮤니케이션을 통해 제품이나 서비스의 유통을 보다 원활히 하고, 수요를 자극·환기시킴으로써 기업이 기대하는 판매증대를 도모하는 일련의 활동을 말한다.

촉진은 최종고객들에게만 한정되는 것은 아니다. 종업원들을 동기부여하고(내부마케팅), 중간상들을 자극(유통전략)하기 위해서도 촉진활동이 필요하다. 마케터는 촉진의 효과를 극대화시키기 위해 커뮤니케이션을 적절하게 계획, 실행, 통제하기 위한 노력을 경주해야 한다. 결국 촉진은 종업원과 중간상을 포함하는 잠재고객과의 '마케팅 커뮤니케이션'이라고 할 수 있다. 마케터가 고객과의 긍정적인 관계유지를 위하여 얼마나 효과적으로 촉진을 하느냐 하는 것은 기업이 획득한 정보의 양과 질에 의하여 결정된다.

2. 촉진의 목적

기업의 촉진활동은 고객과의 단순한 커뮤니케이션에만 관심이 있는 것이 아니라 그 커뮤니케이션 과정을 통해 자사의 서비스 상품이나 상표를 선택하도록 고객들을 고무시키고자 하는데 있다. 따라서 서비스 마케터의 관심은 호의적인 행동을 유발할 수 있는 현재의 태도를 재 강화하고, 표적시장의 태도와 행동을 실제로 변화시키는데 초점이 모아진다.

경제학적인 측면에서 볼 때, 촉진은 [그림 10-1]에서 보는 바와 같이 수요곡선의 위치와 형태를 우측으로 이동시켜 매출증대를 기하며, 가격인상시에는 수요가 비탄력적이 되고 가격인하시에는 수요가 탄력적이 되도록 유도함으로써 소비자의 구매행동에 영향을 미치는데 그 목적이 있다. 즉, 기업은 촉진활동을 통하여 주어진 가격에서 매출의 중대를 꾀하고, 가격인상 시에는 비탄력적이고 가격인하시에는 탄력적인 수요탄력성을 갖도록 잠재고객들을 유도하고자 하는 것이다.

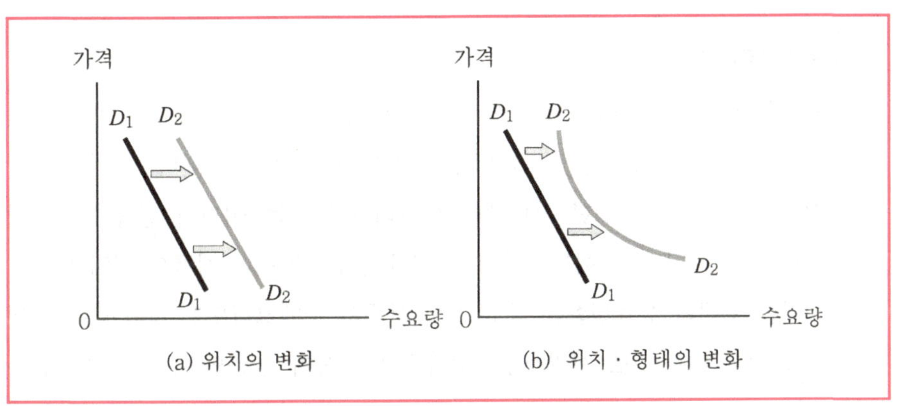

[그림 10-1] 촉진의 수요곡선 변화 효과

(1) 촉진의 기본적 목적

소비자의 구매행동에 영향을 미치고자 하는 촉진활동은 정보제공, 설득, 회상이라는 세 가지의 기본적인 목적을 가지고 있다. 마케터는 누구에게, 왜 정보를 제공하고, 설득하며, 회상하게 하는지를 구체적이고 정확하게 표현하는 촉진활동을 전개해야 한다.

1) 정보제공(informing)

잠재고객이 어떤 상품을 구매하려면 우선 그 상품의 존재와 특성에 대하여 알아야 하므로 정보제공은 촉진의 가장 기본적이고 중요한 목표이자 기능이라고 할 수 있다. 정보제공 기능은 기업이 신상품을 출시하여 본원적 수요를 창출하고자 하는 경우에 특히 중요시된다. 서비스 신상품을 가지고 있는 기업은 상품의 구매를 촉구하기보다는 그 상품의 존재가치나 특성 또는 경쟁상품보다 우수함을 알려주는 촉진활동을 하게 된다.

2) 설득(persuading)

경쟁적 시장상황에서 기업은 상품에 대한 정보를 제공할 뿐만 아니라 잠재고객들에게 자사의 상품을 구매하도록 설득하지 않으면 안 된다. 설득기능이란 구매행동에 영향을 끼칠 목적으로 긍정적이고 호의적인 소비자 태도를 개발하거나 재 강화하기 위해 노력하는 촉진활동을 말한다. 주로 서비스수명주기상 경쟁상품이 등장하는 성장기 단계의 촉진목표가 된다.

3) 회상(reminding)

표적고객들이 이미 기업의 서비스 상품에 대하여 긍정적인 태도를 가지고 있는 상황이라면, 마케터는 적절한 회상적 촉진목표를 전개해야 한다. 고객이 호감을 갖고 자사의 상품을 일단 구매했다고 하더라도 그는 여전히 경쟁자의 표적 소구대상이 될 수 있으며, 이들에게 과거 구매의 만족감이나 상품의 편익을 회상시키는 일은 고객의 상표전환을 막고 자사 상품의 구매고객으로 계속 남아 있게 해준다. 회상기능은 주로 서비스수명주기에서 성숙기 상품의 주요 촉진목표가 된다.

(2) 구매단계별 촉진 목적

촉진의 기본적인 목적이 정보제공과 설득 및 회상에 있다고 한다면, 그 구체적인 목적은 구매단계에 따라 다르게 설정될 수 있다. 소비자들의 서비스 구매단계는 구매 전 단계, 소비 단계, 구매 후 단계의 3단계로 구성된다. [그림 10-2]에는 촉진의 구매단계별 목적을 나타내고 있다.

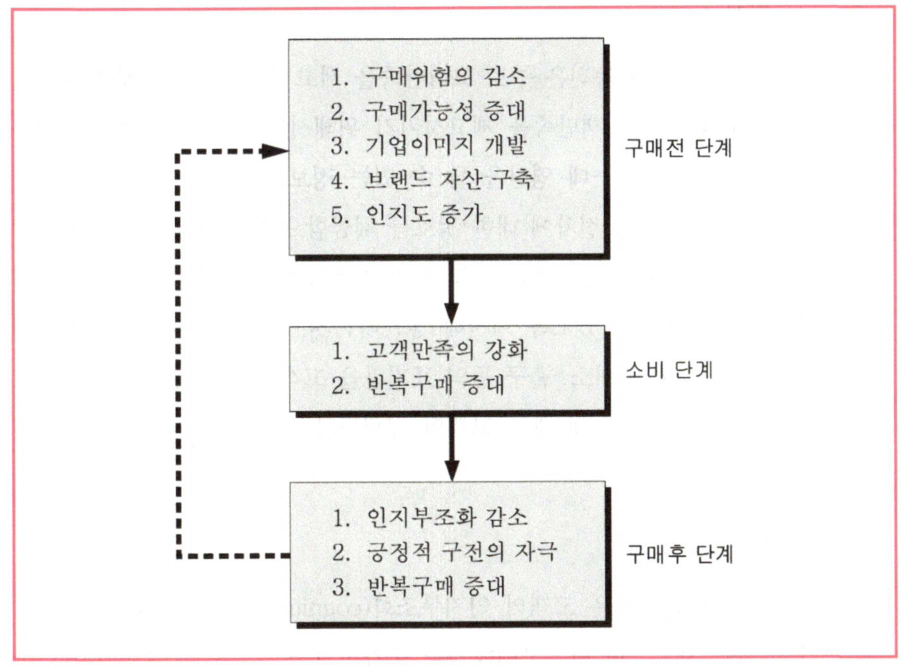

[그림 10-2] 구매단계별 촉진의 목적

1) 구매 전 단계

구매 전 단계에서는 네 가지의 촉진목적을 제시할 수 있다. 첫째, 구매위험을 줄이는 것이다. 구매위험을 줄이면 구매가능성을 높일 수 있다. 둘째, 브랜드 자산을 구축하거나 브랜드 인지도를 증가시키기 위해서 고유의 기업 이미지를 개발하는 것이다. 독특한 기업 이미지를 개발함으로써 서비스 기업은 구체적인 표적시장에 소구할 수 있다. 셋째, 브랜드 자산을 구축하는 것이다. 브랜드 파워가 강화되면 소비자들에게 그 서비스가 보다 균일한 서비스 품질을 제공해 줄 수 있다는 믿음을 주게 된다. 브랜드 자산은 소비자의 구매위험의 감소시키고 구매확률을 높여준다. 넷째, 서비스 기업과 브랜드에 대한 인지도를 높이는 것이다. 소비자의 구매결정은 그들의 환기상표군(evoked set)에서 이루어지기 때문에 기업이 소비자의 환기상표군 속에 들지 않고서는 선택되기 어렵다. 소비자의 환기상표군으로 편입되기 위해서는 기업이나 브랜드의 인지도를 강화하는 촉진 커뮤니케이션이 필수적이다.

2) 소비 단계

서비스 소비 단계에서 촉진은 주로 고객만족을 제고시키고 반복구매를 증가시키는 목적을 수행한다. 고객만족을 제고시키기 위해서는 고객의 기대를 형성하고 서비스 성과를 평가하는데 영향을 줄 수 있는 정보를 제공하는데 초점을 두어야 한다. 또 서비스 제공절차에 대한 정보를 제공함으로써 소비 단계에서 고객만족도를 높일 수 있다. 예를 들어 카센터에서 자동차 수리과정을 도표로 만들어 고객들이 보고 이해할 수 있도록 게시해 놓는다든지, 놀이공원에서 놀이시설이나 매점·식당, 화장실, 안내소, 출구 등의 표지판을 고객들이 잘 알아 볼 수 있도록 설치해 놓는다면 서비스에 대한 고객의 신뢰도와 만족도를 높일 수 있을 것이다.

3) 구매 후 단계

구매 후 단계에서 촉진은 고객의 인지부조화(cognitive dissonance)를 줄이고 긍정적인 구전을 자극하며 반복구매행동을 증가시키는 방향으로 설계되어야 한다. 인지부조화를 줄이려면 고객의 선택이 훌륭했다고 안심시켜 주면 되는데, 이는 광고나 구매시점 진열, 서비스 요원과의 인적접촉 등을 통해 이루어질 수 있다. 인지부조화가 감소하면 긍정적인 구전 커뮤니케이션과 재 구매 가능성이 높아지게 된다. 서비스의 무형성과 구전에 대한 고객들의 높은 신뢰성 때문에 구전 커뮤니케이션은 마케팅 구매결정에 있어서 특히 중요하다. 서비스 기업은 긍정적 구전을 촉진시키기 위해 고객들에게 인센티브를 제공할 수 있다.

3. 서비스 촉진의 특징

유형의 재화와 구별되는 서비스는 그 고유의 특성으로 인해 서비스 촉진활동을 전개함에 있어서 일반 제품의 경우와 여러 가지 면에서 차이가 있다. 이러한 관점에서 서비스 촉진의 특성은 재고의 불능, 중간상의 제한된 역할, 고객접촉요원의 중요성, 서비스 생산과정에의 고객 참여 등 네 가지로 설명할 수 있다.

(1) 재고가 없음

서비스는 재고로 저장될 수 없기 때문에 촉진활동은 서비스 기업이 주어진 시점에서 서비스 공급능력에 대응하는 수요를 창출하는 데 도움을 줄 수 있다. 즉, 서비스 수요가 피크일 때에는 수요를 줄이고 수요가 적을 때에는 수요를 촉진하는 촉진관리가 필요하다.

서비스는 재고를 유지할 수 없지만 서비스 기업은 고객들에게 어떤 인센티브를 제공함으로써 효과적으로 고객들의 서비스 이용 확대를 꾀할 수 있다. 한정된 기간 동안만 대규모 할인가격으로 서비스를 이용할 수 있다고 광고하면 이것이 바로 촉진이 되는 셈이다.

서비스업의 촉진은 제조업보다 훨씬 더 신속하게 수행할 수 있다. 제조업의 경우는 예상 수요 증가분에 맞추어 많은 추가 물량을 소매상들에게 공급해 주어야 하고, 특판가격이나 쿠폰을 표시하기 위해 제품의 포장이나 레벨을 바꾸어야 한다. 그러나 서비스의 경우는 중간상이나 일선 점포들을 위한 구매시점 광고를 하지 않는 한 이러한 경과시간(lead time)이 별로 필요하지 않다.

서비스 촉진은 제품 촉진에 비해 촉진 내용을 고객들에게 인지시키고 알리는 데 더 많은 시간과 비용이 소요되기 때문에 실행하는데 어려움이 따를 수 있다. 제품은 제조업자의 촉진뿐만 아니라 많은 중간상이나 소매점포를 통해 촉진 내용을 쉽게 알 수 있기 때문이다.

(2) 중간상의 제한된 역할

서비스는 제품과 달리 중간상을 통해 판매하는 경우가 별로 없고, 중간상이 있다 하더라도 제한된 기능을 수행한다. 제조기업은 광고와 소비자촉진, 거래촉진 등에 전체 촉진예산을 어떻게 배분할 것인가에 대하여 신중한 의사결정이 필요하다. 그러나 서비스 기업은 중간상을 대상으로 하는 거래촉진 비용은 크게 발생하지 않는다.

때로는 서비스 중간상들에게 인센티브를 제공하는 것이 필요하다. 독립 에이전트나 브로커를 많이 이용하는 여행사나 보험사의 경우 물리적인 전시공간을 확보하고 중간상을 통해 소비자의 최초 상기브랜드(top-of mind recall)가 되도록 하기 위해서는 촉진 인센티브를 제공할 필요가 있고, 이로써 경쟁사 서비스와 경쟁할 수 있게 된다.

고객들에게 직접 서비스를 제공하기 위해 대규모 촉진을 사용하는 기업은 때

로 그 촉진활동으로 인해 생겨난 임의적 중간상들과 마주칠 수 있다. 예컨대, 특별 판촉기간 동안 대폭 할인된 가격으로 극장티켓을 다량 구매한 고객이 그것을 재판매하게 된다면 결과적으로 새로운 중간상을 창출하게 되는 것이다.

(3) 고객접촉요원의 중요성

서비스의 경우 대개 중간상이 없기 때문에 고객과 직접 접촉하는 서비스 종업원들을 위한 인센티브 프로그램이 매우 중요하다. 고객접촉요원과 고객들간의 상호작용은 고객만족에 결정적인 영향을 미치기 때문이다. 서비스접촉요원들을 위한 인센티브 프로그램은 내부마케팅의 일부가 되는 것으로, 현금보너스, 포상, 회식, 특별시상 등의 인센티브를 제공할 수 있다. 또 고객접촉요원은 서비스 기업의 촉진활동을 전개하는 데도 도움을 준다. 예를 들어 패스트푸드점에서 제공되는 경품은 판매시점에서 고객접촉요원들을 통해 고객들에게 제공된다. 따라서 고객접촉요원들에게는 고객 서비스나 판매 증대를 위해서 뿐만 아니라 판촉 프로그램의 일부로서 충분한 보상과 동기부여가 이루어져야 한다.

(4) 고객 참여의 중요성

서비스 기업은 생산성 향상을 위해 흔히 고객과 서비스 제공자간의 상호접촉부분이 되는 전방단계를 변경하려고 한다. 그런데 종업원의 노동으로 이루어지던 서비스를 기술이나 서비스 혁신에 근거한 다른 서비스 제공 시스템이나 셀프서비스 방법으로 대체하는 것에 대하여 고객들이 수용하는 경우에는 비용을 절감하고 생산성을 높일 수 있지만 고객들이 이를 거부 또는 회피하게 되면 효과를 거둘 수 없게 된다. 문제는 고객들의 단순한 타성(inertia)이다. 사람들은 어떤 전환에 대한 인센티브가 없는 한 변화를 싫어하기 때문이다. 또 다른 문제는 고객들이 어떤 새로운 접근방법을 시도하다 실패를 경험하게 될 때 발생한다.

4. 서비스 촉진믹스

(1) 서비스 촉진믹스의 개념

서비스 기업은 여러 가지 방법으로 촉진 커뮤니케이션을 할 수 있다. 기업이 특정 상품을 촉진하기 위하여 여러 가지 촉진수단을 결합할 때, 이러한 결합을 그 상품에 대한 촉진믹스(promotion mix)라고 한다. 서비스 촉진믹스는 마케팅믹스의 최종적 요소로서, 광고, 인적판매, 판매촉진, 홍보 등의 촉진수단(promotools)으로 이루어진다. 다시 말해, 서비스 촉진믹스는 소비자에게 구매를 환기시키기 위한 서비스 촉진수단들의 가장 적절하고 유효한 조합을 말한다.

서비스 촉진수단들은 제각기 상이한 특성과 촉진효과를 지니고 있으며, 고유의 장·단점을 지니고 있다. 따라서 효과적인 촉진믹스를 위해서는 각 촉진수단의 장·단점을 상호 보완하여 조화가 되도록 결합해야 하며, 마케팅믹스와 밀접한 통합관계를 이루도록 해야 한다. 아울러 서비스 기업이 처한 상황, 즉 소비자들의 구매패턴이나 라이프 스타일, 경쟁관계, 법적 규제, 경제상황 등의 기업외적인 환경요인과 서비스의 유형에 따라 촉진믹스의 중요도와 촉진믹스 요소간의 결합관계는 달라지게 된다.

(2) 서비스 촉진수단

서비스 기업이 촉진믹스의 요소로서 서비스 촉진을 위해 사용할 수 있는 수단으로는 광고와 인적판매, 홍보, 판매촉진 등의 전통적인 촉진수단뿐만 아니라 서비스의 무형성으로 인해 추가적으로 중요시되는 공중관계, 스폰서십 마케팅, 구전 등의 부가적 촉진수단이 있다. 이러한 촉진수단들은 제각기 그 특징과 비용이 서로 다르기 때문에 마케팅 관리자는 이러한 제 특징을 잘 이해하여 촉진믹스를 해야 한다.

① 광고

광고(advertising)란 확인된 광고주(sponsor)가 유료의 광고대금을 지불하고 제품이나 서비스, 아이디어 등에 관한 메시지를 신문, TV, 라디오, 잡지, 인터넷 등의 비인적 대중매체를 이용하여 촉진하는 커뮤니케이션 수단

을 말한다.

② 인적판매

인적판매(personal selling)는 판매자가 잠재구매자를 만나 대화를 통해 제품이나 서비스의 판매를 실현시키고자 하는 방법으로서 대면판매(face-to-face selling)라고도 한다. 이것은 교환 상황에서 인적 커뮤니케이션을 통하여 잠재고객에게 제품에 대한 정보를 제공하고 구매하도록 설득하게 된다. 현장 판매원의 방문판매나 점원의 판매조성행위가 그 대표적인 예가 된다.

③ 홍보

홍보(publicity)는 대금 지불 없이 비인적 대중매체를 통하여 기업 또는 기업의 제품이나 서비스가 뉴스화 됨으로써 촉진효과를 거두는 방법이다. 매스컴에 의하여 무료로 홍보가 이루어진다는 점에서 광고와 다르다.

④ 판매촉진

판매촉진(sales promotion)은 제품이나 서비스의 판매를 촉진하기 위한 단기적 유인수단으로서 광고와 인적판매, 홍보에 속하지 않는 일체의 촉진활동을 포함하는 개념이다. 판매촉진의 유형으로는 소비자촉진, 거래촉진, 판매원촉진 등이 있다.

⑤ 공중관계

공중관계(PR: public relation)란 조직이 그 공중(고객, 종업원, 주주, 정부기관, 일반대중 등)들과 호의적인 관계를 창조하고 유지할 목적으로 수행하는 광범한 일체의 커뮤니케이션 활동을 말한다. 일반적으로 공중관계는 홍보보다 넓고 포괄적인 커뮤니케이션 기능을 지닌 개념으로 이해된다.

⑥ 스폰서십 마케팅

스폰서십 마케팅(sponsorship marketing)은 기업이 각종 스포츠나 문화, 사회, 환경 분야와 관련 있는 사람, 단체, 행사 또는 캠페인에 대하여 현금이나 물품 또는 서비스 의 형태로 지원함으로써 스폰서십 타이틀을 얻어 기업이 목표로 하는 다양한 마케팅 활동을 수행하는 것을 말한다.

⑦ 구전

구전(word-of-mouth communication)이란 소비자들의 입을 통해 비공식적으로 기업의 제품이나 서비스에 대한 정보가 전달되는 것을 말한다. 일반적으로 구전은 가족이나 친지, 친구, 이웃, 동료 등의 개인적인 인간관계를 통해 전해지는 정보이기 때문에 메시지에 대한 신뢰성과 설득력이 매우 높게 작용한다. 특히 서비스는 무형적이기 때문에 구전이 매우 중요한 촉진 도구가 될 수 있다.

02 광 고

1. 광고의 특성과 기능

(1) 광고의 특성

광고(advertising)란 확인된 광고주(sponsor)가 유료의 광고대금을 지불하고 제품이나 서비스, 아이디어 등에 관한 메시지를 비인적 대중매체를 이용하여 촉진하는 활동을 말한다. 광고는 수많은 잠재고객들에게 노출단위당 비용이 저렴하게 도달할 수 있고, 기업 및 브랜드 자산을 구축하는 데 가장 효과적인 수단이라고 할 수 있다.

광고는 종류가 다양하고 다양한 용도로 이용되고 있기 때문에 그 특성을 일반화하기 어렵지만 대체적으로 다음과 같이 요약할 수 있다.

① 대중적 제시(public presentation)

광고는 매우 대중성을 지닌 커뮤니케이션 수단이다. 많은 사람들이 동일한 메시지를 접하게 되므로 구매자들은 그 상품에 대한 자신들의 구매동기가 대중적으로 널리 이해될 수 있는 것으로 믿는다.

② 보급성(pervasiveness)

광고는 판매자가 메시지를 여러 번 되풀이하여 침투시키는 보급 적인 매체이다. 또 구매자들이 여러 경쟁자들의 메시지를 접하고 비교하게 해준다.

③ 과장표현(amplified expressiveness)

광고는 인쇄물이나 소리, 색상 등을 교묘하게 사용하여 묘사함으로써 기업이나 상품에 대하여 극화할 수 있는 기회를 제공해 준다. 때로는 너무 뛰

어난 표현력으로 인해 메시지의 전달효과를 오히려 약화시키는 경우도 있다.

④ 비인성(impersonality)

광고를 접하는 청중들은 광고에 주의를 기울이거나 반응해야 할 의무감을 느끼지 않는다. 광고는 청중들과의 대화가 아닌 독백으로 전개되고, 일방적인 비인적 커뮤니케이션 수단이라고 할 수 있다.

(2) 광고의 기능

광고를 사람들의 심리적 반응을 목적으로 하는 것으로 볼 때, 광고는 다음과 같은 다섯 가지의 반응, 즉 'AIDMA 모델'의 반응을 일으키는 기능을 갖는다.

① 사람의 주의를 끌게 한다(Attention).

② 광고물을 보거나 들은 사람이 흥미나 관심을 갖게 한다(Interest).

③ 광고상품에 대하여 구매욕구를 일으키게 한다(Desire).

④ 광고상품을 구매할 수 있다는 확신을 갖고 그 제품을 기억한다(Memory).

⑤ 상품에 대한 구매결심을 하고 실제로 구매행위를 한다(Action).

기업경영적인 측면에서 볼 때, 광고의 궁극적인 목적은 판매량의 유지 내지 증대에 있다고 할 수 있으며, 이를 위한 광고의 구체적인 기능은 다음과 같이 8가지로 세분할 수 있다.

① 정보제공

광고는 잠재고객들에게 제공되는 상품의 특징과 편익, 종류, 영업시간, 가격 등의 정보를 제공한다. 정보제공적 광고는 주로 제품이나 서비스의 도입기나 본원적 수요를 자극할 때 효과적이다.

② 설득

광고는 잠재고객의 구매의욕을 적극적으로 자극, 환기시키는 기능을 한다. 잠재고객이 자극을 받아 구매하게 하는 기능은 바로 광고의 설득력 때문이다. 설득적 광고는 성장기나 경쟁적 상황에서 특정 브랜드에 대한 선택적 수요를 자극할 때 효과적이다.

③ 회상

기업은 광고가 판매의 뒷받침이 되는 수요를 장기적, 지속적 창출을 위해서 반복광고를 통해 상품이나 광고내용을 기억하고 회상하게 한다. 회상적 광고는 성숙기나 쇠퇴기에 기존 상품의 인지도나 지명도를 계속 유지하고 상기시키고자 할 때 효과적이다.

④ 구매행동 유발

광고는 잠재고객들이 서비스를 구매하거나 서비스에 대한 문의나 요청을 하도록 설득하는 기능을 한다. 행동유발적 광고는 쿠폰이나 프리미엄, 특별판매와 같은 다른 판매촉진 수단들과 연계되어 사용되는 경우가 많다.

⑤ 시장 확대

광고는 사회대중에게 널리 상품의 존재를 인식시키고 구매하도록 설득하는 것이므로 시장을 확대시킨다. 특히, 브랜드 광고의 경우에는 시장점유율에 영향을 미칠 수 있을 정도로 시장을 확대시키는 경우가 많다.

⑥ 판로 확보

광고는 소비자의 판매저항을 감소시켜 주므로 중간상의 판매활동을 보다 용이하게 해준다.

⑦ 판매원활동 조성

광고는 잠재고객으로 하여금 미리 회사명과 서비스의 차별적 특성 등을 숙지하도록 하므로 방문판매원의 판매활동을 보다 용이하게 해준다.

⑧ 수요창조

수요창조기능은 새로운 아이디어의 개발에 의해 새로운 서비스 상품의 수요를 창조하고 환기하는 것을 말한다.

2. 광고 메시지의 결정

광고전략의 성패여부는 기업의 수익성에 큰 영향을 끼친다. 광고전략의 성패를 가늠하는 중요한 사항은 올바른 표적집단을 향하여 적절한 광고매체로 적절한 소구를 하는데 있다고 할 수 있다. 다시 말해, 광고는 정확히 확인된 표적집단에 대하여 얼마만큼 강도 있게 소구할 수 있는가에 의하여 그 효과가 좌우된다는 것이다.

광고 메시지는 ① 메시지의 작성, ② 메시지의 평가와 선택, ③ 메시지의 실현이라는 '크리에이티브 전략(creative strategy)'을 개발하기 위한 세 단계를 거쳐 이루어진다. 광고 메시지는 가능한 한 여러 가지의 대안을 작성하고, 이들 대안들에 대한 비교 평가를 통하여 메시지 전달에 가장 효과적이라고 판단되는 광고 메시지를 선택하여야 한다.

이상적인 광고 메시지는 잠재고객의 주의(Attention)를 집중시키고, 흥미(Interest)를 끌며, 욕구(Desire)를 유발시키고, 기억(Memory)하게 하여, 행동(Action)으로 이르게 하는 것이다(AIDMA 모델).

광고 메시지가 갖추어야 할 요건으로 불리는 USP(Unique Selling Proposition, 특유의 판매제언)는 다음과 같은 세 가지 의미를 함축하고 있다.

첫째, 명확한 제언을 하여야 한다. "이 제품을 구매하라, 그러면 이러한 특유의 혜택을 얻는다"고 하는 제언이다.

둘째, 특유한 제언이어야 한다. 이것은 경쟁업자가 현재 행하지 않고 있거나 행할 수 없는 제언이어야 하며 그 주장 또한 특유해야 한다.

셋째, 그 제언은 대중을 움직이게 할 수 있을 정도로 강력해야 한다.

3. 광고매체의 결정

광고메시지가 결정되면, 이것을 전달할 광고매체를 선정해야 한다. 광고매체에는 신문, 잡지 등의 인쇄매체와 텔레비전, 라디오 등의 전파매체, 그리고 직접우편(DM), 옥외광고, 교통광고, POP광고, 인터넷광고 등이 있다. 이들 중 신문, 잡지, 텔레비전, 라디오 매체를 보통 '4대 광고매체'라고 하며, 각 매체들은 서로 다른 매체가치와 장단점을 지니고 있다.

〈표 10-1〉에는 주요 광고매체의 장·단점이 요약되어 있다.

매체계획자는 광고 상품에 대한 최대한의 구매력을 가진 독자층이 접촉하는 매체를 선택하고, 경우에 따라서는 매체믹스(media mix)를 만들어야 한다. 또 매체계획자는 최적의 매체를 유지하기 위하여 여러 매체대안들의 상대적 효과와 비용 관계를 주기적으로 재검토하여야 한다.

표 10-1 주요 광고매체별 장단점

매체유형	주요대상	장 점	단 점
신문	일반대중	• 탄력성, 적시성, 수용성, 신뢰성, 반복성 • 특정지역이나 독자층에 소구 가능	• 짧은 수명 • 낮은 재현능력과 통독률
TV	일반대중	• 시청각 및 동적 효과 • 높은 주목률과 도달률 • 오관에 소구	• 높은 비용 • 짧은 광고시간·노출 • 청중의 선택성이 낮음
라디오	학생 운전자	• 저렴한 비용 • 인구 통계적, 지역적 선별 가능(프로그램별)	• 청각에만 의존 • TV에 비해 낮은 주목률 • 짧은 광고시간·노출
잡지	전문가	• 긴 수명 • 지역적, 인구통계적 선별가능 • 높은 신뢰성과 권위 • 높은 재현능력과 통독률 • 신문보다 우수한 칼라광고	• 광고 게재까지의 소요 시간이 길다. • 광고위치의 보장이 없음.
직접 우편	개인별	• 높은 청중 선별, 신축성 • 매체 내 광고경쟁이 없음 • 목표고객의 요구 반영	• 비교적 비용이 높음 • 쓰레기 우편물화(junk mail) 가능성이 높음
옥외 광고	번화가	• 높은 신축성 • 높은 반복노출 • 낮은 비용, 낮은 경쟁	• 청중 선별 불가 • 정보의 양이 제한됨
인터넷	개인별 이용자	• 시간, 공간의 제약이 없다 • 쌍방향 커뮤니케이션 가능 • 광고의 수신, 반응측정 용이 • 1대1마케팅 가능 • 즉각적인 구매유도 가능	• 정보의 양이 제한됨 • 정크 메일화 가능성 • 사용자의 반감 가능성

최근에 와서는 기존의 매체유형 뿐만 아니라 유선TV, 비디오텍스, 인터넷광고와 같은 새로운 매체가 생겨나고 있기 때문에 이들 매체의 광고효과와 비용을 함께 검토해야 할 것이다. 매체계획자는 각 매체별 특성과 비용을 기초로 하여

주요 매체유형에 대하여 예산을 배분하여야 한다.

매체유형이 결정되면, 광고주는 비용 면에서 도달범위와 노출빈도 및 효과강도가 가장 우수한 매체기관을 선정하고 광고시기를 결정한다.

현장사례 … '디지털 광고 마케팅' 폭발적 성장… 모바일·타깃광고 수요 분출

◆ **디지털 광고, 특정 이용자 타깃 기술과 결합해 폭발적 성장**

비대면채널을 통한 고객과의 접점이 크게 확산되고 있다. 그런 만큼 디지털 채널에 의한 마케팅 기회가 새롭게 창출되고 있다. 디지털 플랫폼에 기반한 기업들의 광고 비중이 커지고 있고, 이러한 추세는 전 세계적으로 확연하다.

DMC미디어 보고서(MAGNA 발표 기준)에 따르면 2018년 세계 시장 광고 매출은 전년대비 5.2% 성장한 5,350억 달러(약 572조 원)에 달할 전망이다. 이 중 디지털광고 시장은 전년대비 13% 성장한 2,370억 달러(약 253조 원) 비중을 차지할 것으로 관측된다. 광고 시장 내 디지털 부문 점유율은 지난해 33%에서 올해 44%로 확대가 예상되고 있다. 지난해 디지털 광고 시장은 전년대비 17% 성장해 2,090억 달러를, 오프라인 광고 시장은 3% 줄어든 3,000억 달러 매출을 올린 것으로 파악된다. 디지털은 두 자릿수 성장, 오프라인은 한 자릿수 역성장이다. 이 같은 흐름이라면 2019년엔 전체 광고 시장의 절반 이상을 디지털 부문이 차지할 것이라 예상할 수 있다.

2018년 국내 광고 시장은 글로벌 대비 소폭 저조한 성장세를 기록할 전망이다. 한국방송광고진흥공사가 발표한 '2017 방송통신광고비 조사'에 따르면 지난해 대비 2%대 성장률을 보이며 12조 3,331억 원 규모에 이를 것으로 예상됐다. 이는 온라인 광고가 큰 폭으로 증가(5.9%)했지만 옥외(-2.8%), 인쇄(-0.3%), 방송(-0.3%)가 감소하면서 성장세를 일부 상쇄한 까닭이다.

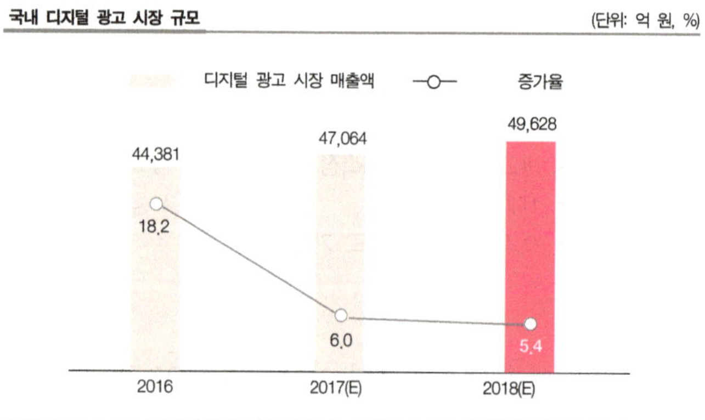

출처 : 과학기술정보통신부, 한국방송광고진흥공사(2017.12), 2017 방송통신광고비 조사

올해 국내 디지털 광고 시장 규모는 전년대비 5.4% 증가한 4조 9,628억 원에 이를 전망이다. 이 중 모바일 광고가 전체 과반(51.3%)을 차지할 것으로 예상된다. 가정 내 TV 자리를 스마트폰이 차지한 결과다. 젊은 층으로 갈수록 스마트폰을 통한 동영상 시청이 일상이 되고 있다.

◆ **모바일을 잡아라 =** 대세가 된 디지털 광고 시장에서도 스마트폰 등 모바일 디바이스 비중이 날로 커지고 있다. DMC미디어 보고서에 따르면 전 세계 디지털 광고 시장 내 모바일 비중은 지난해 55%에서 올해 62%로 확대될 전망이다. 2017년 1,050억 달러 시장이 5년 뒤인 2021년엔 2,150억 달러로 2배 이상 증가할 것으로 예측됐다. 디지털 광고가 가장 활발하게 일어나는 분야인 전자상거래(이커머스) 시장에서도 모바일 거래가 50% 이상을 차지한다.

◆ **타깃 광고에 효과 분석까지 가능 =** 디지털 광고 마케팅이 대세가 될 수밖에 없는 이유는 '각종 기술과의 결합' 때문이다. 이용자 타깃 광고가 가능하다. 불특정 다수에게 노출되는 오프라인 광고 대비 높은 효율을 꾀할 수 있다. 인터넷을 이용하다보면 내가 관심을 보인 상품이 광고로 뜨는 경우를 접할 수 있다. 타깃 광고가 적용된 사례다. 최근엔 고객 행동이력을 분석해 잠재고객을 실시간 겨냥(리타깃)하는 맞춤형 솔루션이나 방문자 행동 이력을 기반으로 실시간 마케팅 전략을 수립을 가능케 하는 솔루션도 있다. 디지털 마케팅이 오프라인 마케팅 대비 강점을 가질 수밖에 없는 부분이다.

* 자료 : 디지털데일리, 2018. 6. 5.

03 판매촉진

1. 판매촉진의 의의

(1) 판매촉진의 개념과 특성

판매촉진(sales promotion)은 제품이나 서비스의 판매를 촉진하기 위한 단기적 유인수단으로서 광고와 인적판매 및 홍보 이외의 모든 촉진활동을 말한다. 판매촉진에는 판촉대상이 누구냐에 따라 소비자촉진, 거래촉진, 종업원촉진의 세 가지 유형이 있다.

판매촉진 수단은 그 구체적인 목적이 각기 다르지만, 기본적으로 신규 사용자를 유인하고, 단골고객들에게 보답하며, 일반사용자들의 재구매율을 증가시키는 데 목적이 있다. 상표의 동질성이 높은 시장에서는 판매촉진이 단기적인 판매증대 효과는 가져올 수 있으나, 장기적인 시장점유 효과는 없다. 하지만 상표의 동질성이 낮은 시장에서는 판매촉진이 장기적인 시장점유율 확대효과를 가져올 수 있다.

일반적으로 판매촉진은 다음과 같은 특성이 있다.

① **커뮤니케이션(communication)** : 판매촉진은 소비자의 주의를 끌고, 소비자들을 그 제품이나 서비스로 유인할 수 있는 정보를 제공한다.
② **자극제(incentive)** : 판매촉진은 소비자들에게 가치를 부가해줄 수 있는 어떤 이권이나 자극물을 제공한다.
③ **초대·권유(invitation)** : 판매촉진은 잠재고객들에게 지금 당장 거래에 참여할 수 있도록 제안하고 권유한다.

기업들은 직접적이고 강력한 반응을 창출하기 위하여 판촉수단을 사용하며, 상품을 극화하거나 판매부진을 진작시키기 위하여 판매촉진이 이용되기도 한다. 그러나 판매촉진의 효과는 항상 단기적이기 때문에 장기적인 상표선호도를 구축하는 데는 적합하지 않다.

(2) 판매촉진의 중요성

최근 많은 기업들은 촉진예산을 편성함에 있어서 광고 일변도에서 벗어나 판매촉진의 예산 비중을 높여 가는 경향을 보이고 있다. 이러한 경향을 보이는 데에는 다음과 같은 몇 가지 이유가 있다.

첫째, 광고가 매출에 영향을 미치는 데에는 오랜 기간이 소요되지만 판매촉진은 즉각적으로 매출에 영향을 미치기 때문이다.

둘째, 서비스 기업 간에 브랜드의 차이가 나지 않거나 서로 구분하기 어렵기 때문이다. 고객들은 특별히 어느 한 브랜드를 선호할 인센티브가 없는 한 언제라도 브랜드 전환을 할 수 있을 것이다.

셋째, 판촉에 민감한 소비자가 많아지고, 어떤 경우에는 소비자들이 판촉을 요구하기도 한다.

넷째, 광고의 영향력이 줄어들고 있기 때문이다. 많은 광고의 범람은 광고를 구분하거나 기억하기 어렵게 하고, 케이블 TV나 다양한 뉴미디어의 등장 또한 광고의 영향력을 줄이는 결과를 초래했다.

이처럼 판매촉진의 중요성이 예전에 비해 많이 높아졌기 때문에 서비스 기업은 다양한 판매촉진 수단들의 장·단점을 파악하여 최적의 판촉수단을 선정해야 할 것이다.

판매촉진이 너무 자주 남용되면, 소비자들이 싸구려 상표로 인식하고 가격할인이 있을 때에만 구매하려고 한다. 이것은 상품의 품위를 손상시키고 상표이미지, 더 나아가 기업이미지를 떨어뜨리는 결과를 초래하게 된다. 그러므로 기업은 단기적인 판매증가와 장기적인 상품의 명성 및 브랜드 이미지 손상간의 상쇄관계(trade-off)에서 최대한의 판매촉진 효과를 낼 수 있는 결정을 내려야 한다.

2. 판매촉진의 유형

판매촉진은 그 대상에 따라 소비자촉진, 거래촉진, 판매원촉진의 세 가지 범주로 나누어진다. 다만 유형적인 제품과 달리 서비스의 무형성을 기반으로 한 판촉수단을 개발하고 활용해야 한다.

서비스 마케터는 이용할 판매촉진 방법을 결정하기에 앞서 서비스의 특성, 표

적시장의 특성, 판매촉진의 목적, 서비스의 유통방법, 중간상의 수와 유형, 경쟁조건, 법적 환경, 각 판촉수단들의 비용—효과면 등을 고려하여야 한다.

(1) 소비자촉진

소비자촉진(consumer promotion)은 판매자가 소비자를 대상으로 소비자의 구매를 자극하고 환기시키기 위한 커뮤니케이션의 한 형태이다. 소비자촉진은 서비스 제공자에 의한 직접판매나 자사 상품을 취급하는 중간상의 판촉활동을 지원하기 위한 촉진활동의 일환으로 이루어진다.

서비스 기업이 이용할 수 있는 소비자촉진수단을 살펴보면 다음과 같다.

① 가격할인

가격할인(price-offs)은 고객을 유인할 목적으로 정상 판매가격에서 일정한 할인된 가격으로 서비스를 판매하는 것이다. 가격할인은 구매위험을 감소시키고 구매가능성을 증대시킨다. 가격할인은 수요를 분산시킬 수 있고, 서비스 비사용자의 수요를 자극할 수도 있으며, 단기적 판매를 촉진하는데 매우 효과적이다.

② 리베이트

리베이트(rebates)는 현금반환(money refund)이라고도 한다. 소비자가 특정 상품을 구매했다는 증거를 제시하면 일정한 현금을 돌려주는 것이다. 리베이트의 목적은 주로 서비스를 이용하는 고객들을 보상하고 상표전환을 방지하는 데 있다.

③ 쿠폰

쿠폰(coupon)은 특정 서비스를 구매시에 구매자가 그 증서를 제시하면 증서에 명기된 일정한 할인혜택을 받을 수 있도록 하는 증서이다. 쿠폰은 DM, 신문이나 잡지의 광고에 삽입, 다른 상품에 끼워 넣기, 전자우편, 인터넷 쇼핑몰 등을 이용하여 제공된다.

④ 샘플

샘플(견본, sampling)은 소비자에게 어떤 서비스를 무료로 시용할 기회를 제공하는 것이다. 서비스의 무형성에 기인한 소비자의 구매위험을 줄일 수 있다. 패스트푸드점에서 일정액의 무료 시식권을 제공하거나 인터넷 학습 사이트에서 샘플강좌를 무료로 제공하는 경우를 예로 들 수 있다.

⑤ 프리미엄

프리미엄(premiums or gifts)은 어떤 서비스를 구매한 고객에게 사례의 뜻으로 무료로 다른 서비스를 이용할 수 있도록 제공되는 것을 말한다. 프리미엄은 기업의 단골고객을 보상하고 그들의 만족도와 충성도를 더욱 높이기 위한 목적으로 제공되는 판촉수단이라고 할 수 있다.

⑥ 경연대회와 경품

경연대회와 경품(contests & sweepstakes)은 고객에게 상금이나 여행티켓, 상품 등의 상을 탈 수 있는 기회를 주는 것이다. 경연대회(contests)에서는 고객이 당첨되기 위해 일정한 활동을 하거나 상품을 구입해야 하지만, 경품(sweepstakes)에서는 고객이 특별한 활동이나 구매를 할 필요 없이 단지 추첨을 통해 상을 받을 수 있는 것이다. 쿠폰이 가격에 민감한 고객들에게 효과적인 촉진수단이라면 경연대회와 경품은 고객들에게 재미있고 자극적이며 흥미를 유발하는 판촉수단이라 할 수 있다.

⑦ 단골고객 우대 프로그램

단골고객 우대 프로그램(frequency programs)은 현재의 기존고객들을 대상으로 그들의 애호도를 보상함으로써 재구매율의 증가와 브랜드 충성도를 구축하는 것을 목적으로 하는 판촉수단이다. 단골고객 우대 프로그램은 일정기간 동안 많은 구매를 한 고객을 대상으로 하며, 구매실적에 대해 포인트를 누적하는 공식적 수단이 있다. 또 표준화된 보상절차가 있고, 일정 포인트가 누적되었을 때 제품이나 서비스의 추가 제공, 가격할인, 현금 보상 등의 형태로 보상이 이루어진다.

위에서 살펴본 소비자촉진 수단들 중 가격할인과 리베이트는 가격중심 판촉수단이고, 나머지는 모두 비가격중심 판촉수단이라 할 수 있다.

(2) 거래촉진

거래촉진(trade promotion)은 판매상촉진(delear promotion)이라고도 하는데,

서비스 제공자가 자사의 서비스 상품을 취급하는 중간상들에게 제시하는 각종 촉진수단을 말한다. 서비스 제공자는 서비스의 성격이나 중간상의 선호도, 표적시장 내 경쟁상황, 촉진예산의 크기 등에 따라 거래촉진수단을 선택하게 된다. 중간상들에 대한 적절한 지원을 통해서 중간상의 매출액과 수익 증대를 도모하고, 중간상의 충성심(구매저항 제거)과 긴밀한 협조관계를 유도하는 등의 효과를 거둘 수 있다.

서비스는 제품에 비해 중간상의 수나 역할이 제한되기 때문에 거래촉진의 비중이 상대적으로 덜 하다고 할 수 있다. 그러나 독립 에이전트나 브로커를 이용하는 경우에는 중간상들에게 적절한 판촉 인센티브를 제공함으로써 유리한 전시공간을 확보하고 자사 브랜드에 대한 우선적인 취급과 고객추천을 유도하여 경쟁사 서비스와 효과적으로 경쟁할 수 있다.

거래촉진 수단에는 다음과 같은 유형이 있다.

① 가격할인

② 공제

③ 무료상품

④ 협동광고

⑤ 재구매공제

⑥ 프리미엄

⑦ 판매경연대회

⑧ 리베이트

(3) 판매원촉진

판매원촉진(salesman promotion)은 사내 판매원들을 자극하고 동기 부여함으로써 보다 적극적인 고객접촉과 판매목표를 달성할 수 있도록 하기 위해 제공하는 촉진수단을 말한다.

판매원촉진 수단으로는 다음과 같은 유형이 있다.

① 판매원 회의

② 판매원 훈련

③ 판매경연대회

④ 내부 기관지
⑤ 각종 판매용구

04 인적판매

1. 인적판매의 의의

(1) 인적판매의 개념과 특성

인적판매(personal selling)는 인적 커뮤니케이션을 통하여 고객들로 하여금 제품이나 서비스를 구매하도록 하기 위하여 정보를 제공하고 설득하는 촉진활동이라고 할 수 있다. 인적판매는 구매과정상 일정 단계 이후인 구매자의 상품선호, 확신 및 구매행동을 유발시키는데 효과적인 방법이다. 따라서 인적판매는 구매과정상 초기 단계에 특히 효과적인 광고와 비교해 볼 때, 다음과 같은 특성을 지니고 있다.

① 인적대면(personal confrontation)
인적판매는 2인 이상의 사람들간의 생동적, 즉각적, 상호작용적 관계 속에서 이루어진다. 판매자와 구매자는 서로 상대방의 특성과 욕구를 면전에서 관찰하여 즉각적으로 필요한 조정을 할 수 있다.

② 교화(cultivation)
인적판매는 일상적인 판매관계로부터 깊은 유대관계에 이르기까지 다양한 유형의 관계를 형성할 수 있게 해 준다. 판매원이 구매자와 효과적이고 장기적인 유대관계를 맺기 위해서는 고객의 관심사를 깊이 간파해야 한다. 단기적이고 고압적인 주문획득은 고객과의 장기적인 거래관계를 차단하는 결과를 초래한다.

③ 반응(response)
인적판매는 고객들로 하여금 판매원의 말에 귀를 기울이도록 하는 어떤 의

무감을 느끼게 한다. 정중히 거절하는 반응을 나타낼 경우에도 구매자들은 상대방에게 주의를 기울이고 반응을 보일 필요성 같은 것을 느낀다.

인적판매는 고객 단위당 비용이 비싸기 때문에 광고나 판매촉진과 같은 다른 촉진수단과 결합하여 사용하는 것이 일반적이다.

(2) 인적판매의 장단점

인적판매는 소비자에게 단순히 상품을 판매하는데 그치지 않고 고객의 욕구를 파악하고 상품의 장단점을 설명하면서 고객의 반응을 직접 확인하여 그에 따라 메시지를 조정할 수 있어서 그 운용상 탄력성이 있다. 그리고 노력의 낭비를 최소화할 수 있고, 다른 촉진도구들에 비하여 보다 효과적으로 표적시장의 핵심고객을 겨냥할 수 있다는 이점이 있다. 즉, 여타의 다른 촉진믹스 요소들은 어떤 집단의 사람들을 목표로 하기 때문에 그들 중에는 예상고객이 아닌 사람도 포함될 수 있을 뿐만 아니라 고객의 반응에 적절히 대응할 수 없다는 것이다.

인적판매의 주요 단점은 높은 비용인데, 전통적으로 촉진믹스 요소들 중에서 가장 비용이 큰 촉진수단으로 인식되어 왔다. 또 다른 주요 결점은 유능한 판매원을 확보하는 것이 용이하지 않다는 점이다.

인적판매의 목적은 기업에 따라 다르지만 일반적으로 예상고객을 찾고, 그들에게 구매하도록 확신시키며, 또 구매결과에 대하여 만족감을 갖도록 하는 데 있다. 판매원은 잠재고객들의 서비스에 대한 욕구를 정확히 파악하여 이와 관련되는 정보를 제공해야 한다. 이를 위해서, 판매원은 자신이 취급하는 서비스와 판매과정 전반에 관하여 정통할 수 있도록 잘 훈련되어야 한다. 판매원은 또 자신의 판매영역 안에 있는 모든 경쟁자들이 제공하는 서비스의 특성과 마케팅활동을 면밀히 파악하고 있어야 한다. 경쟁자의 서비스와 구별되는 자사상품의 차별적 이점을 강조해야 한다.

기업이 장기적인 생존을 하기 위해서는 고객의 반복구매를 획득할 수 있도록 고객의 만족감을 유지해야 한다. 판매원들은 기업내의 다른 어떤 사람들 보다 고객들과 밀접한 관계에 있기 때문에 고객만족의 중요한 책임을 지고 있다. 이러한 고객과의 접촉은 추가적인 판매기회를 유발할 뿐만 아니라 자사 상품의 장단점과 다른 마케팅믹스 요소를 평가할 수 있는 유리한 위치에 서게 해 준다.

2. 판매원의 역할

서비스 기업에서 판매원은 고객과 서비스 기업 사이에서 연결고리 역할을 하기 때문에 매우 중요하다. 판매원은 고객에 대해서는 서비스 기업을 대표하며, 서비스 기업을 위해서 고객접촉요원으로서의 역할을 한다.

인적판매를 위해 판매원이 수행하는 역할은 구매단계별로 구매 전 단계, 소비단계, 구매 후 단계로 나누어 설명할 수 있다.

(1) 구매 전 단계

① 구매위험의 감소

판매원은 고객이 불량 서비스를 받게 될 불확실성이나 잘못된 서비스의 결과를 효과적으로 감소시킴으로써 서비스 구매에 관련된 위험을 줄일 수 있다. 판매원은 구매위험이라는 불확실성을 줄이기 위해 잠재고객들에게 불량 서비스를 받게 될 가능성이 별로 없다는 것을 주지시키는 정보를 제공한다. 또 구매자와 판매자간의 신뢰관계를 구축함으로써 서비스 구매의 불확실성을 낮출 수 있다. 이러한 신뢰관계는 많은 방문과 접촉시간을 통해 장기적으로 형성된다.

또한 판매원은 고객이 제공받은 서비스가 자신이 걱정하는 만큼 불량한 것이 아니라는 점을 확신시켜 주어야 한다. 이러한 위험을 줄이기 위해 서비스 기업은 고객들에게 서비스 품질 보증서를 제공해 줄 수 있다.

② 구매가능성의 증대

판매원은 구매가능성을 증대시키는 커뮤니케이션 목적을 달성하는 데 효과적인 역할을 한다. 잠재고객들의 욕구를 충족시켜 주기 위해 고객에 맞도록 판매 제시를 하고 고객들의 거절이나 반대의견에 적절하게 대응할 수 있다. 이러한 노력은 잠재고객들의 구매가능성을 그만큼 더 커지게 하며, 판매원은 그 자리에서 판매를 완결지을 수도 있게 된다.

③ 기업이미지와 브랜드 자산의 강화

인적판매 활동이 성공적으로 수행되면 기업이미지와 브랜드 자산을 강화할

수 있다. 판매원의 활동은 부분적으로 강력한 기업이미지와 브랜드 자산을 구축하는데 도움을 주기 때문이다. 판매원이 잠재고객들과 장기적인 우호관계를 맺게 되면 강력한 기업이미지와 브랜드 자산이 구축된다. 기업이미지와 브랜드 자산을 구축하는 일은 서비스 품질과 서비스 개별화를 지향하는 기업에서 특히 중요하다. 그러나 인적판매는 고객별 접촉비용이 많이 들기 때문에 판매원들은 기업인지도 증가보다는 판매 증대에 더 몰입하는 경향이 있다.

(2) 소비 단계

소비 단계에서 종업원은 고객만족과 반복 구매율의 증가라는 두 가지 커뮤니케이션 목적을 잘 달성할 수 있다. 대부분의 서비스 상황에서 고객들이 만나고 접촉할 수 있는 서비스 기업의 직원은 판매원뿐인 경우가 많다. 따라서 서비스 접점에 있는 판매원이 고객만족과 반복구매행동에 커다란 영향을 미칠 수 있는 것이다.

고객만족은 고객의 기대를 명확하게 함으로써 강화될 수 있다. 판매원은 판매제시를 통해 고객이 어떤 기대를 갖도록 할 수 있다. 만일 판매원이 서비스를 판매할 욕심으로 과대 약속을 했다면, 서비스 제공종업원은 약속된 서비스를 수행할 수 없게 되고 그런 서비스를 제공받은 고객은 매우 불만족하게 될 것이다. 판매원은 고객이 기대할 수 있는 서비스를 정확하고 명료하게 설명해 주어야 하며, 이로써 고객만족과 반복 구매율을 증가시킬 수 있다.

(3) 구매 후 단계

구매 후 단계에서 판매원은 고객의 인지부조화를 감소시키는 역할을 한다. 또 고객이 다른 사람들에게 자사의 서비스에 대해 긍정적 구전 커뮤니케이션을 하도록 하는 역할을 한다. 그리고 판매원은 충실한 구매 후 서비스를 통해 고객들의 반복구매행동을 자극하는 역할을 한다.

서비스 기업과 고객간의 구매 후 커뮤니케이션은 장기적인 관계를 구축하는데 매우 중요하다. 고객이 구매계약서에 서명 날인했다고 해서 판매가 종료된 것이 아니다. 판매원은 고객에게 약속한 서비스가 정확히 제공되었음을 확인시켜 주어야 한다. 일반적으로 거래규모가 큰 경우에는 인지부조화를 겪기 쉽다. 구매가격이 크고 구매의 중요성이 클수록 구매자들이 인지부조화 수준은 높아진다. 판매원은 구매자들에게 자사의 서비스를 구매한 것이 올바른 결정이었음을 확신시켜 줄 필요가 있다.

3. 인적판매의 과정

판매원이 의식·무의식적으로 수행하는 인적판매 과정은 일반적으로 다음과 같은 7단계로 구분된다.

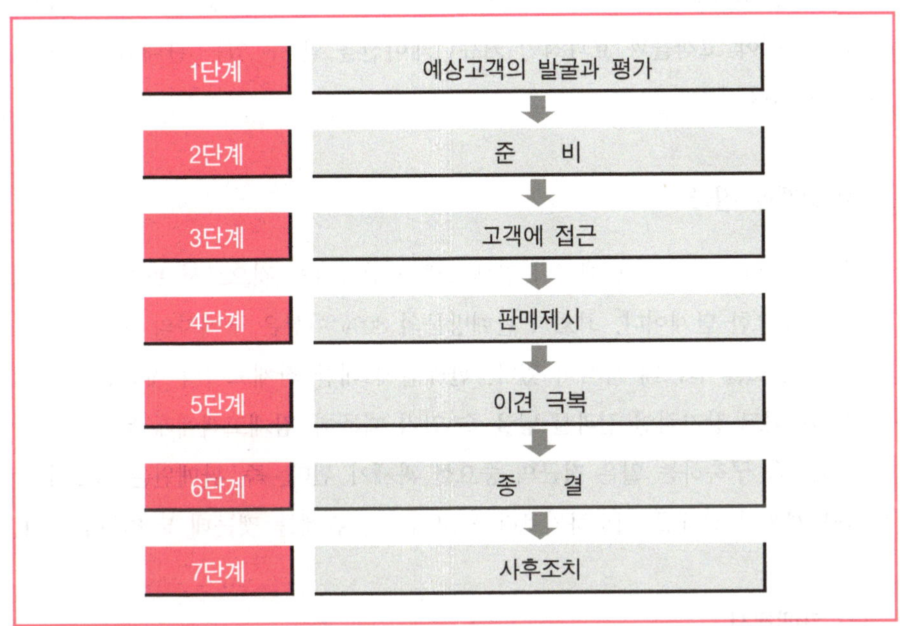

[그림 10-3] 인적판매의 과정

(1) 예상고객의 발굴과 평가

예상고객의 발굴이란 잠재고객의 명부를 작성하는 과정을 말한다. 판매원은 회사의 판매기록이나 공공기록, 신문기사, 전화번호부, 무역협회 명부 등의 다양한 출처로부터 예상고객의 명단을 발굴한다. 예상고객의 명부가 완성되면 판매

원은 각 예상고객이 서비스를 구매할 능력과 구매의사 및 구매권한이 있는지 여부를 평가한다.

(2) 준비

예상고객을 접촉하기에 앞서 판매원은 각 예상고객의 구체적인 상품 욕구와 현재 사용중인 상표, 개성이나 성격 등에 관한 정보를 찾아 분석해야 한다. 성공적인 판매의 비결은 이러한 준비를 철저히 하는데 있다.

판매원은 핵심 의사결정자를 확인하고 그들의 재무상태나 신용도를 평가·검토하며, 판매제시물(sales presentations)을 준비하고 그들의 상품 욕구와 관련되는 모든 자료를 참고하는 등의 준비를 한다. 예상되는 잠재고객에 대한 정보를 많이 가지고 있어야 고객들과 효과적인 커뮤니케이션을 할 수 있는 판매제시물을 준비할 수 있다.

(3) 고객에 접근

접근(approaching)은 판매원이 잠재고객을 접촉하는 것으로서 판매과정 중에서 가장 중요한 단계이다. 최초의 판매방문의 80% 이상은 구매자의 욕구와 목표에 관한 정보를 얻는데 목적이 있다. 판매원에 대한 잠재고객의 첫인상은 대개 오래 지속되고 장기적인 결과를 낳을 수 있기 때문에, 잠재고객에게 우호적 인상과 신뢰감을 구축하는 일은 접근의 중요한 과제가 된다. 즉, 판매원은 최초의 방문에서 제품의 판매를 시도하기보다는 고객과의 관계를 맺는데 노력해야 한다.

(4) 판매제시

판매제시를 하는 동안 판매원은 잠재고객의 흥미를 유발하고 그 서비스 상품에 대한 구매욕구를 불러일으키도록 주의를 끌어야 한다. 판매원은 서비스 상품의 편익을 제시하고 유형적 단서들을 통해 이해시킴으로써 고객의 호기심을 자극하고 그 상품에 깊이 몰입하게 만들어야 한다.

판매원은 판매제시를 하는 동안 일방적으로 말을 하기만 하지 말고 상대방의 말을 들어야 한다. 판매제시는 잠재고객의 질문과 평가를 듣고 그 반응을 관찰함으로써 고객의 구체적인 욕구를 파악할 수 있는 가장 좋은 기회가 된다. 실제상, 판매제시는 잠재고객으로 하여금 주의를 끌고(Attention), 관심을 갖게 하며(Interest), 구매욕구를 불러일으켜(Desire), 마지막으로 구매행동에 이르게 하는(Action) 4단계의 'AIDA' 과정을 따라 전개된다.

(5) 이견 극복

예상고객의 이견에 부딪쳤을 때, 판매원이 분명하고 효과적으로 그 이견을 해소해주지 못하면 상품을 구매하도록 설득할 수 없게 된다. 예상고객의 반대를 극복하는 가장 좋은 방법 중의 하나는 고객이 반대의견을 제시하기에 앞서 그러한 심경을 예상하고 적절하게 대응하는 것이다. 그러나 이러한 접근방법은 실제 고객이 제기하지 않을 반대요소를 미리 짐작하여 언급할 위험성을 내포하고 있다. 따라서 가능한 한 고객의 이견이 제기될 때 적절히 대응하는 것이 좋다.

(6) 종결

종결(closing)은 판매원이 예상고객에게 그 서비스 상품을 구매할 것인지 여부를 확인하는 판매과정이다. 판매원은 제4단계의 판매제시 과정에서 고객에게 상품의 구매여부를 물어 봄으로써 '가종결'(trial close)을 할 수도 있다.

판매원은 판매제시를 하는 동안 고객이 구매의사를 가질지도 모르기 때문에 다각도로 종결을 시도해야 한다. 판매원은 고객이 만족하지 못할 경우에 대비하여 서비스 보증을 해주어야 한다. 흔히 판매종결을 시도할 때 고객의 반대에 부딪히기도 하는데, 이는 잠재된 반대를 확인하고 해소할 수 있는 중요한 자극제 내지 기회가 된다.

(7) 사후조치

성공적인 종결을 한 뒤에 판매원은 판매 후 조치(follow-up)를 취해야 한다. 즉, 판매과정의 최종단계는 소비자의 호의(goodwill)와 고객의 미래 상품욕구를 형성하게 하기 위하여 판매 후 서비스를 제공해야 한다. 그리고 서비스 이용과 관련하여 어떤 문제가 있는지를 확인하기 위해 고객과 대화를 해야 한다. 이것은

고객만족도를 높이고 고객과의 장기적인 유대관계를 유지·조성하는데 도움이 된다. 판매원의 이러한 활동은 고객의 구매후 인지부조화를 감소시키는데 도움이 된다.

이 단계에서 판매원이 해야 될 직무는 고객의 인지부조화를 최소화하는데 있으며, 이를 위해 자사 서비스 상품의 편익과 상대적 우수성을 설명하고, 고객의 구매결정이 옳았음을 확신시켜 주어야 한다.

현장사례 ··· 성공하는 판매사원의 7가지 습관

고객이 매장에 들어서면 판매 직원의 수완이 구매에 상당한 영향을 미친다. 현대백화점 인재개발원 김경호 부장은 "고객의 인맥까지 자신의 고객으로 흡수하는 '네트워크 서비스'가 백화점의 차별화 전략이 될 수 있다"고 강조했다.

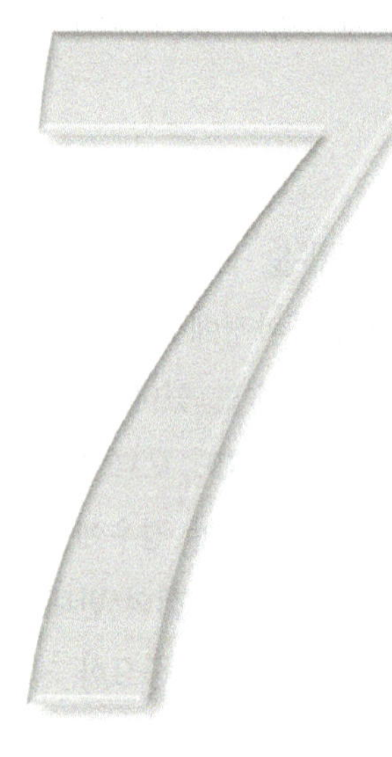

성공하는 판매사원 7가지 습관

❶ **항상 깨어 있다:** 고객들의 시선이 집중돼 있음을 알고 행동하라

❷ **첫인상을 중시한다:** 고객은 10초 만에 판매사원을 판단한다

❸ **고객에게 부담을 주지 않는다:** 편안하게 상품을 둘러볼 기회를 줘라

❹ **고객을 기억하고 있음을 알려 준다:** 바뀐 헤어스타일, 옷 맵시를 칭찬하라

❺ **연결 고리를 만든다:** e메일, 인터넷 동호회, 문자메시지 등을 활용하라

❻ **입소문의 무서움을 안다:** 불만 고객은 평균 9, 10명, 만족 고객은 4, 5명에게 자신의 체험을 말한다

❼ **가족화 전략에 힘쓴다:** 고정 고객을 가족처럼 여기고 네트워크를 형성하라

자료: 현대백화점

◆ **'첫인상은 10초 만에 결정'**

"우리는 '쇼맨십'이 필요해요." 롯데백화점 여성의류 부르다문 홍순옥(53) 매니저는 23년차 베테랑 판매사원이다. 홍 매니저는 "제품만 팔면 재래시장과 백화점이 뭐가 다르냐"며 "손짓, 발짓, 허리 굽힘까지 고객의 시선을 의식하고 서비스해야 한다"고 했다. 그는 화장실 갈 때도 하이힐을 고집한다. 태도를 바르게 하기 위해서다.

현대백화점 인재개발원이 백화점 고객 211명을 대상으로 설문조사한 결과, 응답자의 65.9%는 '판매사원의 첫인상은 10초 만에 결정된다'고 답했다. 고객들은 판매사원의 태도, 자세(62.1%)를 외모(28%), 상품지식(5.2%), 화술(4.7%)보다 더 중요하게 여겼다.

◆ **'쇼핑도 맛볼 시간이 필요해'**

"음식도 맛볼 시간이 필요하잖아요. 쇼핑도 그래요." 구경하러 들어간 한 백화점 매장. 물건을 보기도 전에 판매사원이 따라온다면? 대부분의 고객은 이럴 때 부담스러워한다. 류희수(39) 매니저는 "고객 뒤를 졸졸 따라다니는 것은 음식을 막 시킨 고객에게 '맛이 어떠냐'고 묻는 것"이라며 "천천히 둘러보게 한 후 도움이 필요한 적절한 타이밍을 찾아야 한다"고 말했다.

◆ **'고객 친구까지 내 사람으로'**

"저희는 성형외과도 고객과 같이 가요." 류 매니저는 '인맥'이 가장 큰 자랑이다. 친한 고객 한 명이 7, 8명을 연달아 소개한 경우도 있다고 한다. 일종의 고객 네트워크가 형성된다는 것이다. 그는 "고객에게 절대 칭찬을 먼저 하지 않는다"며 "'허벅지가 굵은 고객', '턱이 네모난 고객'의 단점을 어떻게 보완할지 솔직히 얘기하면 결국엔 믿고 맡긴다"고 말했다.

* 자료 : 동아일보, 2016. 7. 5.

05 홍보와 공중관계 및 스폰서십 마케팅

1. 홍 보

(1) 홍보의 의의

홍보(publicity)는 대금 지불이 없이 비인적 대중매체를 통하여 기업이나 제품 또는 서비스가 뉴스화됨으로써 촉진효과를 거두는 방법이다. 대중매체를 통해 무료로 홍보가 이루어진다는 점에서 광고와 다르며, 다음과 같은 특성이 있다.

① 높은 신뢰성(high credibility) : 뉴스형식으로 된 특성은 독자들에게 광고보다 훨씬 더 진실 되고 신뢰성 있게 보인다.
② 무방비(off-guard) : 홍보는 뉴스의 형태로 메시지가 전달되기 때문에 판매원이나 광고라면 회피할지도 모를 많은 잠재고객들에게 쉽게 접근할 수 있다.
③ 극화(dramatization) : 홍보는 광고와 마찬가지로 기업이나 상품에 대하여 극화시킬 수 있다.

(2) 홍보의 수단

홍보를 위해서는 다음과 같은 수단을 이용할 수 있다.
① 뉴스거리(news release)
② 특집기사(feature article)
③ 표제사진(captioned photograph)
④ 기자회견(press conference)
⑤ 서한 발송(letters)
⑥ 녹음 및 녹화물 제공(tapes and films)

2. 공중관계(PR)

공중관계(PR; public relations)란 조직이 그 공중(고객, 종업원, 주주, 정부기관 및 사회대중 등)들과 호의적인 관계를 창조하고 유지할 목적으로 수행하는 광범한 일체의 커뮤니케이션 활동을 말한다. 일반적으로 공중관계는 홍보보다 넓고 포괄적인 커뮤니케이션 기능을 지닌 개념으로 이해된다.

마케팅 측면에서 공중관계는 다음과 같은 유용성이 있다.

① 기업의 신상품 출시에 도움이 된다.

② 성숙기 상품을 재포지셔닝하는 데 도움이 된다.

③ 특정 상품범주(product category)에 대한 관심을 고조시킨다.

④ 특정 표적집단에게 영향을 미친다.

⑤ 공중의 부정적인 평가에 직면한 상품을 방어하고 보호한다.

⑥ 기업이미지를 제고시킨다.

오늘날 매체비용의 상승과 점증하는 메시지 잡음요인, 줄어드는 표적 청중은 대량광고의 소구력을 떨어뜨리는 결과를 초래하여 마케팅관리자들은 점차 홍보나 공중관계에 많은 관심을 갖게 한다. 홍보는 광고에 비하여 비용·효과 면에서 훨씬 더 효과적이며, 낮은 비용으로 대중의 높은 인지도를 획득할 수 있는 영향력을 지니고 있다.

3. 스폰서십 마케팅

최근에 서비스 마케팅 분야에서 부각되고 있는 추세는 바로 스폰서십 이다. 스폰서십 마케팅(sponsorship marketing)은 기업이 스포츠나 문화, 사회, 환경 분야와 관련 있는 개인이나 단체, 행사에 현금이나 물품, 제품, 서비스 등의 형태로 지원함으로써 기업이 의도하는 여러 가지 마케팅 목표를 달성하고자 하는 촉진활동을 말한다. 스폰서십 마케팅의 가장 대표적인 유형에는 올림픽이나 월드컵, 골프투어, 장애자 올림픽 등의 스포츠 행사를 지원하는 형태의 스포츠 마케팅이다.

기업이 스폰서십 마케팅을 통해 얻고자 하는 목표는 다음과 같은 세 가지로

요약된다.

① 매출 증대

② 기업이미지 강화

③ 기업 및 브랜드인지도 강화

기업이 어떤 행사나 이벤트에 스폰서로 참여하여 금전적인 지원을 하는 것은 적어도 단기적으로는 기업의 매출신장에 도움이 되지 않는다. 그러나 브랜드 인지도나 기업의 인지도를 증가시키고 기업 이미지를 크게 향상시킬 수 있다. 만일 기업의 스폰서십 활동이 기업 및 브랜드 인지도나 기업 이미지를 형성하지 못한다면 매출에 미치는 긍정적 영향은 기대할 수 없을 것이다.

기업이 스폰서십 마케팅을 이용하는 이유는 다음과 같다.

첫째, 광고의 홍수 속에서 매체의 혼잡성(media clutter)을 피하기 위함이다. 다양한 뉴미디어가 등장하고 리모콘의 영향으로 광고가 나오면 채널을 바꾸는 경향이 나타남에 따라 광고의 인지율과 광고효과가 급격히 떨어지게 되었다.

둘째, 기업이 다양한 세분시장에 도달할 수 있게 해주기 때문이다. 기업은 스폰서십을 통해 표적시장 뿐만 아니라 보다 광범한 소비자층의 수많은 잠재고객들에게 기업과 브랜드를 인지시키고 긍정적인 이미지를 구축하며, 기업과 잠재고객들 간에 장기적인 관계를 구축할 수 있게 된다.

현장사례 … 4차 산업혁명시대 도래, 커뮤니케이션… 달라져야

기업은 PR(Public Relation)과 PA(Public Affairs)라는 수단으로 소비자, 이해관계자 등 대중과 소통한다. PR은 조직과 소비자, 이해관계자 사이의 상호관계를 구축하는 전략적 커뮤니케이션 과정이다. 또 다른 한 축인 PA는 기업을 둘러싼 제도와 규제, 정책 등 비(非)시장적 요소와 관련해 정치, 사회, 사법 영역에서 기업 커뮤니케이션을 촉진시켜왔다.

많은 학자는 인류가 4차 산업혁명 초입에 들어섰고 핵심은 초연결, 초지능에 있다고 말한다. 사람-사람, 사람-사물이 연결됨으로써 오프라인 세상의 방대한 데이터가 온라인 세상에서 생성, 수집된다. 데이터를 분석해 일정한 패턴을 발견하면 오프라인 세상을 최적화할 수 있다는 주장이다. 기업은 플랫폼을 통해 대중의 다양한 데이터를 수집해 인공지능(AI)으로 빅데이터를 분석한 후 최적화된 경영을 할 수 있다는 게 핵

심이다.

파괴적 혁신의 물결은 기업 커뮤니케이션에도 큰 변화를 가져올 것으로 보인다. 먼저 기업 경영에서 4차 산업혁명은 커뮤니케이션 기능을 주요 전략 경영 수준으로 격상시킬 것이다. 그동안 커뮤니케이션이 보조적인 역할에 그쳤다면 앞으로는 상품, 서비스 개발을 포함한 모든 분야에서 전략적 경영활동으로 부각된다는 의미다. 초연결과 초지능의 핵심은 데이터고 이런 데이터를 교환, 유통하는 것이 커뮤니케이션이기 때문이다.

커뮤니케이션 대상으로서 대중 측면에서 보면 4차 산업혁명은 대중의 유형별 세분화에도 근본적인 변화를 일으킬 것이다. 전통적으로 광고, PR, 마케팅을 할 때 인구학적 정보에 기반한 분류를 통해 고객에게 부합하는 메시지 전략을 구사해왔다. 그러나 빅데이터 시대에는 대규모 시간, 장소, 행위 정보를 포함한 빅데이터를 분석해 개인 상황에 맞춘 분류가 이뤄진다. 이미 넷플릭스는 고객의 시청 취향을 7만여 개의 고객군으로 분류하고 각 고객별로 개별화된 큐레이션을 제공한다.

마지막으로 관계 측면에서 4차 산업혁명은 기업과 대중 사이 관계의 양과 질을 근본적으로 변화시킬 것으로 보인다. 그 결과 기업 커뮤니케이션에서 다음과 같은 3가지 현상이 나올 것으로 보인다.

첫째, 기업이 경제활동 영역인 시장을 넘어 사회 전체를 대상으로 커뮤니케이션해야 할 필요성이 더욱 커질 것이다. 기업은 앞으로 고립된 개별 소비자가 아니라 다른 시민, 사회와 겹겹이 연결된 소비자를 상대하게 된다. 이런 초연결 상태 아래에서는 기업이 커뮤니케이션할 때 눈앞에 보이는 개별적인 상황에 집중하기보다는 사회 전체 구조를 고려하는 시스템적 접근이 필요하다.

둘째, 4차 산업혁명은 심각한 사회 변화를 동반하므로 기업은 이런 변화를 관리하기 위해 사회 구성원과 지속적인 커뮤니케이션을 해야 한다. 4차 산업혁명은 단순히 기술 혁신에 그치지 않고 정부 역할을 포함한 기존 사회구조 변동을 초래, 변화에 대한 두려움과 저항을 조성할 수 있다. 따라서 기업은 어떤 규범, 제도, 정책이 사회의 존립과 지속을 위해 가장 바람직한 것인지 '비시장(nonmarket) 영역'에서 사회 구성원과 지속적인 커뮤니케이션이 필요하다.

셋째, 기업 커뮤니케이션에서 지금보다 더 많은 책임, 윤리가 요구될 것이다. 인권과 민주주의가 보장된 사회에서 4차 산업혁명이 진행되는 만큼 서로 연결된 시민의 힘은 강해지고 사회적 문제를 해결하는 정부의 통치, 정책 능력은 낮아질 것으로 보인다. 기업이 차지하는 비중과 역할이 점점 커지면서 기업 책임과 윤리가 더 중요한 사회 문제로 부각될 것이다. 결국 4차 산업혁명 시대는 '기업의 사회성, 사회 속의 기업'이라는 인식이 기업 경영에 더 필요한 시대가 될 것이다.

* 자료 : 이보형, 매경이코노미(제1979호), 2018. 10. 15.

06 소셜 네트워크[1)]

1. 소셜 네트워크의 개념

소셜 미디어(social media)는 쌍방향 커뮤니케이션이 가능한 인터넷 미디어이다. 신문이나 방송처럼 일방향으로 정보를 전달하는 것이 아니라 사용자들이 참여하고 정보를 공유할 수 있도록 만드는 참여형 미디어로 트위트, 블로그, 유튜버, UCC 등이 있다. 페이스북이나 카카오톡, 밴드와 같은 소셜 미디어는 콘텐츠를 공유하고, 수정하고, 반응하거나 새로운 콘텐츠를 만듦으로써 커뮤니케이션의 과정에 있는 참여자들에게 권한을 주는 전자매체이다. 소셜 미디어는 회사의 존재를 알리고 홍보하는 중요한 도구가 되고 있다. 회사를 더욱 효과적으로 나타낼 뿐만 아니라 콘텐츠를 공유하게 되고, 제품과 서비스를 최대한 좋게 커뮤니케이션하는 도구를 제공한다.

소셜 네트워크(social network)는 사람과 사람사이의 관계를 네트워크 세계로 옮겨놓은 것으로 일련의 사회적 행동, 유대와 사람 간의 상호작용으로 구성된 사회적 구조이다. 소셜 네트워크 서비스(SNS; social networking service)는 유사한 관심, 활동, 배경이나 실제 연결을 공유하는 사람들 간의 사회적 네트워크나 사회적 관계를 구축하는 플랫폼(plaform)이다.

SNS는 사용자, 사회적 연결과 다양한 추가적 서비스의 표현으로 구성된다. 구성요소는 온라인 공간, 대인관계의 형성 및 유지, 관계망의 구조, 정보의 교류 등이 있다. 따라서 SNS는 웹사이트라는 온라인 공간에서 공동의 관심이나 활동을 지향하는 사람들이 공개적 또는 비공개적으로 자신의 신상정보를 드러내고, 정보를 교환함으로써 대인관계망을 형성해주는 웹 기반의 온라인 서비스이다. 개인과 조직 구성원들에게 연결을 형성하고, 정보를 공유하게 하는 소셜 네트워크는 최근에 비즈니스 커뮤니케이션에서 중요한 영향력이 되고 있다. 페이스북 이외에 다양한 공적・사적 소셜 네트워크를 사업과와 전문가들이 사용한다.

---

1) 유순근(2017), 서비스마케팅, 무역경영사, pp.274~285.

2. 소셜 네트워크의 특성

다양한 전자 형태를 통해 무제한의 사람들에게 가상적으로 접근하는 능력이 있는 소셜 네트워크는 많은 비즈니스 커뮤니케이션에 적합하고, 사용빈도가 점차 더욱 증가하고 있다.

조직의 내·외부 커뮤니케이션을 위한 소셜 네트워크는 다음과 같은 특성을 가지고 있다.

① **직원의 통합** : 신입직원이 조직을 통해서 방법을 탐색하고, 전문가, 멘토와 다른 중요한 접촉점을 찾는 것을 포함하여 회사를 이해하고 친숙해지는데 도움이 된다.

② **협력촉진** : 회사 외부에서 가장 적합한 사람을 확인하고, 조직 내부에서 지식과 전문가를 찾고, 만나는 방법과 관계를 유지하는 방법을 제공하며, 팀의 발전을 촉진한다.

③ **공동체 구축** : 동일한 과업에 종사하는 사람들이나 특정한 제품이나 활동에 대한 열정을 공유하는 사람들을 함께 묶는 도구이다.

④ **브랜드와 회사의 사회화** : 브랜드 사회화는 정보를 상호 이익이 되게 교환할 때 다양한 온라인 이해관계자들이 어떻게 효과적으로 관여하는 방법의 척도이다.

⑤ **표적시장의 이해** : 회사는 소셜 미디어로 자신을 표현하는 많은 사람들을 경청한다. 소셜 미디어는 자동적으로 시장지식을 얻는 도구가 된다.

⑥ **종업원과 회사 파트너의 모집** : 회사는 잠재적 종업원, 단기 계약자, 특정 문제 전문가, 제품과 서비스 공급자와 사업 파트너를 찾는데 소셜 네트워크를 사용한다. 전문적인 네트워크에서 신뢰하는 연결을 찾을 수 있다.

⑦ **판매연결** : 네트워크 판매원들은 잠재적 구매자를 확인하고, 공유된 연결을 통해 요구사항을 묻기 위해 네트워크를 사용할 수 있다.

⑧ **고객지원** : 고객 서비스는 소셜 미디어에 의해 대변혁을 이루는 커뮤니케이션의 기본적인 역역의 하나이다.

⑨ **조직확대** : 소셜 네트워크는 네트워크 조직의 성장을 자극하고, 디자인회사, 제조회사나 판매와 유통회사와 같은 외부 파트너로부터 종업원들의 재능을 보충한다.

3. 소셜 네트워크의 유형

사용할 수 있는 소셜 미디어 도구와 사이트는 소셜 네트워크, 소셜 공유 서비스, 멀티미디어와 블로그 등이 있다. 소셜 네트워크는 웹사이트의 사용 없이 회사의 존재를 알리는 방법이다. 웹사이트나 소셜 네트워크의 한 부분으로써 블로그를 함께 유지하는 것은 좋다. 소셜 네트워크는 회사원들에게 정보와 매체를 네트워크의 일부로써 공유하게 되지만, 다양한 시스템은 콘텐츠를 공유하기 위해 특별하게 설계되어 있다. 사람들으이 의견, 생각, 경험, 관점 등을 서로 공유하기 위해 사용하는 온라인 도구를 많이 사용한다.

소셜 미디어를 통해 공유되는 콘텐츠는 텍스트, 이미지, 오디오, 비디오 등의 다양한 형태를 가진다. 매체 범위는 다양하고 아직도 계속 진화하고 있지만, 사용자 제작 콘텐츠 사이트, 소셜 미디어 큐레이션과 커뮤니티 Q&A로 분류할 수 있다.

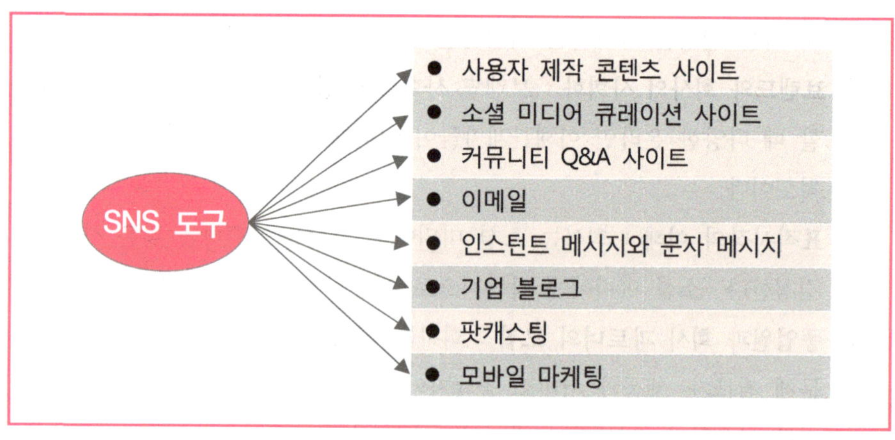

[그림 10-4] 소셜 네트워크의 유형

1) 사용자 제작 콘텐츠 사이트

웹사이트 소유자보다 사용자가 되는 콘텐츠에 기여하는 유튜브(YouTube)와 같은 사용자 제작 콘텐츠(UGC; User-Generated Contents) 사이트는 중요한 사업도구가 되고 있다. 유튜브에서 회사는 제품시연과 TV광고부터 회사 개요와 기술적 설명까지 모든 것을 제시한다.

효과적인 사용자 제작 콘텐츠의 핵심을 가치있게 제작하고, 이용하기 쉽게 하는 제작지침이 있다. 첫째, 사람들이 시청하고, 동료와 공유하기 원하는 콘텐츠를 제공한다. 제품을 더욱 효과적으로 사용하는 방법을 설명하는 동영상은 말로 하는 것보다 인기가 더욱 크다. 동영상은 3~5분보다 길지 않게 짧게 유지한다. 둘째, 발견하고, 소비하고, 공유하기 쉽게 자료를 제작한다. 소비자행동에 영향을 주는 대중의 목소리로 회사는 고객들이 긍정적인 검토를 하도록 높은 수준으로 제작한다.

2) 소셜 미디어 큐레이션 사이트

소셜미디어 큐레이션(social media curation)은 인터넷에서 사용자가 자신의 취향대로 정보를 가공해 다른 사람과 공유하는 것을 말한다. 큐레이터가 박물관에서 기존과 다른 방식으로 유물을 전시하여 새 의미를 부여하는 것처럼 정보의 과부족으로 사용자의 피로감이 증폭되고 넘쳐나는 정보들 속에서 필요한 정보를 찾아주는 역할을 한다. 사용자가 자기 취향대로 인터넷에서 사진이나 그림, 동영상 등을 끌어모아 자기만의 전시회를 만드는 것과 같이 다수가 함께 콘텐츠를 전시하고 공유하는 의미를 갖고 있다.

3) 커뮤니티 Q&A 사이트

방문객들이 게시한 질문에 답하는 거은 서로를 돕는 것이다. Q&A 사이트의 질문에 응답하는 것은 개인적인 브랜드를 구축하고, 고객 서비스에 회사가 몰입하는 것을 보여주고, 회사와 제품에 관한 오해를 설명하는 좋은 방법이 될 수 있다. Q&A에서 개인적인 질문에 응답할 때 동일한 질문을 가지고 있는 모든 사람들에게 미리 응답을 해주는 효과를 준다.

4) 이메일

이메일(Email)은 많은 회사에서 꾸준히 사용되는 매력적인 이점이 있다. 첫째, 이메일은 전 세계적이다. 이메일 계정이 있다면 발신인과 수신인이 누구든지 계정이 있는 사람에게 접근할 수 있다. 둘째, 이메일은 신속하고 정확하고 대량으로 동시에 전달할 수 있는 가장 좋은 매체이다. 셋째, 이메일은 발신인이 상당한 메시지를 구성할 수 있고, 수신인이 느긋하게 메시지를 읽을 수 있다. 이메일 마케팅(Email Marketing)은 인터넷 마케팅에서 가장 저렴한 도구로 전자도구를 사

용하는 직접 마케팅 전술의 하나이다. 고객에게 상업적인 메시지를 전달하는 전자메일이다.

기업이 이메일 마케팅을 하려면 고객들이 제공한 개인정보를 바탕으로 특정의 광고 수신을 허락해야 한다. 퍼미션 마케팅(permission marketing)은 고객의 자발적인 허락이 필요하며, 고객의 허락은 기업이 장기적인 고객관계와 이윤창출을 위한 자산이 된다는 전략이다.

이메일 마케팅의 중요한 성공 요인은 4가지가 있다.

① **이메일 제목** : 이메일 제목은 고객반응을 증가시키는데 중요하다. 매력적인 제목은 더 많은 반응을 이끌어낸다.

② **매력적인 인센티브** : 매력적인 인센티브가 있는 이메일은 높은 반응을 얻는다.

③ **이메일의 길이** : 이메일의 길이는 고객반응과 역의 관계이다.

④ **이미지** : 이미지를 포함한 이메일은 더 많은 반응을 얻는다.

5) 인스턴트 메시지와 문자 메시지

전송한 메시지가 다른 사람의 스크린에 나타나는 컴퓨터 기반의 인스턴트 메시지(IM; instant massage)는 내외 커뮤니케이션으로 사용된다. 유・무선망을 결합하여 실시간으로 문자 및 메일을 보내는 서비스이다. 팩스, SMS(단문 메시지 서비스; Short Message Service), 이메일과 같은 서비스와 유사하나 실시간 통신이라는 면에서 다르며, 이동전화뿐만 아니라 문자기반의 통신이 가능하다. 또하 대화그룹 관리, 대화사대의 온라인 확인 및 초대기능, 현재상태 및 실시간 채팅기능 등 유선전화나 개인용 컴퓨터와는 다르게 항상 수신 가능한 현장감 기술이 결합된 서비스이다. 또한 문자 메시지(text messaging)도 마케팅, 고객 서비스, 안전, 위기관리, 공정추적 등의 용도로 기업에서 많이 활용되고 있다.

6) 기업 블로그

블로그(blog)는 웹(web)에서 따온 b와 항해일지 또는 여행일기를 뜻하는 로그(log)의 합성어로 사람들이 자신의 관심사에 따라 자유롭게 글을 올릴 수 있는 웹사이트이다. 사람들이 자신의 관심사에 따라 일기, 칼럼, 기사 등을 자유롭게 올릴 수 있을 뿐만 아니라 개인출판, 개인방송, 커뮤니티까지 다양한 형태를 취하는 일종의 1인 미디어이다. 블로그 페이지만 있으면 누구나 텍스트 또는 그래픽 방식을 이용해 자신의 의견이나 이야기를 올릴 수 있고, 디지털카메라를 이용해 사진자료를 올릴 수 있는 미디어이다. 기술적, 상업적 제약 없이 누구나 자신의 생각을 사이트에 올려 다른 사람들과 공유할 수 있는 특성 때문에 기존의 언론을 보완할 수 있는 대안 언론으로서도 주목을 받고 있다.

블로그는 웹상에서 가상현실 속에서 정보를 공유하고, 여론을 형성하며, 생각이 같은 사람들이 모여서 공동의 관심사에 관해 얘기를 나눌 수 있는 모임방을 개설할 수도 있다. 이런 기능 때문에 블로그를 소셜 미디어라고 부르기도 한다.

7) 팟캐스팅

팟캐스팅(podcasting)은 오디오 및 비디오 파일을 자동으로 내려받는 서비스이다. 팟캐스팅은 자동적으로 예약자에게 공급되는 방식으로 오디오나 비디오 파일을 기록하고, 온라인으로 유통하는 과정이다. 팟캐스팅은 이동의 편리성으로 시각 커뮤니케이션이나 음성의 매체 풍부성을 결합하여, 기존의 오디오와 영상 메시지를 대체한다. 팟캐스팅은 세미나와 교육의 무료 사전 검토를 제공하는 아주 좋은 방법이다. 많은 회사 게시자와 자문가들은 개별적인 브랜드를 강화하고, 다른 제품과 서비스를 향상하기 위해 팟캐스팅을 사용한다.

8) 모바일 마케팅

모바일 폰(mobile phone)은 생활에서 중심적인 도구이다. 기업이 인지도를 향상하고 고객과의 연결을 강화하는 중요한 기회를 제공한다. 모바일 폰은 기업이 언제, 어디서나 고객에게 접근할 수 있는 마케팅 도구이다. 모바일 마케팅(mobile marketing)은 기업이 고객과 연결을 구축하는 양방향이나 다방향 커뮤니케이션 도구이다. 모바일 쇼핑은 모바일 도구의 유연성과 직접적으로 매우 인기가 있다. 사용자들은 모바일 웹으로 제품이나 서비스를 구매할 수 있다. 온라인 쇼핑에 있어서 스마트폰 형태의 모바일폰은 PC보다 점점 더 많은 이용률을 보이게 될 것이다.

오늘날 많은 기업은 소셜 미디어 사이트와 도구를 사용하고 있다. 인터넷 마케팅에서 마케팅 도구로써 소셜 미디어를 사용하는 이유는 다음과 같이 네 가지로 설명할 수 있다.

① **커뮤니케이션** : 소셜 미디어 사용으로 고객들과 커뮤니케이션하고, 관계를 수립한다. 방대한 소셜 미디어 사이트에서 고객들과 직접적으로 커뮤니케이션하는 방법이 많다. 중요한 것은 회사와 사용자 간의 커뮤닠케이션이다. 그러나 대화를 시작하지 않는다면 커뮤니케이션은 일어나지 않는다.

② **교육** : 사용자들은 상대방에 대하여 누구인지 알기를 원한다. 사용자들에게 어떤 회사인지와 무엇을 판매하는지를 알려줘야 한다. 고객들이 정확히 무엇을 구매할지를 알아야 한다.

③ **공동작업** : 인터넷과 소셜 미디어는 서로가 공동작업을 하는 복수 사이트와 도구가 가능하다. 서로가 공동작업을 위해 다른 도구를 사용할 수 있는 것은 마케팅 매체로써 인터넷이다.

④ **오락** : 회사 이미지나 판매제품의 유형에 따라 오락은 관심의 이차적인 항목이다. 오락을 의미하는 영상이나 블로그와 같은 것을 창안하는 것은 장점이다. 오락은 회사나 제품에 대하여 관심을 자아내게 한다. 사람들이 알기 원하는 평판이나 회사 특성, 업종 등을 고려하여 적절한 형태의 오락을 제공하는 것이 좋다.

현장사례 ··· 소통에서 쇼핑 광장으로…소셜 미디어의 변신

페이스북, 인스타그램을 비롯한 글로벌 소셜 미디어가 새로운 먹거리로 e커머스와 결제(페이) 서비스를 점찍었다. 판매자와 이용자를 늘려 자체 생태계를 조성하는 동시에 광고 수익을 늘리겠다는 의도다.

◇ 페이스북 "쇼핑·페이 잡아라"

업계에 따르면 페이스북과 인스타그램 등은 잇따라 쇼핑과 결제 기능을 강화했다. 페이스북은 지난 1일 연례 개발자 컨퍼런스 'F8 2019'에서 모바일 메신저 강화와 함께 페이와 쇼핑에 집중하겠다고 선언했다. 마크 저커버그 페이스북 CEO는 "소셜 미디어가 지금보다 사적인 공간이 된다면, 페이 시스템 이용도 더욱 자연스러워질 수 있다"고 말했다.

페이스북은 페이 서비스를 위해 암호화폐 기반 결제 플랫폼도 개발 중이다. 페이스북은 지난해 12월 자사 메시지 서비스인 왓츠앱(WhatsApp)에 결제 서비스를 위해 암호화폐 기능을 도입하겠다는 계획을 밝혔다. 페이스북이 주목하는 다른 기능은 e커머스 서비스다. 페이스북은 F8 2019에서 네이버나 아마존처럼 여러 상품을 비교 검색하고 상품 결제를 하고, 주문한 물건 배송 상황을 추적하는 기능을 도입한다고 발표했다.

인스타그램은 이미 국내 주요 기업들의 소셜 마케팅 공략 거점으로 떠오른지 오래다. 오픈서베이에 따르면 인스타그램은 2030대 여성을 중심으로 제품 구입을 유도하는 채널로 활용도가 높다. 특히 인스타그램은 이용자가 사진 속 상품을 누르면 기업 웹페이지나 앱으로 바로 이동해 구매 여부를 결정할 수 있는 원스톱 기능도 넣는다.

◇ "광고수익·이용자 생태계 잡자"

소셜미디어가 쇼핑과 페이 서비스에 주목하는 이유를 업계는 광고 수익을 노린 행보로 풀이한다. 소셜 미디어는 판매자로부터 입점 수수료를 받지 않기 때문이다. 이용자와 판매자를 늘리는 것은 광고 집행과 노출이 늘어나는 효과로 이어진다.

광고 수익을 기반으로 한 국내 포털들도 유사한 전략을 취한다. 네이버도 영세 판매자 생태계를 조성하고 입점 상품을 늘리고 상품검색 포털로 거듭나려 노력한다. 네이버는 이외에도 소규모 창업자를 대상으로 교육 프로그램과 각종 데이터 툴, 퀵 에스크로와 같은 자금 지원 프로그램 등을 지원하고 있다. 네이버 역시 판매자로부터 입점 수수료를 받지 않는다.

카카오는 메신저 이용자 5,000만 명을 기반으로 이커머스 전략을 실행 중이다. 카카오는 플러스 친구와 쇼핑하기 서비스 등을 운영하고 있다. 판매자는 카카오톡 내에서 스토어를 만들고 상품을 선보이면서, 결제까지 한 번에 이끌 수 있다는 장점이 있다.

* 자료 : IT조선, 2019. 5. 7.

연구문제

1. 촉진의 의미와 목적에 대하여 설명하시오.

2. 서비스 촉진믹스의 개념과 그 구성요소에 대하여 설명하시오.

3. 서비스 판촉의 중요성과 그 유형에 대하여 조사해 보자.

4. 서비스 촉진관리에서 IMC적 접근의 의미에 대하여 설명하시오.

5. 인적판매의 7단계 과정에 대하여 설명하시오.

6. 스폰서십 마케팅의 개념과 기대효과에 대하여 설명하시오.

7. 소셜 네트워크의 유형을 설명하고, 소셜 미디어를 이용한 콘텐츠 마케팅 사례를 찾아 토의해보자.

service marketing

서비스 프로세스 관리

학습 목표

- 서비스 프로세스의 의의
- 서비스 프로세스 관리
- MOT의 중요성과 관리
- 서비스 접점관리
- 서비스 접점의 평가

01 서비스 프로세스의 의의

1. 서비스 시스템

서비스는 일련의 투입물을 투입하여 이를 변환시켜 고객이 원하는 산출물을 제공하는 시스템의 개념으로 이해할 수 있다.[1)] 여기서 투입물은 인력, 자본, 기계설비, 건물, 자재, 경영 등의 요소를 말하며, 이러한 투입물을 고객의 요구에 맞게 변형, 즉 처리·가공하여 보다 가치 있는 상품이나 서비스 형태로 산출물이 만들어진다.

〈표 11-1〉은 투입-변환-산출 과정을 갖는 서비스 제공·운영시스템의 사례를 보여주고 있다.

표 11-1 서비스 제공·운영시스템의 사례

서비스	투입물	변환과정	산출물
경호 서비스	경호원	신변·귀중품 보호	신변안전, 물건보전
서비스센터	부품, 수리요원	부품교체, 수리	제품기능 복원
은 행	은행원, 여행상품, 현금지급기, 금고	고객 재산보호, 재산증식	높고 안정된 이자 예금, 대출서비스
항공 서비스	비행기, 기장, 스튜어디스	빠르고 안전한 운행	목적지 정시도착
이·미용실	이·미용사, 미용, 기기, 화장품	커트, 파마, 면도 화장, 이발	헤어스타일, 깔끔한 외모
식 당	식자재, 조리대, 종업원, 시설	음식요리 종업원 서빙	식욕충족, 식사

서비스 시스템은 하나의 서비스가 고객의 욕구충족을 위해 투입－변형－산출 과정을 거쳐 생산·운영되는 시스템을 말하며, 서비스 운영시스템과 서비스 제공시스템으로 대별된다.

---

1) 일반적으로 시스템(system)이란 여러 개의 구성인자들이 유기적으로 결합하여 상호작용하는 통합체로서 투입－변환－산출 및 피드백 과정을 통해 일정한 목표를 지향하는 실체로 설명된다. 시스템은 구성인자들의 단순한 결합이 아니라 하위시스템들의 유기적 결합에 의해 시너지 효과와 부가가치를 창출한다.

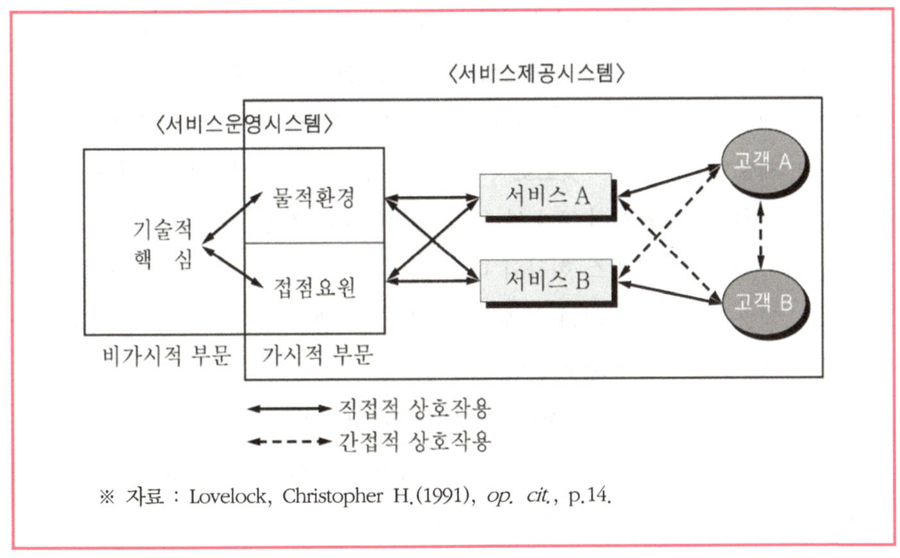

※ 자료 : Lovelock, Christopher H.(1991), *op. cit.*, p.14.

[그림 11-1] 서비스 시스템의 기본모형

[그림 11-1]에는 서비스 시스템의 기본모형을 보여주고 있다. 그림에서 보는 바와 같이 전체적인 서비스 생산·제공과정에서 볼 때 서비스 운영시스템과 서비스 제공시스템은 부분적으로 중첩될 수 있다. 이는 생산과 소비의 동시성이라는 서비스의 고유 특성에 기인한 것이다. 따라서 서비스의 접점요원은 서비스 생산·제공기능과 서비스 마케팅기능을 함께 수행해야 한다.

서비스 운영시스템(service operation system)은 서비스의 투입-산출과정에서 투입물을 변환하는 과정을 말한다. 서비스 운영시스템은 가시적 부분(전방부분)과 비가시적 부분(후방부분)으로 구분되며, 가시적·비가시적 부분은 서로 결합적으로 상호작용 하여 서비스 생산이 이루어진다.

비가시적 부분은 식당의 주방과 같이 고객의 눈에 보이지 않는 곳에서 기능하는 부분으로 '기술적 핵심(technical core)'이라고 한다. 기술적 핵심은 서비스의 질에 크게 영향을 미칠 수 있으나 대개의 경우 고객은 비가시적 부분의 존재를 의식하지 못하는 경우가 많다.

또 가시적 부분은 식당의 식탁과 의자, 서빙 종업원과 같이 고객의 눈에 보이는 곳에서 기능하는 부분을 말하며, 물리적 환경과 접점 종업원으로 이루어진다. 이·미용이나 교육, 진료와 같은 인적 서비스는 물적 서비스에 비해 가시적 부분

의 역할이 매우 중요시된다. 소비자들은 가시적 부분에서 이루어지는 서비스 상황이나 행위에 기반하여 서비스를 평가하는 경향이 있기 때문이다.

서비스 제공시스템(service delivery system)은 서비스가 언제, 어디서, 어떻게 고객에게 제공되는가 하는 것으로서 생산된 서비스 제공과정과 관련된 개념이다. 여기서 서비스는 가시적 요소인 물적 지원환경과 접점 종업원을 통해 고객에게 제공되며, 이들과 서비스 현장의 다른 고객들은 고객의 서비스 지각에 직·간접적으로 영향을 미친다. 따라서 서비스 제공시스템은 표적고객의 니즈와 욕구를 충분히 반영하여 설계해야 한다.

전통적으로 서비스는 주로 서비스 제공자와 고객의 만남을 통해 제공되지만, 최근에는 전자통신 기술의 발달로 인하여 자동화된 시스템이나 원격 서비스 등이 도입됨에 따라 서비스 제공자와 고객의 접촉이 없이 제공되는 서비스가 늘어나고 있다.

2. 서비스 프로세스의 개념과 중요성

서비스를 무형의 행위 또는 어떤 과정(process)이라고 개념화한다면 서비스 프로세스는 서비스 상품 그 자체이자 서비스의 배달과정인 유통의 성격을 갖는 것으로 이해할 수 있다.

서비스 프로세스(과정, service process)는 서비스가 제공되는 절차나 메커니즘 또는 활동들의 흐름을 의미한다. 다시 말해 서비스가 제공되는 일련의 과정을 의미하는 서비스 프로세스는 어떤 투입물을 변환시켜 산출물을 제공하는 서비스 시스템으로 이해할 수 있으며, 서비스 시스템은 위에서 살펴본 바와 같이 서비스 운영시스템과 서비스 제공시스템으로 이루어진다.

고객은 자신의 서비스 이용 경험이나 서비스가 제공되는 과정을 통해 서비스를 평가하게 된다. 서비스 프로세스의 중요성은 대부분의 경우 서비스 제공과정이 서비스 상품으로 인식된다는 점과 고객이 지각된 서비스 질을 평가할 때 결과 질(outcome quality)보다 기능적, 상호작용적 질을 나타내는 과정 질(process quality)이 더 중요시된다는 점에 있다. 일반적으로 물리적 제품의 경우는 과정 질보다 결과 질을 중요시하지만, 서비스 상품의 경우는 결과 질보다 과정 질을 더 중요시한다. 특히 의료서비스나 컨설팅, 법률 서비스와 같은 고접촉 서비스나 인적 서비스에서는 과정 질의 중요성이 더욱 커진다.2) 따라서 서비스 프로세스는 고객의 요구를 충분히 반영하여 설계하고, 이를 뒷받침할 수 있는 내부마케팅과 상호작용 마케팅이 이루어져야 한다.

02 서비스 프로세스 관리

1. 서비스 청사진

(1) 서비스 청사진의 개념

훌륭한 건물을 시행착오 없이 빠른 시간 내에 건축하기 위해서는 공사를 시작하기 전에 먼저 완공된 건물을 담아내는 상세한 설계도면이 필요하다. 이처럼 서비스 제공자가 양질의 서비스를 제공하기 위해서는 무형의 서비스 프로세스를 설계하는 서비스 청사진이 필요하다.

서비스 청사진(service blueprinting)은 서비스를 생산하고 제공하는데 필요한 모든 활동과 절차를 망라하여 묘사하고 설명해 놓은 것을 말한다. 즉, 서비스를 제공하는 절차와 각 단계별 종업원과 고객의 역할 및 서비스 요소 등 서비스 시스템 전반을 시각적으로 볼 수 있게 묘사해 놓은 것을 의미한다. 서비스 청사진은 서비스 시스템을 이해하고 서비스를 구성요소별로 구분해 줄 뿐만 아니라 종업원의 업무수행 방법과 고객이 경험하는 서비스 증거를 제시해 준다. 따라서 서비스 청사진은 서비스를 설계 또는 재설계하거나 어떤 목표 달성을 위해 서비스 시스템을 체계적으로 운영하고자 할 때 유용하다.

(2) 서비스 청사진의 구성요소

서비스 청사진의 주요 구성요소는 [그림 11-2]에서 보는 바와 같이 고객의 행동, 현장종업원 및 후방종업원의 행동, 지원 프로세스 등으로 이루어진다.3)

---

2) Mittal, B. & W. M. Lassar(1998), "Why do customers switch? The dynamics of satisfaction vs. loyalty", *Journal of Service Mmaketing*, Vol.12, No.3. pp.177~194.

3) Zeithaml, V. A, M. J. Bittner, Dwayne D. Gremler(2009), *Service Marketing*, 5th

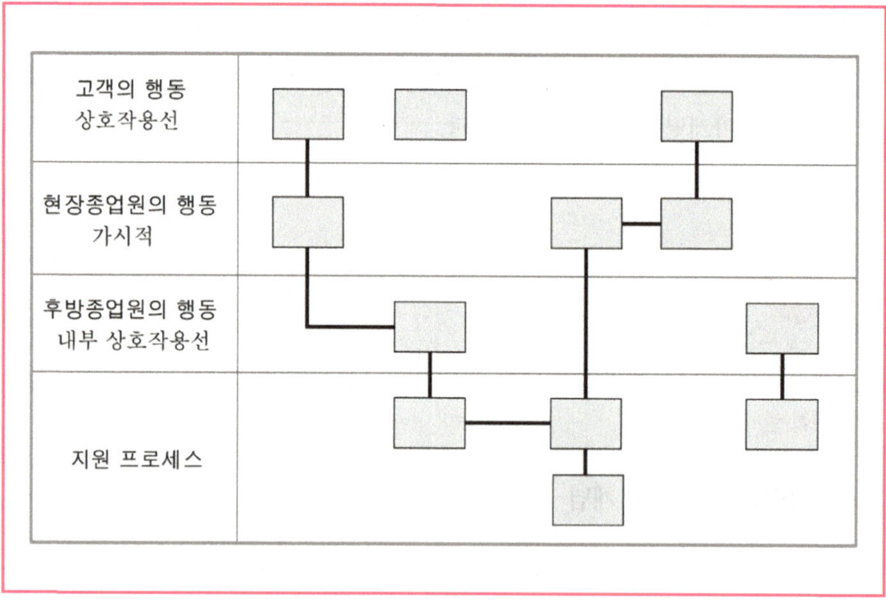

[그림 11-2] 서비스 청사진의 구성요소

먼저, 고객의 행동 영역은 서비스를 구매하여 소비하고 평가하는 프로세스로서 고객이 수행하는 활동, 단계, 선택, 상호작용 등을 포함한다. 예컨대, 레스토랑을 찾는 고객은 레스토랑을 선택하고, 예약전화, 주차, 메뉴 주문, 계산서 지불 등의 행동을 한다.

둘째, 현장종업원의 행동 영역은 고객의 눈에 가시적으로 보이는 종업원의 활동을 말한다. 예컨대, 레스토랑의 현장종업원은 주차요원이나 접객종업원의 인사와 식사주문 요청, 식사배달, 대금청구 및 수납 등의 행동을 한다.

셋째, 후방종업원의 행동 영역은 고객에게 직접 보이지 않는 곳에서 현장종업원을 지원하는 종업원의 행동을 말한다. 예컨대, 예약전화를 받는 직원이나 주방장, 요리사, 설거지 종업원 등의 행동을 말한다.

넷째, 지원 프로세스 영역은 서비스를 제공하는 접점종업원을 지원하기 위한 내부적 서비스를 말한다. 서비스교육센터나 식·자재 관리센터, 체크아웃시스템 등을 말한다.

[그림 11-2]의 각 행위영역에 있는 네모 상자는 각 행위자가 수행하거나 경험

---

edition, McGraw-Hill Irwin, pp.265-269.

하게 될 단계를 보여주는 것이다. 그리고 네 가지 행동영역 간에는 세 가지의 수평선이 있다.

첫 번째 수평선은 고객과 접점종업원간의 직접적인 '상호작용선'을 나타낸다. 상호작용선을 가로지르는 수직선은 고객과 접점종업원의 '서비스 접점'을 의미한다.

두 번째 수평선은 고객에게 보이는 서비스 활동과 보이지 않는 서비스 활동을 구분하는 '가시선'을 나타낸다. 이 선은 접점종업원과 후방종업원의 활동을 구분하며, 이 선을 기준으로 고객이 물적 증거를 제공받는지 여부를 알 수 있다.

세 번째 수평선은 서비스 지원활동과 종업원의 활동을 구분하는 '내부 상호작용선'을 나타낸다. 내부 상호작용선을 가로지르는 수직선은 '내부적 서비스 접점'을 나타낸다.

서비스 청사진을 효과적으로 설계하기 위해서는 도표의 출발점을 고객에서 시작하여 최종 서비스 제공시스템에서 다시 고객으로 돌아가도록 해야 한다.

(3) 서비스 청사진의 개발

서비스 청사진은 최종 결과물을 만들어내는 것만 유일한 목적이 아니다. 청사진을 개발하는 과정을 통해 청사진의 개념과 서비스 비전의 개발, 처음에는 몰랐던 서비스의 복잡성과 구성요소들 간의 연결관계에 대한 인식, 각 구성원들의 역할과 책임 규정 등의 목적을 달성할 수 있다. 청사진을 설계하고 개발하기 위해서는 고객에 관한 정보를 비롯하여 여러 부문의 대표들이 함께 참여해야 한다.

서비스 청사진을 개발하는 과정은 다음과 같은 5단계로 설명할 수 있다.

① 1단계 : 청사진에 담을 서비스 프로세스의 파악

청사진은 서비스의 다양한 서비스 수준에서 개발할 수 있으므로, 청사진 개발의 출발점에 대한 동의가 필요하다. 즉 기본적 서비스개념 수준(택배서비스), 구체적 서비스 수준(일반택배, 특급택배 등), 서비스 세부요소 수준(화물분류, 배달 등) 등의 청사진을 개발할 수 있다. 예컨대, 서비스 프로세스 중 특정 단계(예 주문처리)에서 병목현상이 생긴다면 그 부분에 대한 세부 청사진을 만들 수 있을 것이다. 청사진에 담길 프로세스는 청사진을 개발하는 목적에 따라 결정된다.

② 2단계 : 고객의 관점에서 서비스 프로세스 묘사

이 단계는 서비스를 구매하고 소비, 평가할 때 고객이 경험하는 선택과 행위를 그리는 것이다. 고객의 관점에서 서비스를 파악하게 되면 고객에게 영향을 미치지 않는 프로세스나 단계에 중점을 두는 오류를 피할 수 있다. 따라서 이 단계에서는 누가 고객인지를 정확히 파악하고, 고객이 서비스를 어떻게 경험하게 되는지를 파악하는 일이 중요하다. 만일 세분시장마다 경험하는 서비스가 다르다면 세분시장별로 별도의 청사진을 만들어야 한다.

③ 3단계 : 접점종업원의 프로세스 묘사

이 단계에서는 먼저 청사진의 '상호작용선'과 '가시선'을 그은 후, 현장종업원과 후방종업원을 구분하여 접점종업원의 행동과정을 묘사한다.

④ 4단계 : 내부지원활동의 묘사

이 단계는 먼저 내부 상호작용선을 긋고, 내부지원활동을 묘사한다. 그리고 고객과 접점종업원의 활동을 내부지원기능과 연결한다. 이 단계에서는 고객에 대한 내부활동의 직접·간접적인 영향이 분명해진다. 고객과의 연결관점에서 볼 때 내부서비스 프로세스의 중요성은 증가한다. 고객의 경험에 직접 연결되지 않는 프로세스 단계는 필요하지 않을 수도 있다.

⑤ 5단계 : 고객행동단계별 서비스 증거 제시

마지막 단계에서는 고객이 서비스를 경험하는 단계에서 고객이 보거나 제공받는 유형적·물적 증거물을 청사진에 나타낸다. 각 프로세스의 사진이나 슬라이드, 비디오 등이 포함되어 있는 사진형 청사진은 이 단계에서 매우 유용하고, 서비스 증거물의 영향과 전반적인 전략 및 서비스 포지셔닝에 부합하는지를 분석하는데 도움이 된다.

[그림 11-3]은 호텔숙박 서비스의 청사진을 보여주고 있다.

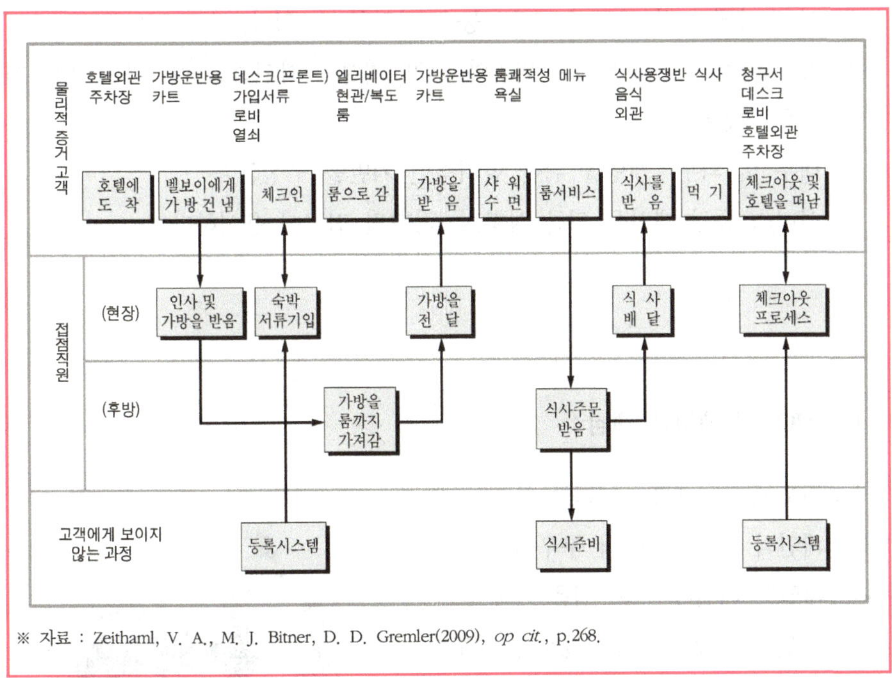

※ 자료 : Zeithaml, V. A., M. J. Bitner, D. D. Gremler(2009), *op cit.*, p.268.

[그림 11-3] 호텔숙박 서비스 청사진의 예

(4) 서비스 청사진의 이점

서비스 청사진은 다음과 같은 이점이 있다.

① 종업원이 자신의 업무를 전체적인 관점에서 파악할 수 있어 고객 지향적인 자세로 업무를 수행할 수 있게 한다.

② 서비스 활동의 프로세스 중 취약한 부분(fail point)을 확인하여 지속적인 품질개선의 목표를 삼을 수 있다.

③ 상호작용선은 고객의 역할과 고객이 경험하는 서비스 품질을 알게 해줌으로써 서비스 설계에 도움을 준다.

④ 가시선은 고객이 볼 수 있는 영역과 어느 종업원이 고객과 접촉하는지를 알려주어 합리적인 서비스 설계를 할 수 있게 해준다.

⑤ 내부 상호작용선은 부문간의 경계와 상호관계를 명확히 해주어 점진적인 품질개선을 강화할 수 있게 해준다.

⑥ 서비스 구성요소와 그 연결관계를 알 수 있어 전략적 토론과 서비스 전체

의 관점에서 각 부문의 고유기능을 파악할 수 있다.

⑦ 각 서비스 요소에 투자된 원가와 이익, 자본을 확인하고 평가하기 위한 기반을 제공해 준다.

⑧ 내부 및 외부마케팅을 위한 합리적인 기반을 구성한다.

⑨ 서비스 품질 개선을 위한 상향적, 하향적 접근이 용이하다.

2. MOT 관리

(1) MOT의 배경과 개념

MOT(Moment of Truth)라는 용어는 원래 스페인의 투우경기에서 투우사가 투우와 일대일로 대결하여 온 힘을 다해 소의 급소를 찔러 승부를 거는 결정적 최후의 순간, 실패나 실수가 용납되지 않는 매우 중요한 순간을 일컫는 뜻으로 '진실의 순간' 또는 '결정적 순간'이라고 한다. 이러한 MOT가 서비스 마케팅의 주요 이슈로 떠오른 것은 1980년대 초 스칸디나비아 항공사(SAS)의 CEO인 얀 칼슨(Jan Carlzon)이 『고객을 순간에 만족시켜라 : MOT』라는 책에서 고객과 접점종업원의 상호작용으로서의 진실의 순간(MOT)을 잘 관리해야 한다고 주장한 데서 비롯된다.

얀 칼슨은 적자 투성이인 SAS의 경영 문제를 고민하던 중 시장조사를 통해 한 해에 천만명의 승객이 SAS를 이용할 때 각각 평균 5명의 종업원과 접촉하며, 1회의 응접시간은 평균 15초라는 사실을 알게 되었다. 그에 의하면 종업원이 1회 15초라는 짧은 시간에 1년에 5천만 회 고객의 마음 속에 스칸디나비아 항공사의 이미지를 새겨 넣고 있다는 것이다. 이 한 순간 한 순간이 스칸디나비아 항공사의 서비스 품질에 대한 이미지와 회사의 성패를 결정짓는다는 사실을 인식해야 한다고 주장하고, 강력한 고객만족경영을 추진하게 되었다. 얀 칼슨은 MOT의 개념을 회사경영에 도입한 지 불과 1년 만에 연 800만 달러의 적자로부터 7,100

만 달러의 이익을 내는 흑자기업으로 탈바꿈시켰다.

MOT(Moment of Truth)는 고객이 서비스 기업의 종업원이나 특정 자원과 접촉하는 순간을 말하며, 우리말로는 고객접점으로 '진실의 순간' 또는 '결정적 순간'이라고 표현한다. 고객과 대면하는 순간이 고객의 서비스 품질 지각과 회사의 이미지 형성에 결정적 영향을 미친다는 뜻이다.

항공서비스에서 맞이하는 MOT는 다음과 같이 열거할 수 있다.

① 고객이 항공사에 문의전화를 한다.
② 고객이 비행기 좌석을 예약한다.
③ 고객이 공항 카운터에 도착한다.
④ 고객이 발권하기 위해 줄을 서서 대기한다.
⑤ 직원이 탑승권을 발행한다.
⑥ 고객이 탑승수속시간이 될 때까지 라운지에서 기다린다.
⑦ 고객이 출발 게이트를 찾기 위해 간다.
⑧ 게이트 담당직원이 고객을 맞이하고 탑승권을 확인한다.
⑨ 고객이 비행기 출발시간이 될 때까지 라운지에서 대기한다.
⑩ 고객이 비행기에 탑승한다.
⑪ 고객이 안내를 받아 자기 좌석을 찾는다.
⑫ 고객이 수하물을 올려놓는다.
⑬ 기내에서 문의사항이나 요구사항을 승무원에게 말한다.
⑭ 승무원의 안내를 받아 비행기에서 내린다.
⑮ 수하물을 찾아 직원의 인사를 받으며 공항을 나온다.

(2) MOT의 중요성

고객은 자신이 대면하는 접점종업원의 역량과 서비스 행위를 보고 회사를 평가를 하기 때문에, 고객의 입장에서 접점종업원은 곧 회사이며, 회사를 대표하는 것이다. 따라서 아주 짧은 순간이지만 서비스접점(service encounter)에서 진실의 순간(MOT)을 관리하는 것은 매우 중요하다.

서비스 제공자가 서비스를 제공하는 매순간은 고객이 지각하는 서비스 품질과 기업 이미지, 고객만족, 고객충성도를 형성하는 데 중요한 영향을 미칠 수 있다는 데 MOT의 중요성이 있다. 즉 서비스 제공과정에서 고객이 경험하는 긍정적 인상은 서비스의 품질과 고객만족, 고객충성도를 강화하는 효과를 낳고, 부정적 인상은 그 반대의 효과를 낳는다. 또 긍정적 경험과 부정적 경험이 상호작용하여 혼재하는 상황이라면 서비스 품질에 대한 불확실성을 높이고 서비스의 일관성과 신뢰도를 떨어뜨려 경쟁력이 취약한 서비스가 되고 만다.

고객이 지각하는 서비스 품질과 고객만족은 '곱셈법칙'이 적용된다. 즉, 100-1의 값은 99가 아니라 0(100-1=0)이라는 것이다. 여러 번의 MOT 중 어느 하나의 MOT에서 실패했다 하더라도 고객은 서비스 전체를 나쁘게 평가하고 한 순간에 고객을 잃게 된다. 또한 서비스 접점에서 모든 순간들이 고객들과의 관계형성에서 같은 비중으로 중요한 것은 아니다. 왜냐하면 모든 서비스 기업들은 서비스 제공시 고객만족에 핵심적 역할을 하는 특유의 순간들을 갖고 있기 때문이다. 예를 들면, 호텔 서비스에서는 초기 접촉순간이 가장 중요하고, 의료 서비스에서는 식사나 퇴원 서비스보다는 의료진과의 접촉이 보다 더 중요한 것이다. 때로는 여러 번의 결정적 순간 중 한 순간의 긍정적 고객접촉이 그 고객을 평생고객으로 만들기도 한다.[4] 이처럼 주차요원이나 창구직원, 전화상담원, 안내원 등 일선 종업원들의 역량과 접객태도는 회사의 운명을 좌우할 수 있을 만큼 중요하다고 할 수 있다.

요컨대, MOT관리는 서비스의 경쟁력을 유지, 강화하기 위한 필수요건이 되며, 이는 서비스 프로세스 및 서비스 접점관리의 중요성을 시사하는 것이라고 하겠다.

(3) MOT 도표

MOT 도표(MOT Chart)는 서비스 종업원들이 고객과의 접점에서 결정적 순간(MOT)들을 효과적으로 관리하기 위해 만들어진 도표를 말한다. MOT 도표는 세 가지 요소로 구성된다. 도표의 첫째 칸은 서비스 접점에서 고객을 불만족스럽게 하는 '마이너스(−) MOT' 상황을 나타내고, 둘째 칸은 고객의 '표준적 기대수준'을 나타내는 MOT 상황을 나타내며, 셋째 칸은 고객을 만족스럽고 기쁘게 하는

---

4) 이명식(1999), 「서비스마케팅」, 형설출판사, p.130.

'플러스(+) MOT' 상황을 나타낸다.

〈표 11-2〉는 전화문의 상황에 대한 MOT 도표의 예를 보여주고 있다.

표 11-2 MOT 도표의 예(전화문의 상황)

− MOT	표준적 기대	+ MOT
• 계속 통화중임 • 여러 번 돌려 담당자와 연결됨	• 담당자와 바로 연결	• 항상 업무 담당자와 빠르고 쉽게 연결됨
• 돌릴 때마다 용건을 말함 • 잠깐 기다리게 해놓고 한참 동안 응답이 없음 • 용건을 다 말하기도 전에 전화를 끊거나 다른 부서로 돌려 버림 • 퉁명스럽게 응대함	• 친절하고 자상하게 응대	• 인사와 함께 자기의 소속과 이름을 밝힘 • 용건을 한번만 말하고도 응답자와 연결됨 • 용건을 다 마친 뒤에도 더 문의할 사항이 없느냐고 물어봄
• 간단한 질문에도 확실한 대답을 못함 • 아마 그럴 것 같다는 식으로 즉답을 회피함	• 질문에 정확한 답변을 해줌	• 전체 절차를 자세하게 설명함 • 고객이 잘 이해했는지 다시 확인해 줌

※ 자료 : 이상환·이재철(1999), 「서비스 마케팅」, 삼영사, p.69.

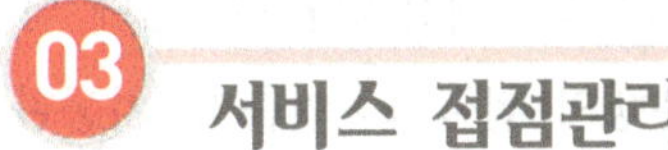

03 서비스 접점관리

1. 서비스 접점의 유형

경제의 서비스화 현상이 가속화되고 서비스 산업의 중요성이 점점 더 커지고 있는 오늘날, 소비자들은 서비스 제공자들과의 상호작용에서 욕구불만과 불만족의 소리가 더 높아지고 있다. 서비스 마케터는 다양한 욕구를 가진 고객들을 동시적으로 접촉하는 상황에서 서비스운영시스템을 설계 시에 서비스의 효율성과 개별화라는 두 가지의 상충되는 목표에 흔히 직면하게 된다. 효율성과 개별화 요

소의 상대적 중요성은 서비스의 성격과 고객의 개별화에 대한 기대에 의해 결정된다. 대부분의 소비자들은 집합적인 다수로서가 아니라 개별화된 서비스를 제공받고 싶어 하기 때문에 개별화에 반하는 서비스는 원치 않을 것이다. '개별화된 서비스'를 제공한다는 것은 고객의 개별화 욕구를 충족시키기 의도된 상호작용이 일어나는 어떤 행동을 말한다. 이것은 서비스 접점의 중심이 궁극적으로 특정 서비스에 대한 고객의 만족에 있어야 함을 의미한다.

서비스 접점(서비스 인카운터, service encounter)이란 서비스 제공과정에서 고객과 서비스 제공자간의 상호작용 또는 '고객이 특정 서비스와 직접 상호작용하는 기간'이라고 정의된다.[5] 전자의 정의는 고객과 접점종업원 간의 상호작용 관점에서 정의한 것인데 반하여, 후자의 정의는 개인간의 상호작용에 한정하지 않고 물리적 시설과 기타 유형적 요소와의 상호작용까지 포함하는 보다 포괄적인 개념이다.

서비스 접점에는 다음과 같이 세 가지 유형의 접점이 있다.

① 면대면 접점(face-to-face encounter)

고객과 종업원간에 직접적인 접촉을 통해 상호작용이 이루어지는 접점을 말한다. 고객은 서비스 현장에 출석하며 서비스의 물리적 환경에 직접 노출된다. 카운슬링이나 의료, 교육, 컨설팅, 놀이공원 등의 서비스 제공 상황이 해당된다.

② 원격접점(remote encounter)

서비스 기업이 고객들과 직접 접촉하지 않고 기계장치나 시스템에 의해 원격으로 이루어지는 접점을 의미한다. 은행의 현금자동인출기, 자동판매기, 각종 인터넷서비스, 이동통신서비스, 우편서비스, 택배서비스 등을 말한다. 원격접점에서는 서비스의 유형적 증거와 기술적 과정 및 시스템 품질이 서비스의 질을 평가하는데 중요한 역할을 한다.

③ 전화접점(phone encounter)

서비스 기업과 고객간에 전화를 통해 이루어지는 접점을 말한다. 각종 전

---

5) Shostack, G. L.(1992), "Planning the Service Encounter", in The Service Encounter, J. A. Czepiel, M. R. Solomon, and C. F. Surprenant, eds. New York: Lexington Books, p.243.

화주문 서비스나 회사의 콜센터나 전화문의에 대한 응대상황 등이 있다. 전화접점에서는 전화를 받는 종업원의 음성과 서비스 지식, 고객에 대한 사려심 등이 중요하다.

(2) 서비스 접점의 중요성

대부분의 서비스는 물리적 제품에 비해 결과로서의 산출물보다 서비스 제공과정이 중요시되고, 고객들도 기계장치나 시스템에 의한 서비스보다 인간적인 접촉을 통한 서비스를 선호하고 있다. 은행의 현금자동지급기나 서비스센터의 자동응답전화에서 나오는 기계음성에 대하여 고객들은 거부감을 느끼고 불만스러워하는 경우를 볼 수 있다.

또한 고객들은 서비스를 제공받을 때 접점종업원뿐만 아니라 서비스의 물적 증거물과도 접촉하게 되기 때문에 물적 증거물의 관리도 매우 중요하다. 어떤 레스토랑에 고객이 들어서자 종업원은 친절하지만 내부가 청결하지 못하고 다른 고객들이 소란을 피우고 있다면 그 고객은 발길을 되돌리고 말 것이다. 이처럼 서비스 실패는 대부분 종업원과의 인간적 접촉이나 서비스 증거물과의 접촉에 실패할 때 나타나는데, 이것은 서비스 접점관리의 중요성을 설명해 주는 것이다.

따라서 서비스 접점관리는 고객과 종업원의 접점, 고객과 고객의 접점, 고객과 서비스 환경의 접점이라는 세 가지 접점 상황을 모두 포괄하는 것이라 할 수 있다. 다시 말해 서비스 접점관리는 종업원들에게 단순히 인사예절을 가르치거나 '벨이 세 번 울리기 전에 반드시 전화기를 들어라'고 훈련시키는 것 이상의 의미를 내포한다. 서비스 접점의 관리는 서비스 제공과정에서 만족 또는 불만족 행태를 보이는 종업원을 이해하고, 그들을 교육훈련하고, 동기부여하고, 보상하며, 고객의 요구를 반영하는 물리적 환경을 갖추는 것을 포함한다.

서비스 접점의 중요성은 서비스 기업에 대한 소비자들의 평가가 서비스 접점, 즉 고객과 기업이 상호작용 하는 동안에 결정된다는 데 있다. 서비스 접점에서 고객의 평가에 영향을 미치는 요인들을 파악하는 일은 고객들의 지각된 서비스 질이 떨어지고 있는 상황 하에서는 특히 중요하다.

2. 서비스 접점의 특성

서비스 접점의 특성은 다음과 같이 5가지로 정리할 수 있다.[6]

① 서비스 접점은 서비스 제공자와 고객의 양자적 개념이다. 즉 각자의 경제적, 사회적, 개인적 특성에 의해 좌우되는 서비스 제공자와 고객의 양자적 관계를 말한다. 서비스 접점에서 양자의 만족요소들을 파악하게 되면 서비스 설계와 서비스 환경 설계, 서비스 제공자의 선발, 훈련 및 동기부여, 고객서비스 등에 도움을 줄 수 있다.

② 서비스 접점은 인간적인 상호작용이다. 서비스 접점에서 이루어지는 서비스 제공자와 고객의 행동은 양자의 상호 조정된 행동에 따라 결정되는 목표 지향적 행위이다. 즉 서비스 제공자와 고객간의 커뮤니케이션은 상호작용적이며, 호혜적 과정이다.

③ 서비스 접점은 목표 지향적인 역할수행이다. 서비스 접점은 고객의 욕구와 목표가 있을 때 발생하기 때문에 목표 지향적이고 과업 지향적인 상호작용의 성격을 지닌다. 서비스 제공자와 고객은 각기 특정 상황에 맞는 일련의 행동을 학습하여 목표성취를 위한 어떤 역할을 수행한다.

④ 서비스 접점의 목적은 정보의 교환에 있다. 즉, 서비스 접점은 서비스 제공자와 고객간에 제공중인 서비스와 관련된 정보의 교환과 커뮤니케이션 과정으로 이루어진다.

⑤ 서비스 접점은 제공되는 서비스에 따라 제한을 받는다. 즉, 제공되는 서비스의 내용과 특성 및 참여자의 위치에 따라 서비스 접점의 범위가 제한된다. 예컨대, 영어회화 강좌에서 강사는 효과적인 영어회화 교육을 위한 노력에 집중하고, 수강생은 영어회화에 필요한 자신의 역할과 노력을 하게 된다.

---

6) Solomon, M. R., C. Surprenant, J. A. Czepiel, & E. G. Gutman(1985), "A Role Theory Perspective on Dyadic Interactions: The Service Encounter", *Jounal of Marketing*, Vol.49 (Winter), pp.100~102.

3. 서비스 접점의 평가모델

비트너(Bitner)는 서비스 접점의 실용적 연구를 위한 프레임워크를 제공하고 소비자만족과 서비스 마케팅 및 귀인이론을 통합하는 '서비스 접점 평가모델'을 [그림 11-4]와 같이 제시하고 있다.[7)]

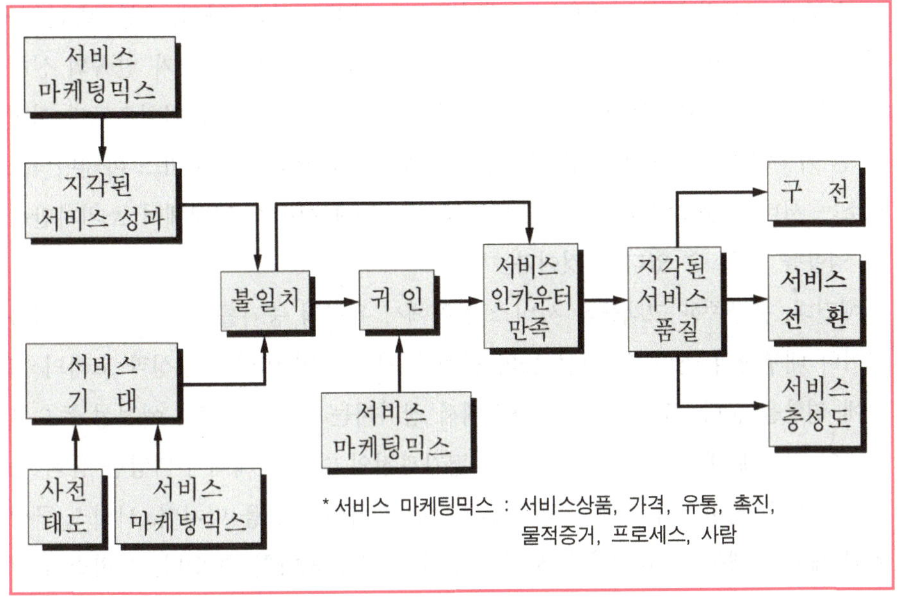

[그림 11-4] 서비스 접점 평가모델

이 모델은 서비스 접점에서 소비자만족의 원인과 결과에 관한 일반모델을 나타내고 있다.

먼저 모델의 1단계에서는 소비자의 사전 태도가 특정서비스 접점의 결과인 서비스 기대에 영향을 미치는 관계를 보여준다.

2단계에서는 소비 후의 고객의 즉각적인 반응이 사전 기대와 지각된 성과의 비교에 의하여 결정되며, 결과적으로 기대일치 또는 기대불일치(+/−)를 나타낸다는 것을 제시한다.

3단계에서는 불일치의 인과적 귀인이 고객만족을 매개한다는 것으로서, 고객

---

7) Bitner, M. J.(1990), "Evaluating Service Encounters: The Effects of Physical Surroundings and Employee Responses," *Journal of Marketing*, Vol.54 (April), pp.69~82.

이 자신의 만족/불만족 수준을 결정하기에 앞서 불일치의 원인을 진단하고, 그 원인(귀인)의 성격에 따라 자신의 만족/불만족 수준과 부수되는 행동이 조정될 수 있다는 것이다.

마지막 4단계에서는 투입변수로서 서비스 접점 만족은 지각된 서비스 품질로 연결되고 있으며, 서비스 품질은 다시 서비스 기업에 대한 고객의 행동(구전, 서비스 전환, 서비스 충성도)을 유발하는 것으로 보여주고 있다.

이 모델에서 비트너는 서비스 마케팅믹스를 서비스 상품, 가격, 유통, 촉진, 물적 증거, 프로세스, 사람 등 7P's로 제시하고, 서비스 마케팅믹스가 만족의 선행요소가 되는 기대와 서비스 성과 및 귀인에 직접적으로 영향을 미침으로써 서비스 인 카운터 만족과정에 유입되는 것으로 보여주고 있다. 즉 서비스 마케팅믹스 요소는 서비스 불일치에 대한 귀인의 영향을 통해 서비스 접점에서 소비자만족에 영향을 미칠 수 있다는 것이다.

예컨대, 불만족한 고객들은 서비스 접점에서 유형적 증거를 찾는다. 환경 디자인이나 내부장식, 상징물, 시설 등의 물적 증거는 기업 이미지 형성과 고객의 기대에 영향을 준다. 또한 서비스 환경에서 참가자는 용모나 품행, 예절성 등으로 고객의 기대에 대한 단서를 제공한다. 평가과정의 다음 단계에서 다양한 물적 증거 요소들은 서비스 접점에서 고객의 지각된 성과에 영향을 미치며, 서비스 구성원의 태도나 행동 또한 지각된 서비스 성과에 영향을 미칠 수 있다. 서비스 접점 종업원의 행동은 대개 결과 질(기술적 질)보다 과정 질(기능적 질)의 차원과 관련된다.

비트너(Bitner)의 모델은 ⅰ) 고객에게 서비스 품질을 증대시키기 위해서는 서비스 접점을 관리하고 통제하는 것이 중요하며, ⅱ) 고객의 귀인이 만족수준에 영향을 미치는 과정을 이해함으로써 서비스 접점이 고객만족의 증대 기회가 됨을 시사해주고 있다.

현장사례 ··· '빵=파리바게뜨' 부동의 1위... 업계 최초 '배달' 서비스도

1988년 가맹사업을 개시한 파리바게뜨는 프랑스의 대표적인 빵과 다양한 유럽풍 제품을 국내에 처음 선보이며 국내 빵 시장의 트렌드를 주도하기 시작했다. 그 결과 사업 약 8년 만인 1996년 업계 매출 1위를 달성했다. 이후 단 한 번도 베이커리업계 부동의 1위 자리를 놓치지 않으며 '빵=파리바게뜨'라는 공식을 만들어 냈다. 현재 파리바게뜨의 전국 매장 수는 3,400여 개(2017년 기준)에 달한다. 점차 다양화되는 소비자 요구에 발맞춰 다양한 제품과 서비스를 선보이며 고객들의 발길을 끌어모으고 있다.

◆ **위생까지 더해져야 '진짜 건강'**

파리바게뜨는 갈수록 까다로워지는 소비자들의 '입맛'을 사로잡는데 주력하고 있다. 소비자 니즈를 끊임없이 파악한 뒤 여기에 알맞은 제품을 내놓고 있는 것이다. 30여 년간 변함없이 고객들의 발길이 끊이지 않는 비결로도 꼽힌다. 예전에는 오로지 맛에 중점을 두고 빵을 만들어도 고객들을 사로잡기에 충분했다. 하지만 더 이상은 아니다. 맛도 중요하지만 몸에도 좋아야 소비자들에게 외면 받지 않는 시대다. 특히 최근 식사 대용으로 빵을 찾는 소비층이 증가하면서 당 함유량이나 건강 원료에 대한 관심도 커지는 추세다.

파리바게뜨는 일찌감치 이런 동향을 파악하고 '건강빵'을 지속적으로 선보이며 좋은 반응을 얻고 있다. 당 함유량에 대한 걱정 없이 곡물 본연의 맛을 살린 대표 '무설탕 토스트' 제품을 예로 들 수 있다. '토종 효모빵'도 파리바게뜨가 자랑하는 대표적인 건강빵이다. 파리바게뜨 관계자는 소비자들의 입맛이 높아지면서 맛과 건강을 모두 갖춘 빵 수요가 늘고 있어서 이를 반영한 제품들을 향후 계속 선보일 예정이라고 말했다. 아무리 좋은 재료를 사용하더라도 빵을 만드는 환경이 깨끗하지 않으면 절대 건강한 빵이라고 할 수 없다. 이런 점을 고려해 파리바게뜨는 국내 최고 수준의 식품안전관리 시스템을 도입해 소비자가 안심하고 먹을 수 있는 빵을 만들기 위해 심혈을 기울이고 있다.

◆ **'딜리버리' 서비스 선보여**

최근에는 소비자 니즈에 부응하는 온라인 배달 서비스를 출시하며 고객 사로잡기에 나섰다. 제빵 프랜차이즈업계 최초로 '파바 딜리버리 서비스'를 정식 출시했다. 소비자가 원하는 장소까지 케이크·빵·샌드위치 등 파리바게뜨의 주요 제품을 배달해 주는 서비스다. 파리바게뜨 관계자는 "파바 딜리버리 서비스는 특별한 날 매장을 방문하기 힘든 상황일 때 소비자들이 편리하게 제품을 이용할 수 있고 가맹점 매출 확대에도 기여할 것으로 기대한다"고 말했다. 파리바게뜨는 향후에도 고객들의 편의와 만족도를 높일 수 있는 방안들을 찾아 새로운 서비스를 지속적으로 확대해 나갈 방침이다.

* 자료 : 한경BUSINESS, 2018. 12. 2.

연구문제

1. 서비스 프로세스의 의의와 중요성에 대하여 설명하시오.

2. 서비스 청사진의 개념과 구성요소에 대하여 설명하시오.

3. 서비스 청사진의 개발과정을 설명하고, 실제 서비스 청사진을 그려보자.

4. 서비스에서 MOT의 개념과 중요성에 대하여 설명하시오.

5. MOT를 성공적으로 관리하고 있는 기업의 운영사례를 조사해 보자.

6. 서비스 접점의 특성과 중요성에 대하여 설명하시오.

service marketing

서비스 물적 증거관리

학습 목표

- 물적 증거의 의의
- 물리적 환경
- 물적 증거전략의 지침

01 물적 증거의 의의

1. 물적 증거의 개념

서비스는 재화와 달리 무형성을 특징으로 하고 어떤 과정(process)이나 행위(deeds) 또는 성과(performance)로 개념화되기 때문에 서비스 자체를 구체적으로 표현하지 못한다. 서비스를 구매하고자 하는 소비자들은 서비스 자체는 볼 수 없지만 서비스를 알기 위해 노력한다. 소비자들은 서비스를 구매하기 전에 유형적 단서가 되는 물적 증거를 통해 그 가치를 측정하고, 서비스의 소비 중이나 소비 후에 서비스에 대한 만족도를 평가한다. 즉, 고객은 주변환경이나 외관, 건물, 내부장식, 레이아웃, 실내외 표지판, 안내책자, 종업원, 가격표 등의 물적 증거요소들을 통해 그 기업 또는 서비스에 대한 지각과 인상을 형성하고 구매의사결정을 하게 된다.

서비스 기업이 이러한 물적 증거요소들을 효과적으로 관리하지 않으면 고객은 그 기업이 제공하는 서비스에 대하여 잘못된 인식과 이미지를 갖게 되어 서비스 질과 고객만족에 나쁜 영향을 미치게 된다.

물적 증거(physical evidence)란 서비스가 제공되고 서비스 기업과 고객간에 상호작용이 이루어지는 환경을 말한다. 물적 증거는 고객이 서비스를 이해하고 평가하기 위한 유형적 단서(tangible cues)가 되고, 비언어적 단서로서 커뮤니케이션 기능을 수행할 뿐만 아니라 기업이미지를 형성하는데 중요한 기능을 한다. 서비스 마케팅관리자의 중요한 책무는 고객을 향해 적절한 신호를 보내어 고객이 그 서비스를 잘 알 수 있도록 유형적 증거물을 관리하는 것이다.

2. 물적 증거의 구성요소

서비스의 물적 증거는 포괄적인 의미로 '서비스 환경'이라고도 하는데, 크게 나누어 물리적 환경과 기타 유형적 요소로 이루어진다.

〈표 12-1〉은 서비스의 물적 증거 구성요소들을 보여주고 있다.

▶▶ 표 12-1 물적 증거의 구성요소

물리적 환경(서비스스케이프)		기타 유형적 요소
▷ 외부환경 • 건물/토지 • 조경 • 외관/디자인 • 조형물 • 간판 • 주차장 • 주변환경	▷ 내부환경 • 인테리어 • 디자인 • 내부사인 • 레이아웃 • 보고서 • 실내공기와 온도 • 설비/장비	▷ 기타 유형적 요소 • 종업원 복장 • 유니폼 • 안내책자 • 명함 • 사무용품 • 계산서 • 영수증

(1) 물리적 환경

서비스의 물리적 환경(physical environment)은 서비스 제공과 관련하여 구축된 환경적 자극물 내지 물리적 요인들을 의미한다. 비트너(Bitner)는 서비스의 물리적 환경을 서비스스케이프(servicescape)[1)]라고 표현하고, 기업이 통제할 수 있는 객관적이고 물리적인 요인으로 정의했다. 물리적 환경은 고객의 서비스 평가를 위한 정보적, 상징적 단서가 되며, 서비스 이미지와 서비스 품질 및 고객만족의 주요 영향요인이 된다.

물리적 환경은 다시 외부환경과 내부환경으로 구분할 수 있다.

외부환경은 서비스 시설의 외형이나 주변환경 요소로서 건물, 토지, 조경, 외관의 디자인, 간판, 주차장, 주변환경 등을 말한다. 외부환경은 신규고객을 유인하고 기업의 차별화 된 이미지를 창출하는 데 중요한 역할을 한다.

내부환경은 시설물 내부의 인테리어, 디자인, 내부사인물, 레이아웃, 실내기와 온도, 각종 설비나 장비 등을 말한다. 서비스의 내부환경은 고객과 종업원의 만족과 업무 생산성에 특히 중요한 영향을 미친다.

(2) 기타 유형적 요소

기타 유형적 요소는 종업원의 복장이나 유니폼, 팸플릿, 브로슈어, 회사 명함,

1) 서비스스케이프(servicescape)란 용어는 경치나 풍경의 뜻을 가진 'landscape'와 바다 경치의 뜻을 가진 'seascape'의 합성어로서 인간이 만들어낸 환경이라는 의미를 갖고 있다.

사무용품, 계산서, 영수증, 공인인증서 등 서비스의 물적 증거 중에서 물리적 환경 이외의 유형적 단서가 되는 요소들을 말한다.

▶▶ 표 12-2 고객관점에서 본 물적 증거의 예

서비스업종	물적 증거	
	물리적 환경	기타 유형적 요소
보험회사	중요하지 않음	보험증서, 보험료 청구서, 영수증, 리플릿, 보험상품 등
병 원	건물외관, 주차장, 의료장비, 입원실, 실내사인, 진료대기실, 안내데스크, 진료실 등	의료진과 직원 유니폼, 청구서, 의무기록부, 사무용품, 영수증, 안내책자 등
항공사	탑승구, 비행기 외관과 내부설비, 인테리어, 실내온도 등	항공티켓, 기내식, 승무원 유니폼, 항공 안내책자 등
택배업	중요하지 않음	화물 포장상태, 배달원 유니폼, 운송트럭, 대금청구서 등

모든 서비스업종에서 물적 증거가 똑같이 중요시되지는 않는다. 병원이나 백화점, 리조트, 테마파크, 예식장과 같은 고접촉 서비스는 물적 증거요소가 사업의 성패를 좌우할 만큼 중요한 역할을 하지만 이동통신이나 홈쇼핑, 온라인교육 등의 원격 서비스나 보험, 택배 서비스 같은 저접촉 서비스는 물적 증거가 크게 중요하지 않다. 〈표 12-2〉는 고객관점에서 본 서비스 물적 증거의 예를 보여주고 있다.

현장사례 ··· 에스원, 국내 최초 미화서비스 국제인증 CIMS, CIMS-GB 획득

에스원의 미화 서비스가 세계적인 수준에 도달했다. 종합 안심솔루션 기업 에스원(사장 육현표)이 국내 최초로 세계청결산업협회로부터 미화서비스 국제인증을 받았다고 밝혔다. 이번 인증을 통해 에스원은 건물의 용도 및 특성, 환경소독관리, 친환경 관리 등의 체계적인 서비스가 가능함을 인정받았다.

세계청결산업협회(ISSA)는 자산관리회사, 미화서비스회사 등으로 구성되어 전세계 미화산업을 대표하는 단체로 현재 세계적으로 9,200여 개 회원사를 보유하고 있다. 에스원은 ISSA로부터 CIMS 와 CIMS-GB 인증을 취득했다. CIMS는 미화산업국제표준으로서 건물의 품질관리시스템, 운영프로세스 등 서비스 전반의 수준을 평가하여 수여하는 인증이며, CIMS-GB는 여기에 친환경 서비스 수행 역량을 추가로 보유해야만 취득할 수 있다.

에스원은 이번 인증 취득과 함께 축적한 전문역량을 바탕으로 특화된 미화서비스를 제공하게 된다. 병원, 호텔, 오피스 등 건물의 특성에 맞춰 특화된 서비스를 제공한다. 병원은 세균의 발생, 이동 차단을 최우선으로 하는 솔루션을 적용하며, 호텔은 투숙객이 안심하고 이용할 수 있도록 객실에 대한 환경소독을 실시한다. 오피스는 사무실과 휴게공간의 청결관리 및 환경소독을 통해 쾌적한 업무환경 조성 및 생산성 향상에 중점을 둔다. 또한 건물 마감재의 특성에 맞는 자재를 사용해 손상을 예방하는 등 최적의 솔루션을 적용한다. 더불어 환경에 대한 영향을 고려하여 친환경 세제 및 도구를 지속 발굴하여 적용한다.

에스원은 한 차원 높은 서비스로 고객의 자산가치를 높이고, 쾌적하고 위생적인 실내환경을 조성하여 건물 내에 입주한 임직원들의 업무효율까지 개선할 수 있을 것으로 보고 있다. 나아가 신규 임차인 유치 및 기존 임차인 유지에 긍정적인 효과를 얻을 수 있을 것으로 기대하고 있다. 또한, 에스원은 선진 기법을 적용하면 미화원의 업무 피로를 줄이고 생산성을 향상할 수 있어 보다 높은 사업 경쟁력을 확보할 수 있을 것으로 전망하고 있다.

* 자료 : 디지털타임즈, 2018. 12. 4.

02 물리적 환경

1. 물리적 환경의 유형

물리적 환경은 서비스의 속성과 서비스 사람인 고객과 종업원의 이용상황에 따라 그 중요도가 달라질 수 있다. 〈표 12-3〉은 물리적 환경의 이용대상과 복잡성에 따라 서비스 조직의 유형을 분류하고 있다.

▶▶ 표 12-3 물리적 환경의 대상과 복잡성에 따른 서비스 조직의 유형

물리적 환경의 이용대상	물리적 환경의 복잡성	
	복 잡 함	간 단 함
셀프서비스 (고객만 이용)	골프장, 놀이공원	ATM, 티켓 발매기, 영화관, 물품 보관함 등
대인서비스 (고객과 종업원 모두)	호텔, 레스토랑, 병원, 은행, 항공사, 학교 등	세탁소, 이·미용실, 포장마차 등
원격서비스 (종업원만 이용)	전화사, 이동통신회사, 방송사, 원격진료 등	통신판매업체, 자동 응답서비스(ARS) 등

먼저 〈표 12-3〉의 세로축에서 물리적 환경에 실제로 영향을 받는 대상, 즉 물리적 환경에 들어와 직접 이용하는 사람이 고객인가, 종업원인가, 아니면 양쪽 모두인가에 따라 각각 셀프서비스, 대인서비스, 원격서비스로 구분된다.

셀프서비스(self-service)는 현금자동지급기나 영화관, 놀이공원과 같이 고객이 대부분의 활동을 수행하는 서비스 환경을 의미한다. 셀프서비스 상황에서는 특정 고객층을 유인하고, 고객이 이용하기 편리하고, 즐길 수 있도록 시설을 갖추는 것이 좋다.

원격서비스(remote service)는 셀프서비스와 정반대로 물리적 환경에 대한 고객의 참여가 거의 없는 서비스를 말하며, 유·무선 통신회사나 방송사, 통신판매회사, ARS업체 등이 해당된다. 고객은 물리적 환경에 직접 접촉할 필요가 없기 때문에, 물리적 환경은 종업원의 욕구와 선호를 반영하여 종업원의 동기를 유발하고 생산성과 팀워크 및 운영의 효율성을 제고할 수 있도록 설계해야 한다.

마지막으로 대인서비스(interpersonal service)는 셀프서비스와 원격서비스의 중간 형태를 말하며, 고객과 종업원이 물리적 환경 안에 함께 참여하여 서비스를 생산하는 상황이다. 호텔이나 레스토랑, 병원, 은행, 세탁소, 이·미용실 등 대부분의 서비스가 여기에 해당된다. 대인서비스 상황에서는 고객과 종업원을 동시에 끌어들이고 만족시키며 편리함을 줄 수 있도록 물리적 환경을 설계해야 한다. 또 물리적 환경이 고객과 종업원간의 상호작용에 어떻게 영향을 미치는지에 대해서도 충분히 고려해야 한다.

서비스 물리적 환경을 설계할 때 고려해야 할 또 다른 요인으로 서비스스케이프의 복잡성이 있다. 어떤 서비스에서는 시설이나 공간, 기타 서비스스케이프 요소들이 복잡한 형태로 물리적 환경을 설계해야 하는 반면, 다른 서비스에서는 간단한 형태의 설계가 필요한 경우도 있다.

〈표 12-3〉에서 병원, 호텔, 항공사, 은행과 같이 물리적 환경이 '복잡한' 서비스에서는 서비스 사람의 만족과 생산성 향상을 위해 물리적 환경의 설계와 운영에 세심한 주의를 기울여야 한다. 반면에 현금자동지급기(ATM), 영화관, 이·미용실과 같이 물리적 환경이 '간단한' 서비스는 물리적 환경 설계가 간단하다. 셀프서비스나 원격서비스의 경우는 고객과 종업원의 상호작용이 없기 때문에 물리적 환경의 설계와 구조가 특히 간단하다.

2. 물리적 환경의 역할

서비스에서 유형적 증거의 전략적 중요성은 물리적 환경의 다양한 역할과 각 요소간의 상호작용 관계를 살펴봄으로써 잘 이해할 수 있다.[2)]

(1) 서비스 포장

제품의 포장(package)과 마찬가지로 서비스의 물리적 환경은 무형의 서비스를 감싸고 내부적인 것을 이미지화하여 외부로 전달하는 역할을 한다. 즉, 서비스는 물리적 환경의 설계를 통해 어떤 고유의 이미지를 창출하고 고객들에게 감성적 반응이 환기되도록 한다. 물리적 환경은 무형의 서비스를 시각적으로 표현하는

---

2) Zeithaml, V. A. and M. J. Bitner(1996), *op. cit.*, pp.524-526.

유형적 단서가 되기 때문에 서비스에 대한 고객의 첫인상과 기대를 형성하는데 매우 중요하다. 이러한 포장의 역할은 서비스기업이 신규고객을 창출하고 그들에게 특정한 고유 이미지와 서비스 기대를 구축할 때 특히 중요하다. 호텔의 품격 높은 인테리어와 집기들, 서비스 종업원의 세련된 유니폼 등은 서비스의 포장역할을 유형적 단서가 된다.

(2) 촉진자

물리적 환경은 서비스 환경 내에서 활동하는 사람, 즉 고객과 종업원의 성과를 지원, 촉진하는 촉진자(facilitator)로서의 역할을 한다. 물리적 환경이 어떻게 설계되느냐에 따라 서비스 환경 내에서 이루어지는 활동의 흐름이 촉진되거나 억제될 수 있고, 고객과 종업원이 추구하는 목적이 달성되기 쉬워질 수도 있고 어려워질 수도 있다. 편리하고 효율적인 구조로 설계된 물리적 환경은 고객에게는 고객중심의 서비스를 경험하는 즐거움을 제공하고, 종업원에게는 양질의 서비스를 제공하는 즐거움을 준다. 서비스의 물리적 환경이 고객과 종업원의 편의성을 높일 수 있도록 설계되어 있다면 고객과 종업원 모두에게 만족스러운 서비스 경험을 갖게 해주지만 그렇지 못할 때에는 고객과 종업원 모두에게 불만족과 낮은 서비스 성과를 낳게 된다. 테마파크에서 이용안내 표지판이 잘 부착되어 있고 각종 편의시설이나 시설물이 편리하게 잘 배치되어 있다면 고객만족은 물론 종업원의 업무생산성과 동기유발에도 도움이 될 것이다. 은행에서 시력이 좋지 않은 노인들을 위해 돋보기를 비치하거나 호텔객실에서 전화 통화를 하는 동안 자동적으로 TV음량이 조절되는 장치, 전기 스위치에 야광으로 처리하여 어두움 속에서도 쉽게 점등을 할 수 있게 하는 것은 모두 서비스의 촉진적 기능을 위한 노력이라고 할 수 있다.

(3) 종업원과 고객의 사회화

서비스의 물리적 환경은 고객과 종업원으로 하여금 기대되는 역할과 행동 및 관계를 형성하는데 도움을 준다는 점에서 고객과 종업원을 사회화(socialization)시키는 역할을 한다. 예컨대, 회사에 입사하여 첫 출근하는 사람은 근무할 사무실에 배치된 자리의 위치나 사무집기의 크기와 질을 통해 회사 내에서 자신의 지위와 서열관계를 이해할 수 있다.

또한 물리적 환경의 설계는 서비스 제공 상황에서 고객 자신이 어떤 역할과 행동을 하며, 어떤 상호작용이 필요한지를 알 수 있게 해준다. 음악콘서트에 참석한 청중이나 도서관을 찾은 학생은 자연스레 정숙해야 함을 알게 된다.

(4) 경쟁적 차별화

서비스 기업은 물리적 환경의 설계를 통해 경쟁사와 차별화하고 표적고객을 향한 시장세분화를 할 수 있다. 또 각종 시설이나 장비, 인테리어, 레이아웃 등의 물리적 환경을 재설계함으로써 기업을 재 포지셔닝하고 신규고객을 유치하는 데 이용할 수도 있다. 락카페나 나이트클럽에서는 빠른 템포의 시끄러운 음악과 어두운 조명 등의 서비스 환경을 통해 청소년층의 출입을 자극하고 장년층이나 노년층의 출입을 억제하곤 한다. 많은 레스토랑이나 카페, 쇼핑몰에서는 실내 인테리어나 심볼, 색상, 배경음악, 메뉴 등의 요소를 통해 고객을 차별화하고 있다.

물리적 환경의 설계는 기업 내 서비스 영역간의 차별화에도 이용할 수 있다. 대형호텔이나 숙박업계에서는 실내 디자인이나 시설의 차별화를 통해 음식메뉴의 등급을 구분하고 있다. 또 물리적 시설의 차이는 서비스의 가격차별화를 만들어낸다. 항공기나 기차의 넓은 공간의 좌석은 일반좌석에 비해 요금이 더 비싸고, 호텔이나 콘도는 객실의 규모에 따라 가격이 차등 적용된다.

서비스 기업은 서비스 내용의 차별화에 대한 대안으로 물리적 환경의 차별화를 통해 고객창출을 도모할 수 있다. 서비스 매장 내에 고객이 선호하는 향기를 발한다든지, 청결하고 잘 단장된 화장실을 갖추어 서비스를 차별화하기도 한다.

3. 물리적 환경의 차원

위에서 살펴본 바와 같이 서비스의 물리적 환경은 종업원과 고객의 활동을 촉진 또는 제한할 수 있다. 서비스의 운영관리적 관점에서 물리적 환경은 서비스 사람들의 활동을 촉진 또는 제한할 수 있는 기업의 통제가능한 물리적 요인들을 일컫는 것이라 할 수 있다.

물리적 환경은 크게 주변요인, 물리적 시설의 공간적 배치와 기능성, 표지판과

상징물 및 조형물, 대인적 요인 등의 네 가지 차원으로 이루어진다. 이들 구성차원은 각기 독립적으로 개념화되고 있지만 서비스 사람들은 물리적 환경에 대하여 전체적으로 반응한다. 즉 종업원과 고객은 독립적이고 개별적인 환경 자극물에 대하여 전체적으로 지각하고 반응한다는 것이다.3)

(1) 주변요인

주변요인(ambient condition)인 실내온도, 조명, 소음, 향기, 색상 등의 배경적 환경요인을 말한다. 이러한 요인들은 모두 서비스 시설물에 대한 사람들의 느낌과 생각, 반응에 의식 또는 무의식적으로 영향을 미치며, 인간의 5감에 영향을 미친다. 예컨대, 은행의 실내온도가 너무 덥거나 추우면 고객들은 불편을 느낄 것이고 그곳을 떠날 수 있을 것이다. 또 쇼핑센터나 백화점에서 울려나오는 음악의 템포나 친숙도는 고객의 구매액이나 체류시간, 쇼핑 속도 등에 영향을 미친다. 그래서 고객이 적은 오전에는 발라드나 클래식 음악을 고객이 가능한 한 매장에 오래 머물도록 유도하고, 고객이 붐비는 오후 시간대에는 템포가 빠른 음악을 들려주어 고객의 쇼핑을 재촉하여 체류시간을 줄이도록 노력하고 있다. 무더운 여름에 에어컨이 고장나 관객들이 감내하기 어려울 정도의 후덥지근한 연주홀에서 콘서트를 감상하게 된다면 관객들은 불만족하게 될 것이고, 이는 콘서트에 대한 관객들의 감정에 그대로 반영될 것이다.

주변요인은 고객과 종업원이 물리적 환경에서 많은 시간을 보내게 될 때 더 크게 영향을 미친다. 또 연주회장의 관객들은 시간이 지남에 따라 장내의 공기가 나빠지고 무더워질수록 불만족도가 더 커질 것이고, 합주단원이나 스탭들 역시 상황이 악화될수록 연주내용의 질이 더 나빠질 것이다. 일반적으로 서비스 종업원들은 물리적 환경 안에서 오랜 시간동안 있게 되므로 배경요인의 영향이 매우 크게 작용한다.

또한 고객과 종업원의 기대 사이에 서로 갈등을 빚게 될 때 배경요인의 영향은 크게 작용할 수 있다. 만일 어떤 상사직원이 비즈니스 상담을 하기 위해 레스토랑이나 카페를 찾았는데 시끄러운 락음악을 듣게 되는 상황이 된다면 그는 다른 곳으로 자리를 옮기게 될 것이다. 또 병원에서 환자들이 붐벼 혼잡하고 대기

---

3) *ibid.*, pp.534-536; Kurtz, D. L. and Clow, K. E., *op. cit.*, pp.218-227.

시간이 길어진다면 고객은 다른 병원으로 옮겨갈 수도 있을 것이다.

(2) 물리적 시설의 공간배치와 기능성

서비스의 물리적 환경은 기본적으로 고객의 욕구를 충족시키기 위해 존재하기 때문에 물리적 시설의 공간배치와 기능성은 매우 중요하다.

물리적 시설은 시설물의 외관과 내부장식, 레이아웃, 가구와 집기 등의 유형적 환경요소들을 포함하는 것으로 고객과 종업원 모두에게 영향을 미친다. 신규고객들에게 시설의 외관은 구매결정에 매우 중요한 영향을 미친다. 일단 개인이 서비스에 애고심을 갖게 되는 경우에는 시설의 외관은 상대적으로 덜 중요해진다.

〈표 12-4〉는 물리적 시설의 설계를 위한 운영적 접근방법으로 원가효율성과 고객화 및 서비스의 기술적/기능적 질 등 네 가지 영역에 대하여 시설외관과 시설 내부의 관점에서 설명하고 있다.

표 12-4 물리적 시설의 설계를 위한 운영적 접근방법

운영적 포지션	시설 외관	시설 내부
원가효율성	고객유치를 위한 설계	효율성과 생산성 극대화
고 객 화	기업이미지와 일치	고객욕구충족에 초점
기술적 서비스 질	서비스의 기술적 전문성에 초점	기술적 산출물의 질 극대화
기능적 서비스 질	대 고객 기능적 이미지	고객 지향적 내부설계 강화에 초점

물리적 시설의 공간배치는 기계설비, 시설, 사무용 집기 등을 배열하는 방법과 크기와 형태 및 이들간의 공간적 관계를 의미한다. 그리고 기능성은 고객과 종업원의 목적을 보다 용이하고 편리하게 달성하기 위한 이들 요소의 기능을 말한다.

물리적 환경의 공간배치와 기능성은 종업원의 도움이 필요 없는 셀프서비스 환경하에서 특히 중요하다. ATM이나 카페테리아, 주유소, 슈퍼마켓이나 할인점 등에서 공간배치와 기능성은 고객만족과 수익창출에 결정적 영향을 미친다.

서비스 프로세스가 복잡하고, 종업원과 고객의 시간이 촉박할수록 공간배치와 기능성의 중요성은 증가한다. 시간에 쫓겨 항공기를 이용하려는 승객이 공항에 도착하여 항공티켓 구입에서부터 비행기 탑승에 이르는 과정이 복잡하고 불편하게 설계되어 있다면 승객은 불만을 토로하게 될 것이다.

서비스 환경의 설계와 관련하여 서비스 입지를 선정하는 것도 매우 중요하다. 서비스 입지를 잘 선정하기 위해서는 ① 원가효율성, 고객화, 기술적/기능적 서비스 질 차원의 운영적 포지션, ② 표적시장과의 거리를 나타내는 시장성, ③ 자동차와 보행자의 통행량을 포함하는 교통의 편리성, ④ 고객 흡인력과 경쟁상황을 반영하는 경쟁적 매력도, ⑤ 기업 간에 고객을 상호 교환할 수 있는 경쟁적 적합성, ⑥ 잠재고객의 접근성 등을 면밀하게 검토해야 한다.

(3) 표지판, 상징물과 조형물

서비스의 물리적 환경요인들은 대부분 고객들에게 명시적 또는 묵시적으로 그 장소에 대하여 알려주는 신호기능을 수행한다. 특히 시설물 내·외부에 부착된 표지판(signs)들은 명시적인 커뮤니케이션 역할을 한다. 표지판은 회사명이나 부서명과 같은 '명칭', 출구나 입구와 같은 '방향제시용', 금연이나 휴대폰 사용 금지, 18세 이하 출입금지와 같은 '행동규칙'을 알리는 목적으로 이용될 수 있다. 예컨대, 호텔의 객실번호나 화장실, 연회장, 식당 등의 시설물 표지판, 층별 안내 사인, 금연 등은 모두 표지판에 속한다. 표지판을 잘 활용하면 고객들에게 지각된 혼잡과 스트레스를 줄일 수 있다.

상징물과 조형물은 어떤 조직이나 시설물, 장소의 의미와 그곳에서 요구되는 행동규범을 이용자들에게 전달하는 묵시적인 단서로서 표지판에 비하여 덜 직접적이다. 어떤 미술관에 사용된 고급건축자재나 미술작품, 진열된 상장과 사진, 소장품 등은 모두 상징적 의미를 전달해 주며, 전체적으로 미적 인상을 창출한다. 예컨대, 흰색의 테이블보와 잔잔한 조명은 고가의 고품격 서비스를 연상케 해주는 반면에 밝은 조명의 플라스틱 가구는 반대의 연상을 떠올리게 한다.

표지판과 상징물 및 조형물은 고객의 첫인상을 창출하고 새로운 서비스 개념을 전달하는데 중요하며, 서비스를 재포지셔닝하거나 차별화 하는 데도 중요하게 이용될 수 있다. 고객이 어떤 낯선 서비스 시설을 찾게 된다면, 그는 그 서비스 시설을 범주화하고 판단할 수 있는 환경적 단서를 찾고 자신의 서비스 질에 대한 기대를 형성하기 시작한다.

(4) 대인적 요인

물리적 환경의 대인적 요인(interpersonal factors)은 종업원과 고객의 외모나 행동, 매장 내 혼잡도 등의 구성차원을 말하며, 이들은 서비스 분위기에 중요한 영향을 미친다. 이러한 대인적 요인은 고객과 종업원의 인지적 또는 감정적 반응을 유발하고 이에 따라 어떤 행동을 낳는다.

1) 종업원의 외모와 행동

서비스 종업원의 외모는 제공되는 서비스의 질에 대한 고객의 인지적 신념에 영향을 준다. 많은 서비스 기업은 종업원의 이미지 관리를 위해 유니폼을 입게 한다. 종업원이 유니폼을 입는 목적은 종업원의 외모를 통해 기업이 의도하는 인지적, 정서적 분위기를 연출하기 위한 것이다.

서비스 종업원의 기분과 행동은 바로 고객에게 영향을 미치며, 반대로 고객의 기분과 행동 역시 종업원에게 영향을 미칠 수 있다. 기분이 침울하고 동기유발이 안된 종업원은 결코 고객들에게 즐거운 마음으로 좋은 서비스를 제공할 수 없는 것이다. 이는 종업원만족이 고객만족의 선행조건이 된다는 의미로 이해할 수 있다.

고객은 기술적 서비스 질이 우수할지라도 접점 종업원에 의해 결정되는 기능적 질이 미흡할 경우에는 불만족할 수 있다. 아주 의술이 뛰어난 의사가 환자에게 고압적이고 무례한 언사를 한다면, 환자는 그 의사의 진료에 대하여 불만족하게 될 것이다.

2) 혼잡도

① 혼잡도의 영향

고객이 서비스를 이용하는 상황에서 서비스 공간이 혼잡하다고 느낀다면, 고객은 부정적인 반응과 회피성 행동을 보이기 쉽다. 예를 들어 비디오 영화를 빌리려고 비디오 대여점을 찾았으나 너무 혼잡하다면, 고객은 다른 가게를 찾으려고 할 것이다. 그리고 다른 비디오 가게 역시 이용하기 불편한 상황이라면 고객은 비디오 대여를 다음 기회로 연기하거나 아예 포기할 수도 있다. 또 대기시간이 여의치 않다면 비디오를 고르는 시간이 줄어들고, 이에 따라 대여하는 비디오 수가 줄어들게 될 것이다.

혼잡성에 대한 고객의 지각은 환경적 단서, 쇼핑동기, 제약요소, 혼잡도

에 대한 사전기대 등의 네 가지 요소에 의해 결정된다. 환경적 단서는 서비스 시설 안에 있는 사람의 수, 시끄러운 배경음악이나 소음, 복잡하고 밀집된 레이아웃 등을 말한다. 쇼핑동기는 과업지향적이거나 비과업지향적인 것일 수 있다. 또 제약요인은 시간적 압박이나 지각된 위험요소가 해당된다. 과업지향적인 고객은 비과업 지향적인 고객보다 혼잡도와 고객밀도를 더 크게 느낀다. 고객이 오늘 저녁에 볼 특정 영화 비디오를 대여하러 갔다면 과업지향적인 고객이라 할 수 있지만, 단순히 신간 비디오 영화를 대여하러 간 경우라면 비과업 지향적인 고객이라 할 수 있다.

시간이나 지각된 위험의 압박은 고객 지향적 혼잡도를 증가시킨다. 만일 고객이 5분 안에 영화를 선정해야 하는 상황이라면 시간적 여유를 가진 사람들보다 혼잡도를 더 느끼고 체크아웃 라인도 더 길게 느껴질 것이다. 점원으로부터 도움을 받기가 더 어려운 것처럼 보일 것이다.

고객이 서비스 시설이 혼잡할 것이라고 기대한다면, 기대수준은 낮아지고 실제로 혼잡한 상황에서 고객의 불만족은 줄어들게 된다.

혼잡은 고객의 행동에 장·단기적인 효과를 낳는다. 혼잡의 단기적인 효과는 고객의 정서적 반응 관점에서 서비스에 대한 부정적인 느낌이나 서비스 내의 적응행동이 해당되며, 장기적인 효과는 고객의 인지적, 행동적 반응이 해당된다.

고객은 흔히 혼잡하지 않을 때 구매하기 위해 자신의 요구나 대기시간을 제한하곤 한다. 붐비는 극장로비에서 줄을 서서 팝콘을 구입해야 하는 관람객은 팝콘 구입을 포기하거나 아니면 잠시 후 영화 상영 중에 팝콘을 구입할 생각을 가질 수 있다.

혼잡의 장기적인 효과는 보다 심각한 결과를 만들 수 있다. 고객은 혼잡한 구매경험에 비추어 불만족스러워하거나 서비스 제공자에 대한 나쁜 인상을 간직할 수 있다. 고객은 이러한 인지적 반응에 기초하여 자신의 미래 구매의도를 수정하게 된다. 즉 혼잡한 상황을 야기한 시간과 장소, 조건을 간직하며 정신적인 비망록을 만들게 되는 것이다. 예컨대, 혼잡할 것으로 생각되는 시간에는 비디오 대여점을 가지 않을 것이다. 서비스 기업에게 이러한 혼잡의 장기적 효과는 경쟁사에게 고객을 뺏기는 상황이 될 수 있기 때문에 매우 심각한 것이다.

② 혼잡도 감소전략

혼잡도의 영향을 감소시키는 전략은 〈표 12-5〉에서 보는 바와 같이 운영관리전략과 지각관리전략의 두 가지가 있다.

먼저 운영관리전략(operations management strategy)은 서비스 시설 안에서 실제로 혼잡도를 줄일 수 있도록 기업의 물리적 환경과 운영에 변화를 주는 것을 말한다. 혼잡도를 줄이기 위한 운영관리전략에는 다음과 같은 네 가지 방법이 있다.

i) 시설의 재배치 : 집기나 디스플레이 등의 시설을 재배치하고 동선을 짧게 하여 혼잡을 줄인다.

ii) 시설의 수용규모를 줄임 : 좌석 수를 줄여 보다 넓직한 공간을 확보하여 혼잡을 줄인다. 이렇게 되면 피크타임 때 수익성 악화를 초래할 수 있다.

iii) 수용인원의 제한 : 한 번에 서비스 시설이 수용할 수 있는 고객의 수를 제한하여 혼잡을 줄인다. 이렇게 되면 대기자수가 늘어나 대기 중인 고객들의 불만을 살 수 있다.

iv) 고객접촉요원의 증원 : 혼잡한 상황이 발생할 때 종업원을 추가로 임시 채용하거나 종업원을 재배치하여 고객접촉요원을 증가시킨다.

지각관리전략(perceptions management strategy)은 실제 혼잡도를 줄이는 것이 아니라 고객의 혼잡도에 대한 지각을 감소시키는 것이다. 지각관리전략에는 혼잡한 상황을 고객들에게 미리 공지해주거나 실내온도와 습도 조절, 배경음악, 조명 등의 주변요인을 이용하여 쾌적한 환경을 만들어줌으로써 고객들이 혼잡도를 덜 느끼게 해주는 방법이 있다.

표 12-5 혼잡의 영향을 감소시키는 전략

운영관리전략	지각관리전략
1. 시설의 재배치 2. 시설의 수용규모를 줄임 3. 수용인원의 제한 4. 고객접촉요원 증원	1. 혼잡상황의 사전 공지 2. 실내온도, 음악, 조명 등의 주변요인 수정 3. 고객의 체감 혼잡도 감소 노력

4. 물리적 환경의 포지셔닝

우리는 제7장에서 서비스의 운영전략에는 원가효율성과 고객화, 서비스 품질 등 세 가지의 전략 대안이 있음을 살펴보았다. 서비스 기업의 물리적 환경은 기업의 운영전략과 일치되어야 한다. 따라서 물리적 환경을 일컫는 서비스스케이프의 포지셔닝은 다음과 같은 세 가지 방법으로 접근할 수 있다.

(1) 원가효율성 추구

원가효율성(cost efficience)은 경쟁사보다 낮은 가격으로 서비스를 제공하고 매출액 증대를 통해 기업의 이익을 추구하는 것을 목표로 한다. 따라서 가능한 한 비용요인을 줄이고 업무의 생산성을 높이는 기업운영을 하게 된다. 원가효율성 추구방식은 기업의 니즈(needs)를 최상위에 두게 된다. 물리적 환경은 최대한 종업원들의 효율성과 생산성을 증대시킬 수 있도록 설계하고, 서비스를 이용할 고객의 수를 극대화할 수 있도록 만들어야 한다. 예컨대, 패스트푸드점에서는 보통 딱딱한 의자와 밝은 조명을 설치하고, 빠른 템포의 음악을 틀어주며, 실내장식을 단순하게 하고, 공간활용을 극대화하여 고객의 회전율을 높이면서 매출의 극대화를 추구한다. 뿐만 아니라 컴퓨터 정보기술을 이용하여 운영 효율성을 높이기도 한다.

(2) 고객화 추구

고객화(개별화, customization)는 개별 고객의 니즈에 초점을 두고 이를 최대한 충족시키는 것을 목표로 하고 고객 중심의 맞춤형 서비스를 제공하는 전략을 추구한다. 예컨대, 고급 레스토랑에서는 패스트푸드점의 경우와 달리 안락한 의자, 분위기 있는 조명과 배경음악, 고급 그릇세트, 종업원들의 예절바른 매너와 깔끔한 용모, 고객의 기호에 맞는 메뉴와 조리 등을 유지하면서 고객들이 충분한 시간을 가지고 편안하게 식사를 즐길 수 있도록 고객중심의 물리적 환경을 조성하려고 노력하게 될 것이다. 이처럼 고객화 전략이 전개되는 상황에서는 원가효율성을 얻기가 어렵다.

(3) 서비스 품질 추구

서비스 품질(service quality)을 추구하는 기업은 경쟁자보다 더 우수한 서비스 품질을 제공하기 위하여 노력하게 된다. 서비스 품질은 다시 기능적 질(과정 질)과 기술적 질(결과 질)로 구분할 수 있다. 기업이 기능적 질에 중점을 둘 것인가 아니면 기술적 질에 중점을 둘 것인가에 따라 서비스스케이프의 설계는 달라진다. 기능적 질을 추구하는 서비스 기업은 고객의 니즈)에 초점을 두고 서비스 시설을 설계하지만, 기술적 질을 추구하는 서비스 기업은 종업원의 니즈에 초점을 두고 서비스 시설을 설계할 것이다.

[그림 12-1]은 운영 전략적 관점에서 서비스 물리적 환경의 포지셔닝을 위한 세 가지 전략대안을 요약해주고 있다. 그리고 〈표 12-6〉은 서비스 물리적 환경의 포지셔닝에 따른 물리적 환경의 목적과 구체적 목표를 요약해주고 있다.

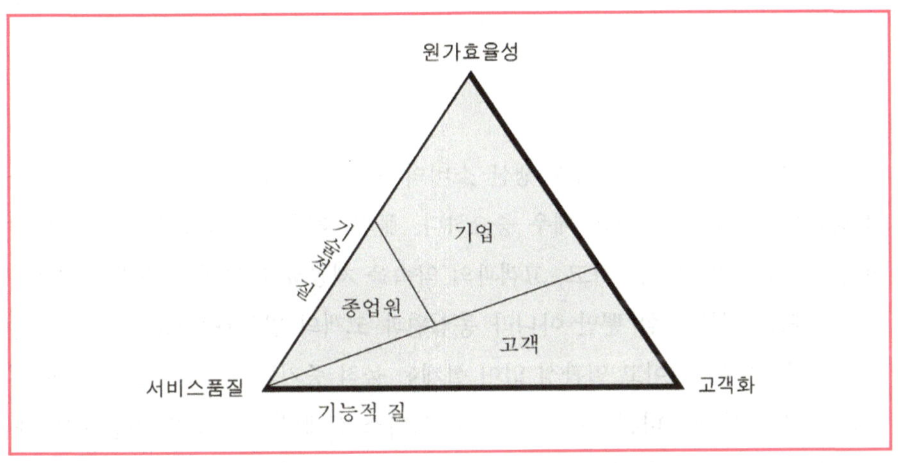

[그림 12-1] 물리적 환경의 포지셔닝 방법

▶▶ 표 12-6 포지셔닝에 따른 물리적 환경 설계의 목적과 목표

포지셔닝	물리적 환경의 목적	물리적 환경의 실천목표
원가효율성	비용절감과 생산성 증대	▷ 고객 수 극대화 ▷ 종업원 생산성과 효율성 극대화
고객화	고객의 니즈 충족	▷ 고객유치 ▷ 고객만족 ▷ 고객유지
기능적 질	고객의 니즈 충족	▷ 고객유치 ▷ 고객만족 ▷ 고객유지
기술적 질	종업원 효율성 극대화	▷ 종업원의 욕구에 초점 만족/동기부여/효율성 등

03 물적 증거전략의 지침

대부분의 서비스는 무형성과 생산·소비의 동시성을 특징으로 하기 때문에 물적 증거를 관리하는 전략은 매우 중요하다. 물적 증거는 서비스의 유형적, 비언어적 단서로서의 기능을 하고, 고객과의 약속을 제공하고 고객의 기대를 창출하는데 중요한 역할을 할 뿐만 아니라 종업원과 고객의 만족과 행동에 많은 영향을 미친다. 비계획적이고 일관성 없이 설계된 물적 증거는 고객의 기대관리와 지각된 서비스 성과에 나쁜 영향을 미치고 서비스 실패의 결과를 맞이할 수 있다.

효과적인 물적 증거관리를 위한 전략적 지침을 살펴보면 다음과 같다.[4]

(1) 물적 증거의 전략적 영향을 파악하라

물적 증거는 서비스의 유형적 단서로서 서비스 품질에 대한 기대와 지각된 성과의 주요 결정요인이 되므로 물적 증거의 영향력을 파악하는 일은 마케팅전략 수립의 출발점이 된다. 서비스에 대한 물적 증거의 영향력이 파악되면 물적 증거

4) Zeithaml, V. A. and M. J. Bitner(1996), *op. cit.*, pp.542-545.

의 잠재력을 이용하여 전략을 수립한다.

물적 증거전략은 서비스 기업의 목적과 잘 연계되어야 한다. 따라서 전략입안자는 조직의 목적을 먼저 이해하고, 물적 증거가 조직의 목적을 어떤 방법으로 지원할 수 있는지를 결정해야 한다. 일반적으로 서비스 스케이프를 비롯하여 물적 증거를 구축하는 데는 많은 시간과 비용이 소요되므로 신중하게 설계하고 관리해야 한다.

(2) 서비스의 물적 증거를 도식화하라

물적 증거관리를 위한 두 번째 단계는 서비스를 도식화하는 것이다. 모든 사람이 서비스 프로세스와 물적 증거요소들을 볼 수 있어야 한다. 서비스 청사진이나 서비스 맵(service map)은 서비스 증거를 시각적으로 묘사하고 그 활용기회를 파악할 수 있는 효과적인 방법이다. 서비스 청사진은 서비스 사람과 프로세스 및 물적 증거요소들을 한 눈에 볼 수 있게 해준다. 즉 서비스 청사진을 통해 서비스 제공에 수반된 행동과 서비스 프로세스의 복잡성, 서비스 사람간의 상호작용점 및 서비스 제공 단계별 유형적 요소 등을 파악할 수 있다.

(3) 물리적 환경의 역할을 명료하게 하라

서비스는 그 유형에 따라 물리적 환경이 복잡할 수도 있고 간단할 수도 있으며, 물리적 환경의 역할과 상대적 중요도 또한 서비스에 따라 차이가 있다. 병원이나 호텔, 은행과 같이 복잡한 물리적 환경을 필요로 하는 서비스에서는 고객과 종업원의 만족을 위해 물리적 환경의 설계와 운영에 특히 세심한 주의를 기울여야 한다. 특정 상황에서 서비스의 물리적 환경이 수행하는 역할을 명료하게 파악하는 것은 서비스 증거의 기회를 파악하고 물리적 시설 설계에 관한 의사결정을 하는데 도움이 된다.

(4) 물적 증거의 기회를 평가하고 파악하라

일단 물적 증거의 형태와 역할이 확인되면, 물적 증거의 변화와 개선기회를 검토할 수 있다. 이때 첫 번째 검토사항은 지금까지 서비스 증거를 제공하지 못

한 요소가 있는지를 확인해 보는 것이다. 보험이나 공공서비스에서 서비스 맵을 그려보면 고객에게 어떤 서비스 증거가 제공된 적이 없는 경우를 확인할 수 있다. 이런 상황에서는 고객이 무엇에 대하여 지불하고 있는지를 정확히 보여줄 수 있도록 서비스 증거를 개발하는 전략을 수립해야 한다. 즉, 무형의 서비스에 대한 유형적 단서를 개발하여 고객들에게 가시적으로 보여주는 것이다.

또한, 현재 제공되고 있는 물적 증거가 기업의 이미지나 목적을 강화하는데 별로 기여하지 못하는 상황을 확인할 수 있다. 예컨대, 가족단위의 고객을 표적시장으로 하고 있는 어떤 레스토랑에서 실내 디자인과 인테리어가 고가격의 단서와 맞지 않는 경우를 발견할 수 있다. 가격전략이나 시설 디자인 모두 레스토랑의 전체적인 전략에 따라 조정하고 조화시킬 필요가 있다.

마지막으로 검토해야 할 사항은 현재의 물적 증거가 표적시장의 욕구와 선호에 적합한 지를 분석하는 일이다. 이를 위해서는 물리적 환경과 그 사용자의 관계를 이해하고 물리적 환경에 대한 서비스 사람들의 반응과 선호를 조사 분석하는 과정이 필요하다. 요컨대, 기업의 물적 증거는 고객과 종업원의 욕구와 선호를 충분히 반영하여 설계하고 전략을 수립해야 한다.

(5) 물적 증거를 최신화하고 현대화하라

서비스의 물적 증거, 특히 물리적 환경은 자주 또는 주기적으로 최신화(updating)하고 현대화할 필요가 있다. 비록 기업의 목적이나 비전이 변화되지 않더라도 시간이 지나면 기존의 물리적 환경을 불가피하게 최신화하고 현대화해야 할 상황이 생긴다. 시간이 흐름에 따라 유행이 바뀌고 시설물의 디자인이나 스타일, 색상이 고객들에게 다른 의미를 전해주기도 한다. 이러한 것은 기업이 광고전략을 수립할 때 특히 중요시되지만, 물적 증거를 설계하고 구축할 때 간과해서는 안 될 요소이다.

(6) 교차기능적 방식으로 접근하라

서비스 기업이 고객들에게 바람직한 이미지를 전달하기 위해서는 모든 유형의 물적 증거를 통해 일관되고 모순되지 않는 메시지를 내보내고, 표적고객이 원하고 이해할 수 있는 서비스 증거를 제공해야 한다.

그러나 대부분의 물적 증거에 대한 의사결정에는 많은 시간이 소요되고, 조직 내 다양한 부서에 의해 이루어진다. 예를 들어, 종업원 유니폼에 대한 의사결정은 인적자원 부서에서, 물리적 환경의 설계에 관한 의사결정은 설비관리 부서에서, 서비스 프로세스 설계에 관한 의사결정은 생산관리 부서에서, 광고나 가격결정은 마케팅 부서에서 이루어질 수 있다. 이러한 상황 때문에 서비스의 물적 증거는 일관성을 잃게 되는 경우가 흔한 일이 되곤 한다. 따라서 물적 증거전략, 특히 물리적 환경에 대한 의사결정을 위해서는 다기능팀(multifunction team)을 구성하여 교차기능적(cross-functionally)으로 접근하는 것이 좋다.

현장사례 ··· 롯데시네마, 최고 수준의 시설로 7년 연속 '서비스 품질' 1위

롯데시네마가 2018년 KS-SQI(한국 서비스 품질 지수) 영화관 부문에서 7년 연속 1위에 선정됐다. KS-SQI는 서비스 산업의 전반적 품질 수준에 대한 고객의 객관적인 평가와 만족도를 나타내는 종합 지표다. 롯데시네마는 올해 10월 기준, 국내 119개, 해외 53개 영화관을 통해 관객들에게 감동과 즐거움을 전달하고 있다.

영화 몰입에 최적화된 대형 스크린 상영관 '수퍼플렉스', 세계 최대 LED 스크린 상영관 '수퍼S', 다양한 특수효과가 오감을 자극하는 '수퍼4D', 프리미엄 상영관 '샤롯데' 등 다양한 고객 맞춤형 특수관 도입 및 국내 최초 6P 레이저 영사기, 돌비애트모스 스피커 시스템 구축 등 시설 측면에서 최고 수준을 자랑한다.

또한 상영관 바깥 시설도 복합문화공간으로 변모 중이다. 지난해 12월 잠실 월드타워에 처음으로 선보인 클라우드 시네마 라운지는 영화관에서 생맥주, 칵테일, 스낵, 브런치까지 영화와 미식을 함께 즐기는 공간으로 조성해 관객들에게 새로운 라이프스타일을 제시했단 평가를 받았다.

신기술 도입을 바탕으로 디지털 경쟁력도 더욱 강화하고 있다. 올해 초 카카오와 손잡고 카카오톡 영화 예매 서비스를 단독으로 론칭해 편의성을 높였고 지난해 음파통신 기술을 활용해 휴대폰을 흔들어 모바일 쿠폰을 수신하는 '바로쿠폰'과 영화 관람 전 줄 서지 않고 모바일앱에서 매점 메뉴를 주문하고 영화관에서 빠르게 픽업할 수 있는 서비스인 '바로팝콘'을 오픈 하는 등 신기술을 적극적으로 도입해 서비스 환경을 더욱 개선했다.

이외에 롯데시네마는 문화소외계층의 영화관람을 적극 지원하며 올해에만 청소년, 사회복지사 등 문화소외계층 6,000여 명에게 영화와 뮤지컬 공연 나눔 행사를 진행했다. 나아가 자라나는 아동 및 청소년들에게 영화를 통해 꿈과 희망을 키울 수 있는 영화제작교실을 운영하며 많은 청소년들에게 양질의 교육 기회를 제공하고 있다.

* 자료 : 한국경제, 2018. 10. 31.

연구문제

1. 물적 증거의 중요성과 구성요소에 대하여 설명하시오.

2. 서비스 물리적 환경의 유형과 역할에 대하여 설명하시오.

3. 서비스 물리적 환경의 구성차원에 대하여 설명하시오.

4. 서비스 물리적 환경의 포지셔닝에 대하여 설명하시오.

5. 물적 증거전략의 지침에 대하여 토의해보자.

6. 물적 증거요소가 고객의 서비스 품질에 미치는 영향에 대하여 토의해보자.

service marketing

제13장 서비스 사람관리

학습목표

- 서비스 사람의 의의
- 내부마케팅
- 관계마케팅

01 서비스 사람의 의의

서비스는 생산과 소비가 동시에 이루어지기 때문에 서비스 제공자인 종업원과 서비스 이용자인 고객이 접점에서 상호작용을 통해 서비스가 제공된다. 고객은 기업의 종업원과 직접 접촉하고 서비스 생산과정에 참여하여 일정한 역할을 수행하기도 한다. 따라서 고객은 서비스 생산과정에 일정 부분 생산자이자 소비자로서 참여하게 된다.

서비스 사람(참여자, people)은 서비스 제공과정에 참여하여 구매자의 지각에 영향을 미치는 모든 사람들로서 서비스를 제공하는 종업원과 서비스 구매 주체인 고객 및 함께 자리하는 여타 고객들을 말한다. 결국 서비스 사람관리는 내부고객인 종업원과 외부고객인 소비자고객을 관리하는 것이라고 할 수 있다.

서비스의 생산과정에서 서비스 제공자와 구매자는 서로 떼 놓을 수 없는 관계에 있고, 각기 서비스의 평가에 영향을 미친다. 서비스를 제공하는 종업원의 복장이나 외모, 태도, 행동은 고객이 서비스를 미리 평가하고 판단하는 단서가 되고 고객만족에 영향을 미친다. 또 서비스 현장의 고객이나 다른 고객들의 외모나 태도, 행동패턴 역시 서비스 산출과정과 서비스의 질에 영향을 미친다. 교육이나 컨설팅, 카운슬링과 같은 관계지향적인 전문 서비스업에서는 서비스 접점에 참여하는 사람들의 역할이 특히 중요하다.

〈그림 13-1〉은 제2장에서 살펴본 서비스 마케팅의 삼각형을 보여주고 있는데, 이는 서비스 마케팅믹스의 사람(People), 즉 종업원(내부고객)과 고객(외부고객) 관리의 의미로 이해할 수 있다. 성공적인 서비스 마케팅을 전개하기 위해서는 기업이 외부고객인 소비자를 향해 수행하는 외부마케팅(약속하기)과 내부고객인 종업원을 향해 수행하는 내부마케팅(약속지키게 만들기) 및 고객접점에서 종업원이 고객을 향해 수행하는 상호작용 마케팅(약속지키기)이 서로 조화가 필요하다는 것이다.

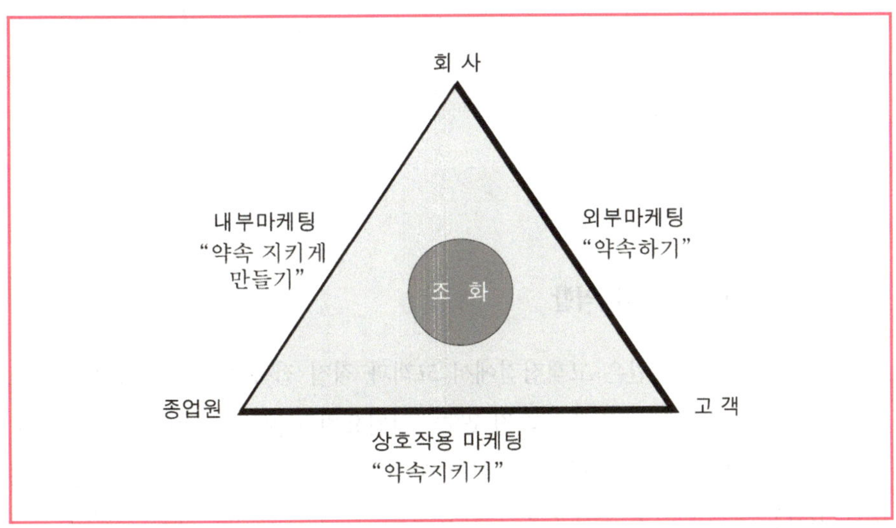

[그림 13-1] 서비스 마케팅의 삼각형

〈표 13-1〉에는 외부마케팅과 내부마케팅 및 상호작용마케팅의 관계를 보여주고 있다.

표 13-1 외부마케팅과 내부마케팅 및 상호작용 마케팅의 관계

구 분	외부마케팅	내부마케팅	상호작용마케팅
대 상	외부고객(소비자)	내부고객(종업원)	외부고객(소비자)
주 체	기업	기업	종업원
제공물	상품(서비스)	직무 및 작업환경	상품(서비스)
가 격	상품의 대가	직무의 대가	서비스의 대가
목 표	소비자만족	종업원만족	소비자만족

02 내부마케팅

1. 종업원의 중요성

(1) 종업원의 중요성과 역할

서비스 기업의 종업원은 고객접점에서 고객과 직접 접촉하는 '접객요원(contact personnel)'과 고객과 직접 접촉하지 않는 '지원요원(support personnel)'으로 구분할 수 있으며, 이 중 내부마케팅에서는 서비스 현장의 접객요원의 역할을 특히 중요시한다. 접객요원의 중요성은 은행에 일을 보러간 고객이 창구 직원의 접객태도나 매너를 통해 그 은행의 서비스를 평가하는 예로도 알 수 있다.

서비스 기업에서 접점 종업원은 곧 서비스이며, 이들이 마케팅활동을 수행하는 마케터이다. 이·미용업이나 컨설팅, 변호사, 교육 서비스와 같은 인적 서비스에서 서비스 제공물은 바로 종업원이 된다. 또 고객의 눈으로 볼 때, 종업원은 곧 서비스이자 서비스 기업 그 자체로 인식된다. 예컨대, 환자입장에서는 병원에서 마주치는 모든 직원이 병원을 대표하며, 이들의 말과 행동이 병원 서비스를 나타내고 환자의 병원 서비스 지각에 영향을 미친다. 따라서 서비스의 질을 높이고 고객만족을 얻기 위해서는 종업원에 대한 투자와 관리가 무엇보다 중요하다. 그리고 휴식 중에 있거나 비번인 종업원이라 할지라도 고객과 대면하는 상황에서는 회사를 대표하고 고객의 서비스 지각에 영향을 미칠 수 있으므로 이들에 대한 관리가 필요하다.

또한 서비스 종업원의 행동은 서비스의 품질에 직접적으로 영향을 미친다. 서비스의 품질차원이 되는 신뢰성과 반응성, 확신성, 공감성은 전적으로 접점종업원에 의해 결정되며, 종업원의 외모나 복장, 매너, 시설, 설비, 인테리어, 사인 등을 포함하는 유형성도 상당 부분 접점 종업원에 의해 결정되기 때문이다.

또한 서비스 접점종업원은 조직의 경계지점에서 일을 하기 때문에 '경계연결자(boundary spanner)'라고 한다. 택배회사의 배달원이나 전화교환원, 도서관의 안내데스크 직원, 교수나 의사, 변호사 등은 모두 조직의 경계연결자들로서 고객관리의 중요한 역할을 한다. 경계연결자는 조직의 외부 고객과 환경을 내부운영상황과 연결하여 조직 내·외부의 정보와 자원을 이해하고 여과, 해석하는 역할을 한다.

경계연결직의 종업원들은 다른 부문의 종업원들보다 업무 스트레스를 많이 받는다. 이들은 고객접점에서 양질의 서비스 제공을 위해 많은 감정노동[1)]과 기술을 필요로 하며, 개인간 또는 조직간의 갈등을 조정하는 능력을 필요로 한다. 따라서 직무 수행과정에서 서비스 품질과 생산성간의 상쇄효과(trade-offs)를 낳기도 한다.

(2) 종업원만족과 고객만족

종업원만족은 고객만족의 선행조건이 된다. 종업원이 회사에 만족하게 되면 애사심이 생기고 보다 오래 근무하길 원하기 때문에 이직률이 낮아지고 고객들에게 양질의 서비스를 제공하게 된다. 이는 고객만족을 낳고 고객만족은 낮은 고객 이탈율과 고객유지 증대를 가져오며, 결과적으로 기업의 이익증대와 종업원에 대한 보상 등으로 종업원만족으로 이어지는 순환과정을 거치게 된다. [그림 13-2]는 종업원과 고객만족의 관계를 보여주고 있다.

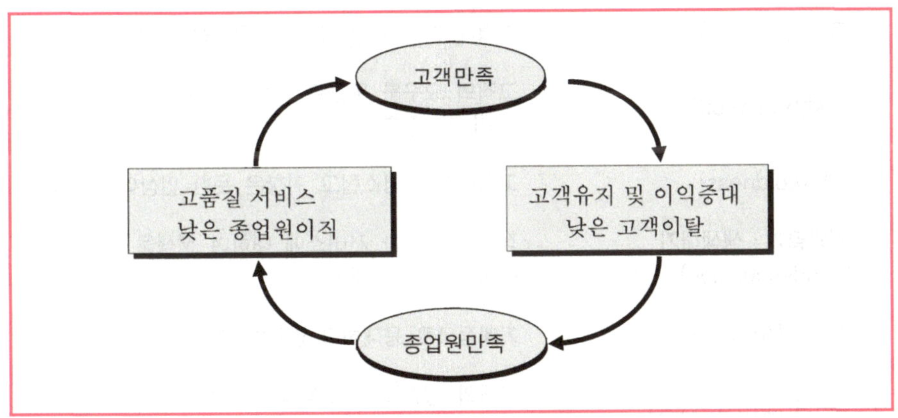

[그림 13-2] 종업원과 고객만족의 관계

---

1) 감정노동(emotional labor)은 양질의 서비스 제공에 필요한 육체 및 정신노동 이상의 노동을 말하며, 고객에게 미소 짓고 눈을 마주치고 진실한 관심을 보이며 낯선 사람과 친절하게 대화하는 것을 의미한다.

2. 내부마케팅의 의의

(1) 내부마케팅의 개념

내부마케팅(internal marketing)은 종업원을 내부고객으로 보고 이들이 자신의 직무에 만족하고 고객지향적인 사고와 태도를 가질 수 있도록 동기 부여하는 마케팅활동을 의미한다.[2] 다시 말해 내부마케팅은 기업이 고객들에게 제시한 약속을 충실하게 지킬 수 있도록 종업원들을 지속적으로 교육 훈련하고 보상하며 동기 부여하는 마케팅활동을 말한다. 종업원은 서비스 제공자인 일선 종업원과 고객이 만나서 상호 작용하는 '진실의 순간(MOT)'에서 성공적인 서비스 제공을 위한 핵심적인 역할을 한다. 서비스 제공자의 업무역량과 서비스 마인드가 실질적인 서비스의 결과를 나타내기 때문에 종업원에 대한 내부마케팅은 매우 중요하다.

고객을 낙담시키고 서비스 실패를 가져오는 '서비스 7거지악'은 〈표 13-2〉에서 보는 바와 같이 무관심, 무시, 냉담, 건방떨기, 로봇화, 규정핑계, 뺑뺑이 돌리기 등의 7가지가 있다.

표 13-2 서비스의 7거지악(惡)

구분	내용
① 무관심(apathy)	고객에 대하여 무표정하고 무관심한 태도
② 무시(brush-off)	고객의 요구를 못들은 척하고 외면하는 태도 '저리 가' 증후군
③ 냉담(coldness)	고객에게 퉁명스럽고 귀찮은 듯한 인상이나 말투
④ 건방떨기 · 생색내기 (condescension)	직무상 당연한 서비스에 대하여 생색을 내며 고압적이고 건방진 태도
⑤ 로보트화(robotism)	기계적으로 응대하고 인간미 없는 태도
⑥ 규정핑계(rule book)	고객의 입장보다 조직의 규정만 내세우고 상식이 통하지 않는 상황
⑦ 뺑뺑이 돌리기(runaround)	고객을 다른 사람에게 넘기고 뺑뺑이 돌리는 행위 '우리 소관이 아닙니다. 다른 부서로 가 주세요.'

2) 고객가치의 극대화를 지향하는 고객만족경영에 있어서, 고객은 ① 가치구매고객인 외부고객(최종고객)과 ② 가치생산고객인 내부고객(종업원), ③ 가치전달고객인 중간고객(중간상)의 세 가지 유형으로 구분할 수 있다.

내부마케팅은 마케팅 관점에서 기업의 인적자원을 관리하기 위한 철학이다. 마케팅의 궁극적인 초점이 되는 고객만족을 위해서는 먼저 내부고객을 만족시켜야 한다. 그렌루스(Grönroos)는 내부마케팅의 두 가지 구성요소로서 동기부여와 기업의 마케팅 지향적 특성을 제시하고 있다.[3)]

종업원이 서비스 지향적이고 고객지향적인 행동을 할 수 있도록 동기 부여할 때 기업 내부에서 마케팅 지향적인 활동이 전개된다는 것이다. 종업원이 마케팅 지향적인 사고로 무장하지 않으면 고객중심의 업무를 수행하지 못하게 되고, 결과적으로 고객이 원하는 양질의 서비스를 제공할 수 없게 된다. 따라서 종업원만족이 없이는 고객만족을 획득할 수 없고, 종업원만족은 고객만족의 선행조건이 되는 것이다.

내부마케팅을 성공적으로 전개하기 위해서는 다음과 같은 요건이 필요하다.

① 내부마케팅을 전략적 경영의 중요한 부분으로 인식해야 한다.

② 내부마케팅의 전개과정에서 조직 내부의 이해와 적극적인 협조가 있어야 한다.

③ 최고경영층의 지속적이고 적극적인 의지와 지원이 있어야 한다.

(2) 내부마케팅의 목적과 역할

내부마케팅의 목적은 현장 종업원을 동기부여하고 고객 지향적인 접객요원으로 개발하는 데 있다. 다시 말해 종업원들이 고객 지향적이고 서비스 마인드를 갖출 수 있도록 동기부여하고 유능한 종업원을 유지 개발함으로써 종업원만족을 통한 성공적인 직무 수행을 하게 하는데 있다. 이러한 목적을 달성하기 위해서는 접점 종업원들의 서비스 마인드를 토대로 조직 내 부서간 또는 구성원들간의 협조적인 분위기를 유지하고, 서비스 관련 지식과 기술 및 내부지원체제를 갖추어야 한다.

따라서 내부마케팅은 서비스기업의 인적자원을 관리하는 것이며, 종업원들이 자신의 소속 부서와 관계없이 고객 지향적인 서비스 마인드를 갖춘 마케팅요원이 될 수 있도록 동기 부여하는 활동이라고 할 수 있다.

---

3) Grönroos, C.(1985), "Internal Marketing Theory and Practices," AMA's Services Conference Procedeedings, pp.41-47.

이러한 관점에서 내부마케팅의 역할은 다음과 같이 세 가지로 정리할 수 있다.[4)]

1) 조직 내 서비스문화의 창조와 유지

종업원들이 서비스 마인드를 가지고 고객 지향적인 행동을 하게 하고 다른 종업원들이 이를 지원하려면 먼저 조직 내 서비스문화의 구축이 필요하다. 강력한 서비스문화를 확립한 기업은 권한이나 가치관, 규범이 모두 고객만족을 목적으로 하여 이루어지고 시행된다. 고객 지향적인 서비스문화를 창조하는 데는 내부마케팅이 유용한 도구가 된다.

2) 서비스품질의 향상과 유지

기업이 고품질의 서비스를 제공하기 위해서는 종업원의 태도와 역할이 매우 중요하다. 위의 〈그림 13-2〉에서 살펴본 바와 같이 종업원만족은 양질의 서비스를 제공하게 하고, 이로써 고객만족과 기업의 이익 증가 결과를 낳게 된다. 서비스 종업원이 우수한 능력을 발휘하게 하려면 종업원만족을 목표로 동기부여를 하고 체계적인 교육훈련과 인적·물적 내부서비스 지원체제가 갖추어져야 한다. 조직의 모든 구성원이 서비스 종업원을 중심으로 유기적인 협력체제를 구축하고 공동운명체 의식을 가져야 한다.

3) 조직의 통합

효과적인 내부마케팅의 실천을 위해서는 무엇보다도 최고경영자의 지원과 내부활동의 통합이 필요하다. 실제로 기업 최고의 목적은 제일선에서 고객과 접촉하는 종업원들을 지원하여 그들이 창조력과 열의를 가지고 일할 수 있게 하는 것이다. 중간관리자는 협조성과 열의를 가지고 쌍방의 의사소통이 잘 되도록 하고 필요한 것을 지원하는 책임이 있다. 제품에서는 마케팅전략과 전술이 전문스탭에 의해 수립되지만, 서비스에서는 전략은 전문스탭이 수립하더라도 전술적인 것은 서비스 종업원에게 위임된다. 서비스에서는 고객만족을 지향하는 현장중심의 서비스조직 즉, 역 피라미드 조직의 발상이 필요하다. 역 피라미드형 조직구조에서는 일선 종업원에게 많은 권한을 부여하여 고객의 요구나 불만요인에 대하여 신속하게 처리할 수 있는 커뮤니케이션 통로가 필요하다.

---

4) 곽동성·강기두(1999), 「서비스마케팅」, 동성사, pp.548-549.

3. 내부마케팅의 전략

서비스 기업이 고객 지향적인 방법으로 양질의 서비스를 제공할 수 있도록 종업원을 동기부여하기 위해서는 다음과 같은 전략 대안이 필요하다.[5)]

(1) 적임자의 채용

첫째, 서비스 제공에 적합한 최고의 적임자(right people)를 채용하는 것이다. 이를 위해서는 다음과 같은 노력이 필요하다.

① 경쟁사보다 우수한 인력을 확보하기 위해 노력하라.

② 서비스 역량(service competitiencies)과 서비스 성향(service inclination)을 갖춘 사람을 채용하라. 즉, 직무 수행에 필요한 기술과 지식을 갖춘 사람을 채용하고, 서비스 업무 수행에 적합한 품성(사려심, 봉사심, 사교성 등)과 서비스 마인드를 갖춘 사람을 채용해야 한다.

③ 해당 산업과 지역에서 선호되는 기업 및 기업주가 되라. 이는 기업이 종업원을 인격적으로 대하고 종업원의 직무관련 욕구뿐만 아니라 개인적인 욕구까지 해결해 주는 것을 말한다.

(2) 인력개발

고객 지향적인 인력을 유지하고 양질의 서비스를 제공하기 위해서는 종업원들을 체계적으로 교육·훈련하고 이들의 능력을 개발해야 한다.

① 서비스 제공에 필요한 전문기술과 고객과의 상호작용기술을 지속적으로 훈련하라. 맥도널드의 햄버그대학이나 OJT교육은 대표적인 예에 속한다.

② 접점 종업원에게 최대한 권한위임(empowerment)을 하라. 권한위임은 고객이 제기하는 문제를 현장에서 즉각적으로 해결할 수 있도록 접점 종업원들에게 의사결정권을 부여하고 의사결정을 위한 지식과 기술, 수단, 목표 등을 제공하는 것을 말한다. 〈표 13-3〉과 〈표 13-4〉에는 종업원 권한위임을 명시하고 있는 미국 노드스트롬 백화점의 종업원 핸드북과 권한위임의

---

5) Zeithaml, V. A. and M. J. Bitner(1996), *op. cit.*, pp.311-328.

효과와 비용을 각각 보여주고 있다.

③ 팀워크를 향상하라. 많은 서비스는 그 특성상 팀워크를 유지할 때 더 좋은 서비스를 제공하고 고객만족을 높일 수 있다. 또 서비스직은 대개 스트레스와 긴장이 심하기 때문에 팀워크로 이를 줄일 수 있다.

▶▶ 표 13-3 노드스트롬 백화점의 종업원 핸드북과 규칙

노드스트롬 핸드북
노드스트롬에 오신 것을 환영합니다! 당신과 함께 우리 회사에서 일하게 된 것을 기쁘게 생각합니다. 우리 회사의 유일한 목표는 "최고의 고객서비스"를 제공하는 것입니다. 당신의 개인적 목표와 직업상의 목표를 높게 설정하십시오. 우리는 당신이 그 목표를 달성할 수 있는 능력이 있다고 확신합니다.
노드스트롬 규칙
어떠한 상황에서도 당신의 현명한 판단으로 실행하십시오. 그 외의 어떤 규칙도 없습니다. 의문사항이 있으시면 언제든지 자유롭게 상사에게 문의해 주십시오.

▶▶ 표 13-4 권한위임의 효과와 비용

권한위임의 효과
① 신속한 의사결정으로 고객의 요구에 신속하게 대응할 수 있다. ② 불만족한 고객에게 그 자리에서 바로 조치할 수 있다. ③ 종업원은 자신과 자신의 직무에 대해 만족도가 높아질 것이다. ④ 고객들에게 더 따뜻하고 열정을 가지고 대할 것이다. ⑤ 서비스 결과에 대한 책임감으로 더 많은 아이디어가 나온다. ⑥ 구전효과를 통해 더 많은 고객을 얻을 수 있다.
권한위임의 비용
① 종업원 채용과 교육훈련 비용이 많이 든다. ② 책임 있는 정규직 종업원의 비중이 높아져 인건비가 많이 든다. ③ 서비스 제공시간이 지체되고 서비스의 일관성이 낮아질 수 있다. ④ 고객이 공평한 대우를 받지 못한다고 생각할 수 있다. ⑤ 종업원이 회사가 감당하기 힘든 무리한 의사결정을 할 수 있다.

(3) 내부 지원시스템의 구축

서비스 종업원이 효과적이고 효율적으로 직무를 수행하기 위해서는 고객 지향적인 내부지원시스템이 필요하다. 의사가 양질의 진료를 하기 위해서는 환자의 정보를 신속하게 파악할 수 있는 정보시스템과 각종 현대적 의료·진단장비, 간호사와 직원스탭 등이 갖추어져야 하듯이 내부지원시스템의 도움이 없이는 서비스 종업원이 좋은 서비스를 제공할 수 없다. 고객 지향적인 내부지원시스템을 구축하기 위해서는 다음과 같은 전략이 필요하다.

① 내부 서비스품질을 측정하고 보상하라. 내부 서비스품질을 측정하게 되면 조직 내 부서간, 구성원들간에 협조적인 내부서비스 분위기를 만들어낼 수 있다.

② 서비스 종업원의 직무수행에 적절한 장비와 정보기술을 제공하라.

③ 서비스 지향적인 내부프로세스를 개발하라. 조직의 내부절차는 좋은 서비스 성과를 낼 수 있도록 구축되어야 하며, 고객가치와 고객만족을 염두에 두고 설계되어야 한다. 회사가 관료주의적인 규정과 전통, 기능별 업무자 중심의 업무체제를 갖추고 있다면 시스템 전반을 재 설계하여 고객 및 서비스 지향적인 내부프로세스를 구축해야 한다.

(4) 우수직원의 유지

우수한 종업원들이 이직하게 되면 고객만족과 종업원 사기, 전반적인 서비스 품질에 나쁜 영향을 미친다. 지금까지 살펴본 내부마케팅의 전략 대안들이 모두 우수직원을 유지하는데 도움이 되겠지만 특히 다음과 같은 방안을 필요로 한다.

① 종업원들에게 회사의 비전을 제시하고 이를 이해하고 공감하게 해야 한다. 서비스 접점 종업원들도 자신의 일이 회사의 비전과 목표에 어떻게 부합하는지 이해할 필요가 있다.

② 종업원을 고객으로 대우하여 종업원만족을 확보하라. 종업원이 회사에서 소중한 존재로 존중받고 회사가 종업원의 욕구를 잘 충족시켜 준다면 그 회사에 오래 근무하려고 할 것이다. 회사는 내부마케팅조사를 실시하여 종업원의 만족도와 욕구를 주기적으로 측정하고 그 결과를 회사 운영에 반영해야 한다.

③ 우수직원에 대한 평가와 보상을 하라. 회사의 평가 및 보상시스템은 서비스의 우수성을 반영해야 하며, 회사의 비전과 진정한 주요 서비스 성과를 판단하는 것이어야 한다.

현장사례 … 진상손님의 6부류… 내가 서비스업을 그만둔 이유

얼마 전까지 모 패스트푸드점에서 점장으로 일하다가 퇴사한 사람이 '네이트 판'에 '내가 서비스업을 그만 둔 이유'라는 글을 올렸다.

나름대로 능력도 인정받고 빨리 점장을 달았다는 그는 2년 가까이 점장으로 일하다가 "도저히 못 해 먹겠어서 그만뒀습니다"라며 퇴사 이유를 밝혔다. 그가 패스트푸드점에서 퇴사한 이유는 '진상손님' 때문이었다. 그는 진상 손님을 총 6가지로 분류했다.

글쓴이는 자신의 이득을 챙기려고 점원을 괴롭히는 **'얌생이족'**이 대표적이라고 지적했다. 배달 서비스를 하면서 주문이 잘못 전달될 때가 간혹 있는데 당연하게 서비스를 요구하는 손님이 많았다고 한다. 주문 실수를 빙자해 서비스를 챙겨가는 손님도 있었다. 이에 그는 이런 손님들이 거주하는 집 주소 목록을 만들어서 주문이 들어오면 아주 철저하게 배달하도록 신경썼다고 한다.

하지만 보내기 전에 완벽하게 확인했는데도 "소스가 안 들어있다"며 새 상품을 보내달라고 요구한 손님이 있었다. 이에 그는 "기존 상품을 회수해 알바생들 교육용으로 쓰겠다"고 했지만 손님은 "이미 거의 다 먹었다"고 답했다. 이런 일이 있을 때마다 그는 "'그렇게 다 먹었으면 괜찮으니까 먹은거지 왜 전화한거냐?'라고 말하고 싶은데도 꾹꾹 참고 다시 보냈다"고 하소연했다.

'충전기 구걸족'도 만만치 않다. 카운터에 찾아와 핸드폰을 충전해 달라고 하고 충전기가 없다고 하면 "서비스가 뭐 이래요? 그럼 충전 어디서 해요!!"라고 소리치는 손님이다. 그는 "나보고 뭐 어쩌라고, 집에 가"라는 말을 삼키며 친절하게 응대하지만 서비스 불만으로 클레임이 들어온다며 헛웃음을 지었다.

"우리 애기가 먹을 건데 잘 좀 만들어 주세요~" "애 줄 건데 좀 더 줘~" 하는 **'맘충족'**도 있다. 매장에서 아이가 우는데도 더 울려서 다른 손님들 밥 먹는데 방해가 되는 경우도 많다고 한다. 그러고서는 아기 달래게 먹을 거를 달라고 요구하는 맘충에 그는 매번 화를 억누르며 응대해왔다.

쿠폰 사용기간이나 행사 진행시간에 관심 없는 **'해태눈족'**은 쿠폰 기간이 지났음에도 "그냥 해주시면 안 돼요? 그럼 이 쿠폰 어떻게 해요? 버려요?"라고 따지곤 한다. 이에 그는 "진짜 답답해서 암 걸릴 거 같습니다"라며 '내가 안 썼냐? 너희가 안 썼지?' 하는 생각이 뭉게뭉게 피어오른다고 전했다.

백화점 안에 위치한 매장에서는 "나 이 백화점 VIP인데!!"라고 외치는 **'내가짱족'**이 판을 친다. 이들은 백화점이랑 전혀 관계 없는 매장이라고 설명해도 소리를 지르고 난리를 친다고 한다.

서비스업에 종사하는 사람을 종처럼 부리는 **'난'갑'넌'을'족'**도 있다. 그는 "사실 이런 사람들 때문에 그만두길 잘했다는 생각을 가장 많이 했다"고 전했다. 이들은 대화의 시작부터가 반말이고 조금이라도 마음에 들지 않으면 욕설이 난무하며 음식을 직원들한테 던지기도 한다.

'난 '갑' 넌 '을' ' 손님이 음료 리필을 요구하며 음식과 음료수를 직원에게 집어던진 날, 그는 퇴사를 결심했다. 그날 한 고객은 음료 리필을 계속 요구하며 아르바이트생을 무서운 표정으로 노려봤고 알바생은 결국 음료수를 리필해줬다. 이에 고객은 "되는데 왜 안 된다고 했냐"며 알바생에게 음료와 제품을 던지고 '듣도 보도 못한' 욕설을 내뱉었다. 그는 당장 뛰어가 손님을 진정시키려 했으나 진정이 안 됐고, 점장이라고 하니 욕설이 자신에게 향했다고 설명했다.

응대를 잘못하면 클레임이 들어오니 어르고 달래려 했지만 진정이 되지 않아 함께 싸웠다고 한다. 주먹다짐만 오고가지 않았을 뿐 "거의 전쟁터"였다. 그 순간 '아 못해먹겠네'라는 생각이 더 컸다던 그는 사건이 마무리되고 바로 퇴사를 통보했다. 이렇게 부당한 일이 일어나도 본사는 전부 매장 탓만 하고 보호해주지 않았다고 그는 씁쓸해했다.

* 자료 : 국민일보, 2017. 6. 21.

03 관계마케팅

1. 고객의 중요성과 역할

대부분의 경우 무형의 서비스는 생산과 소비가 동시에 이루어지기 때문에 서비스의 제공과정에는 고객의 참여가 불가피하며, 고객의 참여는 자신의 만족에도 영향을 미칠 수 있다. 다시 말해 서비스는 접점 종업원과 고객 및 서비스 현장에 있는 다른 고객들과의 상호작용을 통해 생산되고 제공된다.

서비스 제공에 있어서 고객의 중요성은 연극에 비유하여 설명할 수 있다. [그림 13-3]에는 서비스 제공과정에서 종업원과 고객의 역할을 연극에 비유하고 있다.

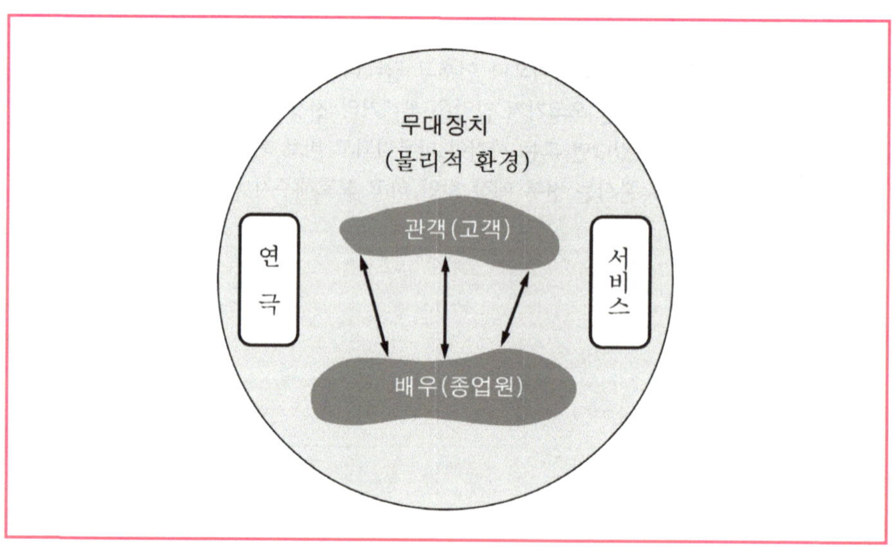

[그림 13-3] 연극에 비유한 서비스의 제공상황

연극은 무대 위에서 배우의 연기와 관객의 참여가 함께 잘 어우러질 때 좋은 연극이 되는 것처럼 서비스의 경우도 건물, 설비와 같은 물리적 환경 위에서 서비스 제공자인 종업원과 고객이 함께 참여하여 상호 작용할 수 있을 때 양질의 서비스가 제공된다는 것이다. 병원에서 환자가 자신의 증상을 의사에게 소상히 설명하거나 강의실에서 학생이 교수의 강의에 열심히 참여하는 것은 해당 서비스의 질이나 성과를 높이는 첩경이 된다.

서비스 현장에 있는 다른 고객들의 태도나 행위는 서비스의 성과에 긍정적 또는 부정적 영향을 미친다. 특히 다른 고객들의 돌출행동이나 시간지연, 과용, 혼잡, 서로 모순된 욕구 등은 서비스 성과에 부정적인 영향을 미친다. 때로는 다른 고객들의 관심을 다른 곳으로 돌리거나 어떤 방향으로 유도함으로써 서비스의 질과 만족도를 높이기도 한다. 예컨대 가수공연에서 열광하는 관객들을 통해 서비스 경험을 만끽하는 경우나 교회나 동아리, 헬스클럽에서 기존회원들이 신입회원을 도와 친목을 도모하고 사회화시키는 경우가 해당된다.

서비스 제공과정에서 고객의 참여수준은 서비스에 따라 다르다. 예컨대 음악 콘서트와 같이 서비스 제공자가 서비스 생산을 전담하는 경우는 고객은 단지 정숙하게 자신의 자리를 지키기만 하면 된다. 반면에 경영컨설팅이나 카운슬링과 같은 서비스에서는 고객이 적극적으로 참여해야 소기의 서비스 성과를 달성할 수 있다.

서비스 제공과정에서 고객의 역할을 다음과 같이 세 가지로 정리할 수 있다.[6)]

① **생산자원** : 고객은 서비스에서 조직의 생산역량을 증대시켜주는 인적자원으로, 부분적 종업원(partial employee)이라고도 한다. 생산자원으로서 고객의 서비스 참여는 서비스 생산성에 영향을 미칠 수 있다.

② **서비스 품질과 가치 및 만족에의 공헌자** : 서비스에 대한 고객의 참여는 고객욕구 충족도를 높여주고 서비스 품질과 가치창출 및 고객만족도 향상에 기여한다.

③ **잠재 경쟁자** : 서비스 생산과정에의 참여자로서 고객은 서비스 제공자에게 잠재적 경쟁자가 될 수 있다. 예컨대, 육아문제나 자녀교육, 집안청소, 세탁 등의 문제에 있어서 고객은 셀프서비스나 외부용역의 방식을 고려하게 될 것이고, 이때 서비스 공급자는 고객이 잠재 경쟁자가 되는 것이다.

---

6) *ibid.*, pp.369-374.

2. 관계마케팅의 등장배경

무한경쟁시대에 접어든 오늘날, 많은 기업들은 치열한 경쟁과 급변하는 기업환경에 직면하고 있으며, 기업을 둘러싸고 있는 저 성장 시장상황은 급격하게 구매자 내지 수요자 중심의 시장으로 이전되고 있다. 이에 따라 기업은 단기적인 성장전략을 도모하기보다는 표적고객의 욕구충족을 통한 고객만족과 고객감동을 지향하고, 이를 통해 장기적 성장과 발전을 꾀하는 마케팅전략을 필요로 하고 있다.

1960년대 이래로 4P's 중심의 마케팅믹스 관리 패러다임은 학계와 실무 계의 지배적인 마케팅원리가 되어 왔다. 21세기에 접어든 오늘날 이러한 마케팅믹스의 철학적 기초나 4P's 모델은 경쟁적이고 복잡다단한 경영환경의 변화에 따라 그 지위를 잃게 되었다. 이제 새로운 마케팅 패러다임으로서 관계마케팅적 사고를 필요로 하는 시대가 도래한 것이다. 4P의 마케팅믹스에 기반한 접근방법은 기본적으로 고객을 마케팅활동의 대상으로 간주하고 제품 지향적인 마케팅 정의를 구성하고 있어서 고객 내지 시장 지향적인 마케팅 정의를 구성하고 있지 못하다는 점이 한계로 지적된다. 또 마케팅믹스를 4개의 범주로 구분짓기 위한 분류특성이나 그 이론적 근거가 공식적으로 제시된 적이 없다는 점도 주요 결점으로 지적되고 있다.

전통적 마케팅의 마케팅믹스 관리 패러다임은 판매자를 능동적인 주체로, 구매자를 수동적인 주체로 가정하고 있으며, 고객을 하나의 집단으로 인식함으로써 기업과 고객간의 개인적인 관계는 별로 관심을 두지 않는다. 이것은 상호작용/네트워크 접근법에서 마케팅을 고객과의 관계 구축 및 유지를 위한 상호작용과정으로 보는 서비스마케팅과 산업마케팅의 관점과는 어울리지 않는다.

관계마케팅의 출현은 기본적으로 일회적이고 단기적인 교환중심의 마케팅활동에서 벗어나 장기적이고 지속적인 관계의 전략적 가치에 대한 인식에서 출발한다. 소비재시장에서는 기업 간의 경쟁 격화, 시장의 포화상황, 제품수명주기의 단축, 소비자 욕구의 다양화 및 개별화, 기업과 고객관계의 장기화 추세 등으로 인해 신규고객을 창출하는데 소요되는 비용과 노력이 증가일로에 있게 되었다. 이에 따라 기업의 주요 관심은 고객관계, 고객만족, 반복구매로 모아지게 되었으며, 신규고객의 창출보다 고객과의 장기적인 관계구축을 통한 기존고객의 유지,

강화 노력이 훨씬 더 효과적이고 중요하다는 사실을 인식하게 되었다. 또한 충성스러운 고객은 기업에 많은 수익을 가져다 줄 뿐만 아니라 기존고객의 유지비용이 신규고객의 확보비용보다 훨씬 더 저렴하다는 것도 알게 되었다.

이처럼 역동적인 기업환경의 변화에 따라 고객과의 장기적인 관계구축의 필요성은 관계마케팅의 주요 등장배경이 된다.

3. 관계마케팅의 개념과 목표

(1) 관계마케팅의 개념

관계마케팅(relationship marketing)은 관계의 대상과 범위에 따라, 또 연구대상 산업과 연구방법에 따라 다양하게 정의되고 있다. 관계마케팅에 관한 다양한 정의들은 크게 미시적 관점과 거시적 관점에서의 정의로 구분할 수 있다.

미시적 관점의 관계마케팅 정의는 기업과 고객의 상호관계 차원에서 정의하는 것을 말하며, 일반적으로 협의의 관계마케팅 개념이라 할 수 있다. 서비스 산업을 대상으로 관계마케팅의 개념을 최초로 정의한 베리(Berry)는 "관계마케팅이란 소비자와의 관계를 창출하고 유지, 강화하는 마케팅활동"이라고 규정하였다.[7] 또 랩과 콜리안스(Rapp & Collians)는 "관계마케팅을 기업과 고객 쌍방 간에 호혜적으로 지속적인 관계를 창출하고 유지하려는 마케팅"이라고 정의했다.[8]

거시적 관점의 관계마케팅 정의는 고객을 비롯하여 종업원, 공급자, 경쟁자, 정부 등 다양한 기업 파트너들과의 관계 차원에서 정의하거나 기업 파트너들과의 안정적인 관계구조에 초점을 두고 정의하는 것을 의미한다. 그렌루스 Grö nroos)는 관계마케팅을 기업의 이익을 확보하는 수준에서 관련 당사자의 목표가 충족될 수 있도록 고객 및 다른 파트너들과의 관계를 유지, 강화하는 것이라고 정의했다.[9] 또 모간과 헌트Morgan & Hunt)는 관계마케팅을 기업을 중심으로 공급자 파트너십(재화·서비스공급자), 측면적 파트너십(경쟁기업, 정부, 비영리

7) Berry, L. L.(1983), "Relationship Marketing", in Berry, L. L., G. L. Shostack, and G. Upah (Eds), Emerging Perspectives on Services Marketing, *American Marketing Association,* Chicago, IL, pp.24~28.

8) Rapp, S. & T. Collins(1990), The Great Marketing Turnaround, *Englewood Cliffs, N. J. : Printice-Hall.* pp.10~12.

9) Grönroos, C.(1990), *op. cit.*, pp.3~12.

조직), 구매자 파트너십(중간고객, 최종고객), 내부적 파트너십(사업부, 종업원, 기능부서) 등과 성공적인 관계적 교환을 수립, 창출, 유지하는 것이라고 정의하였다.[10)]

본서에서는 관계마케팅을 "고객, 구매자, 공급자, 경쟁자 등의 기업 파트너들과 장기적인 유대관계를 창출하고, 유지, 강화함으로써 기업의 수익증대를 도모하는 마케팅 활동"으로 정의한다.

(2) 관계마케팅의 목표

관계마케팅은 기본적으로 고객과의 지속적인 유대관계를 통해 고객충성도를 확보해 나가는 과정이라고 할 수 있다. 관계마케팅의 기본적인 목표는 기업에 이익이 되는 장기적 고객관계를 구축하고 유지하는 데 있다. 이를 위해서는 고객을 창출하고, 유지하고, 강화하는 노력이 필요하다.

1) 신규고객의 창출

관계마케팅의 첫 번째 목표는 장기적 관계를 유지할 수 있을 만한 신규고객을 '창출(유치)'하는 것이다. 기업은 신규고객을 유치할 때 고객의 기대나 욕구 선호를 기준 하여 시장세분화를 하고, 이를 통해 지속적인 고객관계를 구축할 수 있는 최적의 표적시장(고객)을 파악할 수 있다. 관계마케팅을 잘 수행하는 기업은 기존고객들의 구전효과를 통해 신규고객의 유치가 쉬워진다. 신규고객을 추천하는 고객들에게 일정한 인센티브를 제공하는 MGM기법(Members Get Members.)은 고객 유치에 큰 도움이 된다. 국내 이동통신회사들이 신규고객을 추천하는 고객에게 무료통화시간을 제공하는 사례는 MGM마케팅의 대표적인 예가 된다.

2) 기존고객의 유지

관계마케팅의 두 번째 목표는 기존고객을 '유지'하는 데 있다. 앞에서 살펴본 바와 같이 관계마케팅은 기본적으로 신규고객의 창출보다 기존고객의 유지 강화에 초점을 둔다. 일단 어떤 기업과 관계를 구축한 고객은 기업이 지속적으로 가치 있는 제품이나 서비스를 제공해 주는 한 계속 관계를 유지하려고 할 것이다.

---

10) Morgan, Robert M. and Shelby D. Hunt(1994), "The Commitment-Trust Theory of Relationship Marketing", *Journal of Marketing*, Vol. 58, pp.20-38.

기업이 변화하는 고객의 욕구를 잘 이해하고 이를 자사의 서비스에 반영해 나간다면 고객만족에 의한 반복구매를 통해 지속적인 고객관계가 유지될 수 있다. 고객에게 가치를 높여줄 수 있는 서비스를 제공하는 일은 기존고객의 유지를 위해 매우 중요하다.

3) 고객관계의 강화

관계마케팅의 세 번째 목표는 고객관계를 '강화'하는 것이다. 이는 고객이 시간이 지남에 따라 특정 기업의 제품이나 서비스를 계속 구입하게 되면 고객관계가 더욱 강화되고 충성스런 고객이 될 수 있다는 것이다. 충성스런 단골고객을 확보하는 것은 기업의 굳건한 기반이 되고 기업의 성장잠재력을 나타내 준다.

4. 관계마케팅의 특성

관계마케팅에서 추구하는 기본적인 목표는 기업의 수익에 도움이 되는 고객들과 관계를 구축하고 유지하는 것이다. 이를 위해 기업은 고객을 유인하고, 유지·강화한다고 할 수 있다. 또 고객과의 관계가 지속됨에 따라 그 고객은 기업에 대한 충성도를 갖게 되며, 구전을 통해 다른 새로운 고객을 유치할 수 있게 도와주기도 한다.

관계마케팅은 구매자와 판매자간의 결혼과 같은 관계에 비유할 수 있다. 판매는 단지 구애를 완료하고 결혼을 하는 것에 불과하다. 얼마나 좋은 결혼생활이 되느냐 여부는 판매자가 구매자와의 관계유지를 위해 얼마나 노력하는가에 달려 있다. 남편과 아내의 동반자적 관계 속에서 좋은 결혼생활을 이루어 나가는 것은 구매자-판매자간의 장기적 관계를 유지·강화함으로써 관계마케팅의 목표를 달성하는 것과 같은 맥락으로 이해할 수 있다. 관계마케팅에서 다루어지는 관계는 '장기적 관계'를 기초로 하며, 장기적 관계관리를 통해 얻게 된 고객관계는 지속적 경쟁우위의 원천을 제공해 준다.

관계마케팅의 특성은 〈표 13-5〉에서 보는 바와 같이 전통적 거래마케팅과의 비교를 통해 살펴볼 수 있다. 관계마케팅과 거래 마케팅이 지향하는 마케팅 패러다임의 특성을 중심으로 관계마케팅의 특성을 정리하면 다음과 같다.

① 신규고객의 창출보다 기존고객의 유지관리에 마케팅전략의 초점을 둔다.

② 고객과의 단기적 교환보다 장기적 관계를 통한 수익창출을 지향하며, 단기적인 거래실적보다 장기적인 고객생애가치[11]에 중점을 둔다.

③ 마케팅의 초점을 교환주체인 고객에 두고, 고객을 기업의 동반자로 인식한다. 또 마케팅전략의 초점이 제품차별화에서 고객차별화의 방향으로 전환된다.

④ 마케팅의 목표는 거래성과보다 고객과의 관계형성 및 유지, 강화에 둔다.

⑤ 고객접점에서의 내부마케팅과 상호작용 마케팅을 중요시하며, 품질 차원에서는 기술적 질보다 기능적 질 또는 과정 질을 중요시한다.

표 13-5 관계마케팅과 거래마케팅의 비교

구 분	거래마케팅	관계마케팅
마케팅전략의 방향	신규고객의 창출	기존고객의 유지 관리
시간적 관점	단기적 관점	장기적 관점
초 점	제품판매/제품(교환객체) 단기적 교환	고객유지/거래파트너(교환주체) 장기적 관계
목 표	거래성과	고객관계 형성, 유지, 강화
지배적 마케팅기능	전통적 마케팅 (마케팅믹스 관리)	상호작용 마케팅 (마케팅믹스에 의해 지원됨)
주요 성과지표	시장점유율(간접평가)	고객점유율(직접평가)
경제성	규모의 경제 추구	범위의 경제 추구
가격민감도	높 음	낮 음
경쟁자에 대한 인식	경쟁관계	경쟁과 협력관계
품질 차원	제품의 질(결과 질) 중시	상호작용 질(과정 질) 중시
내부마케팅	중요하지 않음	매우 중요한 성공요인임
고객서비스	별로 강조하지 않음	매우 강조함
고객관여 정도	한정된 고객관여	높은 고객관여
커뮤니케이션 방향	일방적 커뮤니케이션	쌍방향 커뮤니케이션

---

11) 고객생애가치(customer lifetime value)란 한 고객이 특정 기업에 기여하는 미래수익의 현재가치로서 한 고객이 특정 기업과 거래하는 동안 그 기업에 어느 정도의 수익을 가져다주는가 하는 것을 말한다.

⑥ 규모의 경제에서 범위의 경제(economy of scope)로 전환된다. 즉, 한 고객에게 다양한 제품을 판매하거나 고객당 거래기간을 장기간 유지하는 범위의 경제를 도모한다.

⑦ 마케팅 성과의 지표가 시장점유율에서 고객점유율(share of customer)[12]로 전환된다.

⑧ 장기적 고객관계에 따른 고객충성도를 추구함으로써 소비자의 가격민감도가 낮다.

⑨ 경쟁자는 경쟁과 협력을 동시에 도모하는 협쟁(協爭, coopetition) 관계의 파트너가 된다.

⑩ 내부마케팅은 외부마케팅의 선행요건이 된다.

⑪ 기업과 고객간의 쌍방향 커뮤니케이션을 강조하고, 고객 서비스와 고객관여를 매우 중요시한다.

5. 기업과 고객관계의 발전단계

기업과 고객의 관계는 궁극적으로 고객충성도를 구축하여 동반자적 관계를 유지하는 것을 목표로 한다. 기업과 잠재 또는 현재고객의 관계가 발전되어 나가는 과정은 예상고객, 고객, 단골고객, 옹호자, 동반자 등 6단계의 고객유형으로 설명할 수 있다.[13]

1) 예상고객(prospect)

예상고객단계는 아직 기업과 첫 거래를 하지 않은 상태에서 상품 구입가능성이 높거나 스스로 정보를 요구하는 유망고객을 말한다. 이때는 개인적인 접촉이나 우편발송, 텔레마케팅 등을 통해 첫 거래를 성사시킬 수 있다. 일반적으로 '잠재고객'으로 간주되는 사람이나 조직을 가망고객이라고 한다.

---

12) 고객점유율(share of customer)은 한 고객의 생애가치 중에서 특정 회사가 차지하는 비중, 즉 개별 고객 당 관련 부문 지출액에서 자사 상품 매출의 비중 또는 지갑점유율을 말한다.

13) 이유재(1999), 전게서, p.567.

2) 고객(customer)

고객단계는 예상고객이 첫 거래를 한 이후의 단계를 말한다. 이 단계에서 고객은 주로 수량할인, 가격할인과 같은 금전적 인센티브에 의한 재 구매 동기를 갖게 되며, 구매횟수에 따른 할인쿠폰이나 마일리지 프로그램 등의 상용고객 프로그램이 활용되기도 한다. 이 전략은 경쟁사의 모방이 쉽고 고객을 빼앗기기 쉽다는 단점이 있다.

3) 단골고객(client)

이 단계에서 고객은 단골고객으로 발전한다. 고객 단계까지의 소비자들은 동일한 상품을 여러 군데의 점포에서 또는 동일한 제품을 여러 브랜드별로 구매할 수 있다. 그러나 단골고객 단계가 되면 불만족이 생기지 않는 한 점포나 한 브랜드만 구매하는 성향을 갖게 된다. 이때 기업은 고객과 금전적인 연대 외에 사회심리적인 유대감을 통해 장기적인 관계를 구축할 수 있다. 따라서 기업은 관리적 측면에서 고객간의 관계를 고무하는 것이 좋다.

4) 옹호자(advocate)

이 단계의 고객은 상품의 지속적인 구입을 넘어 다른 사람들에게 적극적으로 사용을 권유하며, 기업이나 브랜드의 옹호자 역할을 하기도 한다. 옹호자는 좋은 구전을 통해 잠재고객을 유인하고 이탈고객을 다시 불러오며, 경쟁사 고객을 이끌어 오기도 한다.

5) 동반자(partner)

동반자단계란 기업과 고객이 함께 완전히 융합된 상태이다. 고객이 기업의 의사결정에 참여하고 함께 이익을 나누는 고도화된 단계라고 할 수 있다.

[그림 13-4]는 거래기간에 따라 기업과 고객간의 관계가 발전하는 단계를 고객충성도 사다리 개념으로 보여주고 있다.

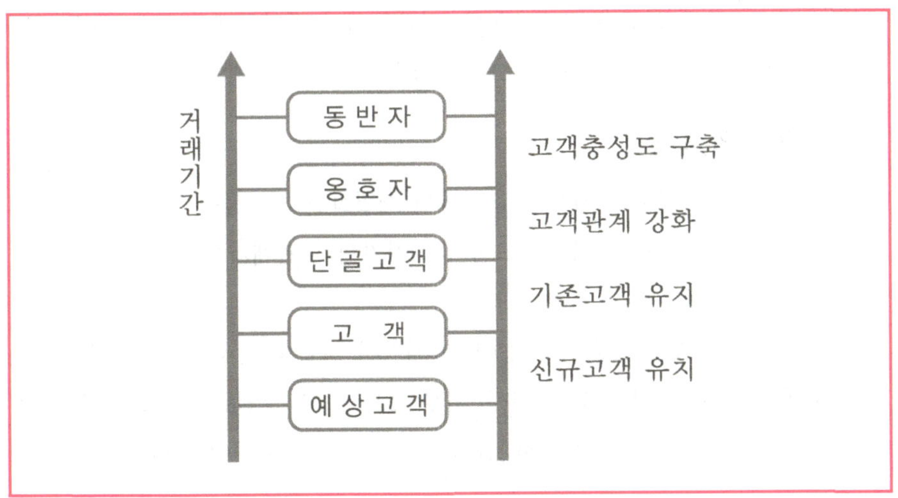

[그림 13-4] 기업과 고객관계 발전단계

6. 관계마케팅의 효과와 한계

(1) 관계마케팅의 효과

관계마케팅을 성공적으로 수행하게 되면 고객충성도 구축과 이에 따른 구전효과, 학습효과에 따른 운영비 절감 등으로 기업의 수익을 증대시키는 효과를 가져오게 된다. 관계마케팅의 효과는 시장, 기업, 경쟁 차원에서 구체적으로 살펴볼 수 있다.

1) 기업측면의 효과

① 장기적인 고객관계를 통해 고객유지의 경제성을 확보할 수 있다.

② 개별화된 제공물과 생산과정에의 고객참여를 통해 고객에게 가치를 증대시켜준다.

③ 고객관계를 기초로 새로운 시장세분화 전략을 구사할 수 있다.

④ 고객 데이터베이스에 의한 일 대 일 마케팅을 통해 차별적 경쟁우위를 확보할 수 있다.

⑤ 장기적 고객관계를 활용하여 교차판매나 교차촉진을 할 수 있고, 대중매체를 이용한 낭비적 촉진비용을 절약할 수 있다.

⑥ 고객관계상의 신뢰와 고객충성도, 관계몰입이 증가함에 따라 장기적 관계의 강화와 경쟁기업에 대한 교체장벽을 구축할 수 있다.

2) 시장측면의 효과

① 고객에 대한 정보와 지식을 축적하여 개별화된 제공물을 제공할 수 있다.
② 고객관계의 개별화를 통해 고객의 지각가치와 관계가치를 극대화시킬 수 있다.
③ 고객 의사결정의 효율성을 높이고, 지각된 위험을 감소시킬 수 있다.
④ 고객충성도와 안정된 수익기반을 확보하고 긍정적 구전효과를 얻을 수 있다.
⑤ 관계 파트너들과의 좋은 유대관계가 경쟁우위의 원천이 된다.

3) 경쟁측면의 효과

① 전략적 제휴 등의 수평적 협력관계를 통해 위험과 비용을 줄일 수 있다.
② 기업 간의 협력관계를 통해 규모의 경제성, 생산합리화, 기업 간 비교우위를 활용한 원가절감, 공동연구개발, 기술적 시너지효과를 얻을 수 있다.
③ 기업 간의 수평적 협력관계를 통해 자원풀링(resource pooling), 중간재의 확보, 상호보완적 능력의 확보 및 개발 효과를 얻을 수 있다.
④ 속도의 경제성을 향상시킬 수 있다. 즉, 신제품 도입기간의 단축, 신속한 신기술과 신 시장 확보, 초기진입자 우위 확보, 시장반응속도 향상 등의 효과를 얻을 수 있다.
⑤ 산업 내 다른 기업들과 경쟁적·공생적 상호의존성과 불확실성을 효과적으로 관리할 수 있다.
⑥ 수평적 협력관계 구조가 경쟁우위의 원천이 될 수 있다.

(2) 관계마케팅의 한계

경제성장이 둔화되고 기업 간 경쟁이 치열해지며, 고객의 욕구가 개별화·고도화되어감에 따라 신규고객의 창출보다 기존고객의 유지·강화가 더욱 중요하다는 인식을 갖게 되면서 관계마케팅의 전략적 의미는 점점 더 커지고 있다.

그러나 관계마케팅은 위와 같은 긍정적 효과에도 불구하고 다음과 같은 상황에서는 비현실적인 추구라는 한계를 나타낼 수 있다.[14)]

① 교환 당사자가 지속적인 관계의 진전을 더 이상 바라지 않을 때
② 구매자가 판매자에게 의존하는 불균형적인 관계를 바라지 않을 때
③ 구매과정이 정형화되어 있어서 사회적 연대에 기초한 관계를 개발하지 못할 때
④ 구매자의 신뢰가 증가함에 따라 관계개발의 결과인 위험감소 요구, 즉 관계진전을 위한 요구가 낮아질 때
⑤ 가격민감도가 높고 원가우위도가 중요한 시장에서 관계개발이나 고객충성도 구축을 위한 재무적 비용(인센티브)이 수익을 초과하여 원가열위를 초래할 때
⑥ 관계 네트워크의 구축이 구매자의 선택기회를 제한하는 반경쟁적 상황을 초래할 때

14) Palmer, A. J. (1996), "Relationship Marketing : A Universal Paradigm or Management Fad", The Learning Organization, Vol.3 No.3, pp.18~25.

현장사례 ··· VIP 고객을 모셔라... 백화점 '서비스 대첩'

· 상위 3% 고객이 매출 40% 차지
· 한 사람 위해 집사처럼 서비스
· 고객에겐 '특별한 사람' 만족감

지난 13일 찾은 서울 소공동 롯데백화점 에비뉴엘 명품관 멤버스 라운지는 다른 VIP라운지와 분위기가 확연히 달랐다. 중후한 음색의 테너가 부르는 가곡이 고요히 흘렀다. 연 4,000만 원 이상 구매한 고객들이 이용하는 VIP라운지가 한적한 카페 같다면, 이곳은 '한 사람을 위한' 공간이었다. 이곳을 이용하는 '자격'을 얻기 위해서는 연간 구매액이 1억 원을 넘어야 한다.

백화점들의 'VIP고객 모시기' 경쟁이 치열하다. VIP고객이 백화점 매출을 사실상 떠받치고 있기 때문이다. 상위 1% 고객은 한번에 수억원을 쓰기도 한다. 상위 3% 고객이 백화점 전체 매출의 40%를, 상위 10% 고객이 60%를 차지한다. 소비 양극화의 폭이 갈수록 넓어질 것으로 예상되면서 VIP고객의 발길을 잡는 '고객 맞춤 서비스'를 더 확대한다는 게 백화점들의 공통된 전략이다.

갤러리아백화점은 상위 0.01% 고객에게 '집으로 찾아가는 서비스'를 제공한다. 백화점 직원과 브랜드 직원, 보안요원이 수억원대의 보석이나 시계를 들고 고객이 원하는 장소로 가는 것이다. 갤러리아백화점에서 올해 1억 원 이상 구매한 VIP고객들의 매출은 지난해 대비 21% 늘었다. 롯데백화점의 VIP고객 매출도 전년 대비 24% 증가했다.

VIP고객이라고 다 같은 대우를 받는 건 아니다. 백화점별로 연간 구매액 최하 400만 원에서 2,000만 원, 4,000만 원, 6,000만 원, 1억 원 등으로 등급을 나눈다. 등급에 따라 할인율, 발레파킹 여부, VIP라운지에서의 서비스 정도, 외부 제휴 호텔이나 콘서트 이용 등의 혜택이 다르다. 이러다 보니 기존 VIP고객들은 자신의 등급이 떨어지는 것에 민감해한다. 백화점 업계의 한 관계자는 "VIP고객들은 자신에게 주어지는 서비스를 유지하기 위해, 등급 유지를 위한 소비를 하기도 한다"고 말했다.

백화점들은 최근 몇년 사이 VIP 최하등급을 2,000만 원에서 400만 원이나 500만 원으로 낮췄다. 백화점 방문을 유도하는 효과가 있기 때문이다. VIP라운지에서 무료 음료를 마시는 것만으로도 고객들의 만족도는 크게 높아지는 반면, 이를 위해 백화점에서 추가로 드는 비용은 크지 않다는 점도 반영됐다.

VIP고객에게 제공되는 별도 주차장 이용 서비스만 해도 고객만족도가 매우 높다. 고객에게 '나도 특별한 사람이 됐다'는 인식을 심어주기 때문이다.

* 자료 : 경향신문, 2018. 12. 16.

연구문제

1. 서비스 마케팅믹스 중 '사람(people)'이 갖는 의미에 대하여 토의해 보자.

2. 서비스 사람의 유형에 대하여 설명하시오.

3. 내부마케팅의 의미와 전략에 대하여 설명하시오.

4. 관계마케팅의 의미와 접근방법에 대하여 설명하시오.

5. 내부마케팅과 외부마케팅의 관계에 대하여 토의해보자.

6. 기업과 고객관계의 발전단계를 관계마케팅과 연결하여 설명해보자.

찾아보기

• ㄹ •

• ㅁ •

• ㅂ •

• ㅅ •

• ㅇ •

저자 약력

■ 이 영 희(李永熙, yhlee@bscu.ac.kr)

- 성균관대학교 및 경희대학교 대학원 졸업(경영학박사)
- 서비스마케팅·CS 컨설턴트
- 현) 백석문화대학교 광고·마케팅학부 교수

〈저서 및 주요논문〉

- 『경영학원론』(두남), 『마케팅관리』(두남)
- 『서비스경영』(유원북스), 『창업과 경영』(삼영사)
- 『NCS기반 교수법』(양서원), 『NCS 대인관계능력』(양성원)
- 서비스 마케팅의 본질과 전략개발에 관한 연구
- 교육서비스품질의 측정과 평가에 관한 연구
- 소비자몰입이 고객의 지각된 서비스 품질에 미치는 영향에 관한 연구
- 마케팅 패러다임의 변화와 관계마케팅에 관한 연구 외 다수

■ 김 상 철(金尙徹, kimsc@yuhan.ac.kr)

- 경희대학교 정경대학 경영학과 졸업
- 경희대학교 대학원 경영학과 졸업(경영학박사)
- 전) 한국담배인삼공사 경영연구소 연구원
- 현) 유한대학교 경영학과 유통물류전공 교수

〈활동 및 주요논문〉

- 지방자치단체 혁신컨설팅 위원(행정자치부)
- 서울특별시 출연기관 경영평가단 위원(서울특별시)
- 가맹사업진흥을 위한 중·장기 발전방안 연구(지식경제부)
- 서비스품질 관리를 위한 프로세스 접점에 관한 연구
- 고객 보상프로그램의 효율적 구성에 관한 연구
- Kano 모델 및 가중 PCSI를 통한 서비스품질 개선에 관한 연구 외 다수

최신 서비스 마케팅 – 개정3판

초　판 1쇄 발행——2006년 12월 20일
개정판 2쇄 발행——2009년 7월 30일
개정2판 1쇄 발행——2013년 8월 10일
개정2판 2쇄 발행——2016년 8월 25일
개정3판 1쇄 발행——2019년 7월 31일
지은이——이 영 희·김 상 철
펴낸이——전 두 표
펴낸곳——도서출판 두남
서울시 강동구 성내로 6길 34-16 두남빌딩
신 고 : 제25100-1988-9호
TEL : 02) 478-2065~7, 2311
FAX : 02) 478-2068
E-mail : dunam1@unitel.co.kr
http://www.dunam.co.kr

정가 29,000원

ISBN 978-89-6414-847-1 93320